BEITRÄGE 112

EDWIN VON BÖVENTER
JOHANNES HAMPE

unter Mitarbeit von
ROBERT KOLL und ROBERT W. OBERMEIER

Ökonomische Grundlagen der Stadtplanung

Eine Einführung in die Stadtökonomie

AKADEMIE FÜR RAUMFORSCHUNG UND LANDESPLANUNG

CIP-Titelaufnahme der Deutschen Bibliothek

Böventer, Edwin von:
Ökonomische Grundlagen der Stadtplanung:
eine Einführung in die Stadtökonomie /
Edwin von Böventer; Johannes Hampe. Akad.
für Raumforschung u. Landesplanung. –
Hannover: ARL, 1988
 (Beiträge / Akademie für Raumforschung und
 Landesplanung; 112)
 ISBN 3 – 88838 – 205 – X
NE: Hampe, Johannes; Akademie für Raumforschung und Landesplanung (Hannover):
Beiträge

Best.-Nr. 205
ISBN – 3 – 88838 – 205 – X
ISSN 0935 – 0772

Alle Rechte vorbehalten – Verlag der ARL – Hannover 1988
© Akademie für Raumforschung und Landesplanung Hannover
Druck: poppdruck, 3012 Langenhagen
Auslieferung
VSB-Verlagsservice Braunschweig

Vorwort

Jeder Bürger in der Stadt erfährt zwar die Bedeutung von Bodenpreisen, Pachten und Mieten, die meisten von ihnen stehen wirtschaftswissenschaftlichen Erklärungen der zugrundeliegenden Prozesse aber verständnislos gegenüber. Der Hinweis auf ökonomische Zusammenhänge in der Stadt wird häufig als Ausdruck des Profitdenkens gesehen.

Mit der Wissenschaftsdisziplin der Stadtökonomie ist ein Spezialgebiet der Volkswirtschaftslehre entstanden, in dem "die Stadt" mit ökonomischen Methoden analysiert wird und in dem normativ Lösungsvorschläge für die ökonomische Entwicklung der Stadt abgeleitet werden. Dieses Fach mit einer mittlerweile fünfundzwanzigjährigen wissenschaftlichen Laufbahn hat allerdings im deutschen Sprachraum bisher nur eine sehr untergeordnete Rolle gespielt.

Das vorliegende Buch versucht, die Wissenschaftsdisziplin "Stadtökonomie" in ihren Grundzügen anwendungsbezogen darzustellen. Es handelt sich nicht um ein ökonomisches Lehrbuch im engeren Sinn. Wegen der interdisziplinären Leserschaft, die angesprochen werden soll, wird die Stadtökonomie nicht als Teil der Volkswirtschaftstheorie behandelt. Das Fach "Stadtökonomie" soll Volkswirten, Geographen und Städtebauern in seiner Bedeutung für die Stadtplanung gezeigt werden. Wir hoffen, daß es gelungen ist, ökonomische Zusammenhänge allgemein verständlich und einfach darzustellen, ohne den Stand der ökonomischen Theorie dabei zu vernachlässigen. Wir können es dem Leser allerdings nicht ersparen, sich mit einer wissenschaftlichen Argumentation vertraut zu machen: Die Darstellung der Stadtökonomie als Grundlagenwissenschaft der Stadtplanung mußte mit dem Versuch verbunden werden, eine wissenschaftliche Fundierung der Stadtplanung zu liefern: Stadtplanung hat schon lange den Aufgabenbereich der "Stadtbaukunst" verlassen und muß deshalb von theoretischen Modellvorstellungen der Stadt ausgehen.

Dabei scheint es uns, daß sich die Stadtplanung in der Gefahr befindet, von einer technisch orientierten Tätigkeit zu einem Werkzeug der Gestaltung der Gesellschaft auf der Ebene des "lokalen Staates" uminterpretiert zu werden. Für den Ökonomen gehören allerdings Analysen der Steuerungsmechanismen von Wirtschaft und Gesellschaft, seien es der Markt, die gesamtwirtschaftliche Planung oder Zwischenformen der Lenkung einzelwirtschaftlicher Entscheidungen, von jeher zu seiner Grundausbildung.

Das Buch gliedert sich in sechs große Teile, von denen jeder leicht zu einer eigenen Veröffentlichung hätte ausgedehnt werden können, und die der Leser auch getrennt durcharbeiten kann. Im ersten Teil wird insbesondere die stadtökonomische Disziplin dargestellt und versucht, die wissenschaftliche Vorgehensweise auf dem Gebiet der Stadtplanung zu erläutern. Der zweite Teil behandelt Stadtgrößen, Städtesysteme und räumliche Arbeitsteilung. Hier, wie auch in den weiteren Teilen, folgt jeweils auf das Kapitel mit der Darstellung der theoretischen Zusammenhänge ein Kapitel mit empirischen Analysen. Die empirischen Abschnitte des Buches sollen zunächst einmal Orientierungen für den Leser sein, in welcher Richtung nach Ansicht der Autoren konkrete Forschungsprojekte vorangehen müßten, dabei glauben die Autoren aber auch, theoretisch fundierte empirische Ergebnisse vorlegen zu können, die bereits neue Erkenntnisse ermöglichen. Insbesondere gilt dies nach Meinung der Verfasser für die im zweiten Teil des Buches dargestellten empirischen Forschungen zur Entwicklung des Städtesystems und der räumlichen Arbeitsteilung in Bayern.

Im dritten Teil des Buches wird ein wichtiger Schritt vorgeführt, um die Stadtplanung auf wissenschaftliche Fundamente zu stellen: Es geht um die Modellabbildung, Erfassung und Messung der Stadtstruktur; denn sowohl theoretische Erörterungen als auch empirische Analysen der Stadt erfordern eine Strukturierung des Untersuchungsobjekts Stadt, die eine operationale und statistisch erfaßbare Abbildung ermöglicht. Städtische Prozesse können nur dann erfolgreich politisch beeinflußt werden, wenn die Wirkungszusammenhänge theoretisch und empirisch offengelegt sind. Teil III des Buches beschränkt sich dabei auf die räumliche Dimension der Stadt.

Zentrales Forschungsgebiet der Stadtökonomie sind Modelle der städtischen Flächennutzung. Im vierten Teil wird das einzelwirtschaftliche Standortverhalten in bezug auf Stadtstruktur und Stadtgröße untersucht. Wir haben auf eine eingehende Darstellung mathematischer Modelle verzichtet, zum einen weil wir nicht nur Spezialisten ansprechen wollen, zum anderen weil auch der Volkswirt eine größere Praxisrelevanz der unter dem Begriff "new urban economics" entwickelten Modelle für die Stadtplanung kaum erkennen kann. Dennoch glauben die Autoren den Stand der Theorie der Stadtstruktur hinreichend wiedergegeben zu haben. Dem interessierten und vorgebildeten Leser können die Anmerkungen am Schluß des Kapitels und die Literaturhinweise weiterhelfen. Anmerkungen folgen jedem Kapitel, besonders hier haben sie die Funktion, dem Theoretiker das vertiefende Selbststudium zu ermöglichen, ohne daß der interdisziplinäre Leserkreis abgeschreckt wird. Teil IV enthält auch den Versuch, die Theorie der Stadtstruktur über den aktuellen Forschungsstand hinauszuführen, indem zur Modellierung der Dynamik der Stadtentwicklung nichtlineare Systeme und evolutionstheoretische Ansätze verwendet werden.

Einzelwirtschaftliche Standortentscheidungen enthalten jeweils individuelle Bewertungen der Stadtstruktur. Die Stadtplanung sieht ihre Rechtfertigung demgegenüber darin, gesellschaftliche Bewertungen in der Stadt zur Geltung zu bringen. Teil V des Buches versucht, die Notwendigkeit der "Planung" kritisch zu diskutieren, zeigt aber auch, wie Planungsentscheidungen durch Einsatz wissenschaftlicher Bewertungsmethoden in einer Weise zu fundieren sind, daß so weit wie möglich objektive, das heißt jederzeit nachprüfbare "Planungen" zustandekommen.

Im Schlußteil des Buches sind einige Thesen zu aktuellen Fragen des Städtebaus und der Stadtplanung formuliert, die Anstoß zum Nachdenken sein sollen. Warum hat sich das Planungsdenken in einem ansonsten marktwirtschaftlichen Wirtschaftssystem fast ausschließlich der räumlichen Dimension von Wirtschaft und Gesellschaft bemächtigt? Die Thesen des Schlußteils betreffen weniger die Forschungspolitik als die allgemeine Wirtschafts- und Gesellschaftspolitik, die die "Bodenfrage" seit Jahrzehnten übersieht und mit staatlichem (Planungs-)Handeln mehr schlecht als recht reagiert.

Die sechs Teile des Buches decken alle Gebiete der Stadtökonomie ab, auch wenn auf die Behandlung spezifischer städtischer Märkte, des Wohnungsmarktes und des Verkehrsmarktes, verzichtet werden mußte. Außerdem haben wir uns nicht mit der kommunalen öffentlichen Wirtschaft und den Kommunalfinanzen beschäftigt. Allerdings sind gesamtwirtschaftliche Bewertungsmethoden dargestellt, die im allgemeinen nicht in den angelsächsischen Stadtökonomie-Lehrbüchern enthalten sind. Wir haben uns wegen der Planungsbezogenheit des Buches zu dieser Darstellung von Bewertungsmethoden im Rahmen einer stadtökonomischen Veröffentlichung entschlossen. In diesem Entschluß, wissenschaftliche Bewertungsverfahren bekannt zu machen, hat uns die wachsende Unzufriedenheit von Städtebauern und Architekten mit der Beliebigkeit der modeanfälligen Bewertung ihrer Arbeiten bestärkt: Auch für die bisher "zumeist nur scheinbar anonymen" (von Gerkan, Ungers) Wettbewerbe wird der Einsatz wissenschaftlich fundierter, objektiv nachprüfbarer Bewertungsmethoden für zielgerechte Entscheidungen über bestimmte Alternativen (vgl. zum Beispiel das Verfahren der "Foundation for a European Architectural Competition") vorgeschlagen.

Nicht zuletzt die Aufnahme der Entscheidungs- und Bewertungsmethoden in das Buch war einer der Gründe, warum auf den verbleibenden Seiten des Buches die stadtökonomischen Zusammenhänge nicht in allen Teilbereichen noch weiter vertieft dargestellt werden konnten. Durch Literaturangaben zu jedem Teil des Buches ist es jedoch leicht für den Leser, im Eigenstudium seinen Überblick über die Disziplin "Stadtökonomie" zu erweitern und zu vertiefen.

Ein Buch des vorliegenden Umfangs kann ohne Mitarbeiter nicht gelingen. Die empirischen Teile beruhen weitgehend auf Berechnungen von Robert Koll, der Bewertungsteil und das empirische Beispiel der Anwendung der Konkordanzanalyse gehen auf Beiträge von Robert Obermeier zurück. Beide sind deshalb als Mitautoren genannt. Johannes Hampe hat sich von Anfang an mit dem Gesamtprojekt befaßt, von ihm stammen die Gesamtidee und die ersten Entwürfe des Buches. Das vorliegende Buch entstand dann nach verschiedenen Ergänzungen durch Edwin von Böventer und Überarbeitungen der Ausgangsfassung durch beide Autoren, die deshalb für alle verbliebenen Unzulänglichkeiten gemeinsam die Verantwortung übernehmen.

In wesentlichen Teilen geht das Buch auf ein von der Deutschen Forschungsgemeinschaft (DFG) über mehrere Jahre finanziertes Forschungsprojekt zurück, in dem von den beiden Mitarbeitern, zunächst R. Koll, dann R. Obermeier, theoretische und empirische Analysen von Stadtstrukturen durchgeführt wurden. Ausgangspunkt dieses Projekts war wiederum eine von der DFG finanzierte Pilotstudie, die bereits 1976 abgeschlossen war: Hier wurden die Grundlagen für alle weiteren Forschungen gelegt, und hier entstand die Grundidee für das gesamte Buch, Stadtplanung und Stadtökonomie über eine wissenschaftliche Erfassung der Stadtstruktur zusammenzubringen. Diese Pilotstudie war das Ergebnis einer interdisziplinären Zusammenarbeit von Architekten und Volkswirten – auf der einen Seite Dipl.ing. Sigurlaug Saemundsdottir, Architektin BDA, und auf der anderen Seite Johannes Hampe und Heinz Steinmüller.

Wesentliche Voraussetzung dieser gemeinsamen Arbeit war, daß J. Hampe während des städtebaulichen Aufbaustudiums an der Technischen Universität München die Denkweise von Architekten und Städtebauern kennenlernen konnte und dabei mit Gerd Albers einen "Planer" als Lehrer fand, der die Bedeutung wissenschaftlich fundierter Planung zeigen konnte und nicht zuletzt auch ökonomische Zusammenhänge für sehr wichtig hielt. Gerd Albers danken beide Autoren sehr herzlich für viele Anregungen.

Wenn von interdisziplinärer Zusammenarbeit die Rede ist, darf auch nicht Rechtsanwalt Franz Brandner vergessen werden, von dem J. Hampe erfahren hat, wie einflußreich Juristen bei "Planungen" sein können.

Die einzelnen Bausteine, die im Laufe der Jahre aus der Beschäftigung mit Stadtstrukturfragen am Seminar für empirische Wirtschaftsforschung entstanden, hätten ohne die Ermutigung und Unterstützung der Akademie für Raumforschung und Landesplanung, und insbesondere ihres damaligen Generalsekretärs Karl

Haubner, nicht zu einem passendem Ganzen zusammengefügt werden können.

Wir sind für die finanzielle Förderung der Forschungen der Deutschen Forschungsgemeinschaft und der Akademie für Raumforschung und Landesplanung zu großem Dank verpflichtet. Ohne die Einsatzbereitschaft der vielen Helfer, die nötig sind, bis die Druckvorlage eines Buches in "Eigenarbeit" fertiggestellt ist, hätte das Geld jedoch keinen Nutzen stiften können. Da im Laufe der langen Zeit, die die technische Fertigstellung eines so umfangreichen Manuskripts erforderte, eine Vielzahl von Hilfskräften beschäftigt war, möchten wir hier zunächst pauschal unseren Dank aussprechen. Besonders bedanken wollen wir uns bei Frau Porak, die das gesamte Manuskript abschrieb, sowie bei drei studentischen Mitarbeitern, die am längsten und mit großer Verantwortung und großem Einsatz an der Druckvorlage gearbeitet haben, studs.rer.pol. Timo Klein und Alexander Kritikos, sowie für die Zeichnungen stud.arch. Gabriele Dattenberger. Loben wollen wir auch die Geduld von Björn Hampe, der oft fragen mußte, wie dick denn das Buch noch werden solle.

Uns scheint der Zeitpunkt, das Gebiet der Stadtökonomie in der Bundesrepublik Deutschland vorzustellen, noch nicht zu spät zu sein. Wir hoffen, daß die aktuelle Diskussion um den schonenden Umgang mit natürlichen Ressourcen die ökonomische Wissenschaft wieder mehr in das Bewußtsein der Öffentlichkeit rückt und glauben, daß dann die Stadtökonomie auch in der Stadtplanung die notwendige Rolle spielen wird.

Das Manuskript wurde im Sommer 1986 fertiggestellt, jedoch wurde die Literatur bis Juli 1988 auf dem aktuellen Stand gehalten.

Edwin von Böventer, Johannes Hampe　　　　　　September 1988

Inhaltsverzeichnis

Vorwort iii

Teil I: Zur Einführung 1

1. Kapitel: Stadtplanung und Stadtökonomie 1
   1. Die Grundprobleme 1
   2. Das Forschungsgebiet der Stadtökonomie 8
   3. Der Einsatz der Stadtökonomie in der Stadtplanung 17
   Literaturhinweise 30

Teil II: Stadtgrößen, Städtesysteme und räumliche Arbeitsteilung 33

2. Kapitel: Theoretische Zusammenhänge 33
   1. Allgemeine Einführung: Die Stadt als Standort und als System von Prozessen 33
   2. Das Problem der optimalen Stadtgröße 36
   3. Optimale Stadtgröße und Stadtplanung: Was bringt das Modell für den Planer? 44
   4. Rang-Größen-Verteilungen von Städten und Städtesysteme 48
   5. Städtesysteme im Raum 53
   6. Stadtgröße und städtische Wirtschaftsstrukturen 55

3. Kapitel: Empirische Beobachtungen: Sektoralstrukturen und Städtesystem in Bayern 69
   1. Die verwendeten statistischen Daten 69
   2. Rang-Größen-Verteilungen bayerischer Städte 70
   3. Beschreibung von Stadtgrößenveränderungen und Veränderungen des Städtesystems: Erste Hinweise auf Einflußfaktoren 81
   4. Sektoralstrukturen und Städtesystem: Beschreibung der räumlichen Arbeitsteilung in Bayern 82
      4.1. Die verwendeten Kennziffern und die Methoden der Beschreibung 88
      4.2. Die Ergebnisse der Berechnungen 91
   5. Sektoraler Strukturwandel und Städtesystem 102
   Literaturhinweise 108

Teil III: Die räumliche Dimension einer Stadt: Modellabbildung, Erfassung und Messung der Stadtstruktur 111

4. Kapitel: Theoretische Grundlagen 111

   1. Allgemeine Bemerkungen: Ökonomische und städtebauliche Stadtmodelle 111
   2. Stadtstruktur als räumliche Dimension der Stadt: Erfassung der Elemente 122
   3. Beschreibung und Messung der Stadtstruktur: Konzepte und Methoden 135

5. Kapitel: Empirische Anwendung: Erfassung der Stadtstruktur Augsburgs 161

   1. Vergleich des Status quo mit einer Flächennutzungsalternative: Darstellung der Planungssituation 161
   2. Simulation von Änderungen und Strukturmessung durch Maßzahlen 164
   3. Beschreibung durch Regressionsanalyse der Bestimmungsfaktoren 171
   Anhang zu Kapitel 5 181
   Literaturhinweise 196

Teil IV: Einzelwirtschaftliches Standortverhalten, Stadtstruktur und Stadtgröße: Zur einzelwirtschaftlichen Bewertung der Stadt 199

6. Kapitel: Theoretische Darstellung 199

   1. Einzelwirtschaftliche Standortentscheidungen in der Stadt: Allgemeiner Überblick 199
   2. Bestimmungsfaktoren des Standortverhaltens und städtischer Bodenmarkt: Grundzüge der städtischen Standorttheorie 206
   3. Koordinierung der Entwicklung städtischer Teilstrukturen durch den Bodenmarkt: Die Dynamik auf der Meso-Ebene 214
   4. Mikroökonomische Stadtmodelle: Formale Ableitungen 221
   5. Einzelwirtschaftliche Stadtgrößenpräferenzen und die Bildung von Städtesystemen 229

7. Kapitel: Empirische Beobachtungen: Innerstädtische Standortstrukturen und das Städtesystem als Standortfaktor 247

1. Probleme empirischer Analysen einzelwirtschaftlichen Standortverhaltens 247
2. Innerstädtische Standort- und Dichtestruktur 249
3. Stadtgrößen als Standortfaktor: Formulierung eines ökonometrischen Modells 253
4. Empirische Ergebnisse der Modellschätzung 258
Anhang zu Kapitel 7 268
Literaturhinweise 270

Teil V: Räumliche Planung einer Stadt: Gesamtgesellschaftliche Zielvorstellungen und gesamtwirtschaftliche Bewertung der Stadtstruktur 275

8. Kapitel: Einzelwirtschaftliche Nutzenmaximierung und gesamtwirtschaftliche Bewertung 275

1. Einzelwirtschaftliche Nutzenmaximierung und Gesamtwohlfahrt der Stadt 275
2. Grundprobleme gesamtwirtschaftlicher Bewertung 290
3. Gesamtwirtschaftliche Bewertungsverfahren: Überblick 296

9. Kapitel: Grundlagen und Methoden der Entscheidung und Bewertung 317

1. Darstellung der für die Planung wichtigsten Bewertungsverfahren 317
2. Das Zielsystem städtischer Entscheidungsträger als Grundlage für eine Bewertung von Stadtstrukturen 330
3. Zielkriterien für die Bewertung von Stadtstrukturen und Probleme der Wirkungsanalyse 339

10. Kapitel: Empirische Anwendung: Bewertung von Flächennutzungsalternativen mit Hilfe der Konkordanzanalyse 349
Literaturhinweise 367

Teil VI: Bemerkungen zum Schluß 371

11. Kapitel: Stadtökonomie und Stadtplanung: Die Zusammenarbeit beim Einsatz knapper Ressourcen 371

Teil I.: Zur Einführung

1. Kapitel: Stadtplanung und Stadtökonomie

1. Die Grundprobleme

In der Stadt weiß jeder – ob Unternehmer, Grundstückseigentümer oder Bewohner – aus eigener Erfahrung: Gebäude, Büros, Wohnungen werden gekauft oder gemietet, verkauft oder vermietet, Grundstücke werden gekauft, damit sie (sofort oder später) bebaut werden, Gebäude werden abgerissen, neue Gebäude errichtet. Jeder erfährt, daß er nicht frei in seinen Entscheidungen ist: Sieht man von den verschiedenen Kosten der geschilderten Aktivitäten und damit den finanziellen Restriktionen ab, geben Bauleitpläne und Bauvorschriften einen allgemeinen Rahmen, der die oben genannten Tätigkeiten in eine gewisse Ordnung zwängt. Öffentliche Entscheidungsträger setzen mit spezifischen Instrumenten allen Investitions-, Konsum- und Produktionsentscheidungen, die Auswirkungen auf die Beanspruchung des städtischen Bodens haben, gewisse Schranken, und die öffentliche Hand tritt auch selbst als Bauherr auf.

Nach einer allgemeinen Formel, so sagt G. Albers, "kann man Stadtplanung als systematische Einflußnahme des Gemeinwesens auf die räumliche Verteilung menschlicher Tätigkeiten definieren. Der Begriff der Einflußnahme mag auf den ersten Blick zu bescheiden erscheinen, wenn man weiß, daß in der Stadtplanung vielfach von Festsetzungen, Bestimmungen und Entscheidungen gesprochen wird. Gewiß gehören auch zwingende rechtliche Vorschriften zu den Werkzeugen der Stadtplanung, aber ihr Einsatz ist meist durch politische und wirtschaftliche Bindungen eingeschränkt. Handlungsspielraum und Wirkungsmöglichkeiten der Stadtplanung weisen also deutliche Grenzen auf, so daß der Begriff der Einflußnahme die tatsächlichen Verhältnisse zumindest in marktorientierten Wirtschaftssystemen zutreffender wiedergibt. Hier nämlich haben wir es in der Regel mit einer Wechselwirkung zwischen Investoren privaten und öffentlichen Charakters – mit bestimmten Investitions-, Nutzungs- und Gestaltungsabsichten – einerseits und planerischen Zielvorstellungen der Gemeinde für ihr Gesamtgebiet andererseits zu tun."[1)]

Die Stadt stellt ein komplexes Wirtschaftsgebilde mit einer Vielzahl handelnder Einheiten dar. Die Analyse wirtschaftlicher Entscheidungen der Haushalte, der Unternehmen und des Staates ist Forschungsaufgabe der Volkswirtschaftslehre, im einzelnen der Mikroökonomie. Die Entscheidungen der Wirtschaftseinheiten werden als wirtschaftliche Entscheidungen behandelt, was keineswegs heißt, daß sie sich allein auf wirtschaftliche Tatbestände beziehen müssen. Soweit die Entscheidungen unabhängig voneinander getroffen werden, ist ihre Koordination nötig. Hierfür gibt es verschiedene, von den Grundsätzen her zwei unterschiedliche Koordinierungsmethoden, nämlich den (Markt-)Preismechanismus und die zentrale Planung (Verwaltung) durch staatliche Instanzen[2]. Beide Methoden sind seit jeher in der Geschichte praktiziert worden. In westlichen Industriegesellschaften sind allerdings Preise, die sich auf Märkten bilden, die grundlegenden Elemente des Koordinierungsmechanismus. Preise koordinieren nicht nur die autonomen Entscheidungen der einzelnen Wirtschaftseinheiten, sie geben gleichzeitig notwendige Informationen als Grundlage für Entscheidungen, und sie ermöglichen bei Wettbewerb die Selbstkontrolle aller Beteiligten. Preise insbesondere für Grundstücke, Gebäude und Wohnungen koordinieren auch raumbezogene städtische Aktivitäten: Das ist tagtägliche Erfahrung in der Stadt.

Der Ökonom verbindet mit dem Begriff "Planung" andere Inhalte als der "Stadtplaner". *Wirtschaftliches Handeln* hat als rationales Handeln *planmäßig* zu erfolgen. Die Wirtschaftstheorie unterstellt, daß auf der Ebene der *einzelnen* Wirtschaftseinheit, der Unternehmung, aber auch des Haushalts vorausschauend "geplant" und in diesem Sinne rational gehandelt wird. Die *Einflußnahme* öffentlicher Institutionen auf privatwirtschaftliche Entscheidungen, wie sie in jeder Marktwirtschaft zu finden ist, wird als *Interventionismus* bezeichnet. *Zentrale Planung* durch staatliche Instanzen stellt für den Ökonomen eine der Möglichkeiten neben dem Markt dar, einzelwirtschaftliche Entscheidungen zu koordinieren, um bestimmte wirtschaftliche Ziele der Gesellschaft zu erreichen.[3] Der Politologe betont beim Begriff der Planung ebenfalls den Aspekt der rationalen und zentralen Steuerung von Handlungen; "Planung läßt sich charakterisieren als Gesamtheit der Überlegungen und Verfahrensabläufe, die dazu dienen, Handlungsschemata festzulegen, bei denen Mittel im Hinblick auf einen bestimmten Zweck ausgewählt, geordnet und eingesetzt werden."[4] Zentrale Planung erfordert die Einrichtung zusätzlicher Informations- und Kontrollmechanismen innerhalb hierarchischer bürokratischer Organisationen. Angesichts der großen Zahl der in einer Stadt ablaufenden Entscheidungsprozesse in vielen autonomen Einheiten liegt die Schwierigkeit einer vorausschauenden Koordinierung durch *zentrale* Planung auf der Hand.

Der Stadtplaner bestätigt die Komplexität des städtischen Geschehens. "Die Stadt muß als Zusammenhang einer Vielzahl von physischen Gegebenheiten, von sozialen und wirtschaftlichen Beziehungen, persönlichen Werthaltungen und politischen Entscheidungen – um nur die wichtigsten Faktoren zu nennen – gesehen werden, deren Verflechtungen und Wechselwirkungen bei jeder planerischen Maßnahme zu berücksichtigen sind.

Das bedeutet, daß die Planung sich auf eine Vorstellung dieser Zusammenhänge gründen muß, die es erlaubt, die unmittelbaren wie auch die mittelbaren Folgen ihrer Maßnahmen einigermaßen zutreffend abzuschätzen. Der Planer muß also von Modellen der Wirklichkeit ausgehen, die allerdings – wie alle Modelle – eine Vereinfachung, eine Reduzierung der Wirklichkeit auf die für die jeweilige Aufgabe wichtigsten Sachverhalte voraussetzen. So sind, will man zu Einsichten und Handlungsgrundsätzen gelangen, die eine gewisse Verallgemeinerung erlauben, auch bei der Planung der Stadtstruktur Abstraktionen und Vergröberungen nicht zu vermeiden."[5]

Marktwirtschaftliche Wirtschaftsordnungen geben dem Einzelnen einen großen Spielraum für eigene Entscheidungen, wobei *ökonomische* Nebenbedingungen und Wirkungszusammenhänge eine besonders große Rolle spielen. In seinem allgemeinen Bild der zu "planenden" oder zu entwickelnden Stadt, auch beim Entwurf der ersten groben Skizzen, muß deshalb der Stadtplaner insbesondere ein *Modell ökonomischer Zusammenhänge in der Stadt* (und über die Stadtgrenzen hinaus) vor Augen haben, das natürlich nie explizit formuliert, aber doch implizit in seinen Gedankengängen enthalten ist. Dies gilt für die Gesamtzusammenhänge, darüber hinaus aber erst recht für ökonomische Beziehungen und Wechselbeziehungen auf der Ebene einzelner Grundstücke.

Zum Städtebau gehört auf der einen Seite ein Gesamtkonzept der Stadtplanung, zumindest soweit es um die Verteilung von Einrichtungen geht, deren Leistungen nicht oder nicht "ausreichend" auf dem Markt angeboten und nachgefragt werden. Hier *muß* ein *einheitlicher "Stadtplan"* angefertigt werden, und es ist nach "Plan" zu bauen. Der englische Begriff des "urban *physical planning*" weist auf diese Seite der Stadtplanung hin und läßt außerdem erkennen, daß sich Stadtplanung intensiv mit dem vorhandenen *Baubestand* beschäftigen muß.[6] Auf der anderen Seite stehen viele Bauherren, die in eigener finanzieller Verantwortung nach eigenen Nutzungsvorstellungen und "Bauplänen" über den Bau der Stadt entscheiden wollen. Die noch ausführlich zu erörternde Frage ist, wieweit auch dieser Prozeß durch "Planung von oben" und wieweit er über den Marktmechanismus gesteuert werden soll.

Auf keinen Fall kann man davon ausgehen, daß sich die Fragen der Stadtgestaltung und der Zuordnung der Flächennutzungen allein im Rahmen eines "Stadtplans" beantworten lassen:[7] Nur soweit der Stadtplaner im Auftrag eines Bauherrn die Pläne für einzelne Bauwerke oder Gebäudegruppen in der Stadt verfaßt, wird er *unbestritten* auch auf der Ebene einzelner Grundstücke "planen" können. Der Begriff der Bau(*leit*)planung aus dem Baugesetzbuch sollte die Meinung auch kaum entstehen lassen, daß die

3

Stadtstruktur *insgesamt* (in allen ihren Teilen) zentral geplant werden könnte.

Gegenüber diesen Überlegungen ist allerdings festzustellen, daß in der bisherigen praktischen Stadtplanung die *technischen* Grundlagen auch hinsichtlich der Flächennutzungsplanung und Stadtgestaltung sehr stark betont werden und eine *bürokratische* Steuerung "von oben" bis auf die Ebene einzelner Grundstücke herausfordern. Ansatzpunkt der "technischen" Denkweise bilden die Grundsätze der Bauleitplanung, wie sie im Baugesetzbuch[8)] festgelegt sind. Es heißt in Paragraph 1, Nr.5:

"Die Bauleitpläne sollen eine geordnete städtebauliche Entwicklung und eine dem Wohl der Allgemeinheit entsprechende sozialgerechte Bodennutzung gewährleisten und dazu beitragen, eine menschenwürdige Umwelt zu sichern und die natürlichen Lebensgrundlagen zu schützen und zu entwickeln. Bei der Aufstellung der Bauleitpläne sind insbesondere zu berücksichtigen

1. die allgemeinen Anforderungen an gesunde Wohn- und Arbeitsverhältnisse und die Sicherheit der Wohn- und Arbeitsbevölkerung,
   . . .

8. die Belange der Wirtschaft, auch ihrer mittelständischen Struktur im Interesse einer verbrauchernahen Versorgung der Bevölkerung, der Land- und Forstwirtschaft, des Verkehrs einschließlich des öffentlichen Personennahverkehrs, des Post- und Fernmeldewesens, der Versorgung, insbesondere mit Energie und Wasser, der Abfallentsorgung und der Abwasserbeseitigung sowie die Sicherung von Rohstoffvorkommen und die Erhaltung, Sicherung und Schaffung von Arbeitsplätzen,
   . . .

Mit Grund und Boden soll sparsam und schonend umgegangen werden. Landwirtschaftlich, als Wald oder für Wohnzwecke genutzte Flächen sollen nur im notwendigen Umfang für andere Nutzungsarten vorgesehen und in Anspruch genommen werden."

Für die Stadtplanung müssen diese rechtlichen Grundsätze konkretisiert werden. Die Konkretisierung hat bestimmten Regeln zu folgen, die Spengelin in folgender Weise beschreibt:

"Letztlich ergeben sich für die Planung der Stadtstruktur zwei Arten von Regeln:
- die "Regeln der Kunst", in denen sich wissenschaftliche Erkenntnisse, Gesetze, Richtwerte, methodische Erfahrungen und politische Prioritäten niedergeschlagen haben und die eine

gewisse Allgemeinverbindlichkeit beanspruchen können;
- die "Regeln des Ortes", die, aus den örtlichen Voraussetzungen, für jede Stadt gesondert (aus Klima, Topographie, infrastrukturellen und ökonomischen Randbedingungen, historischem Erbe, Lebensgewohnheiten der Bevölkerung usw.) ermittelt werden müssen.[9]

Beide Arten von Regeln erfordern, wenn sie in konkreten Planungen ihren Niederschlag finden sollen, einen fachlichen und politischen Konsens, der jedenfalls für eine gewisse Zeitdauer Gültigkeit behalten muß, über längere Zeiträume hinweg allerdings erheblichen Wandlungen unterworfen sein kann. Die Entwicklung der Modellvorstellungen, die zur Verdeutlichung allgemeinverbindlicher Regeln und Grundsätze für die Planung der Stadtstruktur seit der Jahrhundertwende entstanden sind, legt davon beredtes Zeugnis ab."[10],[11]

Der Stadtplaner leitet aus diesen Regeln unter anderem die Notwendigkeit ab, bei der Planung der Stadtstruktur die Standortansprüche der verschiedenen Nutzungen zu erfüllen[12]. Er versucht deshalb für die unterschiedlichen Aktivitäten konkrete Standortanforderungen zu formulieren, die "technische Lösungen" hinsichtlich des städtischen Nutzungsgefüges ermöglichen[13].

Die Beobachtung der Realität zeigt jedoch, daß die technischen Kriterien für den *Bau* der Stadt bereits vom Stadtplaner durch die systematischen Anwendungen von Werturteilen ergänzt werden (müssen). Stadtplanung enthält insofern auch den Versuch, allgemeine, in wenig präziser Weise aus der Gesellschaft kommende Wertvorstellungen über die Zuordnung von Aktivitäten zu einer Stadtstruktur und über die Gestaltung des Stadtbildes allgemeinverbindlich zu formulieren. Der "technische" Ansatz der bisherigen Stadtplanung kann dabei den Planer leicht dazu verführen, die Schaffung einer optimalen Nutzungsstruktur und Stadtgestalt nicht nur als Ziel seiner Einflußnahme auf die städtischen Aktivitäten zu sehen, sondern dieses Ziel einer "optimalen" Ordnung und Gestaltung des Nutzungsgefüges durch obrigkeitliche Planung, ohne Beachtung der Entscheidungen der vielen verschiedenen "Nutzer" der Stadt, im "Verwaltungshandeln" auch durchsetzen zu wollen.

Deshalb ist es nicht überraschend, wenn rechtliche Überlegungen in der Planung eine wichtige Rolle spielen und der Jurist für die Durchführung der Planung unentbehrlich geworden ist.[14]

Das Bild der Stadt und die Stadtstruktur werden durch das Zusammenspiel von planerischen Festlegungen hinsichtlich eines Gesamtkonzepts und von Entscheidungen vieler Wirtschaftseinheiten über die Realisierung ihrer individuellen Wünsche und Vorstellungen bestimmt – jeweils auf der Basis von ökonomischen, rechtlichen, technischen und finanziellen Beschränkungen. Wieweit soll dabei – zunächst allgemein gefragt – die Rolle des Staates gehen, und wieviele Möglichkeiten der Entfaltung sollen dabei den privaten Entscheidungsträgern eingeräumt werden? Aufgrund vieler Erfahrungen schätzt man in unserer Wirtschaftsordnung die Chancen persönlicher Initiativen; es besteht aber auch Skepsis gegenüber der Macht starker Interessen. Wo liegt der richtige Mittelweg?

"Öffentliche" Güter – die gemeinsam genutzt werden, von deren Nutzung (aus überwiegend technischen Gründen) niemand ausgeschlossen werden kann und deren Nutzung auch nicht zu Lasten anderer geht – sollten vom Staat zur Verfügung gestellt werden: Die Straßennutzung, die öffentliche Sicherheit und manches mehr gehört zu diesen "öffentlichen" Gütern. In diesem Zusammenhang gibt es allerdings auch viele Aufgaben, die je nach wirtschaftlicher und technologischer Entwicklung einerseits und je nach politischen und gesellschaftlichen Wertvorstellungen andererseits entweder mehr von staatlichen Instanzen oder mehr von privater Initiative wahrgenommen werden können (wie etwa im schulischen oder kulturellen Bereich): Hier sind Verallgemeinerungen kaum möglich.

Als Begründung für staatliches Handeln wird neben der Versorgung mit öffentlichen Gütern das Auftreten "externer Effekte" genannt. Negative externe Effekte beinhalten, daß bestimmte Aktivitäten vor allem im Unternehmenssektor (aber nicht nur dort) sich negativ, im allgemeinen stark beeinträchtigend, auf die Produktionsbedingungen anderer Unternehmungen und auf die Lebensbedingungen der Menschen auswirken. Solche negativen externen Effekte entstehen vor allem durch die Emissionen von Schadstoffen. Aber auch positive externe Effekte treten zum Beispiel auf, wenn von der Existenz bestimmter Einzelhandelsgeschäfte deren Nachbarn profitieren, indem sie ihre Umsätze steigern. In den Fällen externer Effekte weichen die privaten Kosten und Gewinne von den gesellschaftlich zu veranschlagenden Werten ab: Die Gewinne sind "größer oder kleiner als gesellschaftlich gerechtfertigt", Preise und Kostengrößen sind insoweit "nicht richtig".

Wenn Eigentumsrechte, z.B. das Recht an einem durch Schadstoffemissionen nicht beeinträchtigten Grundstück, genügend definiert sind, können Märkte oder Verhandlungen zwischen Privaten für optimale Ergebnisse sorgen. In anderen Fällen schlagen sich externe Effekte in Bodenrenten, in Form spezieller Lagerenten nieder. Für eine bestimmte einzelne Aktivität kommt es immer nur darauf an, wie sich externe Effekte *netto*, also im Saldo ihrer Vor- und Nachteile, auswirken. Daraus ergeben sich schwierige Probleme der Ermittlung.

Externe Effekte werden zum Teil auch erst durch staatliche Planung wichtig. So verstärkt in manchen Fällen die Planung die

Wirkungen externer Effekte auf die Bodenrenten, in anderen Fällen *entstehen* externe Effekte erst durch staatliche Planung. Die allgemeine Frage ist, ob der Staat aufgrund seiner Instrumente durch "Planung" externe Effekte eher vermeiden kann und ob er die bessere Voraussicht in die Zukunft hat, verglichen mit Privaten.

Insgesamt läßt sich sagen, daß die Existenz externer Effekte schwierige Probleme sowohl für die Marktlenkung von Entscheidungen als auch für die zentrale Planung aufwirft. In dieser Einführung sind deshalb keine verallgemeinernden Aussagen oder gar Handlungsanweisungen möglich. In der ökonomischen Fachliteratur wird eine Vielzahl von Maßnahmen diskutiert, mit denen sich Störungen des Preismechanismus durch externe Effekte verhindern oder beseitigen lassen könnten.[15] "Die allokationstechnisch optimale Gestaltung wirtschaftspolitischer Maßnahmen im Bereich der Städteplanung, um die es hier vor allem geht, ist allerdings noch ein weithin unbekanntes Territorium."[16] Dabei wären entsprechende Vorschläge gerade für die Bauleitplanung sehr wichtig, tritt doch insbesondere die Flächennutzungsplanung explizit mit dem Anspruch auf, das Entstehen externer Nachteile bei der Zuordnung der Flächennutzungen innerhalb gewisser Grenzen der Wirksamkeit verhindern zu wollen. Flächennutzungsplanung hat jedoch nicht selten auch die Aufrechterhaltung von "Renten" zum Ziel, will also Einkommen schaffen, das durch den Ausschluß anderer Nutzungen entsteht. Dann übernimmt die Flächennutzungsplanung nicht die Aufgabe, Marktmängel auszugleichen, sondern kann sogar die effiziente Allokation des Bodens behindern, wenn sie Monopolpositionen entstehen läßt.[17] Allerdings wird im allgemeinen diese Wirkung der Flächennutzungsplanung als unbeabsichtigte Nebenwirkung ausgegeben.

Aus dem bisher Gesagten ergibt sich, daß sich die Notwendigkeit der Stadtplanung nicht in erster Linie und nicht generell aus dem Auftreten externer Effekte begründen läßt. Externe Effekte sollten allerdings Anlaß für Überlegungen sein, wie die Möglichkeiten des Preismechanismus auf dem Bodenmarkt besser genutzt werden könnten. Welche Rolle die "klassische" Stadtplanung dabei spielen kann und zum Teil auch spielen muß, wäre im einzelnen zu diskutieren.

Städte werden nicht von Stadtplanern oder Städtebauern "nach einem Plan" gebaut. Städte entstehen durch Entscheidungen vieler Einzelner[18]. Wichtige Voraussetzungen für Städte werden von staatlichen Planern im weitesten Sinne geschaffen. Aber: Städte werden gebaut, umgebaut, eingerichtet und an Veränderungen angepaßt von Unternehmern, die produzieren, von Privatpersonen, die angenehm wohnen wollen, von Personen oder Unternehmen, die aus der Wohnungsvermietung ein gutes Einkommen erzielen möchten, von Bauunternehmen und Industriekonzernen und natürlich auch von staatlichen und städtischen Stellen. Die Eigentümer der Grundstücke und Gebäude beeinflussen die Nutzungsentscheidungen – direkt und indirekt – im allgemeinen stärker, als es ein Planer jemals durchsetzen könnte[19], und sie müssen für ihre Entscheidungen das finanzielle Risiko tragen. Sicher bedarf es aus anerkannten gesellschaftlichen Wertvorstellungen abgeleiteter Regeln, welche in die Vielfalt der eine Stadt Bauenden Ordnung bringen und die im weitesten Sinn zur Koordination geeignet sind, indem sie sichere Rahmenbedingungen für private Entscheidungen setzen. Der Stadtplaner kann keine Einhaltung von Regeln garantieren, die nicht von der Mehrzahl der Stadtbewohner akzeptiert werden[20].

Keiner der gesellschaftlichen Mechanismen, die die Nutzungsentscheidungen der einzelnen Bauherren koordinieren können, ist allerdings ausreichend geeignet, alle wichtigen Gestaltungsprobleme der baulichen Umwelt in der Stadt zu lösen. Stadtbaukunst, die das visuelle Bild einer Stadt prägen sollte, wird immer auch die Persönlichkeit des einzelnen Architekten erfordern.

2. Das Forschungsgebiet der Stadtökonomie

Es wurde bereits gesagt, daß ein zentraler Teil der Volkswirtschaftslehre, die Mikroökonomie, sich mit den Entscheidungen von Unternehmern und Haushalten beschäftigt, nicht nur in abstrakten Modellen, sondern auch in empirischen Analysen. Die Stadtökonomie ist in einem großen Teil Anwendung der allgemeinen Mikroökonomie auf wirtschaftliche Zusammenhänge in der Stadt. Insbesondere geht es um die Entscheidungen der Unternehmen und Haushalte in bezug auf ihren Standort in der Stadt. Dabei werden *gegebene Präferenzen* – Wünsche und Wertvorstellungen, ganz gleich wie diese zustandegekommen und wie sie geartet sind – unterstellt und in bezug auf diese Präferenzen wird Rationalverhalten der Wirtschaftssubjekte angenommen: Die Wirtschaftssubjekte kennen bei einer Reihe von Alternativen ihre eigenen Präferenzen und setzen unter den gegebenen Beschränkungen die Prioritäten[21].

Als Koordinierungsmechanismus der Entscheidungen der Wirtschaftssubjekte wird in der Mikroökonomie vor allem der Markt untersucht. Der Marktmechanismus hat im Preis sowohl ein Informationsinstrument als auch ein Instrument, die Entscheidungen der Einzelnen zu steuern, zu koordinieren und zu kontrollieren.

Die Wirtschaftswissenschaft beschäftigt sich allerdings nicht nur mit dem Markt als Koordinierungsmechanismus[22]. Es existiert eine umfangreiche (ökonomische) Literatur zu den Möglichkeiten staatlicher Steuerung und zu anderen sozialen Steuerungssystemen, zum Verhandlungssystem, dem Wahlmechanismus und dem Hierarchiesystem[23]; diese Literatur ist inzwischen sehr differenziert[24]. Im Hierarchiesystem sind durch Subordination der einzelnen Entscheidungsträger unter eine Zentralstelle innerhalb einer Bürokratie Kontrollmöglichkeiten gegeben. Hierfür muß ein Kommunikationssystem abgeleitet werden, das den einzelnen Einheiten Regeln liefert, welche Informationen zu sammeln, weiterzugeben und zu verarbeiten sind. Die einzelnen Entscheidungsträger müssen für ihre Teilentscheidungen Handlungsregeln erhalten, und es müssen für den Fall der Nichtbefolgung Sanktionen festgelegt sein. In der Stadtplanung liegen diese Regeln meist in Form von Gesetzen im weitesten Sinn (also einschließlich Verordnungen und Verwaltungsakten) vor. Das Zustandekommen der kollektiven Wertordnung, aus der sich die Regeln ableiten, wird im Hierarchiesystem im allgemeinen wenig diskutiert. Für die Stadtplanung in der Bundesrepublik Deutschland kann man hier nur auf die Rolle der Gemeindeparlamente verweisen, so daß Elemente des Wahlsystems sich mit dem Hierarchiesystem verbinden.

Die Stadtökonomie beschäftigt sich bisher überwiegend mit dem Preismechanismus als Koordinierungsinstrument der Standortentscheidungen in der Stadt. Wegen der zentralen Rolle der Bodenpreise bei der räumlichen Allokation der Unternehmen und Haushalte in der Stadt besteht eine enge Wechselbeziehung zwischen städtischer Standorttheorie und der Theorie des städtischen Bodenmarktes. Der Bodenmarkt koordiniert die einzelnen Entscheidungen, so daß eine bestimmte räumliche Stadtstruktur entsteht, die aus den Nutzungen der vielen einzelnen städtischen Grundstücke besteht. Dabei lassen sich die Festlegungen der Stadtplanung hinsichtlich der großen Nutzungsbereiche im Rahmen der Bauleitplanung im Prinzip auch im theoretischen Modell berücksichtigen. Unter bestimmten Voraussetzungen sorgt die Preissteuerung des Bodenmarkts für die effiziente Verwendung des Produktionsfaktors Boden, das heißt, der Boden wird so sparsam eingesetzt, daß er bei den gegebenen Zielen der Bewohner und Unternehmen in der Stadt den größtmöglichen Beitrag zum städtischen Wirtschaftsertrag leistet.[25]

Das Gebiet der Stadtökonomie als Wissenschaftsdisziplin umfaßt mit den zentralen Bereichen der städtischen Standorttheorie und der Theorie der Stadtstruktur schwerpunktmäßig die Analyse der Funktionsweise des städtischen Bodenmarktes. Der mikroökonomische Teil der Stadtökonomie behandelt dabei weitere für die Stadt wichtige Märkte, insbesondere den Wohnungsmarkt[26], aber auch die Märkte für Verkehrsleistungen und das Angebot und die Nachfrage öffentlicher Güter, welche durch die Nutzung städtischer Infrastruktur entstehen. Hierbei kommt es auf die wechselseitigen Interdependenzen zwischen den Märkten, insbesondere mit dem Bodenmarkt, an. Es sind die hinter dem Angebot stehenden Produktionsverhältnisse und die hinter der Nachfrage stehenden Bedürfnisse des Menschen explizit zu berücksichtigen. Das Gebiet der Sanierung ist ein Beispiel, wo neben vielen mikroökonomischen (theoretischen) Kenntnissen auch betriebswirtschaftliche Ansätze nützlich sein können.

Im Mittelpunkt des Interesses der über mikroökonomische Ansätze der Bodennutzung und Bodenpreisbildung hinausgehenden Stadtökonomie steht die Untersuchung der Einkommensentstehung und Einkommensverwendung in der Stadt. Intrastädtische und interstädtische Einkommensströme verursachen Multiplikatorwirkungen; als spezielles Konzept der Multiplikatortheorie wird das Exportbasismodell in der Stadtökonomie verwendet. Der Exportbasisansatz dient häufig zur Erklärung und Prognose von Beschäftigungsänderungen in einer Stadt. Mit den in die allgemeine Makroökonomie übergehenden Betrachtungen verbunden ist die Behandlung von Problemen der Konjunktur und des städtischen Wachstums. Die städtische Wachstumstheorie umfaßt nicht nur einkommenstheoretisch fundierte Ansätze. Das städtische Wachstum läßt sich auch durch (neoklassische) angebotsorientierte Modelle erklären, die die produktionstheoretischen Zusammenhänge zwischen in der Stadt vorhandenen Produktionsfaktoren und städtischem Produktionsergebnis abbilden. Mindestens ebenso wichtig wie diese Ansätze ist für die Stadtökonomie die Übertragung von Konzepten ungleichgewichtigen, kumulativen Wachstums aus der regionalen Wachstumstheorie[27]. Weiter beschäftigt sich die Stadtökonomie mit den städtischen Finanzen und der öffentlichen Wirtschaft der Stadt insgesamt. Dabei werden auch institutionelle Probleme behandelt. Inzwischen spielen auch Umweltprobleme eine große Rolle und werden von der Stadtökonomie wissenschaftlich analysiert. Die ökonomische Analyse mündet hier in der allgemeinen Fragestellung nach der optimalen Nutzung der städtischen Gesamtressourcen.

Sowohl zur Stadtökonomie als auch zur Regionalökonomie gehört die Beschäftigung mit den Städten als Elementen der Raumstruktur; mit ihren unterschiedlichen Größen und Sektoralstrukturen, insbesondere im Zusammenhang des gesamten Städtesystems, und mit ihren Wirkungen auf die Wirtschaftstätigkeit einer Region und der gesamten Volkswirtschaft.

Zur Stadtökonomie im engeren Sinn gehören nicht allgemeine wirtschaftliche Fragen, die in der Stadt ebenso wie in der Gesamtwirtschaft auftauchen, wie Probleme des Arbeitsmarktes, des Wirtschaftswachstums, des Wirtschaftsstrukturwandels, sowie der Einkommensverteilung oder des Steuersystems. Selbstverständlich schlagen sich alle Probleme des Wirtschaftsprozesses einer Volkswirtschaft in den Städten nieder, und es ist Aufgabe des Ökonomen, deren *Wirkungen in verschiedenen Städten* zu untersuchen. Deshalb sollte auch der Stadtökonom darüber nachdenken. Die eingehende Erforschung solcher Fragestellungen gehört zum Gebiet der allgemeinen Volkswirtschaftslehre. Schlagwortartig läßt sich formulieren: Die Stadtökonomie beschäftigt sich mit Problemen der Städte, mit ökonomischen Problemen in Städten[28] sollte sich die allgemeine Volkswirtschaftslehre befassen.

Die folgende Übersicht gibt einen Überblick über die Teilgebiete der Stadtökonomie.

Übersicht 1: Forschungsgebiete der Stadtökonomie

a. Zur Stadtökonomie *im engeren Sinn* (bei Einbeziehung des Raumes) gehört die Untersuchung von:

- Städtesystemen im Raum, Stadtgrößenverteilungen,
- Stadtstruktur, Flächennutzungsstruktur, städtischem Bodenmarkt,
- innerstädtischen Standorten von Industrie, Dienstleistungen, Wohnungen, Infrastruktureinrichtungen,
- Wachstum der Städte,
- Suburbanisierung, Stadterneuerung.

b. Zur Stadtökonomie *im weiteren Sinn* (zusätzliche Einbeziehung stadtspezifischer Aspekte allgemeiner ökonomischer Probleme) gehört die Analyse:

- des Stadtwachstums,
- des Stadteinkommens, des Sozialprodukts der Stadt, der Konjunkturschwankungen der städtischen Wirtschaft,
- der sektoralen Wirtschaftsstruktur der Stadt und ihres Wandels,
- des städtischen Arbeitsmarkts
- der Technologieentwicklung in Wechselwirkung mit der Stadtentwicklung,
- des Angebots und der Nachfrage städtischer Infrastruktureinrichtungen,
- der städtischen Umweltqualität,
- der städtischen Verkehrssysteme (Verkehrsmärkte),
- der Slumbildung und des Problems der sozial Schwachen in der Stadt,
- des städtischen Wohnungsmarkts,
- der städtischen Finanzen und des Stadthaushalts, sowie der städtischen Bauwirtschaft.

Die Stadtökonomie bedient sich des allgemeinen methodischen Instrumentariums der Ökonomie, ihr Untersuchungsgegenstand sind jedoch *spezifische* wirtschaftliche Zusammenhänge der Städte. Entscheidender Grund für das Entstehen dieses – im deutschen Sprachraum noch wenig bekannten – Spezialgebietes der Wirtschaftswissenschaft ist die räumliche Dimension der Stadt, so daß im Mittelpunkt stadtökonomischer Analysen immer die räumliche Stadtstruktur mit ihren Wirkungsverflechtungen steht. Stadtökonomie ist gleichzeitig die Wissenschaft von den Steuerungsmechanismen, die zur effizienten Verwendung der knappen städtischen Ressourcen, insbesondere des städtischen Bodens, führen. Da der Raum bei *allgemeinen volkswirtschaftlichen Fragestellungen* keine wesentliche Rolle spielt, sollte das Aufkommen von Spezialgebieten der Wirtschaftswissenschaften – neben der Stadtökonomie ist noch die Regionalökonomie zu nennen – nicht überraschen.

Der Überblick über Einzelgebiete der Stadtökonomie muß mit Hinweisen enden, die auch einen großen Teil der allgemeinen Ökonomie betreffen. Ökonomen beschäftigen sich überwiegend mit Fragen der Allokation, der Zuteilung der knappen *Ressourcen* auf alternative Verwendungen in der *Produktion* und im *Konsum*. In der Stadtökonomie sind es, wie erwähnt, insbesondere Fragen der Allokation des Produktionsfaktors Boden über den Bodenmarkt. Aber auch die Kapitalallokation und die Allokation des Faktors Arbeit spielen eine Rolle für die Stadtstruktur.

Ökonomie ist wesentlich die Analyse der Wege, auf denen der Mensch die *Knappheit* der Ressourcen zu überwinden versucht. Da die Ressourcen zur Produktion knapp sind, sind auch die produzierten Güter knapp. Der Mensch hat immer über *Alternativen der Verwendung* zu entscheiden: die Produktion eines bestimmten Gutes *kostet* den Verzicht auf die Produktion eines anderen Gutes.

Neben die Beschäftigung mit den Fragen, wie mit den vorhandenen Ressourcen möglichst viele Güter in optimaler Zusammensetzung nach Güterarten produziert werden können, tritt ein weiterer Aspekt des Knappheitsproblems: Die Verteilung des Güterangebots auf die einzelnen Mitglieder der Gesellschaft, eine Frage, die in unserer Wirtschaftsordnung eng mit der Einkommensverteilung zusammenhängt.

Es scheint, daß ein großer Teil des Unbehagens von Stadtplanern über Ableitungen der Stadtökonomie mit der häufig zu beobachtenden Vernachlässigung der Verteilungsseite zusammenhängt.

Es ist richtig, daß zum Beispiel eine Grundstücksvergabe an die Höchstbietenden, beziehungsweise an die profitabelste Nutzung zunächst unabhängig von der Frage der Gerechtigkeit behandelt wird. Für die Stadt als Ganzes mag dies in verschiedener Hinsicht nicht die beste Lösung sein, wie viele Stadtkritiker eindrucksvoll beschreiben, und von einem bestimmten Standpunkt sozialer Gerechtigkeit mag dies nicht akzeptabel sein.

Es ist einzuräumen: Auch die Stadtökonomie hat Probleme der gerechten Verteilung der in der Stadt produzierten Güter zu diskutieren. Bei der Wohnnutzung handelt es sich sogar um ein außerordentlich wichtiges Konsumgut, das gerecht auf verschiedene Gruppen von Haushalten oder auf verschiedene Einkommensklassen aufzuteilen wäre. Auch Fragen hinsichtlich der gerechten Verteilung anderer Güter in der Stadt sind naheliegend: Ist die Verteilung angenehmer Wohnlagen unter den Gruppen von Stadtbewohnern gerecht? Aber auch: Welches Geschäft soll durch weit unter der Marktmiete liegende Mietforderungen (von welchem Subventionsträger) aus Gründen des Wohnwertes[29] erhalten werden? Wie sieht es mit der Verteilung von städtischen Infrastrukturleistungen (im allgemeinen "kostenlos" angebotener öffentlicher Güter) auf verschiedene Wohngebiete aus? Allgemein: Was wird in verschiedenen Wohngebieten für die Umwelt getan, wie wird in diesem Sinn Umweltqualität auf verschiedene Gruppen von Stadtbewohnern, die sich meist durch die Höhe ihrer Einkommen unterscheiden, verteilt?

Viele Nichtökonomen können überhaupt nur Verteilungsfragen (in bezug auf Güter, Grundstücke, Wohnungen usw.) als ökonomisches Problem erkennen, und halten sie dann vielfach für reine Machtfragen[30]. Es ist oft schwierig darzustellen, daß die Suche nach einer gerechten (gerechteren) Verteilung der produzierten Güter die effiziente Allokation der Ressourcen, also das Ziel, die Größe des zu produzierenden Kuchens zu maximieren, nicht ausschließt, sondern daß die gerechte Verteilung oft sogar durch die effiziente Allokation erleichtert wird. Das Problem der gerechten Zuordnung von Nutzungsrechten (als *Konsumgüter*) auf Personen ist von dem Allokationsproblem des Einsatzes des Produktionsfaktors Boden für die Produktion von Wohnungen und anderen Gütern zu trennen.

Eine effiziente Allokation der Ressourcen, insbesondere des Bodens, innerhalb der Stadt, eine effiziente Standortstruktur der städtischen Nutzungen, so daß die Gewinne der Unternehmen und die Nutzen der Haushalte aus ihrer räumlichen Lage, und damit gleichzeitig das gesamte Produktionsergebnis der Stadt (die Produktion der Summe der Wirtschaftseinheiten)[31] maximiert werden, darf nicht als unvereinbar mit einer gerechten Verteilung von Standortvorteilen auf die Stadtbürger angesehen werden.

"Es ist nur ein scheinbarer Widerspruch, wenn man feststellt, daß Verteilungsurteile nicht objektiv begründbar sind, während die anderen beiden Dimensionen des Allokationsproblems zwar unter gewissen idealisierenden Annahmen einer präzisen Analyse zugänglich sind, ihr Verständnis aber gleichzeitig einige intellektuelle Anstrengung erfordert. Dies wird besonders eindringlich durch die Tatsache dokumentiert, daß manche Menschen allen Ernstes glauben, die Knappheit wirtschaftlicher Ressourcen sei eine künstlich geschaffene Eigenart bestimmter Wirtschafts- und Gesellschaftsordnungen, die durch eine bloße Änderung wirtschaftspolitischer Institutionen (wie etwa der Eigentumsverhältnisse an den Produktionsmitteln) gänzlich aus der Welt geschafft werden könnte."[32]

Bei Stadtplanern scheint die Meinung häufig zu sein, daß man nach Ausschaltung des profitorientierten Denkens – bei Einhaltung stadtplanerischer Regeln – jedem Stadtbewohner einen allen seinen Wünschen entsprechenden Standort mit wunschgerechter Flächengröße zuweisen und eine alle zufriedenstellende Stadtstruktur schaffen könnte.[33] Insbesondere die mit dem Stadtwachstum zusammenhängenden Veränderungen werden negativ beurteilt. "Die so attraktiven historischen Kernbereiche ... haben im letzten Jahrzehnt spürbare Veränderungen ins Negative erlebt. Immer mehr Menschen drängeln sich in diesen Kernbereichen. Immer mehr Fremde zieht es dorthin."[34]

Die umgangssprachliche Verwendung des Begriffs "profitorientiertes Handeln" und seine Gleichsetzung mit ökonomischem Handeln führt zu großen Mißverständnissen hinsichtlich der Ökonomie und ihres Spezialgebiets, der Stadtökonomie, als wissenschaftlicher Disziplin. Oben wurde bereits erwähnt, daß Ökonomen keineswegs allein den Markt als Koordinierungsinstrument einzelwirtschaftlichen Verhaltens untersuchen. Hier ist zusätzlich darauf hinzuweisen, daß Ökonomen durchaus Güter kennen, deren Angebots- und Nachfrageregulierung sie aus außerökonomischen Gründen nicht dem Markt überlassen wollen. Historische Baudenkmäler, im Extremfall sogar die gesamte visuelle Ordnung eines historischen Stadtbildes werden meist unbestritten als öffentliche Güter zu behandeln sein, die von allen Bürgern gemeinsam zu konsumieren sind und von deren Anblick (ökonomisch als Konsum zu interpretieren) im allgemeinen niemand ausgeschlossen werden kann[35]. Dabei kommt es (theoretisch) auf ihre sonstige Nutzung (z.B. für private Produktionsaktivitäten) nicht an. Es könnte sogar durchaus mit Ökonomen darüber diskutiert werden, ob nicht auch die "Idylle einer Altstadt", geprägt durch traditionelle Einzelhandelsformen und die Mischung von Wohnen und Handwerk im alten Baubestand, oder auch nur bestimmte, nicht (mehr) wettbewerbsfähige Gütersortimente (von Produktions- und Handelsbetrieben) an bestimmten Standorten als sogenannte meritorische Güter zu behandeln sind. Bei meritorischen Gütern ist eine "Korrektur der Konsumentensouveränität" deshalb angezeigt, weil über den preisgesteuerten Marktmechanismus keine ausreichenden Mengen dieser Güter nachgefragt und deshalb auch nicht produziert würden.

Schulbildung ist das häufig gewählte Beispiel für diese Art von Gütern. Aber auch die erwähnte Idylle einer Altstadt kann ein meritorisches Gut sein, sofern man sie als Kuppelprodukt bei der privaten Nutzung des alten Baubestandes betrachtet. Wenn die mit der privaten Nutzung dieser "Idylle" hergestellten oder herstellbaren Güter beziehungsweise Leistungen nicht ausreichend (zahlungskräftig) nachgefragt werden, entfällt als Kuppelprodukt auch die "Urbanität der Altstadt" und muß eventuell von der öffentlichen Hand angeboten werden[36)].

Wenn man – wie viele Ökonomen – das Vorhandensein meritorischer Güter bejaht, bleibt die Frage, wer darüber entscheidet und wie darüber entschieden wird, was "eine ausreichende Menge" ist. Die Opportunitätskosten dürfen auch hier nicht übersehen werden: Die Entscheidung für eine bestimmte Verwendung (Nutzung) von Grundstücken *kostet* den Verzicht auf eine andere Verwendung, und das läßt sich häufig durchaus in Geldbeträgen ausdrücken, wenn man die erzielbaren Mieten oder Bodenpreise berücksichtigt[37)].

Eine effiziente Allokation verhindert keine Maßnahmen, welche (nachträglich) zu einem gerechten Ausgleich der Interessen der Stadtbürger führen. Zum Beispiel sind durchaus Eingriffe in die Verteilung des Konsumguts "Wohnen mit hoher Umweltqualität" vorstellbar, wenn man meint, daß die kaufkräftige Nachfrage wegen der ungleichen Verteilung der Einkommen zu einem gesellschaftlich unerwünschten Ergebnis geführt hat[38)]. Es wurde bereits erwähnt, daß die Ansicht, die Stadtplanung hätte Verteilungsaufgaben zu lösen, häufig aus dem Mißverständnis heraus entsteht, bei der Zuordnung der Flächennutzungen handele es sich um ein Problem der Verteilung von Konsumgütern. In ökonomischer Betrachtung ist Konsumgut jedoch nur die Wohnfläche, die die privaten Haushalte nachfragen. Zu ihrer Umverteilung sind keine *stadtplanerischen* Beeinflussungen nötig, obwohl man sich selbstverständlich auch eine sozialpolitisch orientierte Stadtplanung ("Stadtplanung als Sozialpolitik") vorstellen kann.

Stadtplanung sollte in stadtökonomischer Sicht in der Setzung geeigneter Rahmenbedingungen bestehen, innerhalb derer jeder einzelne Produzent und Konsument in der Stadt zukunftsorientiert nach der bestmöglichen Verwendung der städtischen Ressourcen suchen kann, und die Stadtplanung sollte für die Unterstützung dieses Ziels notwendige Maßnahmen vorausschauend festlegen. Ein wichtiger Aspekt dieses *ökonomischen Grundproblems der Stadtplanung* ist die *optimale Allokation der Standorte* der vielen verschiedenen Bewohner und Unternehmer in der Stadt, die jeweils eine bestimmte Fläche unterschiedlich nutzen. Ressourcen, damit auch der Bauboden, Standorte und Wohnungen sind knapp: Deshalb sind immer bestimmte soziale Entscheidungssysteme notwendig, mit deren Hilfe diese knappen Güter 'rationiert' und damit einzelnen Nutzungen oder Aktivitäten 'zugeteilt' werden. Wegen externer Effekte kann es, wie erwähnt, Probleme bei der effizienten Zuordnung der Bodennutzungen geben. Die ökonomische Theorie beschäftigt sich aber ausgiebig mit Möglichkeiten, solche Verzerrungen der Allokation zu beseitigen oder auszugleichen.

Grundsätzlich hat jede Gesellschaft folgende Fragen zu beantworten:
– Welches soziale Entscheidungssystem bildet die Basis der Organisation der Wirtschaft und Gesellschaft?
– Wer entscheidet nach welchen Kriterien über Art und Ausmaß der Beeinflussung (Veränderung) der Ergebnisse dieses Basissystems?
– Was will man durch Eingriffe in das Basissystem beeinflussen?
– Wozu will man beeinflussen?
– Wie kann man, durch welche ergänzenden Entscheidungsmechanismen, beeinflussen?
– Wodurch kann man beeinflussen?

Wenn man sich für das marktwirtschaftliche System mit Preislenkung als grundlegendem Entscheidungsmechanismus entschieden hat, so können sich in bestimmten Fällen Ergebnisse zeigen, die von der Gesellschaft nicht gewünscht werden. Die Stadtplanung scheint aus dem Gefühl heraus entstanden zu sein, die Allokation der Nutzungen, die Zuordnung der Flächennutzungen durch den Markt könne die gesellschaftlichen Ziele nicht ausreichend erfüllen. Dabei ist aber die Frage, *wer nach welchen Kriterien* über Art und Ausmaß der zusätzlichen Beeinflussung entscheidet, nur sehr allgemein mit dem Hinweis auf Stadtparlamente und von ihnen kontrollierte Stadtverwaltungen zu beantworten. Klar ist, *was* man beeinflussen will: Die Stadtstruktur als Nutzungsgefüge und als dreidimensionale Gestalt. *Wozu* man die Stadtstruktur beeinflussen will, ist demgegenüber meist wieder nur sehr abstrakt mit den gesellschaftlichen Zielen umschrieben. Auf die Fragen, wie und *wodurch* man beeinflussen kann, werden trotz eines umfangreichen stadtplanerischen Regelwerks, stadtplanerischer Grundsätze und gesetzlicher Vorschriften – wie oben geschildert – in der Praxis noch weitgehend unbefriedigende Antworten gegeben.

Eine Beeinflussung setzt die Kenntnis der städtischen Wirkungszusammenhänge voraus, die sich im marktwirtschaftlichen Basissystem ergeben. Die Analyse dieser Wirkungszusammenhänge gehört zu den zentralen Aufgaben der Stadtökonomie. Es handelt sich um Probleme, welche empirisch fundierte Aussagen erfordern. Dabei ist für die empirische Forschung – und das gilt für ganz verschiedene Wissenschaftsdisziplinen – die Kenntnis einiger allgemeiner wissenschaftstheoretischer Grundlagen erforderlich. In weiten Teilen der wissenschaftlichen Diskussion sind die im Rahmen des "kritischen Rationalismus" formulierten Grundsätze[39] akzeptiert. Auf diesen wissenschaftstheoretischen Grundlagen beruht die Konzeption des vorliegenden Buches.

3. Der Einsatz der Stadtökonomie in der Stadtplanung

Will man Zusammenhänge beeinflussen, muß man Ursachen und Wirkungen kennen, wie oben bereits hervorgehoben wurde. Wissenschaftliche Erklärungen sind die Voraussetzung für wissenschaftliche Prognosen. Sie müssen aus hinreichend bestätigten Theorien deduktiv ableitbar sein, das ist eine der wichtigen Thesen des "kritischen Rationalismus". Vorhersagen, die nicht aus Theorien ("Gesetzen") deduziert sind, werden danach als Prophetien, Projektionen, Extrapolationen oder Erwartungen bezeichnet und so von "echten", theoretisch gesicherten Prognosen abgegrenzt[40]. Die prognostische Verwendung wissenschaftlicher Theorien bildet die Grundlage erfolgreichen politischen Handelns[41].

Auf die methodologischen Fragen in Zusammenhang mit dem Entwurf von Theorien und mit ihrer Struktur können wir nicht weiter eingehen. In den Grundzügen sind die in der Stadtökonomie entwickelten Theorien der Stadtstruktur, wie sie inzwischen in lehrbuchmäßiger Darstellung vorliegen[42], für die Stadtplanung sicher nützlich. Theorien sollten einen empirischen Gehalt aufweisen: Für die Praxisrelevanz stadtökonomischer Ansätze ist es entscheidend, daß sie bei ihren Ableitungen zu empirisch überprüfbaren Aussagen kommen. Ökonomische Stadtmodelle im Rahmen der neoklassischen Gleichgewichtstheorie – "New Urban Economics" – und deren Weiterentwicklungen können deshalb für die Absichten dieses Buches keine wesentliche Rolle spielen[43]. Für die empirische Stadtökonomie ist die Entwicklung zusätzlicher, neuer theoretischer Konstrukte eine dringende Aufgabe. Bei der Anwendung in der empirischen Forschung gehen wir nach folgendem Grundschema vor.

Die Abbildung von realen Phänomenen[44]

Reale Phänomene

	Theoretisch-begriffliche Fassung des Problems als Strukturierung des Untersuchungsobjektes Stadt
	Formulierung von Theorien, Modellbildung
Operationa-	Auswahl von meßbaren Merkmalen
lisierung	Statistische Erfassung, Meßwerte, Indikatoren, gegebenenfalls Aggregation, Indikatorensysteme,
Messung ▼	Maßzahlen, ökonometrische Methoden, numerische Darstellung

Der im Schema angedeuteten Vorgehensweise wird im Grundsatz in den nächsten zehn Kapiteln des Buches gefolgt: An ein Kapitel mit der Darstellung der theoretischen Grundlagen schließt ein Kapitel mit der empirischen Anwendung an. Dabei dürfen keine zu strengen Maßstäbe angelegt werden, wenn es um die Schritte von der Theorie zur statistischen Erfassung und empirischen Anwendung geht. Zum Teil sind die Theorien und Modelle noch rudimentär, und vorliegende komplizierte Modelle lassen sich nicht immer operationalisieren. Zum Teil ist die Operationalisierung und statistische Erfassung der verwendeten Größen nicht vollständig: Empirische Forschung ist sehr zeit- und kostenintensiv. In nächster Zukunft lassen sich nicht alle Lücken schließen, die durch die völlig getrennte Entwicklung der Stadtökonomie und der Stadtplanung entstanden sind. Die Stadtökonomie als Spezialdisziplin konnte sich bisher fast ausschließlich im angelsächsischen Sprachbereich ausbreiten[45].

Das Buch gibt einen Überblick über vorhandene grundlegende Theorien und Modelle der Stadtökonomie. Es zeigt in den empirischen Kapiteln, wie man auf der Basis allgemeiner theoretischer Zusammenhänge zu einigen empirischen Aussagen kommt, die für die Stadtplanung nützlich sein können. Mehr sollte beim jetzigen Stand der Theorie (der Stadtökonomie) und der Praxis (der Stadtplanung) unseres Erachtens nicht erwartet werden.

Untersuchungen auf der räumlichen Makro-Ebene, auf der Ebene von Städten als Elementen der Raumstruktur, und Analysen der räumlichen Arbeitsteilung in einer Volkswirtschaft können auf vorhandene, überwiegend regionalökonomische Theorien und Meßkonzepte zurückgreifen; die Statistik liefert zum großen Teil die notwendigen Daten. Bei der Analyse einer einzelnen Stadt tauchen

Probleme bereits bei der Erfassung der Stadtstruktur auf, die aus der Beschäftigung unterschiedlicher Wissenschaftsdisziplinen mit der räumlichen Struktur der Stadt herrühren. Eine einheitliche theoretisch-begriffliche Fassung des Phänomens der realen Stadtstruktur ist jedoch Vorbedingung der Messung. Stadtökonomen setzen für die theoretische Strukturierung bei der Beobachtung an, daß die Stadtstruktur aus dem Standortverhalten einzelner Wirtschaftssubjekte, den Entscheidungen von privaten Haushalten, Unternehmen und öffentlichen Einrichtungen zustandekommt. Die Messung selbst ist unproblematisch, wenn Einigkeit über den Gegenstand des Messens besteht. Die statistische Methodenlehre stellt eine Vielzahl von Konzepten zur Verfügung, die geeignet sind, Strukturen, das ist die Zusammensetzung einer Gesamtheit aus ihren Teilen, zu messen[46].

Die Abbildung von realen Stadtstrukturen zum Zwecke ihrer Erklärung ist eine der entscheidenden Vorbedingungen für rationales stadtpolitisches Handeln. Nur auf Grund der Kenntnis von Wirkungszusammenhängen der verschiedenen in einer Stadt ablaufenden Prozesse sind politische Eingriffe möglich, um bestimmte Ziele zu erreichen. Die Stadtökonomie, so wie sie in den vorhandenen Lehrbüchern dargestellt wird, umfaßt in Form der theoretischen und empirischen Stadtökonomie noch überwiegend allein das Gebiet der positiven Ökonomik, die das wirtschaftliche Geschehen möglichst objektiv erklären will. Der Bereich der normativen Ökonomik, in dem es zum einen um die Bestimmung widerspruchsfreier Ziele und die Analyse von Zielzusammenhängen geht, zum anderen Aussagen über die optimale Gestaltung wirtschaftlicher Abläufe und den optimalen Einsatz volkswirtschaftlicher Produktionsfaktoren abgeleitet werden, ist im Rahmen der Stadtökonomie noch wenig ausgearbeitet worden. Das betrifft insbesondere die Analyse von Maßnahmen der Stadtpolitik hinsichtlich ihrer Wirkung, aber auch die Anwendung gesamtwirtschaftlicher Bewertungsverfahren für stadtpolitische Entscheidungen, wenn der Bodenmarkt keine Rolle spielen soll oder spielen kann.

Schaubild 1 stellt die Vorgehensweise bei stadtökonomischen Grundlagenuntersuchungen dar.

Um ein mögliches Mißverständnis im Zusammenhang mit einer aktuellen Thematik von vornherein auszuschließen, müssen wir den ökonomischen Gehalt des Begriffs "knappe Ressource" nochmals herausstellen. In der Nationalökonomie wird der Boden nicht (nur) deshalb als knappe Ressource bezeichnet, weil er zur natürlichen Umwelt gehört, die durch Immissionen "verbraucht" wird. Der Boden ist als Produktionsfaktor und Standort – zunächst unabhängig von seiner materiellen Beschaffenheit – eine knappe Ressource[47], um die verschiedene Nutzungen konkurrieren und die deshalb ökonomisch einzusetzen ist. Seine aktuelle Bedeu-

Schaubild 1: Die Arbeitsweise der Stadtökonomie als Wissenschaft

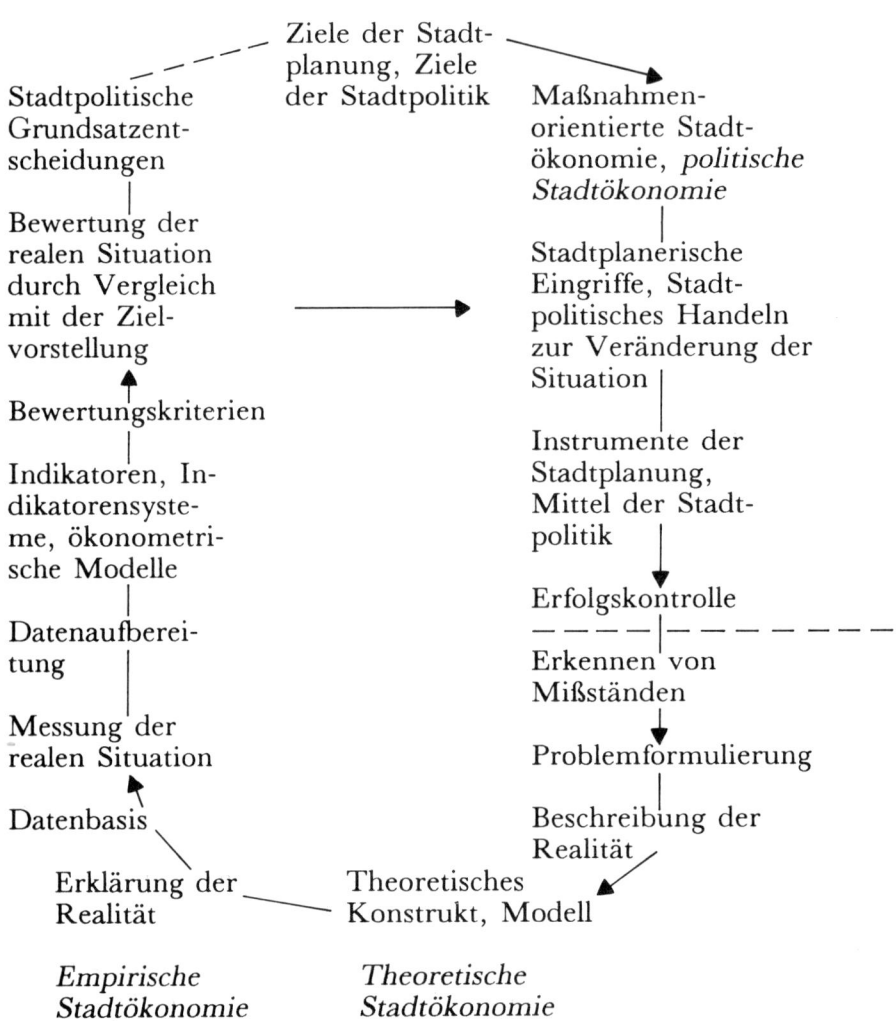

tung als Umweltmedium verstärkt nur noch die Notwendigkeit seines ökonomischen Einsatzes und seiner optimalen Allokation. *Jede* Verwendung des Bodens "*kostet*" den Verzicht auf eine andere Verwendung. Vielleicht kann der Stadtökonom dem Städtebauer bei der Schaffung einer zufriedenstellenden Umwelt in der Stadt sogar entscheidend helfen: Wenn die Stadt (auch) "*ökonomisch*" - unter Berücksichtigung von Kosten *und* Nutzen - *geplant und gestaltet* wird, lassen sich darauf aufbauende "technische Lösungen" nicht mehr mit dem Kostenargument beiseiteschieben.

Wir hoffen, daß vorliegendes Buch dazu beiträgt, den praktischen Planer zu überzeugen,
- daß der städtische Boden als Produktionsfaktor und Standort - unabhängig von den Eigentumsverhältnissen - *nicht kostenlos* zu seiner "*regelgerechten*" Verfügung stehen kann,
- daß der Boden nicht als "außerökonomisches" Gut der ausschließlichen Verteilung durch gesellschaftliche (Bedarfs-)Planung zu unterwerfen ist, sondern als knappe Ressource unter Berücksichtigung ökonomischer Allokationsmechanismen den verschiedenen Nutzungen überlassen werden muß,
- daß das Ergebnis einer Vielzahl privater ökonomischer Entscheidungen von Unternehmern und Einwohnern in Form ihrer freien Standortwahl zentrale Hinweise auf die von den Stadtbürgern gewollte "optimale" Stadtstruktur enthält,
- daß nicht zeichnerisch dargestellte Wünsche der Verwaltung in einem "Stadtplan", sondern Entscheidungen vieler Bauherren und Nutzer auf dem Bodenmarkt, zusammen mit den Wirkungen von stadtpolitischen Maßnahmen auf der Basis nachprüfbarer Zielkriterien, die Stadtstruktur bestimmen sollten.

Anmerkungen zum 1. Kapitel

1) Albers, G.; Wesen und Entwicklung der Stadtplanung. In: Grundriß der Stadtplanung, Hannover 1983, S. 2.
2) Mit dem Wahl- und dem Verhandlungsmechanismus gibt es noch zwei weitere Entscheidungssysteme.
3) Zum ökonomischen Gehalt des Begriffs "Planung" vgl. Schneider, H.K.; Planung und Modell. In: Zentralinstitut für Raumplanung an der Universität Münster (Hrsg.); Zur Theorie der allgemeinen und der regionalen Planung, Bielefeld 1969, S. 41-59.
4) Zitiert aus Klaus, J. (Hrsg.); Entscheidungshilfen für die Infrastrukturplanung: Neuere Entwicklungen auf dem Gebiet der Analyse und Bewertung öffentlicher Projekte; Baden-Baden 1984.
5) Spengelin, F.; Ordnung der Stadtstruktur. In: Grundriß a.a.O., S. 358.
6) Ökonomen interessieren sich vor allem für Entscheidungen über Zuwächse zum Kapitalbestand in Form der Investitionen.
7) Zumindest gilt dies für den Zeitpunkt, nach dem der Bau von "Trabantenstädten" aufgegeben wurde.
8) Baugesetzbuch (BauGB) in der Fassung der Bekanntmachung vom 8. Dezember 1986.
9) Soweit es um die Stadtbaukunst, die Gestaltung der visuellen, räumlich dreidimensionalen Ordnung der Stadt geht, wird niemand dem Städtebauer und Architekten die Anwendung von "Regeln" bestreiten. Die Einflußnahme auf das Nutzungsgefüge läßt sich jedoch weder als technisches noch als künstlerisches Problem behandeln.
10) Spengelin, F.; a.a.O., S. 358.
11) Und so ist es auch konsequent, wenn Fachtagungen zum Thema "Anerkannte Grundsätze des Städtebaus? - Dichte, Erschließung, Verkehrsberuhigung, Gestaltung" mit folgenden Sätzen angekündigt werden: "Die handfesten Planungsgrundsätze der fünfziger Jahre gelten heute als überholt, an den Wohnsiedlungen vor allem der sechziger Jahre läßt die Kritik kein gutes Haar. Haben wir neue Grundsätze? Oder ist alles erlaubt? Setzt nicht jede Planungsentscheidung zumindest eine Rangfolge der Prioritäten voraus? Wenn ja - wie sehen die gegenwärtig gültigen Leitvorstellungen aus, welche Spannweite, welchen Spielraum bieten sie? Die Fülle der Alltagsarbeit in der Stadtplanung kann solche Fragen in den Hintergrund drängen, aber ausweichen kann man ihnen nicht." In: Einladung zur 10. Fachtagung des Instituts für Städtebau und Wohnungswesen der Deutschen Akademie für Städtebau und Wohnungswesen vom 16. bis 20. September 1985 in Mün-

chen.
12) Zur Illustration sei Spengelin, F.; a.a.O., S.363ff., zitiert:
"Im Rahmen dieser allgemeinen Grundsätze für die Zuordnung der Nutzungen ergeben sich für die Standorte der wichtigsten Nutzungsbereiche folgende Anforderungen.
. . .

Arbeitsstätten – Industrie
Geographische und topographische Voraussetzungen
- Lage zur Hauptwindrichtung sollte sicherstellen, daß Emissionen möglichst geringe Auswirkungen auf Wohngebiete haben,
- ebene Flächen oder Flächen, die leicht einzuebnen sind,
- keine Einschränkung von Erweiterungsmöglichkeiten durch natürliche Barrieren,
- tragfähiger Baugrund.
Technische Infrastruktur und Verkehr:
- bei großem Energiebedarf geringe Entfernung zu Kraftwerken, bei hohem Kühlbedarf Nähe zu Flüssen,
- Ablagerungsmöglichkeiten für Abfall,
- gute Anbindung an das regionale und überregionale Verkehrsnetz,
- gute Anbindung an den öffentlichen Personennahverkehr; Standorte in Gegenrichtung zur Hauptverkehrsrichtung tragen zur Entzerrung der Verkehrsspitzen bei,
- bei hohem Anteil weiblicher Arbeitsplätze gute Zuordnung zu Wohngebieten.

Dienstleistungen
- Nähe zu ähnlichen und komplementären Einrichtungen. (Fühlungsvorteile!)
Technische Infrastruktur und Verkehr
- bei Managementbetrieben (Großverwaltungen u.ä.) guter Anschluß an öffentlichen Personennahverkehr.
Soziale Infrastruktur und Versorgung
- Anschluß an Nebenzentren."

Als Fazit betont Spengelin:

"Abstrakt ausgedrückt kann das erste Ziel einer optimalen Nutzungsstruktur wie folgt definiert werden:
- einerseits als eine Verteilung der unterschiedlichen Nutzungen und Einrichtungen innerhalb der Stadt derart, daß sich günstige Zuordnungen ergeben und wechselseitige Störungen und Beeinträchtigungen vermieden werden,

- andererseits als ihre Verknüpfung durch technische Infrastruktur derart, daß sich kurze Wege für die täglichen Lebensvorgänge ergeben.

Der zweite Schritt dient dann der Berücksichtigung der gegenseitigen Beziehungen. Hier können folgende Thesen entwickelt werden:
- Die Zuordnung der Flächen sollte derart geschehen, daß die jeweiligen Nutzungen (bzw. die sich überlagernden Nutzungen) die höchste Effektivität aus der Sicht der Stadtentwicklung und aus der Sicht der innerbetrieblichen Funktionen erhalten. Dabei wird diese Effektivität auch durch die jeweilige Nutzung der angrenzenden Flächen bestimmt. Wechselseitige Störungen und Beeinträchtigungen durch die Nutzungen müssen vermieden werden.
- Der Zuschnitt von Wohnbauflächen, Arbeitsstätten und Freiflächen sollte jeweils in Dimensionen erfolgen, die möglichst kurze, mindestens schnelle Wegeverbindungen untereinander zur Folge haben und aus denen ein möglichst gleichmäßig auf alle Hauptverkehrsstraßen verteiltes Verkehrsaufkommen resultiert.
- Die Zuordnung von Versorgungszentren zu den Wohn- und Arbeitsstätten sollte so sein, daß von beiden gute Erreichbarkeit (möglichst zu Fuß) gewährleistet ist (wichtig für einen ausgewogenen Tagesrhythmus der konsumtiven Dienstleistungsbetriebe).

Dabei ermöglicht eine hierarchische Abstufung der Versorgungszentren eine stufenweise Ergänzung ihres Angebotes."

13) Insbesondere die Baunutzungsverordnung und die Bauordnungen geben dem Stadtplaner dafür auch die öffentliche Legitimation.

14) Dem Ökonomen fällt dabei auf, daß überwiegend die *räumliche Dimension* wirtschaftlicher und gesellschaftlicher Aktivitäten (verwaltungs)rechtlichen Regelungen unterliegt, "Planungsrecht" ist im großen und ganzen "Raumplanungsrecht"; vgl. als Überblick: Ronellenfitsch, M.; Einführung in das Planungsrecht, Darmstadt 1986.

15) Um einen fundierten, nicht allzu formaltheoretischen Überblick zu bekommen, welche Möglichkeiten in der Ökonomie diskutiert werden, Marktversagen zu korrigieren, sei empfohlen: Sohmen, E.; Allokationstheorie und Wirtschaftspolitik, Tübingen 1976, insbes. Kap. 5 und 7. Krüsselberg weist darauf hin, daß oftmals die Ökonomen selbst das Mißverständnis verursachen, externe Effekte erforderten immer Staatseingriffe. Vgl. Krüsselberg, H.-G.; Umwelteffekte in Marktwirtschaften. In: List Forum, Bd. 13, H. 2 (Juni 1985), S. 101-117.

16) Sohmen, a.a.O., S. 271. Als Stadtökonomen vermuten wir, daß die (technische) Stadtplanung das (noch) nicht als Manko empfindet.
17) Zur Diskussion vgl. den praxisbezogenen Beitrag von Mills, E. S.; Economic Analysis of Urban Land-Use Controls. In: P. Mieszkowski, M. Straszheim, Current Issues in Urban Economics, Baltimore and London, 1979, S. 511-541.
18) Dabei entstehen (wahrscheinlich) mehr Verkehr als nötig, wechselseitige Belästigungen usw., und mancher mag den geringen Einfluß der Planung bedauern. (Aber die Wünsche der einzelnen Konsumenten sind zum Beispiel auch weitgehend für ein Güterangebot verantwortlich, das, nach objektiven ("technischen") Maßstäben, unnötig differenziert ist, wobei Ressourcen – im strengen technischen Sinn – verschwendet werden.)
19) Enteignung zum Beispiel ist sicher ein seltener Sonderfall. Für solche Fälle, wie Kraftwerke, Müllbeseitigungsanlagen, Verkehrseinrichtungen usw. muß man allerdings wegen der vielfach zu beobachtenden Reaktion der "Betroffenen" bezweifeln, ob der Planer nach anerkannten Regeln entscheiden kann.
20) So kann es dazu kommen, daß ungenehmigte Gewerbebauten in einem "wilden" Gewerbegebiet, ohne Ausweisung im Flächennutzungsplan, nicht abzubrechen sind, sondern daß eine Ausweisung des Areals als Gewerbegebiet auf Empfehlung des Stadtrats zu überprüfen ist. Vgl. Süddeutsche Zeitung vom 16.1.1986, Lokalteil: "Galgenfrist für Gewerbe-Schwarzbauten".
21) Für einen Unternehmer bedeutet dies z.B., daß er die Alternative verwirklicht, die seinen Gewinn maximiert. Für eine mehr formale und vollständige Erläuterung dieser Annahme, vgl. Böventer, E. von: Einführung in die Mikroökonomie, München (5. Aufl.) 1987, S. 52-87. Allerdings gibt es bereits innerhalb der Ökonomie Ansätze, die die Annahme des Rationalverhaltens modifizieren, insbesondere bei dynamischen Betrachtungen.
22) Es zeugt von Unkenntnis des aktuellen Stands ökonomischer Forschung, wenn der wissenschaftliche Beirat der Bundesforschungsanstalt für Landeskunde und Raumordnung in seinem Memorandum unter Forschungsdefiziten "Entstaatlichung, Deregulierung, Entökonomisierung" erwähnt und dabei meint, daß durch die Beschränkung auf das "Geschehen auf dem formellen Markt" mit den Werkzeugen der ökonomischen Theorie der wachsende Anteil von Freizeit und die Nutzung dieser Freizeit nicht genügend auf ihre Wirkungen hin analysiert werden können. Vgl. Bundesforschungsanstalt für Landeskunde und Raumordnung (Hrsg.); BfLR-Mitteilungen, 7/Juli 1986.

23) So die inzwischen "klassisch" gewordene Unterscheidung, vgl. Dahl, R. A. und Ch. E. Lindblom; Politics, Economics and Welfare, New York 1953 (1. Aufl.).
24) Den besten Einblick in die Vielfältigkeit dieses "neuen" Theoriegebiets gibt die Zeitschrift "Public Choice".
25) Oft sind planerische Festlegungen kaum mehr als selbstverständliche Bestätigungen "vernünftigen" privaten Handelns: Kaum ein Unternehmer wird versuchen, seinen Industriebetrieb in ein Wohngebiet zu legen. Wenn es gelegentlich scharfe Kontroversen gibt, wird es oft auch objektive Kriterien gegen eine solche Nutzungsfestschreibung geben. Vgl. auch Fußnote 20 zur nachträglichen Ausweisung eines "wilden" Gewerbegebiets.
26) In der Vergangenheit hat es in der Bundesrepublik Deutschland noch oft eine Gleichsetzung von Stadtökonomie und Beschäftigung mit wohnungswirtschaftlichen Fragen gegeben. Das war verständlich, solange die städtische Wohnungswirtschaft das einzige Gebiet war, zu dem Beiträge der (deutschen) Ökonomen erfolgten. Die aktuelle, internationale Forschungsdiskussion beschäftigt sich vor allem mit der Weiterentwicklung von Stadtstrukturmodellen.
27) Vgl. Richardson, H. W.; Regional Growth Theory, London und Basingstoke 1973.
28) Die Unterscheidung "Probleme der Städte" – "Probleme in Städten" stammt von Charles L. Leven, vgl. ders.; Analysis and Policy Implications of Regional Decline. In: The American Economic Review (Papers and Proceedings), Vol. 76, No. 2 (May 1986), S. 308.
29) "Bequem einkaufen zu können" oder "Geschäfte anschauen" läßt sich ökonomisch als öffentliches (Konsum-)Gut interpretieren, das nicht nur effizient produziert sondern auch gerecht verteilt werden muß. Dabei ist unterstellt, daß nicht jeder private Unternehmer das "Gut" einzeln anbieten kann.
30) Im Hinblick auf die Verteilung haben sie damit nicht unrecht, sind doch "Machttheorien" der (Einkommens-)Verteilung in der Wirtschaftstheorie gut fundiert.
31) Damit ist Produktion im weitesten Sinn gemeint, also neben der Sachgüterproduktion auch die Bereitstellung städtischer Leistungen im allgemeinen Sinn.
32) Sohmen, a.a.O., S. 4.
33) Es scheint in der Realität allerdings oft so, daß das Unbehagen über bestimmte städtebauliche Situationen eher durch gestalterische Mängel als durch die Nutzungszuordnung im engeren Sinn verursacht wird. Das zu bestreiten würde im übrigen bedeuten, eine starre Beziehung zwischen Nutzung und Gestaltung von Räumen und Gebäuden anzunehmen und

der städtebaulichen Gestaltung jeden eigenständigen Einfluß abzusprechen.

34) Auszug aus der Grundsatzrede zum Stadthaushalt 1986 von OB Kronawitter, in: Münchner Stadtanzeiger, 25.10.1985, S. 1. Der Ökonom könnte die Erhebung von Eintrittsgebühren (z.B. in Form von Parkgebühren) vorschlagen. Ansonsten wäre die Zuteilung von Eintrittskarten (z.B. durch Parklizenzen) denkbar. Der Planer wird vielleicht die Benutzung von Privatautos verbieten oder Kaufhäuser vor die Stadt, auf die "grüne Wiese" verlegen. Grundsätzlich wird man jedoch erkennen müssen, daß die Formulierung von Wünschen noch kein politisches Handeln bedeutet und nur auf Kosten-Nutzen-Überlegungen basierende Entscheidungen und ihre Durchsetzung eine Situation verändern.

35) Grundsätzlich wäre die Erhebung von Gebühren für die Besichtigung denkbar. In Umweltschützerkreisen wird z.B. schon über Gebühren für die "Naturbenutzung" diskutiert. Vgl. Art. "Gesucht: Umweltmanager – Umweltschützer denken an Gebühren" in: Die Zeit, Nr. 40, 26.9.1986.

36) In welcher institutionellen Form und Organisation das geschieht, ist dabei weniger entscheidend. Denkbar wäre auch ein privatrechtlicher Verein aller Geschäftsinhaber dieses Gebietes, der für die Erhaltung der externen Vorteile aus der historischen Branchenstruktur sorgt. Die unterstellte Hypothese, daß die Bauform der Betriebsform folgt, ist sicher für viele Wirtschaftszweige im längerfristigen Durchschnitt richtig, ohne daß damit allerdings die bauliche Gestaltung im einzelnen festgelegt wäre.

37) Besonders dringend stellt sich die Frage nach der "ausreichenden" Menge meritorischer Güter in Verbindung mit der "Erhaltungs"-Diskussion, zum Beispiel für Entscheidungen wie: Welcher Tante-Emma-Laden soll im Stadtzentrum (durch extrem hohe direkte Mietsubventionen in Städten wie München oder indirekt durch in Planungsgesetzen vorgesehene Festsetzungen) erhalten bleiben? Müssen dort für Jahre oder für Jahrzehnte die gleichen Güter angeboten werden? Wie weit darf das Sortiment verändert werden und entscheidet z.B. der Stadtrat darüber? Ist Voraussetzung der "Subvention", daß das Geschäft keinen Gewinn bringt? Dürfen diese "Geschäfte" vererbt werden? Auch wenn über die Menge "meritorischer Güter" im politischen Prozeß der Demokratie entschieden wird, darf man doch nicht übersehen, daß Bedürfnisse schichtenspezifisch sind, und zum Beispiel ein öffentlicher Angestellter oder ein Rentner aus seiner Interessenlage heraus andere Prioritäten bezüglich von Flächennutzungsalternativen setzen wird als ein Beschäftigter in einem gesamtwirtschaftlich

schrumpfenden Wirtschaftszweig oder ein Lehrer, der aus "Kostengründen" nicht in den Schuldienst übernommen werden kann. Die Opportunitätskosten der Nichtbebauung oder "Begrünung" eines großen städtischen Grundstückes z.B. am Marienplatz in München im Verkehrswert von rund 200 Millionen DM sind z.B. eine nicht unerhebliche Zahl von Arbeitsplätzen im Sozialbereich, die stattdessen zu finanzieren wären. Bereits hier beginnen Verteilungskonflikte! Noch wichtiger ist allerdings, daß die Artikulation von Bedürfnissen schichtenspezifisch verzerrt ist. Nur selten sind die Bedürfnisse der Gruppe, die sie am besten gegenüber der Öffentlichkeit formulieren kann, auch gesellschaftspolitisch die dringendsten.

38) Nicht immer wird man ohne ein Wohnungs(verteilungs)amt auskommen. Ein Häuschen mit Garten für alle im Stadtzentrum ist durch keine noch so gerechte Umverteilung möglich. Es bleiben die Fragen: Wer teilt nach welchen Kriterien zu? Bleibt es beim Boden- oder Mietpreis oder wird der – "nicht profitorientierte" – Stadtplaner das (mit)übernehmen? Der Ökonom wird im allgemeinen auf Möglichkeiten der Einkommensumverteilung durch Besteuerung und Sozialtransfers verweisen und trotz seiner Grenzen den Markt der Verteilung durch Ämter vorziehen.

39) Begründet von Popper, K. R.; Logik der Forschung, Wien 1935. Vgl. als Überblick zu dieser methodologischen Position die Aufsätze in: Topitsch, E. (Hrsg.); Logik der Sozialwissenschaften, Köln, Berlin 1966.

40) Vgl. Wild, J.; Probleme der theoretischen Deduktion von Prognosen. In: Zeitschrift für die gesamte Staatswissenschaft, Bd. 126 (1971), S. 554.

41) Albert, H.; Theorie und Prognose in den Sozialwissenschaften. In: E. Topitsch (Hrsg.), a.a.O., S. 126ff.

42) Es seien hier nur zwei der bekanntesten Lehrbücher genannt: Mills, E. S.; Urban Economics, Glenview, London 1972 (1. Aufl.) und Richardson, H. B.; Regional and Urban Economics, Harmondsworth 1978 (1. Aufl.), Penguin Books).

43) Vgl. Richardson, H. B.; The new urban economics: and alternatives, London 1977.

44) Vgl. Heike, H. D.; Kade, G.; Methodologische Probleme makroökonomischer Theorien. In: Konjunkturpolitik 14 (1968), S. 348.

45) Abgesehen davon, daß es bereits im Grundkurs-Unterricht verwendbare Lehrbücher gibt (vgl. Fußnote 42), existieren seit längerem einige auf Stadtökonomie spezialisierte Zeitschriften, die hohes theoretisches Niveau zeigen: Journal of Urban Economics, Urban Studies, Regional Science und Urban Economics, sowie Environment and Planning, eine Zeitschrift, die

ungeachtet des Titels überwiegend stadtökonomische Aufsätze enthält. Einen Überblick über die rund fünfundzwanzigjährige Geschichte des zentralen Gebiets der Urban Economics, der Flächennutzungsmodelle, gibt: Muth, R. F.; Models of Land-Use, Housing, and Rent: An Evaluation. In: Journal of Regional Science. Silver Anniversary Issue, Vol. 25, No. 4 (Nov. 1985), S. 593-606.

46) Wir bemühen uns in vorliegendem Buch nicht um einen vollständigen Überblick über alle Möglichkeiten der Messung von Strukturen, sondern haben eine uns geeignet erscheinende Auswahl einfacher Maße getroffen und die Maße mit den verfügbaren statistischen Daten einer Stadt berechnet. Der Stand der Ausrüstung mit EDV-Einrichtungen reicht in den meisten Stadtverwaltungen aus, um die von uns vorgeschlagene Strukturmessung nachzuvollziehen.

47) Das als Produktionsfaktor und Standort relevante "Bauland" wird im allgemeinen durch die Gemeinde "produziert". Wie bei jeder anderen Güterproduktion ändert diese Tatsache nichts daran, daß Bauboden zu jedem Zeitpunkt knapp ist, weil die Ressourcen zur Produktion knapp sind.

Literaturverzeichnis

Akademie für Raumforschung und Landesplanung; Grundriß der Stadtplanung. Hannover 1983

Albers, G.; Was wird aus der Stadt? Aktuelle Fragen der Stadtplanung. München 1972

Albers, G.; Entwicklungslinien im Städtebau; Ideen, Thesen, Aussagen 1875 – 1945; Texte und Interpretationen. Düsseldorf 1975

Bish, R.L.; Nourse, H.D.; Urban Economics and Policy Analysis. New York, u.a. 1975

Carlberg, M.; Stadtökonomie, Göttingen 1978

Carter, H.; Einführung in die Stadtgeographie. Berlin, u.a. 1980

Conrads, U.; Programme und Manifeste zur Architektur des 20. Jahrhunderts. Frankfurt a.M., u.a. 1964

Edel, M.; Rothenberg, J. (Hrsg.); Readings in Urban Economics. New York, u.a. 1972

Evans, A.W.; Urban Economics – An Introduction. Oxford, New York 1985 (Reprint 1987)

Fürst, D. (Hrsg.); Stadtökonomie. Wirtschaftswissenschaftliches Seminar Bd.6. Stuttgart, u.a. 1977

Fürst, D.; Zum Stand der Stadtökonomie in der Bundesrepublik. In: Hesse, J.J. (Hrsg.); Kommunalwissenschaften in der Bundesrepublik Deutschland, Baden-Baden 1988

Greenberg, M.R. (Hrsg.); Readings in Urban Economics and Spatial Patterns. New Brunswick, New Jersey 1974

Henderson, W.L.; Ledebur, L.C.; Urban Economics: Processes and Problems. New York, London, u.a. 1972

Heuer, H.; Sozialökonomische Bestimmungsfaktoren der Stadtentwicklung. Stuttgart. u.a. 1975

Hirsch, W.Z.; Urban Economics Analysis. New York, u.a. 1973

Hofmeister, B.; Die Stadtstruktur: Ihre Ausprägung in den verschiedenen Kulturräumen der Erde. Darmstadt 1980

Hoover, E.M.; Giarratani, F.; An Introduction to Regional Economics; Third Edition. New York 1984

Kain, J.F.; Essays on Urban Spatial Structure. Cambridge, Massachusetts 1975

Klaassen, L.H.; Paelinck, J.H.P.; Integration of socio-economic and physical planning, Rotterdam 1974

Leahy, W.H.; McKee, D.L.; Dean, R.D. (Hrsg.); Urban Economics. Theory, Development and Planning. New York 1970

Lean, W.; Economics of Land Use Planning: Urban and Regional. London 1969

Markelin, A.; Trieb, M. (Hrsg.); Mensch und Stadtgestaltung. Stuttgart 1974

Mayer, H.M.; Kohn, C.F. (Hrsg.); Readings in Urban Geogra-

phy. Chicago, London 1959
Mieszkowski, P.; Straszheim, M. (Hrsg.); Current Issues in Urban Economics, Baltimore 1979
Mills, E.S.; Urban Economics. Glenview, Illinois 1972
Mills, E.S. (Hrsg.); Handbook of Regional and Urban Economics, Vol. 2: Urban Economics. Amsterdam, New York, u.a. 1987
Mitscherlich, A.; Die Unwirtlichkeit unserer Städte, Anstiftung zum Unfrieden. Frankfurt a.M. 1965
Muth, R.F.; Urban Economic Problems. New York, u.a. 1975
Page, A.N.; Seyfried, W.R. (Hrsg.); Urban Analysis, Readings in Housing and Urban Development. Glenview, Illinois 1970
Perloff, H.S.; Wingo, L. (Hrsg.); Issues in Urban Economics. Washington 1968
Rasmussen, D.W.; Urban Economics. New York, u.a. 1973
Reulecke, J.; Geschichte der Urbanisierung in Deutschland. Frankfurt a.M. 1985
Richardson, H.W.; Regional and Urban Economics, Harmondsworth 1978
Rossi, A.; Die Architektur der Stadt. Skizze zu einer grundlegenden Theorie des Urbanen. Düsseldorf 1973
Sweet, D.C. (Hrsg.); Modells of Urban Structure. Lexington, Massachusetts, u.a. 1972
Winger, A.R.; Urban Economics, An Introduction. Columbus 1981
Yeates, M.; Garner, B.; The North American City. San Francisco, Cambridge, u.a. 1980 (3. Aufl.)

Teil II: Stadtgrößen, Städtesysteme und räumliche Arbeitsteilung

2. Kapitel: Theoretische Zusammenhänge

1. Allgemeine Einführung: Die Stadt als Standort und als System von Prozessen

Städte[1] als Standorte von Unternehmen (Produktion) und Haushalten (Wohnen, Konsum) sind die wesentlichen Elemente der Siedlungsstruktur und der räumlichen Arbeitsteilung, also der Standortverteilung der Bevölkerung und der Unternehmen unterschiedlicher Wirtschaftssektoren im Gesamtraum. Somit kann man statt der gesamträumlichen Verteilung der vielen Standorte von Unternehmen und Haushalten – auf einem höheren Aggregationsniveau – das System der Städte unterschiedlicher Struktur in unterschiedlicher geographischer Lage betrachten, ohne einen wesentlichen Informationsverlust zu erleiden. Denn auch bei der nicht räumlich ausgerichteten Analyse aggregiert man Unternehmen zu Sektoren und Haushalte zu sozialen Schichten oder Einkommensklassen, betrachtet also Sektoralstruktur und Struktur nach sozialen Gruppen.

Mit dem Städtesystem und seinen Veränderungen erfaßt man gleichzeitig die entscheidenden Einflußfaktoren der Regionalentwicklung, die in den *raumstrukturellen Agglomerationseffekten* bestehen[2]. Konzentrations- und Dekonzentrationserscheinungen in der Raumstruktur lassen sich durch Analyse der Veränderungen des Städtesystems beschreiben. In den letzten Jahrzehnten hat es sich in vielen Industrieländern und so auch der Bundesrepublik Deutschland einmal um die Entleerung, das Zurückbleiben "peripherer" Gebiete, zum anderen um den Suburbanisationsprozeß im Einzugsbereich der Verdichtungsräume gehandelt.

Städte stellen die zentralen Elemente der ökonomischen Umwelt dar, in der Unternehmer und Haushalte entscheiden: Von hier sind die wesentlichen ökonomischen, sozialen und technologischen Prozesse ausgegangen. Städte sind wichtig für das Entstehen von positiven und negativen Agglomerationseffekten; hier wird ein Großteil der Infrastrukturleistungen der Volkswirtschaft zur Verfügung gestellt. In den Städten wird der größte Teil des Sozialprodukts eines Landes erwirtschaftet, in den Städten gibt es qualifizierte und differenzierte Arbeitsmärkte, hier entstehen jedoch auch Verdichtungsschäden, Umweltverschmutzung, Verkehrsstaukosten und andere soziale Kosten.

Die Standortentscheidungen der Einzelnen beziehen sich immer auf Städte bestimmter Größe und Struktur in einer bestimm-

ten geographischen Lage. Über Stadtgrößen mit ihren Vor- und Nachteilen gibt es wenig Aussagen mit verläßlichem empirischen Gehalt. Dies hängt zusammen mit der Vielzahl von externen Effekten, die in Verbindung mit einer Stadt auftreten. Diese externen Effekte sind abhängig
- von den unterschiedlichen Funktionen einer Stadt, das heißt im besonderen ihrer Sektoralstruktur,
- den Verflechtungen mit dem jeweiligen Umland und mit anderen Städten,
- den vorhandenen (historischen) baulichen Strukturen und dem Verkehrsnetz,
- der Ausbildung und den Fähigkeiten der Bevölkerung, insbesondere auch,
- von soziostrukturellen Gegebenheiten und von
- den politischen Institutionen und den Einwirkungsmöglichkeiten der Bevölkerung.

Die einzelnen Einflüsse sind nicht unabhängig voneinander, sie hängen auch von der räumlichen Verteilung aller Aktivitäten in der Stadt ab, und sie führen zu sehr unterschiedlichen Gesamtwirkungen.

Stadtgrößen sind immer beeinflußt von Einstellungen der Bevölkerung und der Wirtschaft eines Landes. Diese Wertungen beruhen auf den Erfahrungen der Menschen mit bestimmten historisch gewachsenen Städten, sie beruhen darauf, wie die Menschen in der Vergangenheit gelebt und was sie in ihr Bewußtsein aufgenommen haben.

Betrachten wir die Stadt als ein System von Prozessen, die von den in der Stadt ansässigen Haushalten und Betrieben sowie der Kommune ausgehen, so ergibt sich aus der Sicht der einzelnen Wirtschaftseinheit jeweils eine spezifische Umwelt[3]. Anders formuliert, entsteht die städtische Umwelt aus den Wechselwirkungen und externen Effekten, die gemeinsam von den in der Stadt vorhandenen Kapitalbeständen und Bewohnern und den verschiedenen, daraus fließenden Nutzungen und Leistungen ausgehen[4]. Das die Stadt konstituierende, in ihr räumlich konzentriert ablaufende System von Prozessen setzt sich zusammen aus
- der Produktion privater Güter für Konsum und Investition
- der Produktion öffentlicher Güter und insbesondere der Produktion des zur Leistungserstellung notwendigen Infrastrukturkapitals,
- dem Konsum privater Güter und
- und dem Konsum öffentlicher Güter.

Zu den Konsum- und Produktionsprozessen kommen weitere, für eine Stadt besonders wichtige Prozesse, die sich zum Teil nur ungenau erfassen lassen,
- Kommunikationsprozesse, in denen Informationen ausgetauscht

werden,
- visuelle Prozesse, die in vielfältiger Weise – insbesondere über die Wahrnehmung der vorhandenen baulichen Umgebung – das Verhalten städtischer Wirtschaftseinheiten beeinflussen,
- politische Prozesse, die Ausdruck der vorhandenen gesellschaftlichen Verhältnisse und städtischen Machtstrukturen sind.

Alle städtischen Prozesse werden beeinflußt:
- vom Niveau, auf dem die Prozesse ablaufen, und das sich aus der Größe der Stadt ergibt (wie das Beschäftigungsniveau),
- von der sektoralen Zusammensetzung der städtischen Wirtschaft und
- der räumlichen Struktur der Stadt, wie der Standortverteilung verschiedener Wirtschaftszweige,
- von den Qualitäten der Bestandsvariablen, wie der Alterszusammensetzung des Kapitalstocks, und
- den Entfernungen zu anderen Städten.

Die städtische Umwelt, die in jeder Zeitperiode aus den geschilderten, sich überlagernden *Prozessen* gebildet wird, wird entscheidend durch die vorhandenen *Bestände* an Arbeitskräften, Kapital, Grundstücksflächen und (eventuell) Rohstoffen beeinflußt.

Damit kommen historische Faktoren ins Spiel, welche Einfluß auf die erwähnten Prozesse haben und deshalb für deren Veränderungen wichtig werden. Zu diesen im weiten Sinne historisch festgelegten Parametern gehören

erstens

Präferenzen, Einstellungen, Motivationen im privaten wie öffentlichen Bereich und damit die in sehr langen Zeiträumen gewachsene städtische Kultur einschließlich der politischen Kultur im weitesten Sinne,

zweitens

alle für das städtische Leben und seine Wirtschaft wichtigen Fähigkeiten und Informationen bezüglich der Produktions- und Konsumprozesse, die möglich sind

(1) bei der vorhandenen räumlichen Ausdehnung, Form und Gestalt der bebauten Fläche, einschließlich des vorhandenen Gebäudebestands der Stadt,
(2) bei den gegebenen Präferenzen für den Verbrauch von Boden und dem Stand der Produktionstechnik, insbesondere in bezug auf den Einsatz von Boden,
(3) bei den gegebenen Präferenzen für öffentliche Dienstleistungen und dem Stand der Technik, insbesondere hinsichtlich des städtischen Verkehrssystems,
(4) beim Umfang der angebotenen öffentlichen Dienstleistungen, insbesondere der vorhandenen Effizienz des öffentlichen Verkehrsnetzes, und nicht zuletzt
(5) bei den gewachsenen Funktionen der Stadt innerhalb der

interregionalen, internationalen politischen und ökonomischen Verflechtungen.

2. Das Problem der optimalen Stadtgröße

Die Frage nach der optimalen Größe der Stadt hat seit langem viele Wissenschaftsdisziplinen interessiert. Die Bedeutung dieser Frage läßt sich am besten veranschaulichen, wenn man die (ökonomisch) weitgehend vergleichbare Frage nach der optimalen Größe des Automobils stellt: Deren Beantwortung hängt von dem Stand der Technik, den Preisen der Produktionsfaktoren und den Zwecken der Nutzung ab. Da es deren viele gibt, kann es nicht eine optimale Größe geben. Im Falle der Stadtgröße ist das Problem sogar komplizierter, insbesondere deshalb, weil viele der Einflußfaktoren auf die Stadtgröße überwiegend sehr schwer zu quantifizieren sind, weil in vielerlei Weise Wertungen ins Spiel kommen und das ganze System der Städte bei technologischen, ökonomischen, politischen und demographischen Veränderungen dauernd in Bewegung begriffen ist. Im Gegensatz zu einer optimalen Pkw-Größe sind außerdem alle Stadtgrößen interdependent, wie unten weiter auszuführen ist.

Es ist nicht verwunderlich, daß die stadtökonomische Theorie das Problem von verschiedenen Seiten aus angeht. So können unterschiedliche Teilaspekte des Gesamtproblems herausgegriffen und jeweils unter Konstanthaltung aller anderen Faktoren betrachtet werden.

Zum einen kann man, wie erwähnt, versuchen, das Problem der Größe einer Stadt im Zusammenhang mit dem gesamten Städtesystem eines Landes zu analysieren, zum anderen wird die Frage nach der Größe einer einzelnen Stadt gestellt, teils unter Berücksichtigung innerstädtischer Strukturen und Funktionen, teils unter Einbeziehung der Verflechtungen mit dem Umland.

Wir wollen uns zunächst mit der zweiten Frage beschäftigen, die in der Literatur und stadtpolitischen Diskussion als Frage nach der optimalen Stadtgröße im Mittelpunkt steht. Ein großer Teil dieser Literatur sieht das Problem – implizit oder explizit – eingeengt auf die Frage, wann eine Stadt zu groß ist, und zeigt damit gleichzeitig den Ursprung der Frage in dem Unbehagen an Großstädten oder genauer, Millionenstädten. Deshalb werden Probleme und soziale Kosten von Kleinstädten von der Stadtökonomie nur am Rande behandelt und in der politischen Diskussion kaum wahrgenommen. Vom theoretischen Ansatz her ist das kaum verständlich, verlangt die Frage nach der optimalen Stadtgröße doch grundsätzlich eine Gegenüberstellung von *Nutzen und Kosten*.

Eine jede Hypothese zur Erklärung der Stadtgröße hat so viele Variablen zu berücksichtigen, daß exakte Ableitungen nur dann

möglich sind, wenn man radikal vereinfacht und ganz bestimmte Funktionalbeziehungen zwischen all diesen Variablen zugrunde legt. Im folgenden wollen wir für einen solchen extrem vereinfachten Fall eine Modellbetrachtung anstellen und daran grundlegende Zusammenhänge über Kosten und Nutzen zeigen. Das Ziel ist die Ableitung *einer optimalen Stadtgröße eines ganz bestimmten Typs von Stadt*. Dafür
- setzen wir *historische Gegebenheiten* (im weitesten Sinne wie oben angedeutet) voraus,
- wählen eine ganz *bestimmte geographische Lage* der Stadt innerhalb der *gesamträumlichen Verflechtungen* aus und
- unterstellen, daß die Sektoralstruktur und die Ausstattung mit Infrastruktur eindeutig durch die jeweilige Stadtgröße bestimmt werden.
- Für den Austausch mit dem Umland seien die Absatz- und Kostenpreise durch die gesamte Volkswirtschaft (beziehungsweise Weltwirtschaft) vorgegeben, und
- die innerstädtischen Ausgaben für Güter und Faktoren seien eine Funktion der Größe der betrachteten Stadt; dabei seien
- die Lohnsätze durch Tarifverhandlungen und
- die Kapitalzinsen durch den Kapitalmarkt bestimmt. Weiterhin sei
- die innerstädtische Nachfrage und ihre Struktur durch die Stadtgröße bestimmt.

Zunächst ist die Produktionsstruktur mit den jeweiligen Produktionskosten eine Funktion der Stadtgröße: in dieser vereinfachten Situation kann man diese städtische Wirtschaft auch als einen *aggregierten Produktions- und Konsumprozeß* betrachten, dessen (Teil-)*Gewichte* mit der Stadtgröße variieren, und man kann nun gesamtstädtische Produktionsfunktionen, Absatzfunktionen und Kostenfunktionen betrachten. Aus dem Vergleich der Funktionenwerte für verschiedene Stadtgrößen ist deren Optimum abzuleiten.

Vorher möchten wir auf eine bestimmte Implikation der Annahmen hinweisen. Wir betrachten zunächst einmal lediglich die *Einkommens*maximierung und unterstellen damit, daß das Wohlergehen der städtischen Bewohner eine positive Funktion des Gesamteinkommens ist. Denn mit der Bestimmung der optimalen Stadtgröße aus dem Vergleich der Kosten und Nutzen verschiedener Stadtgrößen wird die Stadt, wie schon angedeutet, als ein "produktiver Prozeß"[5] betrachtet, dessen entscheidender Produktionsfaktor die Zahl der städtischen Wirtschaftseinheiten beziehungsweise die Bevölkerungszahl ist. Dieser Produktionsprozeß läuft nun aber in der Realität zum Teil außerhalb der volkswirtschaftlichen Marktmechanismen. Das führt bei der Ermittlung von Kosten und Erträgen dort zu Meßproblemen, wo keine (volkswirtschaftlich richtigen Konkurrenz-)Marktpreise für die Ergebnisse des Produktionsprozesses bestehen, wo es also um die Bewertung der externen Effekte geht.

Im Unterschied zu einem Unternehmen wird der hier betrachtete Produktionsprozeß in der Stadt nicht von einer Zentrale gesteuert, die den Umfang des Einsatzes eines jeden Produktionsfaktors bestimmt, sondern die einzelnen Wirtschaftseinheiten entscheiden selbst und unabhängig voneinander; externe Effekte müßten für die Erreichung einer effizienten (Pareto – optimalen) Produktions- und Konsumstruktur internalisiert werden. Auf einem aggregierten und vereinfachten Niveau können wir offenlassen, inwieweit dies geschieht: Das heißt, wir klammern dieses Problem an dieser Stelle aus, weil wir uns zunächst mit den allgemeinen Problemen der Ableitung von Stadtgrößen aus Kosten und Erträgen beschäftigen wollen. Wir dürfen allerdings nicht vergessen, daß externe Effekte, vor allem die *zwischen* verschiedenen Städten verschiedener Größe auftretenden externen Effekte zu einer Verzerrung der Optima der Stadtgrößen führen können.

Das Hauptproblem für unsere Ableitungen besteht darin, daß es keine fundierten, empirischen Analysen über den Verlauf der Kosten- und Ertragskurven für unterschiedliche Stadtgrößen gibt. Für die Modelldarstellung wollen wir für volkswirtschaftliche Zusammenhänge üblicherweise unterstellte Kurvenverläufe annehmen. Insbesondere nehmen wir an: Erträge E in Geld bewertet und Kosten K, ebenfalls in DM, für das betrachtete aggregierte Güterbündel lassen sich als Funktion der Bevölkerungszahl N, wie in Abbildung 1, aufzeichnen. Wir halten es für plausibel, daß mit steigender Stadtgröße bestimmte Kosten zwar steigen, die Erträge innerhalb eines bestimmten Bereichs aber *schneller* zunehmen. Die Erträge E mögen für sehr große N absolut wieder abnehmen (wie das ertragsgesetzlichem Verlauf entsprechen würde): Unter der Annahme lediglich zweier Produktionsfaktoren interessiert dieser Fall nicht, weil er für die Bestimmung des Optimums nicht relevant ist, denn die Stadt würde längst vorher aufgehört haben zu wachsen. (Den nach oben gekrümmten vorderen Teil der Ertragsfunktion, in dem die Durchschnittserträge steigen, betrachten wir noch gesondert). Von den Kosten nehmen wir an, daß sie ständig überproportional wachsen. In einem mittleren Bereich liegen die Erträge über den Kosten, für kleine Stadtgrößen und für sehr große Werte sind in der geschilderten Situation die Kosten höher als die Erträge.

Die Stadt kann somit im mittleren Bereich einen positiven Beitrag zum Nettoproduktionswert und damit zur Wohlfahrt dieser Volkswirtschaft leisten: Das Maximum liegt hier bei N^*:

$$\max E(N) - K(N) = E(N^*) - K(N^*).$$

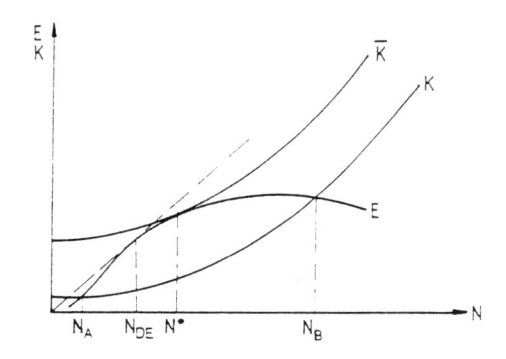

Abbildung 1

Die Frage ist erstens, inwieweit dieser Wert die optimale Städtegröße charakterisiert und zweitens, auf Grund welcher ökonomischer Mechanismen ein Optimum erreicht wird.

Vernachlässigen wir zunächst die Entstehung von *Bodenrenten*, so ist festzuhalten, daß wegen der *im gesamten Bereich* zwischen N_A und N_B *erzielbaren Nettoerträge* in ökonomischer Sicht Zuwanderer einen Anreiz hätten, in die Stadt zu ziehen, bis die Größe (Einwohnerzahl) N_B erreicht ist.

Betrachten wir die Kurven der Durchschnitts- und Grenzerträge, so lassen sich die wesentlichen Probleme gut veranschaulichen.

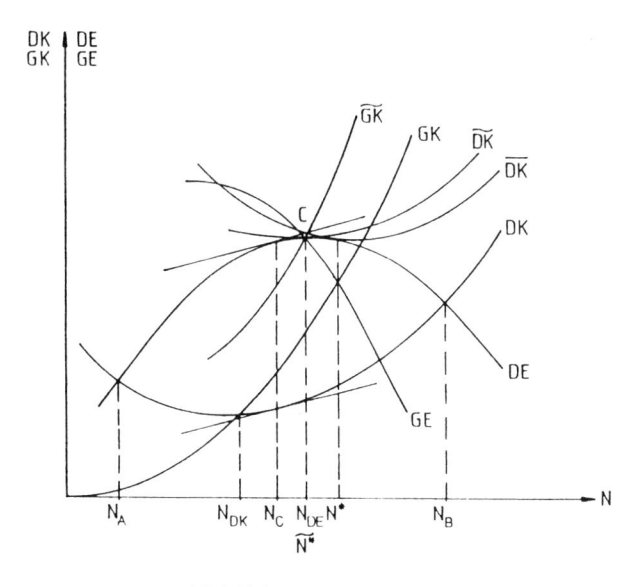

Abbildung 2

Anhand der Abbildung 2 wollen wir verschiedene Stadtgrößen diskutieren, die optimal sind, jedoch jeweils nur unter bestimmten Nebenbedingungen.

Die Größe N_A stellt die minimale Stadtgröße dar, in kleineren Gemeinden liegen im betrachteten Falle die Kosten über den Nutzen. N_A ist jedoch in keiner Weise optimal, da bei zunehmender Größe die Durchschnittskosten zunächst sogar fallen, während die Durchschnittserträge steigen. In der Realität ist eine solche minimale Größe nicht völlig eindeutig zu bestimmen, sicher jedoch ist darüber eher Einigkeit zu erzielen als über irgendeine optimale Stadtgröße. Entscheidende Einflußfaktoren für das Minimum der Stadtgröße sind Unteilbarkeiten bei den technischen Infrastruktureinrichtungen (der Ver- und Entsorgung), wissenschaftlich begründete Mindestgrößen der schulischen und kulturellen Institutionen und Mindestgrößen für eine effiziente öffentliche Verwaltung[6]. Diese Variablen gestatten jedoch nicht gleichzeitig Aussagen über die Stadtgröße, bei der die *Durchschnittskosten* aller Aktivitäten das Minimum erreichen (N_{DK}). Wir werden später die Probleme erwähnen, die sich bei der Schätzung von Kostenfunktionen für verschiedene öffentliche Einrichtungen ergeben.

Auch wenn sich die Stadtgröße mit den minimalen Durchschnittskosten empirisch bestimmen ließe, wäre damit das Problem der optimalen Stadtgröße nicht gelöst. Eine reine Kostenbetrachtung ergibt nur effiziente Lösungen, wenn man – wie im vorliegenden Fall – den Ertrag (Nutzen bestimmter Stadtgrößen) konstant hält, realistischerweise muß man aber davon ausgehen, daß der Ertrag weiter steigt.

Die gleiche Argumentation trifft auf die Stadtgröße zu, bei der die Durchschnittserträge maximiert werden (N_{DE}): Ohne Betrachtung des Kostenverlaufs läßt sich keine ökonomische Wertung vornehmen. Mit der Stadtgröße N_C würde der Nettoertrag pro Kopf, die Differenz zwischen Durchschnittsertrag und Durchschnittskosten, maximiert. Für die einzelne, in der Stadt *ansässige* Wirtschaftseinheit ist dieser Zustand optimal, es läge in ihrem einzelwirtschaftlichen Interesse, die Größe der Stadt bei N_C zu halten.

Wir kommen damit zu den ökonomischen Mechanismen, welche bei der Bestimmung von Stadtgrößen wirken und auch in komplizierten Modellen – mit Nutzenmaximierung statt Maximierung des Nettoertrages sowie unter Beachtung historischer und dynamischer Faktoren – im Prinzip nicht anders wirksam werden. Betrachten für eine beliebige Stadt zunächst den hypothetischen Fall, daß es keine Bodenrenten gibt, die jeweils in der Stadt ansässigen Wirtschaftssubjekte den erwirtschafteten Nettoertrag (anteilig) unter sich aufteilen und auch potentielle Zuwanderer entsprechend daran beteiligt werden.

In den Kosten sind die andernorts gezahlten Löhne und Zinsen (als Opportunitätskosten) annahmegemäß enthalten. Es existiert deshalb ein Anreiz, in diese Stadt zu ziehen, solange hier ein positiver Nettoertrag erzielt werden kann. Dies gilt für alle Stadtgrößen zwischen N_A und N_B. Besteht nun für alle potentiellen Zuwanderer *freier Zutritt*, so geschieht für den Fall, daß die Mobilitätskosten der Zuwanderer von anderen Orten in diese Stadt gleich Null sind, folgendes: Diese Stadt wird durch Zuwanderung aufgefüllt, bis sie die Größe N_B erreicht hat – bis zusätzliche Zuwanderer hier nichts mehr zu gewinnen haben. Das ist genau der Fall, wenn – anders gesehen – die Durchschnittserträge nicht mehr über den Durchschnittskosten liegen und damit der (bei kleinerer Stadtgröße mögliche) Nettoertrag vollständig verschwindet. Die Städte liefern dann keinen *Netto*beitrag zum volkswirtschaftlichen Produktionsergebnis mehr, oder – anders formuliert – die Vorteile der Städte werden vollständig von den in ihnen *ansässigen* Konsumenten und Produzenten aufgebraucht.

Wie kann dieser Prozeß verhindert werden? Nur durch eine Zugangsbeschränkung, und diese Funktion hat eine Bodenrente, die in Höhe des maximal möglichen Nettoertrags erhoben wird. Es bleibt die Frage, wer diese Bodenrenten erhält – bei wem diese Zahlungen als Einkommen letztendlich verbleiben – und damit das Problem der Gerechtigkeit: Dies klammern wir an dieser Stelle aus und betonen nur: Ein freier Eintritt in die Stadt bei Bodenpreisen in Höhe von Null wäre auf jeden Fall in höchstem Maße ungerecht wegen der sich daraus ergebenden Vernichtung des möglichen *Netto*ertrages dieser Stadt.

In diesem Zusammenhang ist auf das Konzept der externen Effekte einzugehen. Solange die Durchschnittserträge noch nicht ihr Maximum erreicht haben, trägt jede neu *hinzu*kommende Wirtschaftseinheit zur Erhöhung der *Erträge der anderen* bei: Dies ist genau die Definition eines *positiven externen Effekts*. Jenseits von N_{DE} sind diese Effekte negativ: *Weitere* Wirtschaftseinheiten vermindern den durchschnittlichen Ertrag, aber bis N* ist ihr Nettobeitrag nach Abzug der externen Effekte immer noch größer als ihre Kosten. Das ökonomisch Interessante ist nun, daß die Rentenzahlungen auch einen Ausgleich für diese negativen externen Effekte darstellen[7].

Abbildung 3 zeigt einen Spezialfall. Im Punkt C sind die externen Effekte gleich Null, die Größe N_{DE} fällt mit der Größe N* zusammen. Würden die Kostenfunktion und die Ertragsfunktion wie in Abbildung 3 verlaufen ($\overline{K}$ und $\overline{E}$), und damit Punkt C das Optimum darstellen, wären auch keine Rentenzahlungen notwendig. Allerdings ist in diesem Spezialfall die optimale Stadtgröße auch die einzige Stadtgröße, bei der die Kosten nicht über den Erträgen liegen.

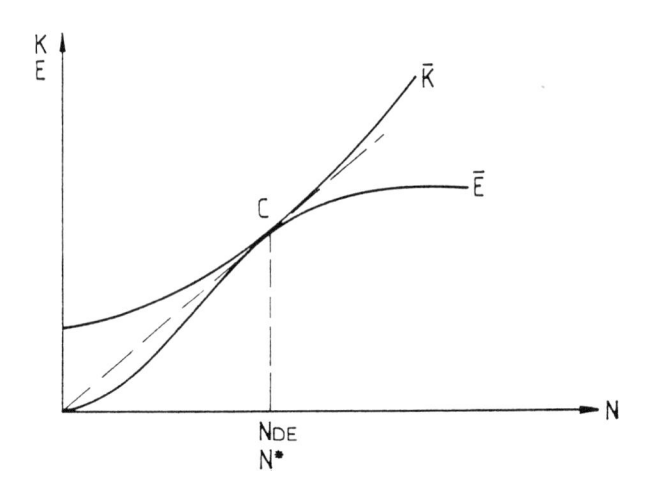

Abbildung 3

An diesem Beispiel, wie überhaupt immer, wenn für *kleinere* wirtschaftliche oder politische Gruppen wie auch Städte die Kosten über den Erträgen liegen würden, wird ein anderes Problem deutlich: Bei dezentralen Entscheidungen innerhalb kleiner Einheiten hätten diese – jede für sich genommen – keinen Anreiz, hier die Produktion aufzunehmen. Erst gemeinsames Handeln wird effizient, und damit hat hier eine übergeordnete, (gesellschaftliche oder staatliche) Instanz eine wichtige Rolle zu spielen.

Es bleibt festzuhalten: Normalerweise sind Zugangsbeschränkungen notwendig, und die Frage entsteht, inwieweit Bodenrenten dies effizient tun können. Durch die Erhebung von Bodenrenten in Höhe von $R^* = E(N^*) - K(N^*)$ verschiebt sich die Kostenfunktion entsprechend nach oben – vgl. $\bar{K}$ in Abbildung 1 und $\bar{K}$ in Abbildung 3 und $D\bar{K}$, DK in Abbildung 2. Hätten wir, statt der Situation von Abbildung 1, eine Ausgangslage wie zum Beispiel in Abbildung 3 gehabt, würde der maximale Durchschnittsertrag, wie die Kurve DE in Abbildung 2 zeigt, gerade ausreichen, die Durchschnittskosten DK zu decken, einzel- und gesamtwirtschaftliches Optimum der Stadtgröße fielen im Punkt des maximalen Durchschnitterstrags zusammen. Allerdings müssen einzel- und gesamtwirtschaftliches Optimum nicht zusammenfallen, wie aus Abbildung 1 und Abbildung 2 hervorgeht. Betrachtet man jedoch mehrere Städte, so könnte sich die Situation von Abbildung 3 durch die Konkurrenz der Städte untereinander in der langen Frist ergeben.

Nur wer seinen Anteil an der Bodenrente zahlt, darf sich in der Stadt niederlassen und sich dort an Produktion und Konsum beteiligen. Bei N* sind die Kosten für jeden *zusätzlich* Zugewanderten so hoch wie der Ertrag, den er erhält (es ist Grenzertrag = Grenzkosten), die Bodeneigentümer maximieren die ihnen zufließenden Rentenzahlungen. Diese Stadtgröße N* ist wie erwähnt gleichzeitig vom volkswirtschaftlichen Standpunkt aus optimal, denn hier wird der Nettoertrag für die gesamte Volkswirtschaft maximiert, und nicht für die in der Stadt bereits ansässigen Wirtschaftseinheiten.

Wenn die Zuwanderung nicht nach volkswirtschaftlichen Kriterien gesteuert wird oder wenn die Bodeneigentümer nicht über Bodenrenten eine "Rationierung" des Bodens vornehmen und so die Zuwanderung bremsen, wird das Gleichgewicht erst bei der Stadtgröße N_B erreicht. Bei dieser Stadtgröße ist nicht nur jede einzelne ansässige Wirtschaftseinheit (in Nettonutzen gemessen) schlechter gestellt als bei der Stadtgröße N*, auch der volkswirtschaftliche Nettonutzen ist geringer: nämlich gleich Null.

Werden die Bodenpreise durch Interventionen künstlich niedrig gehalten, so können sie die geschilderten Funktionen nicht erfüllen, und es entsteht ein "Gedränge" der Zuwanderungswilligen. In diesem Falle benötigt man *weitere staatliche Interventionen* zur Rationierung des Zugangs: Dies ist dann die Grundlage der Behauptung, daß Interventionen bei den Zuwanderungen in verschiedene Städte(größen) volkswirtschaftlich effizient sein können, weil der Marktmechanismus zu unwirtschaftlich großen Ballungen führen würde. Wie gezeigt wurde, gilt das jedoch nur, wenn man keinen funkionierenden Bodenmarkt hat, auf dem sich Bodenrenten nach Angebot und Nachfrage richten[8].

Grundvoraussetzung der gesamten Analyse sind die Annahmen über den Verlauf der Ertrags- und Kostenkurven. Wenn sich Grenzertrags- und Grenzkostenfunktionen bei keiner realistischen Stadtgröße schneiden, fällt die gesamte Argumentation zusammen, dann ist – ökonomisch gesehen – die Existenz der betrachteten Stadt nicht begründbar. Empirisch konnten bisher keine befriedigenden Resultate erzielt werden. Wenn man die vorhandenen Ergebnisse interpretieren will, kommt man am ehesten zu dem Schluß, daß bisher nirgends in der Welt die optimale Stadtgröße erreicht ist, es also keine zu großen Städte gibt[9], wobei allerdings kaum Untersuchungen aus Entwicklungsländern vorliegen.

Bisher ging es um Prinzipien in bezug auf die Größe der Stadt. Wir haben Bewertungen der Bürger über die Qualität der Lebensbedingungen in der Stadt bewußt herausgelassen, denn solche mehr positiven oder negativen Bewertungen können das jeweilige Optimum nach oben oder unten verschieben, sie betreffen das herauszuarbeitende Prinzip aber nicht und konnten deshalb hier ausgeklammert werden. Auch Strukturprobleme sind nicht betrachtet worden, ebenso nicht unterschiedlich hohe externe Effekte, welche von unterschiedlichen Aktivitäten ausgehen: Solche Zusammenhänge können nur in viel detaillierteren Analysen behandelt werden. Gerade wegen dieser Beschränkungen müssen wir uns jedoch die folgende Frage stellen.

3. Optimale Stadtgröße und Stadtplanung
Was bringt das Modell für den Planer?

- Das Modell soll zum einen den Planer anregen, sich über Vorteile und Nachteile der *erreichten* Größe einer Stadt und ihr potentielles Wachstum oder ihre potentielle Schrumpfung Gedanken zu machen, und Planungsvorhaben auch in diesem Zusammenhang zu sehen.
- Zum anderen weist es auf die Notwendigkeit hin, sich Kosten und Nutzen bestimmter, erreichbarer Stadtgrößen möglichst konkret (und das muß nicht in jedem Fall heißen, genau quantifiziert) vorzustellen und zu versuchen, sie gegeneinander abzuwägen[10].

Insbesondere der Regional- und Landesplaner muß berücksichtigen, daß es nicht nur um die Kosten verschiedener Stadtgrößen geht, sondern, daß sie gegen den Nutzen abzuwägen sind, und daß der Bodenpreismechanismus dabei wichtige Hilfen geben kann: Die möglichen Veränderungen in einer betrachteten Stadt sind immer in ihren Wirkungen auf andere Städte und deren Lebenschancen zu sehen.

Dabei wird der Planer einer jeden Stadt verschiedene, in der Stadtökonomie durch die Modellannahmen ausgeschlossene Faktoren allerdings berücksichtigen müssen:
- Wie weit ist im konkreten Fall die Bevölkerungszahl ein ausreichendes Maß der Stadtgröße?
- Ist die räumliche Abgrenzung der Stadt für die Fragestellung zweckmäßig?
- Wie berücksichtigt man polyzentrische Stadtstrukturen? Kann man bei Städten mit wichtigen Nebenzentren außer dem Stadtzentrum allein mit einer (eindimensionalen) Stadtgröße argumentieren?
- Sind verschiedene Stadtgrößen mit Dichteziffern eventuell besser als mit Bevölkerungszahlen zu differenzieren?
- Wie verteilen sich Kosten und Nutzen einer bestimmten Stadtgröße auf die ansässigen sozialen Schichten (Unternehmen, Haushalte, bei den Unternehmen z.B. verschiedene Wirtschaftszweige, bei den Haushalten z.B. verschiedene Einkommensklassen)?
- Wie muß sich die Beurteilung einer Stadtgröße ändern, wenn man zukünftigen technischen Fortschritt und sich ändernde Präferenzen der Menschen berücksichtigt?

– Ist es überhaupt möglich, die Größe einer einzelnen Stadt zu beurteilen, ohne die innerhalb der Volkswirtschaft sonst noch vorhandenen Stadtgrößen zu berücksichtigen?

Während wir auf die letzte Frage ausführlich zurückkommen werden, müssen die übrigen Fragen bei allgemeiner Betrachtung offenbleiben und können jeweils nur für den konkreten Fall beantwortet werden. Einzelne Hinweise werden sich aus den folgenden Ausführungen ergeben, in denen wir uns kurz mit den wichtigsten Kosten und Nutzen, welche in Abhängigkeit von der Stadtgröße gesehen werden, beschäftigen und sie zu konkretisieren versuchen wollen.

Die externen Kosten einer Stadtgröße sind vor allem Kosten der Ballung: Umweltverschmutzung, Verkehrsstau und überbeanspruchte öffentliche Einrichtungen sind die wichtigsten Einzelelemente dieser Ballungskosten. Bei der Begründung der Entstehung dieser Ballungskosten stoßen wir wieder auf das Argument der Mängel der Marktsteuerung: Die einzelne Wirtschaftseinheit berücksichtigt und trägt die auf sie entfallenden Durchschnittskosten, vernachlässigt jedoch, daß durch ihre Aktivität andere Stadtbewohner beeinträchtigt werden. Ökonomisch richtige (effiziente) Entscheidungen würden verlangen, daß der Einzelne sich an den verursachten Grenzkosten seiner Aktivität orientiert. Diese Grenzkosten steigen mit zunehmendem Konsumniveau oder Produktionsniveau (über die Inanspruchnahme der Umwelt, des Verkehrsnetzes und der Infrastruktur) schneller als die Durchschnittskosten. Die volkswirtschaftlich richtige Orientierungsgröße für das Niveau der Konsum- und Produktionsaktivitäten in einer bestimmten Stadt, und damit für ihre Einwohnerzahl, sind die Grenzkosten dieser Aktivitäten. Die entstehenden sozialen Kosten werden nur mit dieser Betrachtung erfaßt.

Aber auch hier sind verschiedene Einschränkungen zu berücksichtigen, die wir nur kurz am Beispiel der Verkehrsstaukosten diskutieren können. Verkehrsstauungen entstehen nicht nur allgemein durch die mehr oder weniger von der Stadtgröße abhängige Verkehrsdichte, sondern auch durch Engpässe im Verkehrsnetz. In der Realität wird es schwierig sein, beide Einflüsse klar zu trennen, da grundsätzlich das optimale Verkehrsnetz für jede Stadtgröße als Referenz bekannt sein müßte. Das hängt jeweils von den topographischen Verhältnissen der Stadt ab, von ihrer Wirtschafts- und Sozialstruktur und anderen spezifischen Charakteristika, die sich aus speziellen Funktionen der Stadt ergeben.

In welchem Ausmaß Verkehrsstaukosten in einer Stadt auftreten, hängt weiter vom Anteil des öffentlichen Verkehrs ab, der zum großen Teil durch politische Entscheidungen – und damit im Grundsatz von den Stadtbewohnern selbst – bestimmt ist[11].

Die allgemeinen theoretischen Überlegungen, die die jeweils

entstehenden Grenzkosten als Entscheidungskritierum herausstellen, bleiben weiter gültig. Zu fragen ist jedoch, wie diese Orientierung der städtischen Aktivitäten an den von ihnen verursachten sozialen Kosten (Grenzkosten) des Verkehrs erfolgen soll, wenn die Leistungen des Verkehrsnetzes nicht über Märkte angeboten werden und darum auch keinen Marktpreis haben. Die Diskussionen der Möglichkeiten, über die Erhebung von Straßenbenutzungsgebühren den Verkehrsteilnehmern die von ihnen verursachten Grenzkosten anzulasten, sind noch immer weitgehend akademisch[12]. Allerdings muß erwähnt werden, daß gelegentlich auch grundsätzlich die Möglichkeit bestritten wird, Grenzkosten so zu bestimmen, daß sie dem durch die jeweilige Aktivität zusätzlich verursachten Schaden entsprechen[13].

Über die Wirkungen der Belastung der Verkehrsteilnehmer mit den von ihnen verursachten Grenzkosten auf die Stadtgröße läßt sich theoretisch kaum etwas sagen. Das gilt allerdings auch für die Alternativstrategie, den Ausbau des Verkehrsnetzes zur Beseitigung von Engpässen.

Bezüglich der Kosten der Ballung, die sich in Umweltschäden, Luftverschmutzung u.ä. niederschlagen, sind ähnliche Überlegungen wie bei den Kosten des Verkehrs anzustellen. Auch hier ist ökonomisch theoretisch die Grenzkostenbetrachtung notwendig, und es ließen sich Gebühren- und/oder Steuerlösungen denken, die bewirken würden, daß sich die einzelwirtschaftlichen Entscheidungen an den Grenzkosten orientieren.

Unser Überblick muß sich nach den Kosten mit den Nutzen (Erträgen) bestimmter Stadtgrößen beschäftigen. Die höheren Einkommen, die die Produktionsfaktoren in Großstädten erzielen, sind ein augenfälliger Indikator für Vorteile im Vergleich zu kleineren Städten, jedoch sagen sie nichts über die Gründe aus, die zu den höheren Einkommen führen. Daß die Unteilbarkeiten bei öffentlichen Einrichtungen (Mindestgrößen) eher zu einer besseren Versorgung in den Großstädten – und damit zu Produktivitätseffekten in der Privatwirtschaft – führen, weil die Auslastung garantiert ist, liegt ebenso nahe wie die Vermutung, daß die öffentliche Verwaltung insgesamt mit steigender Stadtgröße (bis zu einer bestimmten Grenze) ihre Leistungen bei fallenden Durchschnittskosten billiger anbieten kann. In Großstädten bestehen außerdem mehr Möglichkeiten für die Wirtschaftseinheiten zur Spezialisierung, sowohl auf dem Gütermarkt, als auch auf dem Faktormarkt, insbesondere dem Arbeitsmarkt. Höhere Einkommen beruhen also einmal generell auf höheren Grenzproduktivitäten der Produktionsfaktoren, zum anderen aber auf Unterschieden in der Zusammensetzung der Wirtschaft nach Sektoren und der Bevölkerung nach Qualifikationen.

Die genannten, von der Stadtgröße abhängigen Nutzen sind

schwierig zu messen, häufig sogar schwierig so zu definieren, daß sie in Abhängigkeit von der Stadtgröße gesetzt werden können. Einer der wichtigsten Agglomerationsvorteile großer Städte, der nicht nur der betrachteten Stadt, sondern der gesamten Volkswirtschaft zugute kommt, ist vom Prinzip her allerdings leicht zu erfassen: Es ist die Rolle, die die großen Städte eines Landes für die Entstehung von Innovationen, die Einführung neuer Güter und neuer Produktionsprozesse in der Volkswirtschaft spielen. Bereits Hägerstrands Studien[14] europäischer Entwicklungen[15] zeigen deutlich das später vielfach bestätigte Bild, daß Innovationen tendenziell zunächst in den größten Städten eines Landes[16] entstehen und von dort in kleinere Städte und entferntere Landesteile diffundieren. Diese Diffusion beruht zum Teil direkt auf der Organisationstruktur von Großunternehmen, die ihre Hauptverwaltungen in den großen Verdichtungsräumen haben, sich mit (Produktions-)Zweigbetrieben jedoch in ländliche Regionen und kleinere Städte ausbreiten[17]. Zum Teil sind es die Neuem aufgeschlossenen Sozialstrukturen der Großstädte, das Vorhandensein von wissenschaftlichem Know-how und von dynamischen Managern, die Innovationen entstehen lassen.

Wenn sich die Produktionsstätten neuer Güter, die zum Teil Ansatzpunkt der Entstehung ganz neuer Wirtschaftszweige in einer Volkswirtschaft sind (eindringlichstes Beispiel: Mikroelektronik), von den größten Verdichtungsräumen in einem "trickling-down" Prozeß[18] in kleinere Städte ausbreiten, müssen zwischen verschiedenen Stadtgrößen auch Unterschiede in der Zusammensetzung nach Wirtschaftszweigen zu finden sein. Außerdem zeigt der ansatzweise beschriebene Prozeß der räumlichen Dimension des sektoralen Strukturwandels, daß die Betrachtung jeweils nur der Stadt*größe* nicht ausreicht, die Wechselwirkungen zwischen Wohnbevölkerung, Wirtschaft und Städten eines Landes zu erfassen. Die Strukturzusammensetzung der Bevölkerung und der Wirtschaft nach verschiedenen Gruppen und Sektoren erfordert das Vorhandensein unterschiedlicher Stadtgrößen.

Aus den obigen Überlegungen heraus erscheint die theoretische Vorstellung *einer optimalen Stadtgröße* völlig absurd[19]. Je nach Struktur und geographischer Lage kann man unterschiedliche optimale Stadtgrößen aus Unterschieden der Kosten- und Nutzenfunktionen ableiten. Diese Stadtgrößen müssen sich letztlich – indem man alle anderen Faktoren konstant hält und von Kostenunterschieden absieht – auf die Präferenzen der einzelnen Wirtschaftssubjekte für Urbanität, für große Arbeitsmärkte und ein vielfältiges Angebot von Waren und Dienstleistungen und insbesondere städtischen Einrichtungen zurückführen lassen.

Eine Stadt kann nur als optimal oder als zu groß oder zu klein bezeichnet werden in bezug auf
- bestimmte Funktionenteilungen und Spezialisierungen im Vergleich zu anderen Städten und damit in bezug auf
- bestimmte Sektor- und Sozialstrukturen.

Wenn das Konzept der optimalen Größe auf die Realität angewendet werden soll, muß dies in einem bestimmten historischen Kontext für eine konkrete Stadt geschehen, in welchem jeweils Anpassungen in der Produktionsstruktur und Infrastruktur, in der Organisation des Wirtschaftslebens im weitesten Sinne sowie in den Präferenzen der Wirtschaftssubjekte stattgefunden haben.

4. Rang-Größen-Verteilungen von Städten und Städtesysteme

Es wurde oben darauf hingewiesen, daß die Frage nach der optimalen Größe der Stadt nur im Hinblick auf die aktuelle Planung einer ganz bestimmten, konkreten Stadt und im Zusammenhang mit ihrer Sektoralstruktur und ihrer Lage innerhalb des Landes und seines Städtesystems sinnvoll ist. Wann man eine Gemeinde als *Stadt* bezeichnet, ist theoretisch nicht bestimmbar. Das gleiche gilt für die Abgrenzung der Stadt. Aus Gründen der Datenbeschaffung werden es im allgemeinen Verwaltungsgrenzen sein, doch theoretisch kommt auch eine Abgrenzung nach funktionalen oder homogenen Kriterien (Stadtregion) in Frage.

Die geographische Verteilung der Städte unterschiedlicher Größe, gemessen im allgemeinen durch ihre Einwohnerzahlen, bezeichnen wir als Städtesystem eines Landes. Für bestimmte Überlegungen vernachlässigt man zunächst die Raumdimension: Dann spricht man von der Größen-Verteilung der Städte einer Volkswirtschaft.

Um die Größen-Verteilung der Städte einer Volkswirtschaft zu beschreiben, gibt es verschiedene empirische Möglichkeiten der Darstellung, mit denen sich im allgemeinen auch verschiedene Hypothesen über die Ursachen bestimmter Verteilungen verbinden. Üblich ist die graphische Darstellung der Größen-Verteilung als Kurve einer Häufigkeitsverteilung. Da Häufigkeitsverteilungen durch eine Vielzahl von Kurven beschrieben werden können, sind in der Literatur verschiedene verwendet worden, ohne daß sich eine einheitliche Messung von Stadtgrößenhäufigkeiten durchgesetzt hätte. Besonders oft wird jedoch die *Rang*-Größen-Verteilung der Städte eines Landes empirischen Analysen zugrundegelegt. Zur Erfassung der *Rang*-Größen-Verteilung werden die Städte ihrer Größe nach geordnet, die größte Stadt erhält Rang 1, usw.

Die Abbildung 4 zeigt vier der am häufigsten verwendeten Darstellungen[20] der Rang-Größen-Verteilung. Da die empirischen

a: $P = P_1 \cdot R^{-1}$; b: $P = P_1 \cdot R^{-0,5}$; c: $P = P_1 \cdot R^{-2}$

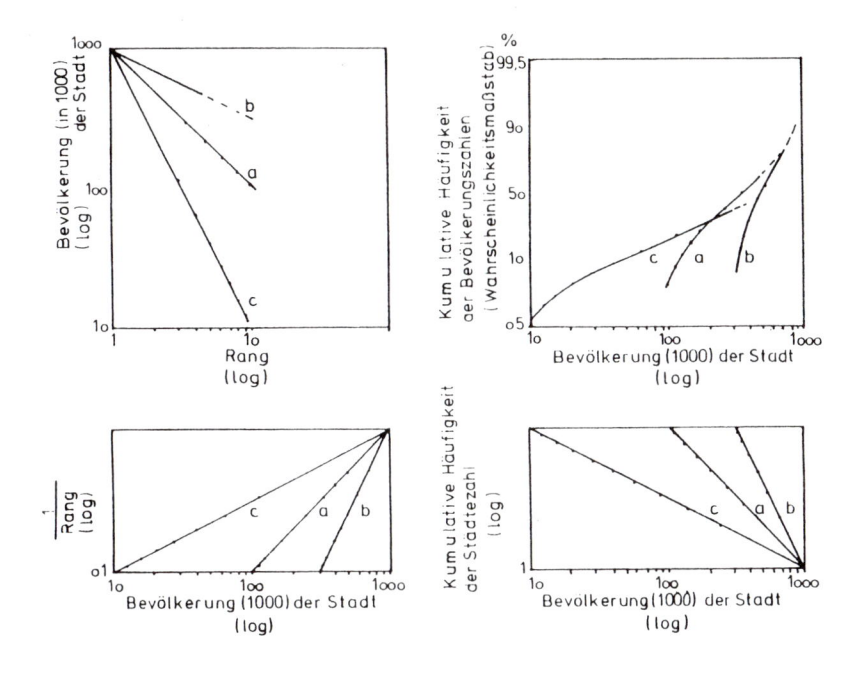

Abbildung 4: Rang-Größen-Verteilung der Städte: Alternativen der graphischen Darstellung als Kurven. (In jedem der Diagramme sind die gleichen drei Verteilungen dargestellt.)

Tests, mit denen man die Stadtgrößenverteilungen verschiedener Länder alternativ an verschiedene Kurven anzupassen versucht, keine Überlegenheit eines bestimmten Kurvenverlaufs ergeben haben[21], werden wir uns nicht weiter mit dem Problem beschäftigen[22]. Für die theoretischen Überlegungen zur Erklärung der Stadtgrößenverteilung werden wir im folgenden die Darstellung der Rang-Größen-Verteilung (Fall 1 in der Abbildung 4) verwenden, die auch im empirischen Teil (3. Kapitel) zur Darstellung der Stadtgrößenverteilung und ihrer Veränderung in Bayern dient. Allerdings geben wir dort die Ränge nicht im logarithmischen Maßstab an.

Mathematisch ist die Rang-Größen-Verteilung folgendermaßen zu formulieren:

$$R \cdot P^q = K \text{ bzw. } R = KP^{-q}, \text{ wobei}$$

R = Rang der Stadt
P = Stadtgröße (Bevölkerungszahl) und
q, K = Konstante sind.

Logarithmiert ergibt diese Funktion die in der Abbildung (Fall 1) dargestellte Gerade

$$\log R = \log K - q \log P$$

Wir erhalten einen Spezialfall dieser Rang-Größen-Verteilung, die Rang-Größen-Regel (rank-size rule), wenn q = 1 ist und $K = P_1$ als Größe der größten Stadt gesetzt wird. Dieser Zusammenhang hat in der Literatur immer wieder Beachtung gefunden, da sich in diesem Fall aus der Größe der größten Stadt einer Volkswirtschaft das gesamte Stadtgrößensystem ableiten läßt.

$$P_1 = R \cdot P \text{ und } P_1 \cdot R^{-1} = P$$

Die Bevölkerungszahl jeder beliebigen Stadt ergäbe sich also nach der Rang-Größen-Regel durch Division der Bevölkerungszahl der größten Stadt durch die Rangziffer dieser herausgegriffenen Stadt. Zum Beispiel wäre eine Stadt an 10. Stelle der Größen-Rangfolge nur ein Zehntel so groß wie die größte Stadt. Praktisch keine der empirisch geschätzten Rang-Größen-Verteilungen von Städten in den verschiedensten Ländern ergab die von der Rang-Größen-*Regel* unterstellten Zusammenhänge (mit q = 1). Die allgemeine Formulierung der Rang-Größen-Verteilung mit q ≠ 1 wird jedoch sehr häufig für Analysen von nationalen Städtesystemen benutzt[23].

Wenn man feststellt, daß empirische Regelmäßigkeiten vorhanden sind, sollte man in den Sozialwissenschaften fragen, ob sich dahinter irgendein theoretisch formulierbarer Zusammenhang verbirgt und vor allem, ob die Rang-Größen-Regel oder eine andere Rang-Größen-Verteilung (mit einem Parameter q ≠ 1) irgendeine normative Bedeutung im Sinne eines optimalen Städtesystems haben kann.[24] Wie weiter unten näher auszuführen sein wird, ist die einzige Schlußfolgerung, die sich aus der Regelmäßigkeit von Rang-Größen-Verteilungen von Städten ableiten läßt, daß Haushalte und Unternehmen teils aus ökonomischen, teils aus technologischen, teils aus anderen Motiven ganz unterschiedliche Präferenzen – für große und kleine Städte – haben, so daß es vom Standpunkt jeder Art von Optimierungskalkülen besser ist, wenn *viele* verschiedene Stadtgrößen und damit viele Wahlmöglichkeiten existieren, als wenn die Zahl der Möglichkeiten beschränkt ist. Alle Optima basieren auf Erfahrungen der Wirtschaftseinheiten in der Vergangenheit, diese Erfahrungen gehen auf der einen Seite in die Präferenzen der Haushalte ein und bestimmen auf der anderen Seite das Wissen der Unternehmen über Produktionstechniken und Marketingstrategien. Alle Optima können nur in bezug auf die Anfangsbedingungen definiert werden: Alle Optima sind relativ, abhängig vom Entwicklungspfad der jeweils betrachteten Volkswirtschaft eines bestimmten Landes: Das kann gar nicht deutlich genug betont werden, und es sei ausdrücklich nochmals auf die Diskussion der optimalen Stadtgröße hingewiesen.

Eine Volkswirtschaft kann sich an ganz verschiedene Rang-Größen-Verteilungen ihres Städtesystems angepaßt haben: Das heißt, jede Reorganisation würde kostspielig und schon von daher nicht optimal sein. Es muß allerdings darauf hingewiesen werden, daß diese Argumente nicht Überlegungen ausschließen, ob eine Stadt, insbesondere jeweils die größte Stadt eines Landes, nicht absolut zu groß ist. Hier bleiben unsere Ausführungen zur Größe einer *einzelnen* Stadt im vorhergehenden Abschnitt relevant.

Relative Stadtgrößen allein, wie sie durch Rang-Größen-Verteilungen beschrieben werden, rechtfertigen keine Stadtgrößenpolitik staatlicher Institutionen. Die allgemeine Funktion der Städte, als Standorte für Haushalte und Unternehmen Agglomerationsvorteile zu bieten, hängt nicht allein von der betrachteten Stadtgröße ab: Neben den *intra*städtischen existieren *inter*städtische Agglomerationsvorteile, mehrere kleinere Städte in einer Region mit guter Erreichbarkeit untereinander können ähnliche gesamtwirtschaftlichen Effekte wie eine Großstadt haben[25].

Querschnittsanalysen der Städtesysteme verschiedener Länder zeigen große Unterschiede in den Rang-Größen-Verteilungen bei im Durchschnitt gleichen Möglichkeiten des gesamtwirtschaftlichen Wachstums.

Als Beispiel betrachten wir die Stadtgrößenverteilung in Frankreich und der Bundesrepublik Deutschland[26].

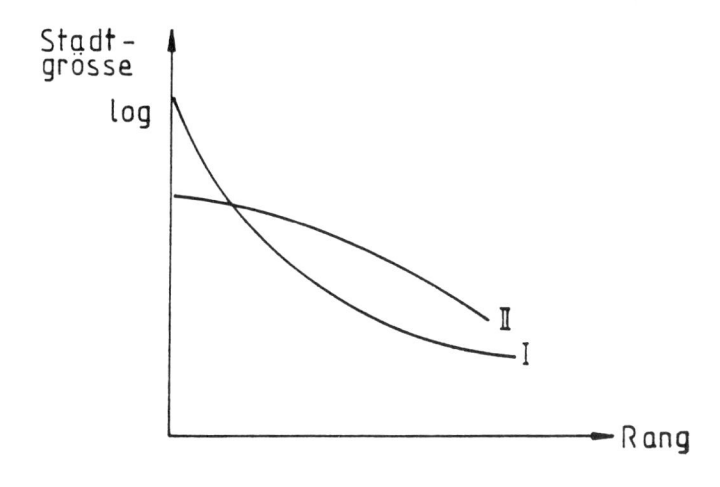

Abbildung 5: Unterschiedliche Stadtgrößenverteilungen

Die Kurve I gibt grob die Verhältnisse in Frankreich wieder, mit einer (absolut und relativ) sehr großen nationalen Hauptstadt und keinen Städten in der Größenordnung von einer Million Einwohnern. Die Kurve II beschreibt das Städtesystem der Bundesrepublik Deutschland, wo wir eine Anzahl regionaler Hauptstädte, jedoch keine große nationale Hauptstadt finden[27]. Wirtschaft und Gesellschaft beider Länder haben sich schon seit Jahrhunderten an diese Stadtgrößen-Verteilung angepaßt, und es gibt keinerlei Kriterien und Untersuchungsergebnisse, die zeigen, daß eine Situation besser als die andere wäre, daß das erwirtschaftete Sozialprodukt und seine Zuwächse auf Grund der verschiedenen Städtesysteme unterschiedlich wären.

Das schließt jedoch nicht eine *theoretische* Argumentation aus, in der nach den unterschiedlichen Wirkungen beider Städtesysteme auf das wirtschaftliche Wachstum gefragt und die Reaktion der Wirtschaftseinheiten auf Agglomerationseffekte theoretisch diskutiert wird[28]

Nehmen wir an: Volkswirtschaft I habe ein A-Zentrum, aber keine B-Zentren, Volkswirtschaft II habe kein A-Zentrum, aber k gleich große B-Zentren, die zusammen die gleiche Einwohnerzahl N_A wie A haben.

$$N_A = k N_B \text{ bzw. } N_B = N_A/k$$

Unterstellen wir weiter, daß die Wachstumswirkungen, die von einer Stadt ausgehen, eine exponentielle Funktion ihrer Größe sind und multiplikativ von der Zahl der Wirtschaftseinheiten N_c der zugehörigen Volkswirtschaft abhängen. Die Wirkungen nehmen mit der Entfernung der Wirtschaftseinheiten N_c zur Stadt ab, was hier der Einfachheit halber durch die Gesamtfläche der Volkswirtschaft S ausgedrückt wird. Somit ergeben sich die Wirkungen für das A-Zentrum:

(I) $\quad N_A^\alpha \cdot N_C \cdot S^{-\gamma}$

(wobei die Wirkungen auf N_C auch nicht proportional der Zahl der Wirtschaftseinheiten sein könnten: N_C^β mit $\beta \neq 1$).

Für jedes B-Zentrum ergeben sich folgende Wirkungen:

$$N_B^\alpha (N_C/k)(S/k)^{-\gamma} = (N_A^\alpha)(N_C/k)(s/k)^{-\gamma},$$

wenn unterstellt wird, daß sich die Gesamtbevölkerung N_c und die Fläche S etwa gleichmäßig auf das Hinterland der k Zentren verteilen, also die Städte etwa den gleichen geographischen Abstand zueinander haben.

Da $N_B = N_A/k$, gilt für die Gesamtheit der von allen k Zentren N_B ausgehenden Wachstumswirkungen:

(II) $k\,(N_A^\alpha/k)\,(N_C/k)\,(S/k)^{-\gamma} = k^{\gamma-\alpha} N_A^\alpha\, N_C\, S^{-\gamma}$

Die Wirkungen des Städtesystems in I und II unterscheiden sich um den Faktor $\gamma-\alpha$, damit hängt dessen Wert davon ab, wie die Agglomerationseffekte mit der Stadtgröße wachsen und wie sie mit der Flächenausdehnung des Hinterlandes abnehmen, d.h. wie die geographische Lage der Städte zueinander ist. Wenn $\alpha=\gamma$, gibt es keine Unterschiede zwischen beiden Fällen, wenn $\alpha>\gamma$, würde eine stärkere Konzentration das wirtschaftliche Wachstum erhöhen, und umgekehrt, wenn $\alpha<\gamma$, eine stärkere Konzentration das Wachstum vermindern. Es gibt weder a priori-Vermutungen, noch empirische Hinweise, welcher Fall jeweils in der Realität wahrscheinlicher ist[29].

Wären die das wirtschaftliche Wachstum bestimmenden Agglomerationseffekte eine einfache Funktion der Stadtgröße (indem der Wert von α konstant bliebe), ließe sich die im vorhergehenden Abschnitt angesprochene Frage nach der optimalen Stadtgröße leicht beantworten.

Bei $\alpha>1$ sind große Städte vom ökonomischen Standpunkt aus besser zu beurteilen als kleinere und sollten deshalb schneller wachsen – sieht man von gewissen Engpässen ab, die Friktionen auslösen können – , bei $\alpha<1$ hingegen sind kleinere Städte im Vorteil. Die interessanten Fälle in der Realität werden jedoch die sein, in denen erstens das Wachstum eine nicht-monotone Funktion der Stadtgröße ist, wo die Agglomerationseffekte also nur in bestimmten Größenklassen wachsen, in anderen aber fallen, und zweitens für unterschiedliche Sektoren beziehungsweise Unternehmen sowie auch unterschiedliche Haushalte jeweils verschiedene Stadtgrößen als die günstigsten erscheinen[30].

Mit der Ableitung von Städtesystemen aus einzelwirtschaftlichen Stadtgrößenpräferenzen werden wir uns im 6. Kapitel beschäftigen.

5. Städtesysteme im Raum

Bisher haben wir Stadtgrößen-Verteilungen betrachtet, ohne die Verteilung der Städte im Raum explizit einzubeziehen. Es ist klar, daß Stadtgrößen durch die geographische Lage der Städte zueinander beeinflußt werden, da, wie beschrieben, Agglomerationseffekte nicht nur intrastädtisch, sondern auch interstädtisch entstehen.

Die Landschaftsstrukturmodelle von Christaller und von Lösch waren die ersten theoretischen Konzepte, in denen die räumliche

Verteilung von Städten als Standorten von Produktionsstätten abgeleitet wurde. Allerdings konnten (und können) innerhalb solcher Modelle keine Aussagen über die Einwohnerzahlen gemacht werden. Gezeigt wird nur, wie verschiedene Betriebe, welche verschiedene Güter mit unterschiedlicher Transportkostenempfindlichkeit und mit unterschiedlichen, von der Nachfrage her auszulastenden Betriebsgrößen herstellen, sich auf einer homogenen Fläche (mit gleichmäßig verteilter Bevölkerung und Nachfrage) ansiedeln werden[31]. Die "Hochrechnung", ausgehend von der Zahl der Betriebe verschiedener Wirtschaftszweige, auf die an einem zentralen Ort ansässige Bevölkerung ist nur unter zusätzlichen Annahmen möglich; sie bleibt im Lösch-Modell schon deswegen teilweise offen, weil hier zwischen verschiedenen Orten Funktionenteilung auftreten kann, also nicht an jedem Ort der gleichen Hierarchiestufe die gleiche Zahl von Gütern produziert wird.

In Fortführung der Ansätze des Christaller-Lösch-Konzepts wurde von Beckmann ein Modell entwickelt[32], das das Marktgebiets- und Zentrale-Orte-Modell mit den Ableitungen über Stadtgrößen verbindet. Städte verschiedener Größe haben insofern verschiedene Funktionen, als die Produktion einiger Güter effizienter in größeren, diejenige anderer Güter effizienter in kleineren Städten erfolgen kann[33]. Das hängt einmal von der Mindest-Nachfrage ab, welche zur Auslastung der jeweiligen optimalen Betriebsgröße erforderlich ist, zum anderen von der durch die Transportkosten bestimmten Reichweite der einzelnen Güter. Will man Stadtgrößen ins Spiel bringen, sind zwei Annahmen entscheidend:

a) Die Stadtgröße ist proportional zur Bevölkerung, welche von der Stadt versorgt wird. Das impliziert bestimmte Annahmen hinsichtlich der Produktionsfunktion, mit der die zur Versorgung dienenden Güter produziert werden; daraus ergibt sich:

$$P_m = k\bar{P}_m \text{, wobei}$$

P_m = Bevölkerung der Stadt der Hierarchiestufe m

$\bar{P}_m$ = Bevölkerung, die von dieser Stadt versorgt wird

k = Parameter

b) Den Städten jeder Hierarchiestufe sind jeweils eine feste Zahl (s) von Städten der nächstniederen Hierarchiestufe zugeordnet.

$$\bar{P}_m = P_m + s\bar{P}_{m-1}$$

Die kleinsten Zentren versorgen nur noch die Landbevölkerung (r_1) und ihre eigenen Einwohner, daraus ergibt sich für die niedrigste Hierarchiestufe

$$P_1 = r_1 / (1-k).$$

Durch Umformung erhalten wir

$$P_m = k s^{m-1} r_1 / (1-k)^m$$

Die Stadtgrößen erhöhen sich exponentiell mit der Hierarchiestufe der Stadt. Die entscheidenden Parameter des Modells sind dabei r_1, die Landbevölkerung, die von den Kleinstzentren zu versorgen ist, s als die Zahl der Städte, die jeweils der höherrangigen Stadt zuzuordnen sind, und k, das Verhältnis von Stadtgröße und versorgter Bevölkerung.

Eine große Zahl von Einwänden gegen den Realitätsgehalt des Modells kann auf Kosten der Einfachheit durch Modifikationen ausgeräumt werden, insbesondere kann man die Parameter variieren lassen. Ein wichtiger Mangel bleibt allerdings: Obwohl das Modell die räumliche Dimension in die Ableitung von Stadtgrößen-Verteilungen einbringen will, wird die räumliche Dimension letztlich durch die Annahme räumlicher Regelmäßigkeiten (über die Zuordnung versorgter Städte und Einwohner) wieder herausdefiniert.

Abweichungen von den regelmäßigen Entfernungen zwischen den verschiedenen Städten müssen Auswirkungen auf die Städtehierarchie haben. Der Einfluß der geographischen Lage auf die relative Größe einer Stadt läßt sich im geschilderten Modell jedoch nicht erfassen. Außerdem wäre auch hier zu berücksichtigen, worauf oben schon bei der allgemeinen Diskussion von Stadtgrößen hingewiesen wurde, daß die interne räumliche Struktur jeder Stadt die Stadtgröße beeinflußt, weil davon das Ausmaß externer Effekte, insbesondere die Entstehung sozialer Kosten (Verkehrsstauungen, Umweltbelastung), und sozialer Nutzen (Verstädterungsvorteile) abhängt.

Auf die vorliegenden weiteren Erklärungsversuche von Stadtgrößen-Verteilungen in Form stochastischer Modelle können wir verzichten, da sie die Rolle systematischer Faktoren mehr oder weniger vernachlässigen[34]. Im folgenden beschäftigen wir uns stattdessen mit den Wechselwirkungen zwischen Stadtgrößen und Sektoralstruktur.

6. Stadtgröße und städtische Wirtschaftsstrukturen

Eine zentrale Frage, die im Rahmen theoretischer Modelle über Stadtgrößen zu beantworten bleibt, ist die Frage, ob und wie Sektoralstrukturen von Städten, also die Zusammensetzung der städtischen Wirtschaft aus den Produktionsstätten verschiedener Sachgüter und Dienstleistungen, als Funktion der Stadtgröße variieren. Selbst wenn die Wirkungsrichtung offen bleibt – wird die Stadtgröße durch die vorhandene Wirtschaftsstruktur bestimmt oder bestimmt die Stadtgröße, welche Sektoren sich jeweils ansiedeln –, ist die Antwort auf die Frage nach den Zusammenhängen von höchster Bedeutung für Stadtentwicklungsplanung, Regional- und Landesplanung. Wir wollen versuchen, die bisher gewonnenen Ergebnisse zusammenzufassen und zu ergänzen, um für die folgenden empirischen Analysen eine theoretische Basis zu erhalten.

Zunächst müssen wir uns mit einem theoretischen Konzept beschäftigen, das vor allem in der Regionalwissenschaft eine wichtige Rolle spielt[35], in der Stadtökonomie jedoch zuerst formuliert wurde, dem Exportbasis-Ansatz. Ursprünglich wurde der theoretische Gedanke in Verbindung mit der Erklärung der Städtebildung entwickelt, die *bestimmten* Typen von Wirtschaftsaktivitäten zugeschrieben wurde[36]. Die modernen Exportbasistheoretiker sehen es wegen der seit der Industrialisierung ständig zunehmenden räumlichen Arbeitsteilung als zentrales Problem an, zu untersuchen, welche Güter und Dienste eine Stadt zum Export anbieten kann, um Güter und Dienste zu importieren, die konsumiert werden können[37]. Der Umfang der Exportströme soll dabei weniger die *historisch entstandene* Stadtgröße erklären, sondern es werden über die Stärke der Exportströme und ihre Veränderung das *Stadtwachstum* und die zu *erwartende* Größe einer Stadt abgeleitet.

Die ökonomische Fundierung erhält das Exportbasis-Konzept – das meist mit Beschäftigten- und Bevölkerungszahlen formuliert wird – in den volkswirtschaftlichen Einkommenskreislaufvorstellungen: Die Exporttätigkeit bestimmt maßgeblich die Höhe und das Wachstum des absoluten und des Pro-Kopf-Einkommens einer Stadt. Nur auf Grund des im Export verdienten Einkommens kann die (nonbasic-)Beschäftigung in den lokalen Wirtschaftsaktivitäten der Stadt existieren, denn das Exporteinkommen wird im lokalen (nonbasic-)Sektor ausgegeben[38].

Wir können den Exportbasis-Ansatz als ein Zwei-Sektoren-Modell der Stadtwirtschaft interpretieren.

Schaubild 2: **Stadtwirtschaft**

Einkommen aus Exporten	Güterexporte	Produktion von Exportgütern	Basic-Sektor Export-Sektor
		Beschäftigung im Exportsektor	
$Y_{EX} \cdot 1/(1-b)$ $+$ Y_L		intrareg. Multiplikator	
Einkommen im lokalen Sektor	Ausgaben für heimische Güter	Produktion von heim. Gütern Beschäfti- im lokalen Sektor	Nonbasic-Sektor Lokaler Sektor
$= Y_R$ = Gesamteinkommen der Stadt		Gesamtbeschäftigung in der Stadt	Stadtwirtschaft

Es muß in der theoretischen Betrachtung offenbleiben, wie sich die Aufteilung der städtischen Aktivitäten auf die beiden Sektoren *systematisch* mit der Stadtgröße verändert. Wir werden diese Frage bei der empirischen Behandlung des Zusammenhangs von Sektorstruktur und Stadtgröße wieder ansprechen.

Allerdings können wir bereits aus allgemeinen theoretischen Überlegungen ableiten, daß mit zunehmender Stadtgröße der *Anteil* des Exportbasis-Sektors zurückgehen wird, weil a) mit zunehmender Stadtgröße und Stadtfläche die Exportbeziehungen mit dem Rest der Volkswirtschaft definitionsgemäß unter sonst gleichbleibenden Umständen relativ abnehmen müssen und b) mit zunehmender Stadtgröße die Möglichkeiten innerstädtischer Spezialisierung überproportional wachsen.

Bei der Ableitung der optimalen Stadtgröße ergab sich, daß Kosten und Nutzen der Stadtgröße für verschiedene Wirtschaftsaktivitäten unterschiedlich sein werden. Die Anpassung der Stadtgrößen-Wünsche von Unternehmen und Haushalten und die Anpassung jeweils zwischen gewünschten und realisierbaren Größen wird zu einer *begrenzten* Anzahl von Stadtgrößen führen, für die jeweils bestimmte Unternehmen verschiedener oder ausgewählter

Sektoren und bestimmte Haushaltsgruppen bzw. deren Mischungen typisch sind, weil diese Stadtgrößen ihren Wünschen am *ehesten* entsprechen.

Welche Arten von Unternehmen, Sektoren und Haushaltsgruppen jeweils bestimmte Stadtgrößen bevorzugen, läßt sich in allgemein mit Kosten und Nutzen oder Präferenzen argumentierenden Modellen nicht ableiten. Aussagen darüber setzen voraus, daß die Kosten und Nutzen näher spezifiziert werden. Das führt zunächst zurück zu den Standortfaktoren, die in den klassischen Standorttheorien[39] bereits im Mittelpunkt standen: Die Transportkosten für Rohstoffe und Fertigprodukte, die räumliche Verteilung der Rohstofflager und die der Märkte – sowohl für die Güter als auch für die Produktionsfaktoren, insbesondere Arbeit – und deren Größe sowie die Agglomerationsvorteile, die sich aus dem gemeinsamen Standort von Unternehmen ergeben. Da diese Standortfaktoren jedoch quantifiziert und bestimmten Stadtgrößen zugeordnet werden müßten, wenn sie zum Beispiel zur Beantwortung der Frage nach der Sektoralstruktur verschieden großer Städte beitragen sollen, und diese Zuordnung noch nicht möglich ist, ergibt sich insofern kein Fortschritt[40] gegenüber der Kosten-Nutzen-Betrachtung.

Die Zuordnung bestimmter Standortfaktoren zu bestimmten Stadtgrößen ist allgemein vor allem deshalb nicht möglich, weil die geographische Lage der Städte zueinander eine Rolle spielen wird: Auch die Agglomerationseffekte sind nicht allein von der Stadtgröße abhängig, worauf bereits hingewiesen wurde. Neben den intrastädtischen gibt es interstädtische Agglomerationseffekte, die Situation für eine kleine Stadt in der Nähe eines großen Verdichtungsraumes ist zum Beispiel völlig anders als die für eine gleich große Stadt im ländlichen Raum.

Die Landschaftsstrukturmodelle vom Christaller-Lösch-Typ, welche die Lage von Zentralen Orten zueinander zur Grundlage ihrer Ableitungen nehmen, können das oben erwähnte Problem kaum lösen: Stadtgrößen lassen sich in diesen Modellen nur unter sehr eingeschränkten Annahmen ableiten. Gewisse Hinweise auf unterschiedliche Wirtschaftsstrukturen von Städten auf verschiedenen Stufen der Zentrale-Orte-Hierarchie ergeben sich allerdings aus der – empirisch gestützten – Annahme, daß Städte ihr Hinterland einschließlich der Städte niedrigerer Hierarchiestufe mit Gütern versorgen, die typisch für ihre Hierarchiestufe sind[41]. Welche Güter das sind, ergibt sich aus der unterschiedlich großen Nachfrage, die je nach Betriebsgröße zur Auslastung der Produktionsstätte erforderlich ist.

Allgemein folgt aus dem Zentrale-Orte-Modell, daß mit zunehmender Stadtgröße die Zahl der Betriebe und der verschiedenen Wirtschaftssektoren steigen sollte, daß also z.B. Großstädte stärker diversifiziert sein sollten als kleinere Städte. Außerdem sollten in größeren Städten mehr Wirtschaftszweige ansässig sein, die stärker spezialisiert sind und einen größeren Markt brauchen als in kleineren Städten. Diese Regelmäßigkeit wird zwar bereits im Modell bei Funktionenteilung zwischen Zentralen Orten durchbrochen, obige Feststellung bleibt jedoch vor allem für Dienstleistungssektoren wichtig.

Für den Industriesektor sind insbesondere Zusammenhänge des Exportbasis-Ansatzes empirisch relevant:[42] Aus bereits genannten Gründen ist die Exportquote in kleinen Städten größer als in Großstädten, Großstädte bieten mehr Gelegenheiten zur intrastädtischen Spezialisierung. Man sollte deshalb, insbesondere im Industriebereich, eher stärker durch einzelne Sektoren bestimmte (monostrukturierte) kleinere als größere Städte finden, wobei die Größe der Stadt nicht festlegen kann, um welchen Sektor es sich im einzelnen handelt[43].

Die Zuordnung bestimmter *industrieller* Sektoren zu bestimmten Stadtgrößen ist *besonders* schwierig, weil die Ableitung zugehöriger Marktgebiete im allgemeinen nicht möglich ist. Die erwähnte Exportbasistheorie kann keine Aussagen über die sektorale Zusammensetzung innerhalb des Exportbereichs treffen. Da Großbetriebe im Industriebereich häufiger als im Dienstleistungssektor sind, kann die Größe einer Stadt auch von der Entwicklung eines einzelnen oder mehrerer Großbetriebe abhängen. Für die räumliche Verteilung der verschiedenen Industriesektoren kommt es mehr auf die Lage der Städte zueinander, also auf das Städtesystem an, als auf die Größe der einzelnen Stadt. Deshalb dürfte es einfacher sein, für die Sektorstruktur der Industrie Unterschiede zwischen Regionen als zwischen Stadtgrößen zu finden. Regionen lassen sich dann durch ihr intraregionales Städtesystem unterscheiden, so daß Stadtgrößen indirekte Einflußfaktoren sind.

Die größeren intrastädtischen Spezialisierungsmöglichkeiten in Großstädten, auf großen Märkten, beziehen sich nicht nur auf die Produktion spezieller Güter, sondern sie führen auch zu Gelegenheiten, technischen Fortschritt (bei Gütern und Produktionsprozessen) schneller einzuführen. Viele der Vorteile von Großstädten sind allgemein mit dem Begriff "Agglomerationsvorteile" beschrieben worden. Dazu gehören die erwähnten Spezialisierungsvorteile, die große Zahl qualifizierter und spezialisierter Arbeitskräfte in großer Auswahl, die technischen, Marketing- und die anderen unternehmensbezogenen Dienstleistungen, die Vielzahl von Kontakt- und Informationsgelegenheiten bei ausgebauten technischen Kommunikationsnetzen, die qualifizierten öffentlichen Infrastruktureinrichtungen und weitere Vorteile, die sich aus dem großstädtischen Leben ergeben. In Modellen, welche die Entstehung neuer Güter und Sektoren erklären wollen, kommt diesen Vorteilen der großstädtischen Verdichtungsräume besondere Bedeutung zu. So gelten Großstädte als (geographischer) Ausgangspunkt von Innovationen. Großstädte sollten im Durchschnitt mehr neue Wirtschaftszweige beherbergen als kleinere Städte, und deshalb sollten auch Unternehmen mit kleineren Betriebsgrößen eine besondere Rolle dort spielen. Die neuen Wirtschaftszweige sollten von den Verdichtungsräumen in kleinere Städte "absickern"[44].

Erst in den Ansätzen ist die Verwendung diffusionstheoretischer Konzepte in Verbindung mit der Theorie langer Wellen und der Produktzyklustheorie zur Erklärung sektoraler Strukturunterschiede zwischen Regionen und verschiedenen Stadtgrößen in unterschiedlicher geographischer Lage entwickelt. Das dynamische Element des Produktlebenszyklus der Güter erweitert die traditionelle Standorttheorie, so daß gleichzeitig auch sektoraler und regionaler Strukturwandel erfaßt werden[45]. Ausgangspunkt ist wieder die Hypothese, daß Großstädte im allgemeinen die besten Bedingungen für das Entstehen von Innovationen bieten.

Das Phasenschema des Produktzyklus eines Gutes (eines Marktes) unterscheidet im allgemeinen die Phasen der Schaffung und Expansion eines Marktes, der Ausreifung, der Stagnation und der Rückbildung des Marktes. Je nach der Phase des Produktzyklus, die gesamtwirtschaftlich und in der jeweiligen Region erreicht ist, ergeben sich unterschiedliche räumliche Prozesse und unterschiedliches raumbezogenes Verhalten der Unternehmer.

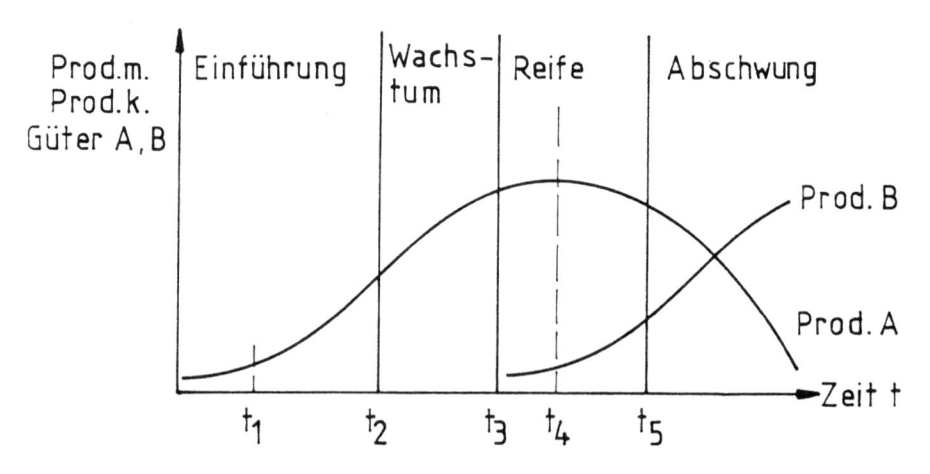

Abbildung 6: Produktion der Güter A und B an einem bestimmten Standort d_1 im Zeitverlauf t

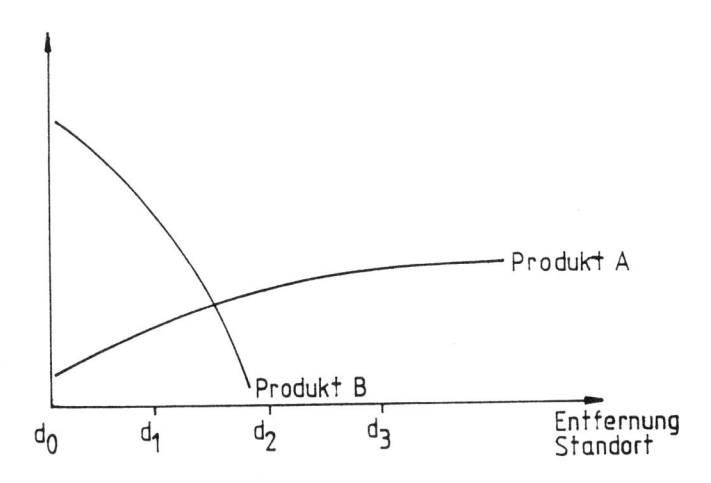

Abbildung 7: Produktion der Güter A und B zu einem bestimmten Zeitpunkt an verschiedenen Standorten d

In der räumlichen Ausbreitungsphase (t_1 bis t_4) wird sich mit der Erhöhung der gesamtwirtschaftlichen Produktionsmenge x_A des Gutes A die Zahl der Betriebe erhöhen. Damit muß die Zahl der Standorte wachsen, die Betriebe breiten sich auf eine größere Zahl von Regionen aus, und es ist anzunehmen, daß die unterschiedlichen Gewinnmöglichkeiten in den Regionen die räumliche Ausbreitung steuern werden. Dabei kommt es auf die Umsatzsteigerungen des "neuen" Gutes in den verschiedenen Regionen an und auf die Kosten, die die Produktion am potentiellen Standort verursacht und die sowohl von allgemeinen Standortfaktoren als auch von einer – der neuen Produktionsrichtung – günstigen "Atmosphäre" beeinflußt werden.[46]

Ab dem Zeitpunkt t_4 beginnt die Schrumpfungs- und räumliche Anpassungsphase, Produktionsmenge und Zahl der Betriebe nehmen ab. Die Zahl der Standorte verringert sich, in einigen Regionen verschwinden Betriebe, in anderen bestehen sie weiter oder verlagern sich aus anderen Regionen dorthin, wenn die ökonomische Umwelt dort günstig ist. Die Produktion x_B eines neuen Gutes B muß an die Stelle der alten Produktion treten, soll die betroffene Region nicht zu einem Problemfall der Regionalpolitik werden. Bei ausreichend großem technischen Fortschritt in der Region verläuft dieser Prozeß ohne Störungen: Die Produktion neuer Güter wird die Produktion alter Güter vom Standort verdrängen.

Standortentscheidungen in den ersten Phasen des Produktzyklus sind Entscheidungen über die Betriebsstättendispersion auf zusätzliche Standorte. In der Schrumpfungsphase des Produktzyklus steht die Frage der ökonomischen Überlebensmöglichkeit der weiteren Produktion an bestimmten Standorten, am alten oder an einem neuen, für eine Verlagerung in Frage kommenden Standort im Vordergrund. Einzelwirtschaftlich handelt es sich im letzteren Fall meist nicht um eine Standortentscheidung im engeren Sinn der klassischen Standorttheorie, die Suche nach einem *zusätzlichen* (neuen) Standort für Produktion oder Vertrieb, sondern um die Entscheidung, ob (und unter Umständen an welchem anderen Standort) die Produktion bei gegebenen gesamtwirtschaftlichen Daten und gegebener Umwelt wirtschaftlich weitergeführt werden kann. In vielen Fällen erfolgen Anpassungsmaßnahmen am Standort. Die Multibetriebsunternehmen, Konzerne mit einer Reihe von Betriebsstätten, können besonders flexibel reagieren.

Unter Berücksichtigung der notwendigen Dynamisierung der Standorttheorie wird die Frage nach der Zuordnung von Betrieben bestimmter Sektoren (die definiert sind nach der Art der produzierten Güter) zu bestimmten Stadtgrößen noch schwieriger zu beantworten sein[47]. Jeder Sektor wird im Verlauf des Lebenszyklus seiner Produkte andere Standortanforderungen stellen[48]. Zur Erfassung der verschiedenen Standortfaktoren wird es nicht genügen, Stadtgrößen zu unterscheiden. Intra- und interstädtische Agglomerationsvorteile, aber zusätzlich eine Vielzahl weiterer Faktoren spielen eine Rolle.[49]

Städte verschiedener Größen bilden die zentralen Determinanten der ökonomischen Umwelt, in der Unternehmer entscheiden. In Städten sitzen dynamische Unternehmer, von denen Innovationen ausgehen, hier finden sie die Adoptoren für neue Güter und die ersten Imitatoren neuer Produktionsprozesse. Sie verdrängen ältere Produktionszweige in andere Städte[50], meist kleinerer Größe, und lösen die räumliche Dispersion aus. Das historisch gewachsene Städtesystem ist zu träge, als daß es vom kontinuierlich ablaufenden sektoralen Strukturwandel und von einzelnen oder auch in Schwärmen auftretenden Innovationen kurz- und mittelfristig deutlich verändert werden könnte. Der sektorale Strukturwandel findet mittelfristig im Rahmen des vorhandenen Städtesystems statt, die Sektoralstrukturen verschiedener Standorte und das gesamte Städtesystem stehen jedoch langfristig in Wechselwirkung.

Insofern wird es auch für die empirische Analyse zweckmäßig sein, die Sektoralstruktur und den sektoralen Strukturwandel in Abhängigkeit vom Städtesystem zu betrachten. Da die Sektoralstruktur nicht direkt mit einzelnen Städten und mit einzelnen Stadtgrößen verbunden ist, wie oben dargelegt wurde, werden zum einen als Standorte Regionen betrachtet und damit regionale Sektorstrukturen in Abhängigkeit vom regionalen und gesamträumlichen Städtesystem und den dahinter wirkenden Agglomerationseffekten untersucht. Zum anderen analysieren wir jedoch auch den Zusammenhang der Entwicklung einzelner Sektoren und ihre Ausbreitung über verschiedene Stadtgrößen.

Ein Schaubild soll den für die empirische Analyse grundlegenden Zusammenhang veranschaulichen:

Schaubild 3:
**Sektoralstruktur und Städtesystem:
Zusammenhänge und Einflußfaktoren**

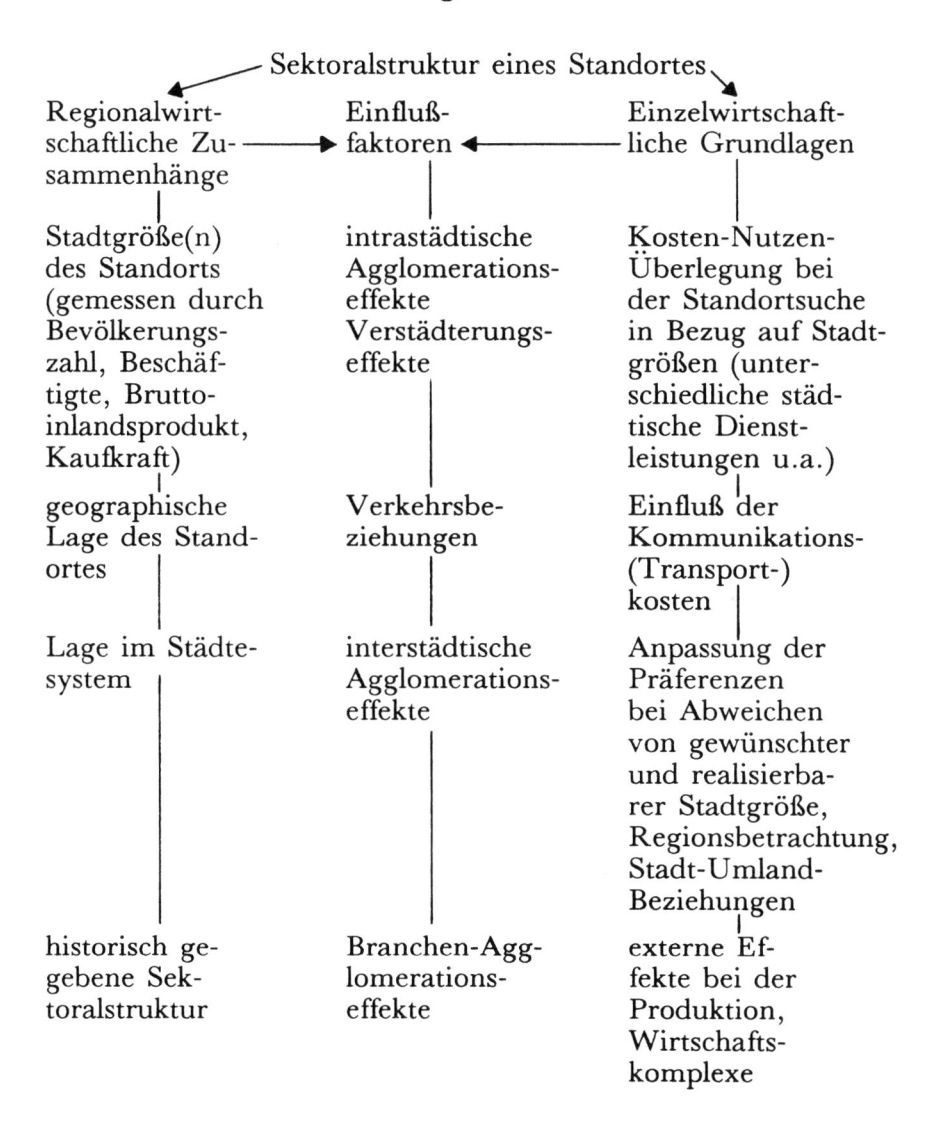

Sektoralstruktur eines Standortes

Regionalwirtschaftliche Zusammenhänge	Einflußfaktoren	Einzelwirtschaftliche Grundlagen
Stadtgröße(n) des Standorts (gemessen durch Bevölkerungszahl, Beschäftigte, Bruttoinlandsprodukt, Kaufkraft)	intrastädtische Agglomerationseffekte Verstädterungseffekte	Kosten-Nutzen-Überlegung bei der Standortsuche in Bezug auf Stadtgrößen (unterschiedliche städtische Dienstleistungen u.a.)
geographische Lage des Standortes	Verkehrsbeziehungen	Einfluß der Kommunikations- (Transport-) kosten
Lage im Städtesystem	interstädtische Agglomerationseffekte	Anpassung der Präferenzen bei Abweichen von gewünschter und realisierbarer Stadtgröße, Regionsbetrachtung, Stadt-Umland-Beziehungen
historisch gegebene Sektoralstruktur	Branchen-Agglomerationseffekte	externe Effekte bei der Produktion, Wirtschaftskomplexe

Anmerkungen zum 2. Kapitel

1) Welche Einwohnerzahl eine Gemeinde haben muß, um als Stadt zu gelten, läßt sich theoretisch nicht festlegen. Die Mindestgröße ist abhängig vom Analysezweck.
2) Vgl. hierzu insbesonders: Böventer, E. von; Regional Growth. In: Urban Studies, Vol. 12 (1975), S. 1 – 29. Richardson, H. W.; Regional Growth Theory, London and Basingstoke 1973. Koll, R.; Regionales Wachstum, München 1979.
3) Setzt man Stadt mit städtischer Umwelt gleich, so kommt man zu einer Betrachtung, die die Stadt als öffentliches Gut behandelt. Vgl. als Ausgangspunkt den Aufsatz von Artle, R.; Cities as public goods. Memorandum number ERL – M417, Electronics Research Laboratory, University of California, Berkeley 1973.
4) Diese Definition ist ähnlich der Formulierung eines Aktivitätsraumes (activity space) bei den Geographen. "An individual's activity space is defined as the subset of all urban locations with which the individual has direct contact as the result of day-to-day activities." Horton, F. E.; and D. R. Reynolds; Effects of Urban Spatial Structure on Individual Behavior. In: Economic Geography, Vol. 47 (1971), S. 37.
5) Es handelt sich hier um eine etwas engere Betrachtungsweise als bei dem Konzept der Stadt als System unterschiedlicher Prozesse: Die Stadt als produktiver Prozeß stellt der Volkswirtschaft bestimmte Leistungen zur Verfügung. Die Stadt wird als eine Art von Unternehmer angesehen, der bestimmte Güter produziert.
6) Vor allem diese Überlegungen führten in den siebziger Jahren in der Bundesrepublik Deutschland zur Gemeindereform.
7) Vgl. die ausführliche Darstellung in: Böventer, E. von; Standortentscheidung und Raumstruktur, Hannover 1979.
8) Gemeinden subventionieren in vielfältiger Weise Bodenpreise, vor allem bei Industrieansiedlungen. Aber auch Wohnungsmieten werden subventioniert, und wenn die Höhe der Subventionen mit dem Mietenniveau einer Stadt steigt, so setzt man genau damit den Bodenpreismechanismus für die Begrenzung der Stadtgröße außer Kraft. Allerdings sind sich die Verfasser auch der Implikationen für die Anpassung der regionalen Arbeitsmärkte bewußt.
9) Für einen Gesamtüberblick vgl. Richardson, H. W.; The economics of urban size, Farnborough 1973.
10) Ob die Wachstumseuphorie in vielen der kleineren Städte dann bestehen bliebe, sollte bezweifelt werden.
11) Zur Optimierung des Verkehrssystems kann die Subventionierung des öffentlichen Verkehrs nötig sein. Zu den verschie-

denen Aspekten, vgl. die Modelle von Walters, A. A.; Externalities in urban buses. In: Journal of Urban Economics, Vol. 2 (1982), S. 60 – 72, sowie Frankena, M. W.; The effenciency of public transport objectives and subsidy formulas. In: Journal of Transport Economics and Politics, Vol. 17 (1983), S. 67 – 76.

12) Vgl. Plath, F.; Nutzen-Kosten-Analyse für städtische Verkehrsprojekte, Tübingen 1977.
13) Zum Beispiel bei Buchanan, J. M.; Costs and Choice: An Inquiry in Economic Theory, Chicago 1969.
14) Hägerstrand, T.; Innovation Diffusion as a Spatial Process, Chicago and London, 1967.
15) US-Arbeiten zeigen Ähnliches. Zu den ersten zählen Ogburn, B.F. und O.D. Duncan; City Size as a Sociological Variable. In: Burgess, E.B. und D.J. Bogue (Eds.), Contributions to Urban Sociology, Chicago 1964, S. 129 – 147.
16) Ist das nicht der Fall, wird man davon ausgehen müssen, daß die betreffenden Verdichtungsräume nicht mehr "funktionsfähig" sind (Beispiel: Ruhrgebiet).
17) Edel, M.; Land Values and the Costs of Urban Congestion: Measurement and Distribution. In: Ecole Practique des Hautes Etudes, VIe Section, Political Economy of Environment; Problem of Method, The Hague 1972, S. 61 – 90. Edel war einer der ersten Ökonomen, der auf die "Raumwirksamkeit" der Organisation von Großunternehmen hinwies. Die umfangreichsten Studien liefern Geographen, v.a. Pred, A.: Vgl. Pred, A.; The Spatial Dynamics of U.S. Urban-Industrial Growth, 1800 – 1914, Cambridge, Mass. und London 1966. Ders. City-Systems in Advanced Economies, London 1977.
18) Thompson, W.R.; Internal and External Factors in the Development of Urban Economics. In: Perloff, H.S. and L. Wingo (eds.); Issues in Urban Economics, Baltimore 1968, S. 43 – 80.
19) Die Überlegungen eines Planers in einem *konkreten Fall* sind damit – wie oben beschrieben – keineswegs wertlos.
20) Robson, B. T.; Urban Growth – An Approach, London 1973, S. 22.
21) Quandt, R.E.; Statistical discrimination among alternative hypotheses and some economic regularities. In: Journal of Regional Science, Vol. 5 (1964), S. 1 – 23.
22) Es sei allerdings angemerkt, daß eine Gleichsetzung, insbesondere von Lognormal- und Rank-size-Verteilung, nicht richtig ist. Es läßt sich nur keine allgemeine Überlegenheit einer Funktion ableiten.
23) Eine umfassende, aktuelle Darstellung der Städtesysteme aller

europäischen Länder geben Hall, P. und D. Hay; Growth Centres in the European Urban System, London 1980.
24) Einen Überblick zum aktuellen Forschungsstand gibt Suh, S.H.; On the Size Distribution of Cities: An Economic Interpretation of the Pareto Coefficient, in: Enviroment and Planning A, Vol.9 (June 1987), vgl. auch weitere Aufsätze in dieser Zeitschrift.
25) Vgl. Böventer, E. von; Determinants of Migration into West-German cities, 1956 – 1961, 1961 – 1966, in: Papers of the Regional Science Association, Vol. 23 (1969), S. 53 – 62.
26) Vgl. Böventer, E. von; City Size Systems: Theoretical Issues, Empirical Regularities and Planning Guides. In: Urban Studies, Vol. 10 (1973), S. 145 – 162.
27) Das Ruhrgebiet läßt sich nicht als *ein* städtischer Verdichtungsraum betrachten.
28) Böventer, E. von; City Size Systems, a.a.O., S. 154.
29) ebenda
30) Vgl. die Ausführungen im 6. Kapitel über die Ableitung von Stadtgrößen aus einzelwirtschaftlichen Stadtgrößenpräferenzen. Schweizer leitet Städtesysteme aus ähnlichen Grundgedanken ab, ohne allerdings wohl Böventer Standortentscheidung und Raumstruktur, a.a.O., zu kennen. Vgl. Schweizer, U.; Theory of City System Structure. In: Regional Science and Urban Economics, Vol. 15 (1985), S. 159 – 180.
31) Vgl. ausführlich: Böventer, E. von; Die Struktur der Landschaft – Versuch einer Synthese und Weiterentwicklung der Modelle J. H. von Thünens, B. Christallers und A. Löschs. In: Optimales Wachstum und optimale Standortverteilung, Schriften des Vereins für Socialpolitik, N.F. Bd. 27 (1962), S. 77 – 133.
32) Beckmann, M. J.; City Hierarchies and the Distribution of City Sizes. In: Economic Development and Cultural Change, Vol. 6 (1958), S. 243 – 248. Vgl. auch Beckmann, M. J. and J. McPherson; City Size Distributions in a Central Place Hierarchy: An Alternative Approach. In: Journal of Regional Science, Vol. 10 (1970), S. 25 – 33.
33) Diese Hypothese stammt bereits von Christaller, W.; Die zentralen Orte in Süddeutschland, Jena 1933 (2. Auflage Darmstadt 1968).
34) Eine umfassende Darstellung bietet Richardson, H.W.; The Economics of Urban Size, Westmead, Farnborough 1973.
35) Es dient vor allem zur Begründung des gegenwärtigen regionalpolitischen Förderungskonzepts in der Bundesrepublik Deutschland.
36) Sombart unterschied zwischen Stadtgründern und Stadtfüllern. Vgl. Archiv für Sozialwissenschaft und Sozialpolitik, Bd. 25

(1907), S. 1 - 9.
37) Vgl. als wichtigsten Ausgangspunkt dieses Ansatzes die Arbeit: Weiner, A.M. und H. Hoyt; Principles of Urban Real Estate. New York 1939. Rev. 4th Ed. 1948. Sowie die Aufsätze von Andrews, R.B., in: Land Economics Vol. XXIX bis XXXII (1953 - 1956), and Thompson, B. R.; A Preface to Urban Economics (Resources for the Future), Baltimore and London 1965.
38) Eine grundlegende Darstellung des Exportbasis-Ansatzes findet man bei Rittenbruch, K.; Zur Anwendbarkeit der Exportbasiskonzepte im Rahmen von Regionalstudien, Berlin 1968.
39) U.a. in der Industriestandortlehre A. Webers. Vgl. Weber, A., Über den Standort der Industrien; Erster Teil – Reine Theorie des Standorts, Tübingen 1909
40) Allerdings finden sich genügend Beispiele, in denen nach regelmäßigen Zusammenhängen vor allem empirisch gesucht wurde. Wir behandeln das Thema im folgenden 3. Kapitel. Vgl. auch Hoover, E., und F. Giarratani; An Introduction to Regional Economics, New York 1984 (3. Aufl.), (1971, 1. Aufl.) Appendix 8 - 2. Dunn, E.S. Jr.; The Development of the U.S. Urban System, Vol.I, Baltimore and London 1980; Nordcliffe, G.B.; Theory of Manufacturing Places. In: Collins, L. und D.F. Walker (eds.); Locational Dynamics of Manufacturing Activity, London – New York u.a. 1975, S. 19 - 57.
41) Theoretische und empirische Zusammenhänge werden analysiert bei Gunnarsson, J.; Production systems and hierarchies of centres, Leiden 1977.
42) Bezüglich des *Erklärungsgehalts* der Exportbasistheorie für empirische Stadtentwicklungen können wir allerdings zustimmend zitieren, "that neither economic base nor enviromental ameninty explanations of urban development are consistent with recent historical experience." Leven, Ch. L., Analysis and Policy Implications of Regional Decline. In: American Economic Review, Vol. 76 (May 1986), S. 310
43) Diese Hypothese wird durch eine sehr sorgfältige ökonometrische Arbeit neuerdings empirisch belegt. Vgl. Henderson, J. V.; Efficiency of Resource Usage and City Size. In: Journal of Urban Economic, Vol. 19 (1986), S. 47 - 70. Er kann zeigen, daß Branchenagglomerationsvorteile (localization economies) und nicht Verstädterungsvorteile (urbanization economies) die entscheidenden Effekte bei der Spezialisierung von Städten auf bestimmte Industriezweige sind und daß die Wirkung mit wachsender Stadtgröße zurückgeht.
44) Dieser Begriff stammt von Thompson, W.R.; Internal and External Factors in the Development of Urban Economics. In: Perloff, H.S. und L. Wingo, jr. (Eds.); Issues in Urban

Economics, Baltimore 1968, S. 43 – 62. Vgl. auch Leone, R. A. und R. Struyk; The Incubator Hypothesis: Evidence from Five SMSA's. In: Urban Studies, Vol. 13 (1976), S. 325 – 33, sowie Hampe, J.; Langfristiger Strukturwandel und regionale Arbeitsmärkte. In: Analyse regionaler Arbeitsmarktprobleme, Hannover 1988 (= FuS der ARL)

45) Einen Überblick, wie dynamische Elemente in die Standorttheorie eingeführt werden können, gibt: Storper, M.; Technology and New Regional Growth Complexes: The Economics of Discontinuous Spatial Development. In: Nijkamp, P. (ed.); Technological change, Employment and Spatial Dynamics, Berlin, Heidelberg u.s.w., 1986 (= Lecture Notes 270), S. 46 – 75

46) Eine ausführlichere und formale Darstellung findet sich in Hampe, J., Stadtentwicklung und Städtesystem im sektoralen Strukturwandel. Referat auf der Sitzung des Ausschusses für Regionaltheorie und Regionalpolitik des Vereins für Sozialpolitik, Februar 1985, In: Böventer, E. von (Hrsg.); Stadtentwicklung und Strukturwandel, Berlin 1987, (= Schriften des Vereins für Socialpolitik, NF Bd. 168). Zu empirischen Ergebnissen vgl. Hampe, J.; Langfristiger Strukturwandel...,a.a.O.

47) Grundsätzlich könnte man auch nach der Verlagerung *innerstädtischer* Standorte für die Produktion eines Gutes im Verlauf seines Lebenszyklus fragen. Dabei dürfte besonders die Produktion von Dienstleistungen und die Zentrum-Rand-Verlagerung relevant sein.

48) Sehr deutlich kommt das zum Ausdruck bei Krieger, Ch.; C.S. Thoroe, W. Weskamp; Regionales Wirtschaftswachstum und sektoraler Strukturwandel in der Europäischen Gemeinschaft, Tübingen 1985 (= Kieler Studien 194).

49) Ein Versuch, durch die Verbindung von Exportbasistheorie und Wachstumspolansatz zu einer Dynamisierung regionaler Entwicklungsmodelle zu kommen und gleichzeitig ein Versuch ihrer empirischen Anwendung, findet sich bei Blum, U.; Growth Poles and Regional Evolution, in: Jahrbuch für Sozialwissenschaft, Bd. 37 (1986), S. 325 – 353. Den gegenwärtigen Forschungsstand zum Zusammenhang von sektoralem Strukturwandel und Städtesystem stellt dar Suyarez – Villa, L.; Metropolitan Evolution, Sectoral Economic Change, and the City Size Distriction. In: Urban Studies, Vol. 25 (1988), S. 1 – 20.

50) Das geschieht allerdings weniger durch Betriebsverlagerungen, als vielmehr durch das unterschiedliche Wachstum bestehender Betriebe.

3. Kapitel: Empirische Beobachtungen: Sektoralstrukturen und Städtesystem in Bayern

1. Die verwendeten statistischen Daten

Die theoretisch abgeleiteten Zusammenhänge erhalten ihre eigentliche Bedeutung dadurch, daß sie anhand empirischer Daten konkretisiert und nach Möglichkeit überprüft werden. Wir wollen am Beispiel der Städte in Bayern eine solche empirische Analyse durchführen. Dabei stehen uns die Einwohnerzahlen für alle bayerischen Gemeinden ab 2.000 Einwohnern zu den Volkszählungsstichtagen seit 1910 zur Verfügung. Zur Untersuchung der Sektoralstruktur liegen aus zwei Zählungen Beschäftigtenzahlen in tiefer Wirtschaftszweiggliederung für Kreise und kreisfreie Städte Bayerns vor, und zwar aus der Volks-, Berufs- und Betriebszählung 1925 und der Volks-, Berufs- und Arbeitsstättenzählung 1970.

Mit dem Jahr 1925 ist ein Zeitpunkt gewählt, der relativ wenigen Sondereinflüssen unterliegt. Zum Vergleich wird das Jahr 1970 genommen, für das die letzten sektoral umfassenden und räumlich differenzierten Beschäftigtenstatistiken vorliegen[1]. Wir haben damit zwei Bestandsaufnahmen der Sektoralstruktur, die fast 50 Jahre auseinanderliegen. Dieser Zeitraum dürfte ausreichend sein, um Hypothesen über den Zusammenhang von Städtesystem und Sektoralstruktur zu überprüfen.

Die verwendete Betriebszählung aus dem Jahr 1925 umfaßt allerdings nicht alle Beschäftigten; sie weist Lücken im Dienstleistungsbereich auf. Es fehlen die Beschäftigten der Verwaltungsbetriebe des Reichs, der Länder, der Gemeinden und der Kirchen, des öffentlichen Erziehungs- und Bildungswesens und der Berufsverbände, sowie ein großer Teil der Freiberufler (Ärzte, Rechtsanwälte, alleinarbeitende Künstler, Schriftsteller u.ä.). Deshalb wurden für 1925, und zum Vergleich auch für 1970, zusätzlich die Erwerbstätigen nach Wirtschaftsbereichen analysiert, so daß die Sektoren Landwirtschaft, Verwaltung und Bildung dort (zumindest in grober Weise) erfaßt sind.

Die Wirtschaftszweiggliederung von 1925 ist mit der von 1970 nicht ohne weiteres vergleichbar. Es wurde versucht, jeweils solche Unterabteilungen und Gruppen herauszugreifen, die zu beiden Zeitpunkten einigermaßen vergleichbare Wirtschaftstätigkeiten umfassen[2]. Innerhalb der gewählten Unterabteilungen und Gruppen wurde von einer Angleichung ihrer Zusammensetzung nach Klassen und Arten zwischen 1925 und 1970 abgesehen, da die Zeitspanne von fast 50 Jahren zu groß scheint, als daß durch eine Angleichung einzelner Bezeichnungen eine exakte Vergleichbarkeit erreichbar schiene: Eine nicht geringe Zahl von Wirtschaftstätigkeiten entstand erst nach 1925, daß heißt eine Vielzahl von 1970 produzierten Gütern gab es 1925 noch nicht, wie umgekehrt eine ganze Anzahl von Gütern verschwand.

Jedoch ist ein allgemeiner Vergleich des Zusammenhangs von Sektoralstruktur und Städtesystem zwischen beiden Zeitpunkten möglich. Man sollte sich aber bewußt sein, daß der Wandel der Produktionstechnik und der Art der produzierten Güter innerhalb verschiedener Wirtschaftszweige, also die Innovationstätigkeit der Wirtschaft, trotz gleichgebliebener sektoraler Spezialisierung der Standorte zu bedeutenden Veränderungen geführt haben kann. Allerdings kann man annehmen, daß die Sektorzuordnung der amtlichen Statistik für eine ausreichende zeitliche Kontinuität der Sektorbezeichnungen sorgt.

2. Rang-Größen-Verteilungen bayerischer Städte

Betrachten wir zunächst die Rang-Größen-Beziehung der bayerischen Städte. Wir wählen hierfür die schon genannten Jahre 1910, 1925 und 1970 und dazu 1939 als das letzte Jahr ohne Kriegseinwirkung auf die Bevölkerungsstatistik sowie mit dem Jahre 1961 einen Zeitpunkt, zu dem ein gewisser neuer Bevölkerungsausgleich stattgefunden hatte. Die Darstellung (Abbildungen 8a,b) zeigt ein relativ stärkeres Wachstum der kleineren Städte, das insbesondere zwischen 1939 und 1961 zu einer deutlichen Verflachung der Kurve der Rang-Größen-Verteilung führt. Nur das sehr große Wachstum Münchens zieht die Kurve stark nach oben links. Zum Vergleich sind die Rang-Größen-Beziehungen der Städte in der Bundesrepublik Deutschland und in Frankreich 1950 bis 1970 als Abbildungen (9a,b) hinzugefügt. Dem Leser wird sofort das Fehlen einer überragenden Hauptstadt in Deutschland verglichen mit Frankreich auffallen, ebenso wie die ausgeglichene Verteilung mittlerer Großstädte in der Bundesrepublik.

Bei einem Vergleich der Rang-Größen-Beziehung für die Bevölkerung (Abbildungen 10a,b) und für die Beschäftigten (Abbildungen 11a,b) in den Jahren 1925 und 1970 in Bayern zeigt sich das Aufholen der kleineren und mittleren Städte bei der Beschäftigtenentwicklung besonders deutlich. Aber auch hier fällt die überragende Stellung von München auf, die sich bis 1970 noch verstärkte.

Wie stark sich die Stadtgrößen-Verteilungen in Bayern in verschiedenen Zeitperioden verändert haben, verdeutlicht zusätzlich eine Korrelationsanalyse. Dabei sind jeweils die Stadtgrößen-Verteilungen zu den angegebenen Zeitpunkten auf ihren statistischen Zusammenhang getestet worden, das heißt, die Verteilungen V_t verschiedener Jahre sind jeweils zu der eines früheren Jahres V_{t-T} in Beziehung gesetzt worden (das angegebene Bestimmt-

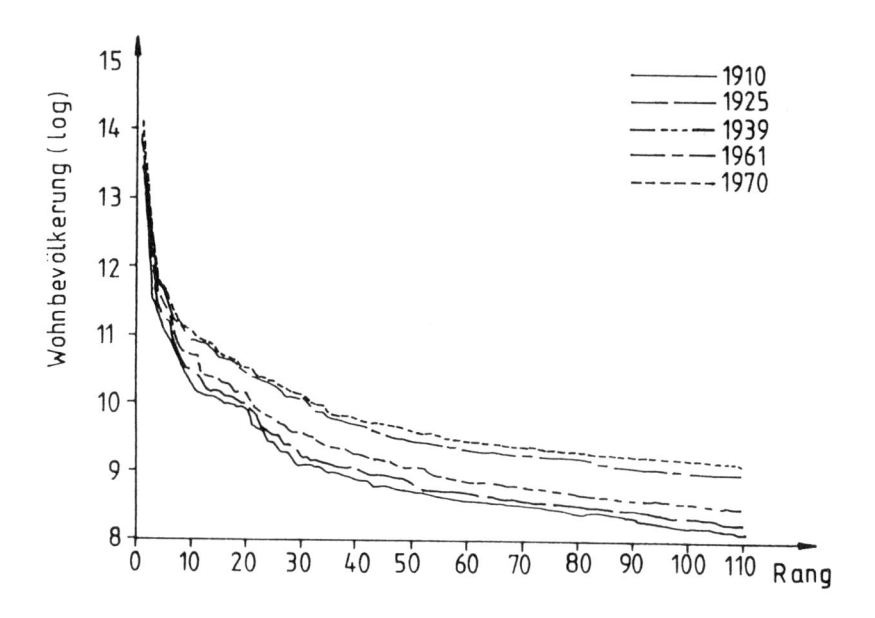

Abbildung 8a: Rang-Größen-Verteilung der Wohnbevölkerung in den bayerischen Städten 1910 – 1970

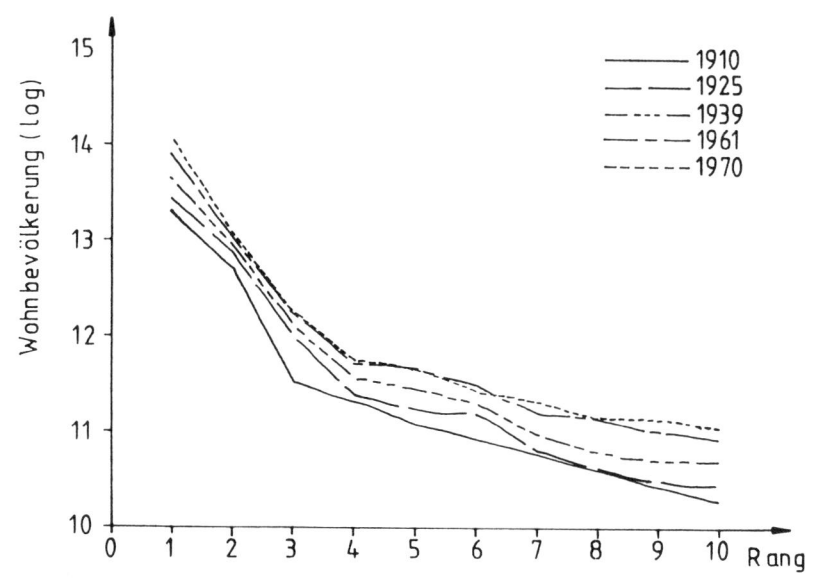

Abbildung 8b: Rang-Größen-Verteilung der Wohnbevölkerung in den 10 größten bayerischen Städten 1910 – 1970

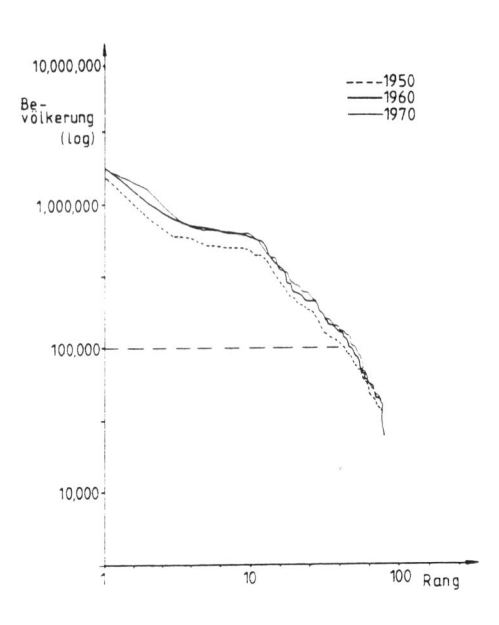

Abbildung 9a: Rang-Größen-Verteilung Bundesrepublik Deutschland 1950/60/70

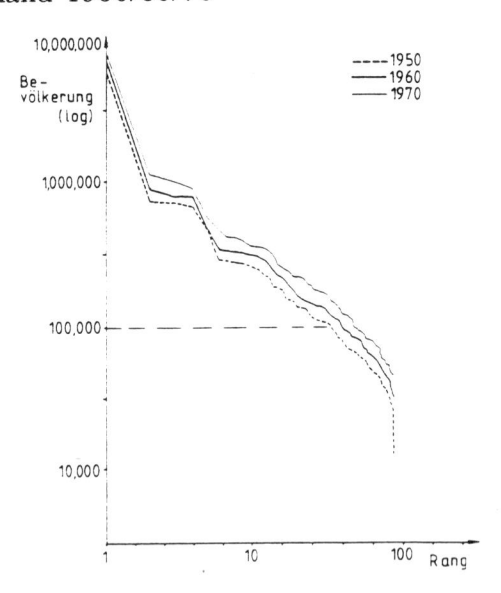

Abbildung 9b: Rang-Größen-Verteilung Frankreich 1950/60/70

(Abb. 9 in: Hall, P. und Hay, D.; Growth Centres in the European Urban System, London 1980, S.173 u. 177)

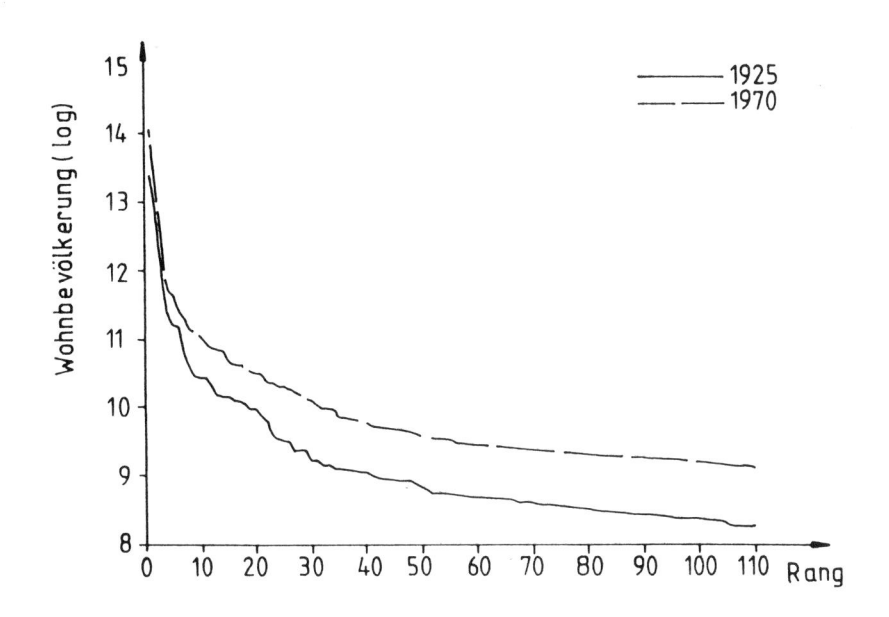

Abbildung 10a: Rang-Größen-Verteilung der Wohnbevölkerung in den bayerischen Städten 1925 und 1970

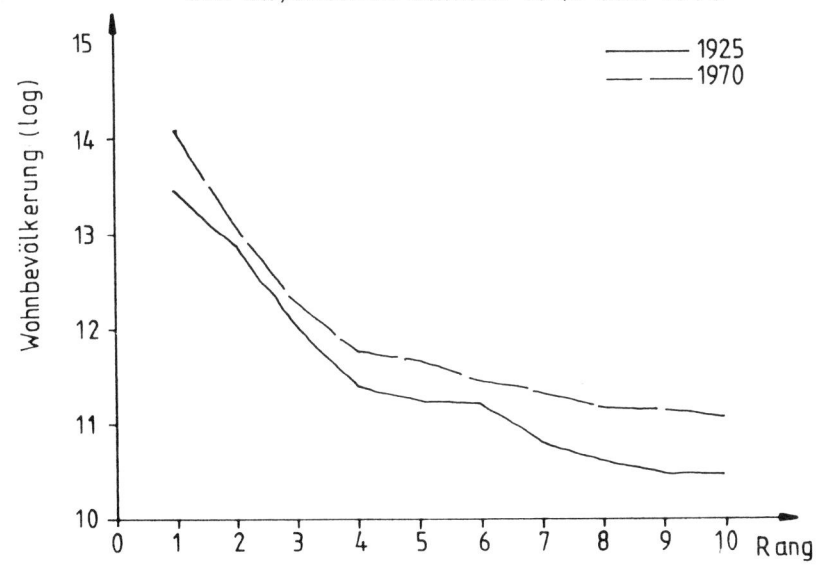

Abbildung 10b: Rang-Größen-Verteilung der Wohnbevölkerung in den 10 größten bayerischen Städten 1925 und 1970

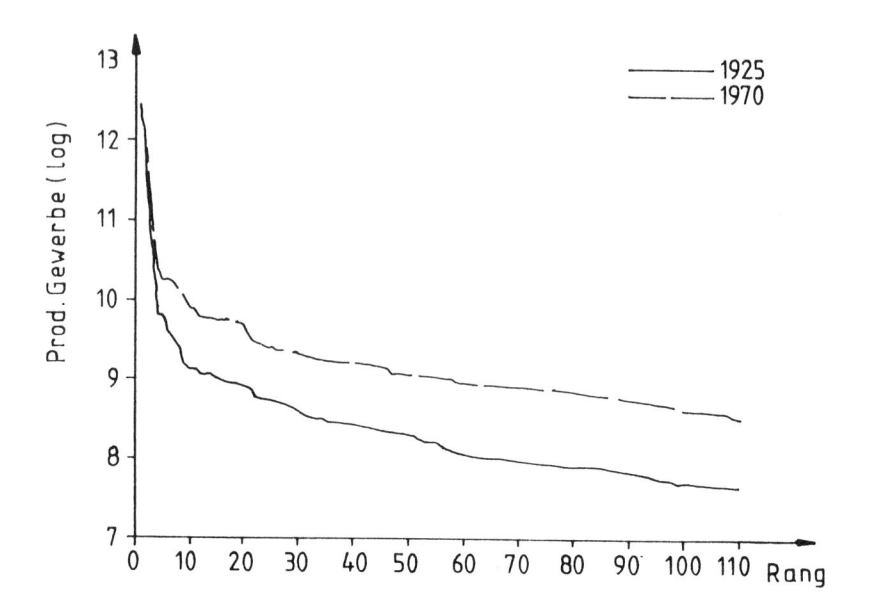

Abbildung 11a: Rang-Größen-Verteilung der Beschäftigten im produzierenden Gewerbe in den bayerischen Kreisen 1925 und 1970

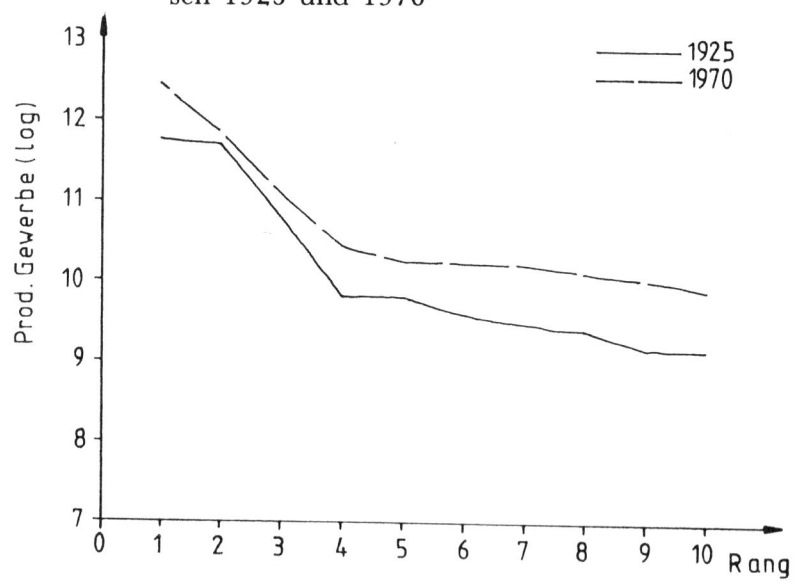

Abbildung 11b: Rang-Größen-Verteilung der Beschäftigten im produzierenden Gewerbe in den 10 größten bayerischen Kreisen 1925 und 1970

heitsmaß mißt die Stärke des Zusammenhangs).

Der Ansatz lautet

$$V_t = a + bV_{t-T}$$

Die folgenden verschiedenen Zeiträume wurden berücksichtigt:

$$V_{1925} = f(V_{1910})$$
$$V_{1939} = f(V_{1925})$$
$$V_{1970} = f(V_{1961})$$
$$V_{1961} = f(V_{1939})$$
$$V_{1939} = f(V_{1910})$$
$$V_{1961} = f(V_{1925})$$
$$V_{1970} = f(V_{1939})$$
$$V_{1961} = f(V_{1910})$$
$$V_{1970} = f(V_{1925})$$
$$V_{1970} = f(V_{1910})$$

Tabelle 1*

a) Korrelationen der Stadtgrößen in Bayern bei unterschiedlichen Zeitspannen

Zeitspanne	Zeitraum	Korrelationskoeffizient
10-15 Jahre	1910-1925	0.9858
	1925-1939	0.9556
	1961-1970	0.9148
20 Jahre	1939-1961	0.9012
30-35 Jahre	1910-1939	0.9282
	1925-1961	0.8299
	1939-1970	0.7415
45-50 Jahre	1910-1961	0.8024
	1925-1970	0.6635
60 Jahre	1910-1970	0.6363

*Eigene Berechnungen nach Angaben verschiedener Statistischer Jahrbücher für Bayern

Es zeigt sich in Tabelle 1a), daß
- der Zusammenhang der Stadtgrößen mit der Länge der Beobachtungsperiode und den damit einhergehenden Bevölkerungsbewegungen generell abnimmt, dabei
- der Zusammenhang zu Anfang des Jahrhunderts viel höher als in den sechziger Jahren war und
- die Veränderungen in den sechziger Jahren den Korrelationskoeffizienten fast ebenso stark verringert haben, wie dies zwischen den Jahren 1939 und 1961 der Fall war, so daß
- der gemessene Zusammenhang der Stadtgrößen zwischen 1910 und 1970 sogar etwas weniger durch die Ereignisse des zweiten Weltkriegs als durch die Entwicklung in den sechziger Jahren abgeschwächt wird.

Tabelle 1

b) Häufigkeitsverteilung der bayerischen Städte nach Größenklassen

Jahr	5-6	6-8	8-10	10-20	20-30	30-50	50-100	100-200	Über 200
1910	21	17	7	9	10	3	3	1	2
1925	20	19	11	11	9	4	4	1	2
1939	29	27	10	22	6	8	3	2	2
1961	-	53	32	49	9	10	8	2	3
1970	-	29	35	66	9	11	9	2	3

Einwohner (in 1000)

Die Tabelle 1b) macht besonders anschaulich, wie die Städte im Laufe der Zeit in höhere Größenklassen gewachsen sind, und es zeigt sich auch hier, daß die Nachkriegszeit und die sechziger Jahre besonders große Veränderungen brachten.

Die Rang-Größen-Verteilung der Städte vernachlässigt die geographische Lage und die Größenvariation *individueller* Städte. In den folgenden Tabellen sind die Größenveränderungen ausgewählter bayerischer Städte angegeben. Tabelle 2 gibt die Einwohnerzahlen der im Jahr 1970 40 größten bayerischen Städte für die Jahre 1910, 1925, 1939, 1961 und 1970 an. Man sieht zunächst, daß München seine Spitzenposition gefestigt hat, Nürnberg relativ abgefallen ist, ohne jedoch den zweiten Rang zu verlieren, Augsburg (relativ) etwa gleich schnell wie München, Regensburg aber (relativ) noch schneller gewachsen ist, Würzburg und Fürth wieder weniger schnell, Erlangen dagegen schneller etc. Auf Gründe hierfür gehen wir weiter unten ein.

In Tabelle 3 sind zum besseren Vergleich die Differenzen der Rangplätze angegeben[3], wobei die 40 größten Städte des Jahres

1910 die Ausgangsposition bilden.

Tabelle 4 bringt die Rangverschiebungen in verschiedenen Zeitperioden der 22 Städte zum Ausdruck, welche zwischen 1910 und 1970 die meisten Plätze in der Rangskala heruntergerutscht sind. Das gleiche gibt Tabelle 5 für die 22 Städte an, die die größten positiven Rangverschiebungen erfahren haben.

Nachdem wir theoretisch nur ableiten konnten, daß eine allgemeine Beziehung zwischen Stadtgröße und der Sektoralstruktur der Stadt bestehen muß, aber bestimmte Sektoren nicht bestimmten Stadtgrößen zuordnen konnten – sieht man von den Hierarchiestufen der zentralen Orte ab, für die bestimmte Dienstleistungsangebote typisch sind –, wollen wir jetzt in einer *empirischen Analyse* nach solchen systematischen Zusammenhängen suchen.

Tabelle 2: Einwohnerzahlen der größten bayerischen Städte

Ränge 1970	1910		1910	1925	1939	1961	1970
1	1	München	596467	680704	829318	1085014	1293590
2	2	Nürnberg	333142	392494	423383	454520	473555
3	3	Augsburg	102487	165522	185374	208659	211566
4	6	Regensburg	56993	76948	95631	125047	129589
5	4	Würzburg	84496	89910	107515	116883	117147
6	5	Fürth	66553	73693	82315	98335	94774
7	14	Erlangen	24877	29597	25964	69552	84110
8	7	Bamberg	48063	50152	59466	74115	70581
9	15	Ingolstadt	23745	26630	33394	53405	70414
10	9	Bayreuth	34547	35306	45028	61835	64536
11	16	Schweinfurt	22194	36336	49321	56894	58390
12	10	Aschaffenburg	29892	34056	45379	54131	55193
13	8	Hof	41126	41377	44877	57129	54424
14	13	Landshut	25137	26105	31573	49514	52417
15	18	Kempten	21001	21874	29700	43116	44910
16	11	Coburg	26501	24701	32552	44237	42619
17	23	Weiden	14921	19536	19372	41711	42302
18	12	Amberg	25242	26330	31775	42493	41522
19	31	Kaufbeuren	9094	9160	13381	34686	39032
20	17	Straubing	22021	23593	28962	36348	37531
21	21	Rosenheim	15969	17998	21809	31611	37051
22	25	Memmingen	12362	14049	16191	29801	32917
23	55	Dachau	5764	7148	17684	28998	32349
24	19	Passau	20983	24428	25565	31791	30700
25	20	Ansbach	19995	21923	25958	32948	30603
26	22	Freising	14946	14974	19734	27562	29325
27	24	Neu-Ulm	12395	11919	14571	24305	28380
28	43	Garmisch-Part.	6708	10107	18079	25011	26586
29	26	Schwabach	11195	11782	14518	23696	25884
30	45	Lindau	6618	13582	15766	24187	25235
31	27	Kulmbach	10731	11874	12641	23467	23647
32	29	Forchheim	9150	9574	10988	20947	22009
33	128	Haunstetten	2600	2659	5080	16750	21810
34	77	Fürstenfeldbruck	4747	5084	8798	17633	21730
35	39	Deggendorf	7478	7843	12057	17082	19243
36	37	Sulzbach-Ros.	7914	9009	11488	19567	18887
37	32	Neuburg	9061	7564	9616	16461	18699
38	49	Neumarkt/O.	6375	7766	10555	15795	18673
39	28	Selb	10500	13366	13812	19260	18340
40	30	Kitzingen	9113	10272	14453	17784	17880

Tabelle 3: Die Differenzen der Rangzahlen in den Zeitperioden

Reihenfolge d. Städte nach ihrer Größe im Jahr 1910	10-25	10-39	10-61	10-70	25-39	25-61	25-70	61-70
1 München	0	0	0	0	0	0	0	0
2 Nürnberg	0	0	0	0	0	0	0	0
3 Augsburg	0	0	0	0	0	0	0	0
4 Würzburg	0	0	−1	−1	0	−1	−1	0
5 Fürth	−1	−1	−1	−1	0	0	0	0
6 Regensburg	1	1	2	2	0	1	1	0
7 Bamberg	0	0	0	−1	0	0	−1	−1
8 Hof	0	−3	−2	−5	−3	−2	−5	−3
9 Bayreuth	−1	−1	0	−1	0	1	0	−1
10 Aschaffenburg	−1	1	−2	−2	2	−1	−1	0
11 Coburg	−5	−2	−4	−5	3	1	0	−1
12 Amberg	−2	−2	−5	−6	0	−3	−4	−1
13 Landshut	−2	−2	−1	−1	0	1	1	0
14 Erlangen	2	−4	6	7	−6	4	5	1
15 Ingolstadt	2	3	2	6	1	0	4	4
16 Schweinfurt	7	8	5	5	1	−2	−2	0
17 Straubing	−1	0	−2	−3	1	−1	−2	−1
18 Kempten	−2	2	2	3	4	4	5	1
19 Passau	2	−1	−3	−5	−3	−5	−7	−2
20 Ansbach	1	1	−1	−5	0	−2	−6	−4
21 Rosenheim	−1	0	−2	0	1	−1	1	2
22 Freising	−1	0	−4	−4	1	−3	−3	0
23 Weiden	2	0	5	6	−2	3	4	1
24 Neu-Ulm	−3	−4	−4	−3	−1	−1	0	1
25 Memmingen	1	−1	1	3	−2	0	2	2
26 Schwabach	−3	−3	−4	−3	0	−1	0	1
27 Kulmbach	−1	−6	−4	−4	−5	−3	−3	0
28 Selb	2	−3	−6	−11	−5	−8	−13	−5
29 Forchheim	−3	−10	−3	−3	−7	0	0	0
30 Kitzingen	0	0	−5	−10	0	−5	−10	−5
31 Kaufbeuren	−3	−1	11	12	2	14	15	1
32 Neuburg	−16	−13	−7	−5	3	9	11	2
33 Nördlingen	−7	−17	−12	−17	−10	−5	−10	−5
34 Rothenburg	−3	−13	−30	−40	−10	−27	−37	−10
35 Eichstätt	−7	−18	−36	−60	−11	−29	−53	−24
36 Neustadt/Cob	−2	−10	−17	−30	−8	−15	−28	−13
37 Sulzbach-Ros.	1	−1	4	1	−2	3	0	−3
38 Traunstein	3	2	−6	−14	−1	−9	−17	−8
39 Deggendorf	−5	5	2	4	10	7	9	2
40 Schwandorf	1	−1	0	−4	−2	−1	−5	−4

Tabelle 4: Rangverschiebungen bayerischer Städte

	1910-70	1910-39	1961-70	Einwohnerzahl 1910	1939	1970
Helmbrechts	− 78	− 14	− 33	5444	6428	7918
Wunsiedel	− 78	− 24	− 42	5876	6312	8174
Hausham	− 77	− 28	− 8	5164	5473	7444
Furth i.W.	− 75	− 28	− 20	6027	6039	8278
Waldsassen	− 67	− 28	− 18	5044	5352	7903
Arzberg	− 66	− 22	− 16	3844	4585	6020
Schwarzenbach/Hof	− 65	− 24	− 21	4534	5034	7250
Simbach	− 63	− 20	− 13	4339	5030	7014
Mitterteich	− 62	− 29	− 5	3930	4469	6679
Wasserburg	− 62	− 24	− 4	4005	4670	6856
Eichstätt	− 60	− 18	− 24	8029	8150	10.401
Dinkelsbühl	− 59	− 38	− 16	4800	4809	8034
Pfarrkirchen	− 58	− 34	− 4	3518	3663	5796
Plattling	− 55	− 12	− 20	5244	6109	8764
Tirschenreuth	− 53	− 19	− 12	4889	5502	8271
Hersbruck	− 52	− 12	− 28	4552	5541	8161
Lengries	− 51	16	− 4	3505	5517	6615
Treuchtlingen	− 50	− 22	− 2	3858	4660	7329
Münchberg	− 47	− 18	− 27	6580	7115	10.560
Karlstadt	− 45	− 25	1	3225	3535	5947
Landau	− 44	− 16	2	3228	3910	6363
Naila	− 41	− 10	− 6	3322	4519	6890

Tabelle 5: Rangverschiebungen bayerischer Städte

	1910-70	1910-39	1961-70	Einwohnerzahl 1910	1939	1970
Waldkraiburg	121	0	51	100	497	16.365
Geretsried	120	0	84	20	338	16.222
Ottobrunn	106	1	36	400	1773	13.413
Traunreut	96	0	85	−	−	12.019
Haunstetten	96	23	5	2600	5080	21.810
Oberasbach	95	1	60	905	2851	12.804
Gräfelfing	93	47	− 3	970	5079	12.781
Gersthofen	93	21	19	2138	4584	15.214
Gauting	93	30	6	2045	4680	14.097
Karlsfeld	89	− 2	74	484	1009	11.852
Fischbach	87	18	28	788	3811	12.033
Königsbrunn	83	− 6	70	2079	3026	12.778
Burghausen	75	58	7	3268	7408	17.119
Gröbenzell	74	− 4	63	1000	2743	11.329
Wolfratshausen	58	− 11	48	2100	2826	10.899
Unterpfaffenhofen	54	1	49	359	1439	9623
Herzogenaurach	51	1	49	3313	4940	12.450
Sonthofen	49	49	8	4188	10.121	16.578
Haar	48	52	− 5	2571	6178	11.074
Friedberg	47	37	4	3500	6488	12.764
Vöhringen	46	4	7	2170	3905	10.554
Freilassing	45	10	6	3032	4829	11.382

3. Beschreibung von Stadtgrößenveränderungen und Veränderungen des Städtesystems: Erste Hinweise auf Einflußfaktoren

Aus der Kenntnis der bayerischen Situation heraus können wir an die Tabellen der Rangverschiebungen der Städte zunächst einige allgemeine Interpretationen anschließen, ohne schon nähere theoretisch fundierte Analysen vorzunehmen.

(1) Wir haben zunächst neue Städte, die nach dem Krieg durch Flüchtlinge geschaffen wurden und sich schnell entwickelten; die hervorragendsten Beispiele hierfür sind Waldkraiburg und Geretsried.

(2) Die Mehrzahl der anderen Städte, die sich in den Rängen sehr stark nach oben geschoben haben, liegen in den Verdichtungsräumen München, Augsburg und Nürnberg und haben einen Teil des Verdichtungsraum-Wachstums aufgenommen. Diese Städte haben an den Agglomerationsvorteilen der großen Ballungen entweder in der Form von Überschwapp-Effekten oder von interregionalen Agglomerationseffekten partizipiert. Städte in ungünstiger Lage sind weniger gewachsen.

(3) Ein weiterer wichtiger Faktor scheinen eigene Agglomerationseffekte der kleineren Städte gewesen zu sein, sofern eine Mindestgröße der Stadt für das weitere Wachstum erreicht wurde.

Wie weit das Wachstum einer Stadt durch ihre bereits erreichte Größe bestimmt ist, wurde durch Regressionen für verschiedene Zeitperioden untersucht. Es ergibt sich ein relativ starker Zusammenhang (R^2 um 0,80) der Einwohnerzunahme (ΔE) mit der vorhandenen Einwohnerzahl (E), der allerdings mit zunehmender Größe der Stadt wieder abnimmt und im Zeitablauf variiert. Deshalb ist es interessant, Regressionskoeffizienten für verschiedene Zeiträume zu vergleichen. Dabei zeigt sich, daß für den Zeitraum 1961-1970 die Ausgangsgröße im Jahre 1961 das Wachstum wesentlich stärker bestimmte, als das früher der Fall war. Der Vergleich 1910/25 und 1961/70 läßt vermuten, daß 1961 für das Stadtwachstum eine bestimmte Mindestgröße und damit ein gewisses Minimum an Agglomerationsvorteilen erreicht sein mußte, was 1910 nicht so stark der Fall war. Die Anforderungen an die Größe der Arbeits- und Gütermärkte haben also zugenommen.

In die Zeit 1925/70 fallen die Kriegsereignisse und die Gründungen neuer Städte in der Nachkriegszeit: Die Regressionsgleichung für den Zeitraum 1925/70 bestätigt, daß Stadtwachstum auch aus sich selbst heraus beginnen konnte.

Tabelle 6: Stadtwachstum und Stadtgröße
Regressionsgleichungen

$$\Delta E10/25 = 10{,}14 + 0{,}157\ E10 \qquad R^2 = 0{,}80$$
$$(0{,}03)\quad\ (25)$$

$$\Delta E25/70 = 2201{,}5 + 0{,}693\ E25 \qquad R^2 = 0.81$$
$$(1{,}3)\quad\ \ (27)$$

$$\Delta E61/70 = -1527.4 + 0{,}162\ E61 \qquad R^2 = 0{,}84$$
$$(-3)\quad\ \ (29)$$

(t – Werte in Klammern)

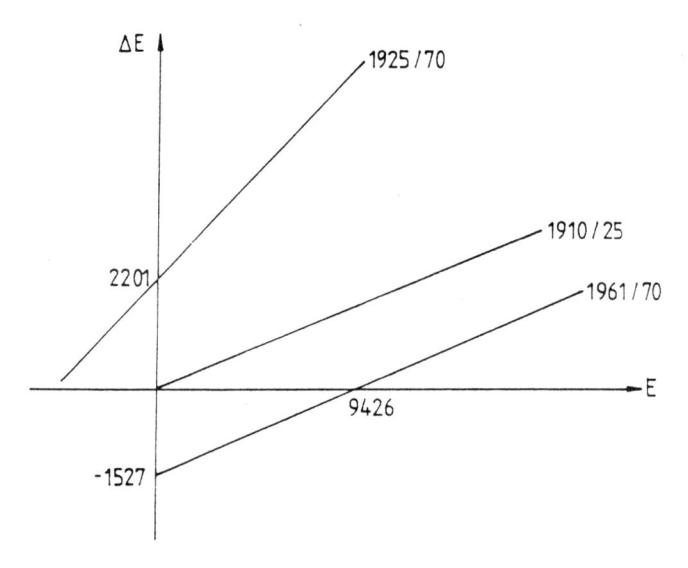

Abbildung 12: Kurven der Regressionsgleichungen

4. Sektoralstrukturen und Städtesystem: Beschreibung der räumlichen Arbeitsteilung in Bayern

Welchen Einfluß die Wirtschaftsstruktur auf das Stadtwachstum hat, kann Tabelle 7 veranschaulichen. Hier sind wieder die Städte mit den größten positiven und negativen Rangverschiebungen aufgeführt. Zunächst ist auf den Lageeinfluß hinzuweisen, der sich in der Zuordnung der Städte zu bestimmten Raumkategorien zeigt. Die Hälfte der Städte, die stark verloren haben, liegt im peripheren Raum Bayerns, der hier als Zonenrandgebiet entsprechend der Definition der Landesplanung abgegrenzt wurde. Da die negative Entwicklung bereits in der Vorkriegszeit zu sehen ist, kann die Zonengrenze selbst nicht entscheidend sein, sondern es scheint allgemein die periphere Lage eine Rolle zu spielen. Die meisten der Städte mit positiver Entwicklung liegen in Verdichtungsräumen. Im letzten Fall spielt die Wirtschaftsstruktur für das Stadtwachstum kaum eine Rolle – worauf bereits hingewiesen wurde. In den anderen Fällen zeigt zunächst einmal die Betrachtung des Strukturfaktors[4], daß alle Städte mit negativer Entwicklung in einer Region mit einem negativen Strukturfaktor liegen, dessen Größenordnung allerdings keine Hinweise auf die *Stärke* der negativen Entwicklung zuläßt. Der Strukturfaktor mißt dabei die Differenz zur durchschnittlichen (gesamtbayerischen) Wachstumsrate der Gesamtbeschäftigten, die sich aus der Abweichung der *Sektorstruktur* des Kreises von der durchschnittlichen Sektorstruktur Bayerns ergibt. Die Wirtschaftsstruktur der *Städte* selbst konnte nicht berechnet werden, da entsprechende Daten nur für *Kreise*, aber nicht für kreisangehörige Gemeinden verfügbar sind[5]. Das gilt auch für die Berechnung des Standortfaktors, der in den meisten Fällen – zum Teil stark – positiv ist, ohne daß man quantitative Zusammenhänge mit dem Stadtwachstum feststellen könnte. Dabei mißt der Standortfaktor die Abweichungen, die auf unterschiedliches Beschäftigtenwachstum der jeweils gleichen Sektoren im betrachteten Kreis und in Gesamtbayern zurückgehen. Die weiteren Spalten der Tabelle 7 geben Auskunft darüber, welche Sektoren im einzelnen die Wirtschaftsstruktur des Kreises bestimmen. Der Standortkoeffizient[6] mißt die Bedeutung des betreffenden Sektors im Vergleich zu Bayern: Je höher der Standortkoeffizient, desto mehr Beschäftigte dieses Sektors sind in dem Kreis konzentriert. Die Zahlen für 1925 und 1970 zeigen, daß in vielen Kreisen keine Änderung im sektoralen Schwerpunkt des Kreises zu verzeichnen ist. Insbesondere gilt das für das Textilgewerbe, Herstellung von Feinkeramik und Herstellung und Verarbeitung von Glas. Nur bei den letzten beiden Wirtschaftszweigen kann eine Erklärung für die Standortkonstanz in der Rohstoffgebundenheit der Produktion gefunden werden.

Ein positiver Einfluß auf das Stadtwachstum, der in der Größenordnung vergleichbar ist mit dem Einfluß der Lage im Verdichtungsraum, ist hinsichtlich der Sektoralstruktur nur in den von der chemischen und Chemiefaser-Industrie bestimmten Kreisen festzustellen.

Tabelle 7a

Stadt (Kreis)	Regions-typ	Rangveränderung			Änderung der Sektorstruktur[1]		
		1910–1939	1925–1970	1961–1970	SA	SB	SC
Helmbrechts (Münchberg)	II	–14	–62	–33	2863	–8671	–741
Wunsiedel	II	–24	–71	–42	3097	–16232	–4574
Hausham (Miesbach)	–	–28	–64	–8	2458	–5835	981
Furth im Wald (Cham)	II	–28	–63	–20	4191	–1690	2547
Waldsassen (Tirschenreuth)	II	–28	–65	–18	3077	–8331	93
Arzberg (Wunsiedel)	II	–22	–68	–16	3097	–16232	–4574
Schwarzenbach (Hof)	II	–24	–56	–21	2095	–14348	–8027
Simbach (Pfarrkirchen)	–	–20	–46	–13	2455	–608	619
Mitterteich (Tirschenreuth)	II	–29	–50	–5	3077	–8331	93
Wasserburg	–	–24	–57	–4	4016	–787	1917
Eichstätt	–	–18	–53	–24	2489	–1840	793
Dinkelsbühl	–	–38	–55	–16	2818	–2471	1759
Pfarrkirchen	–	–34	–46	–4	2455	–608	619
Plattling (Deggendorf)	II	–12	–56	–20	7437	–1773	4243
Tirschenreuth	II	–19	–55	–12	3077	–8331	93
Hersbruck	–	–12	–41	–28	1241	–763	92
Lengries (Bad Tölz)	–	–16	–54	–4	2667	–900	947
Treuchtlingen (Weißenburg)	–	–22	–50	–2	5431	–1615	2425

Stadt (Kreis)	Sektor mit dem höchsten Standortkoeffizienten[2]				Beschäftigtenanteil dieses Sektors[3]	
	1925		1970		1925	1970
Helmbrechts (Münchberg)	A	12,33	A	13,93	8,18	5,86
Wunsiedel	B	14,64	B	24,21	19,80	18,92
Hausham (Miesbach)	C	0,98	J	1,76	0,70	1,09
Furth im Wald (Cham)	D	7,83	D	4,80	2,20	1,75
Waldsassen (Tirschenreuth)	B	13,73	B	17,16	9,66	8,28
Arzberg (Wunsiedel)	B	14,64	B	24,21	19,80	18,92
Schwarzenbach (Hof)	A	7,10	A	6,72	11,77	6,83
Simbach (Pfarrkirchen)	E	2,04	G	3,26	0,60	1,06
Mitterteich (Tirschenreuth)	B	13,73	B	17,16	9,66	8,28
Wasserburg	J	1,78	C	2,39	0,53	0,81
Eichstätt	D	6,14	D	12,52	1,88	3,39
Dinkelsbühl	C	3,76	C	4,62	1,10	1,22
Pfarrkirchen	E	2,04	G	3,26	0,60	1,06
Plattling (Deggendorf)	E	6,52	A	4,96	2,98	3,15
Tirschenreuth	B	13,73	B	17,16	9,66	8,28
Hersbruck	G	3,52	F	6,76	0,81	1,43
Lengries (Bad Tölz)	J	1,71	C	3,16	0,60	0,99
Treuchtlingen (Weißenburg)	F	4,22	H	6,72	2,23	2,99

Tabelle 7b

Stadt (Kreis)	Regions-typ	Rangveränderung 1910-1939	1925-1970	1961-1970	Änderung der Sektorstruktur[1] SA	SB	SC
Waldkraiburg (Mühldorf)	–	0	121	51	7245	– 785	4768
Geretsried (Wolfratshausen)	–	0	120	84	7239	– 657	6057
Ottobrunn (München)	I	1	105	36	274347	154064	– 63635
Traunreut (Traunstein)	–	0	96	85	14862	– 1298	8731
Haunstetten (Augsburg)	I	23	107	5	41026	2249	– 35898
Oberasbach (Fürth)	I	1	98	60	22864	– 3699	5801
Gräfelfing (München)	I	47	91	– 3	274347	154064	– 63635
Gersthofen (Augsburg)	I	21	96	19	41026	2249	– 35898
Gauting (Starnberg)	I	– 30	74	6	10664	457	7133
Karlsfeld (Dachau)	I	– 2	91	74	6825	– 600	5746
Fischbach (Nürnberg)	I	18	90	28	76757	154614	– 199208
Königsbrunn (Schwabm.)	I	– 6	87	70	6873	– 971	6007
Burghausen (Altötting)	–	58	36	7	11571	1448	2904
Gröbenzell (Fürstenfeldbr.)	I	– 4	75	63	6367	– 911	4851
Wolfratshausen	I	– 11	62	48	7239	– 657	6057
Unterpfaffenhofen (Ffb.)	I	1	53	49	6367	– 911	4851
Sonthofen	–	49	50	8	7992	– 4195	4933
Vöhringen (Illertissen)	–	4	48	7	4348	– 1274	3272

Stadt (Kreis)	Sektor mit dem höchsten Standortkoeffizienten[2] 1925		1970		Beschäftigtenanteil dieses Sektors[3] 1925	1970
Waldkraiburg (Mühldorf)	–		N			
Geretsried (Wolfratshausen)	–		N			
Ottobrunn (München)	M		M			
Traunreut (Traunstein)	K	6,54	K	2,50	4,54	2,60
Haunstetten (Augsburg)	M		M			
Oberasbach (Fürth)	M		M			
Gräfelfing (München)	M		M			
Gersthofen (Augsburg)	M		M			
Gauting (Starnberg)	M		M			
Karlsfeld (Dachau)	M		M			
Fischbach (Nürnberg)	M		M			
Königsbrunn (Schwabmünch.)	L	135,34	L	88,27	31,60	34,91
Burghausen (Altötting)	K	15,87	K	18,49	9,33	14,80
Gröbenzell (Fürstenfeldbr.)	M		M			
Wolfratshausen	M		M			
Unterpfaffenhofen (Ffb.)	M		M			
Sonthofen	N		N			
Vöhringen (Illertissen)	C	1,90	K	4,50	0,53	1,7

Sektoren: A Textilgewerbe
            B Feinkeramik
            C Säge- und Holzbearbeitungsgewerbe
            D Herstellung und Verarbeitung von Glas
            E Nahrungs- und Genußmittelindustrie
            F Herstellung von EBM-Waren
            G Gewinnung und Verarbeitung von Steinen und Erden
            H Kunststoffverarbeitung
            J Sonstige
            K Chemische Industrie
            L Herstellung von Chemiefasern
            M Wohnungsnutzung innerhalb von Ballungsgebieten
            N Neugründung, Sonstiges

Shift-Analyse[4]: SA Zunahme an Arbeitsplätzen
                    SB Struktureffekt (netto)
                    SC Standorteffekt

Typen von Regionen: I Verdichtungsraum
                           II peripherer Raum
                           − sonstiger Raum

[1] Die Sektorstruktur ist die Sektorstruktur des Kreises.

[2] Der Standortquotient mißt die *relative* Konzentration (bezogen auf die Beschäftigten aller Sektoren in Bayern) des bezeichneten Sektors in dem Kreis (vgl. S. 89).

[3] Der Beschäftigtenanteil ist der Anteil des Kreises an den Sektorbeschäftigten in Bayern.

[4] SA (= allgemeiner Wachstumsfaktor) gibt die Zunahme an Arbeitsplätzen an, die sich aus dem durchschnittlichen bayerischen Wirtschaftswachstum 1925-1970 ergeben hätte. SB (= Strukturfaktor) mißt die Differenz zum durchschnittlichen Wachstum, die sich aus Abweichungen der Sektorstruktur des Kreises vom Durchschnitt ergibt. SC (= Standortfaktor) mißt die Abweichungen, die auf unterschiedlichem Wachstum der jeweils gleichen Sektoren in den einzelnen Kreisen gegenüber Gesamtbayern beruhen. Zur Methode der Shift-Analyse vgl. die Lehrbücher.

Aus den Hinweisen auf die Sektoralstruktur als Einflußfaktor des Stadtwachstums und damit als Einflußfaktor von Veränderungen des Städtesystems läßt sich noch nicht auf einen allgemeinen, auch nur schwachen Zusammenhang von Stadtgrößen und bestimmten Sektoralstrukturen schließen. Das zu einem Zeitpunkt vorhandene Städtesystem verändert sich im großen und ganzen viel zu langsam, als daß es durch unterschiedliche Wachstumsimpulse einzelner Sektoren insgesamt entscheidend verändert werden könnte. Einzelfälle, auf die – wie im Fall der chemischen Industrie – bereits hingewiesen wurde, bilden Ausnahmen von der genannten Regel; sie verändern das Gesamtbild des Städtesystems eines Landes höchstens marginal. Der sektorale Strukturwandel findet innerhalb eines gegebenen Städtesystems statt, die Wirtschaftseinheiten der verschiedenen Sektoren suchen sich den Standort *innerhalb des vorhandenen Städtesystems*.

Im folgenden werden wir deshalb Zusammenhänge innerhalb der gesamten Raumstruktur, zwischen Bevölkerungsballungen und Wirtschaftsagglomerationen sowie zwischen dem gesamten Städtesystem und der räumlichen Verteilung von Wirtschaftszweigen untersuchen.

Ein vollständiges Bild der Verteilung der Wirtschaftszweige über die *Städte* in Bayern und des Einflusses der Sektoralstruktur auf Veränderungen des Städtesystems läßt sich nicht gewinnen, da lediglich Daten für die Wirtschaftsstruktur der *kreisfreien Städte* in der amtlichen Statistik vorhanden sind. Bei den übrigen Städten läßt sich die Sektoralstruktur also nicht direkt angeben. Ein Gesamtüberblick über die räumliche Arbeitsteilung, die Verteilung der verschiedenen Produktionsstätten der verschiedenen Güter(sektoren) über verschiedene Standorte, für Bayern im Jahre 1925 im Vergleich mit 1970 muß sich auf Kreise als räumliche Bezugseinheiten beschränken. In Verbindung mit dem *kreisinternen* Städtesystem, den im Kreis vorhandenen Stadtgrößen, läßt sich aber indirekt ein Zusammenhang zwischen Städtesystem und Sektoralstruktur herstellen. Wir werden bei der Analyse des Städtesystems als Standortfaktor im 7. Kapitel näher auf diese Abhängigkeit eingehen.

Beginnen wir mit der Beschreibung der räumlichen Arbeitsteilung in Bayern in den Jahren 1925 und 1970 durch Kennziffern. Die räumliche Verteilung der Wirtschaftszweige wird durch ihre Beschäftigtenzahlen dargestellt. Zunächst haben wir die verwendeten Kennziffern zu definieren.

4.1. Die Kennziffern der Regionalstruktur und die Methoden der Beschreibung

Hinweise auf eine räumliche Arbeitsteilung geben vor allem die Kennziffern Entropie und Konzentrationskoeffizient, indem sie die Identifizierung von räumlich konzentriert und räumlich dispers auftretenden Wirtschaftssektoren ermöglichen. Im vorliegenden Kontext meint *relative Entropie* die Abweichung der räumlichen Verteilung einer Industrie von der Gleichverteilung dieser Industrie über alle Regionen. Formal:

Relative Entropie H_i^r der Aktivität oder der Industrie i [7)]

$$H_i^r = \ln(J) - H_i / \ln(J)$$

$$H_i = -\sum_{j=1}^{J} P_{ij} \ln(P_{ij})$$

$$\text{wobei } P_{ij} = -B_{ij} / \sum_{j=1}^{J} B_{ij}$$

B_{ij} ist das Niveau der Aktivitäten (hier der Beschäftigung) i in der Region j. Σ bedeutet die Summe über die angegebenen Elemente, also z.B. $\sum_{j=1}^{J}$ die Summe über alle j Regionen von $j=1$ bis $j=J$. Der Wert der relativen Entropie H_i^r geht gegen Null, falls die Industrie i auf alle Flächeneinheiten gleich verteilt ist. Der Wert der relativen Entropie H_i^r geht gegen Eins, falls die Industrie i sich nur in einer Region findet.

Der räumliche *Konzentrationskoeffizient* eines Wirtschaftszweiges erfaßt in einer einzigen Zahl die Verteilung eines Wirtschaftszweiges über die Regionen des Gesamtgebiets. Dabei wird die Abweichung des regionalen Anteils eines Sektors vom Anteil dieser Region an den Beschäftigten des Gesamtgebiets gemessen: Man vergleicht also die räumliche Verteilung eines Wirtschaftszweiges über die Regionen mit einer Referenzverteilung (der Verteilung der Gesamtbeschäftigten). Je mehr der Wirtschaftszweig in einer Region im Vergleich zur Gesamtbeschäftigung konzentriert ist, um so näher liegt der Konzentrationskoeffizient bei 1. Deshalb mißt der Konzentrationskoeffizient also durchaus einen anderen Tatbestand als das Maß der relativen Entropie. Es kann vorkommen, wie bei Sektor 5 (Gewinnung und grobe Bearbeitung von natürlichen Gesteinen und Nutzmineralien im Jahr 1925), daß die relative Entropie nur eine geringe räumliche Konzentration anzeigt, der Konzentrationskoeffizient jedoch eine hohe. Die Erklärung liegt darin, daß dieser Wirtschaftszweig nur in bezug auf die räumliche Verteilung der Gesamtbeschäftigten (und damit der Bevölkerung) konzentriert ist, d.h. daß er vor allem weitverbreitet im ländlichen Raum (mit geringer Beschäftigtendichte) zu finden ist und nur relativ selten in der Nähe von Beschäftigtenzentren. Umgekehrt gibt es Wirtschaftszweige, die räumlich relativ ungleich verteilt, aber an den Beschäftigtenschwerpunkten relativ stark und gleichmäßig vertreten sind (d.h. hohes Entropiemaß, niedriger Konzentrationskoeffizient, wie z.B. Sektor 17 im Jahr 1925).

Die Formel des Koeffizienten der räumlichen Konzentration K_i der Industrie i lautet:

$$K_i = 0.5 \sum_j \left(\left| B_{ij} / \sum_j B_{ij} - \sum_i B_{ij} / \sum_i \sum_j B_{ij} \right| \right)$$

B_{ij} sind die Beschäftigten des Wirtschaftszweiges i in der Region j, und die übrigen Bezeichnungen sind die gleichen wie oben bei dem Entropiemaß.

Das Maß der relativen Entropie und der Konzentrationskoeffizient lassen Aussagen über die räumliche Verteilung der Wirtschaftssektoren in einem Gesamtgebiet zu. Der Standortquotient ermöglicht demgegenüber *für die einzelne Region* die Angabe des Wirtschaftszweigs, der dort – gemessen an der Referenzverteilung im Gesamtgebiet – besonders stark vertreten ist.

$$SQ = \text{Standortquotient} = B_{ij} / \sum_i B_{ij} \; / \; \sum_j B_{ij} / \sum_i \sum_j B_{ij}$$

$$\text{oder} \quad = B_{ij} / \sum_j B_{ij} \; / \; \sum_i B_{ij} / \sum_i \sum_j B_{ij}$$

wobei wieder

B_{ij} = Zahl der Beschäftigten in einem Wirtschaftszweig i (z.B. Einzelhandel) in Region j ist und die Summierung (Σ-Zeichen) über die Wirtschaftszweige i und/oder die Zonen j erfolgt, also ist zum Beispiel $\sum_i \sum_j B_{ij}$ = Zahl der Gesamtbeschäftigten im Gesamtgebiet ist.

Bei einem Wert des Standortquotienten von 1 ist der betreffende Wirtschaftszweig in der betrachteten Region relativ gleich stark wie im Gesamtgebiet vertreten, Werte über 1 bedeuten überdurchschnittliche, Werte unter 1 unterdurchschnittliche Repräsentation dieses Wirtschaftszweiges in der Region.

Aus Werten über 1 wird geschlossen, daß der betrachtete Wirtschaftszweig in andere Regionen exportiert, aus Werten unter 1, daß die betreffende Region im betrachteten Wirtschaftszweig von anderen Regionen aus mitversorgt werden muß. Dies gilt mit der Einschränkung, daß die regionalen Beschäftigtenzahlen der Sektoren *jeweils* proportional zu deren regionaler Produktion sind und daß wegen der Sektoralstruktur der betreffenden Region nicht gleichzeitig der Eigenverbrauch entsprechend über dem Durchschnitt des Gesamtraums liegen darf, die regionale Nachfragestruktur sich also nicht an die regionale Produktionsstruktur angepaßt hat. Trotz dieser und einer Anzahl weiterer Einwände bleibt der Standortquotient die einzige, relativ einfache Kennziffer, die es erlaubt, auf Verflechtungen zu schließen und die Aussagen zur räumlich-sektoralen Arbeitsteilung ermöglicht[8].

Als weitere Kennziffer gibt der Spezialisierungskoeffizient Auskunft über die Wirtschaftsstruktur einer Region. Der *Spezialisierungskoeffizient* erfaßt die Spezialisierung jeder Region in bezug auf die *Gesamtheit* der Wirtschaftszweige. Er mißt die Abweichung der regionalen Verteilung der Sektoren von der Referenzverteilung der Sektoren im Gesamtgebiet. Mit Hilfe des Spezialisierungskoeffizienten sind Aussagen möglich, in welchem Ausmaß einzelne Wirtschaftszweige (die sich durch hohe Standortquotienten auszeichnen) zu einer allgemeinen Spezialisierung der Region führen. Allerdings ist zu beachten, daß der Spezialisierungskoeffizient einer Region nicht nur dann hoch ist, wenn einzelne Wirtschaftszweige relativ stark (gemessen an der Referenzteilung) vertreten sind, sondern auch dann, wenn einzelne Sektoren nur mit relativ sehr wenigen Beschäftigten in der Region auftauchen.

Koeffizient der räumlichen Spezialisierung S

$$S_j = 0{,}5 \sum_i \left(\left| \frac{B_{ij}}{\sum_i B_{ij}} - \frac{\sum_j B_{ij}}{\sum_i \sum_j B_{ij}} \right| \right)$$

B_{ij} ist wieder die Beschäftigtenzahl des Wirtschaftszweigs i in der Region j. S_j geht gegen Eins, falls sich die Region j völlig auf einen Sektor konzentriert (d.h. hier: falls alle Regionsbeschäftigten nur einem Wirtschaftszweig zugehören). S_j geht gegen Null, falls die Sektoranteile in der Region j so verteilt sind wie im Gesamtgebiet.

Die *Faktorenanalyse* ist die statistisch anspruchsvollste Methode, mit der sich Strukturen erfassen und beschreiben lassen. Bei der Faktorenanalyse handelt es sich um eine Methode der multivariaten Statistik, mit deren Hilfe man versucht, aus einer Vielzahl von verschiedenen Variablen auf eine geringe Zahl von "fundamentalen", möglicherweise sogar zunächst nicht definierten Faktoren zu schließen, mit denen sich der untersuchte Tatbestand in verdichteter Form beschreiben läßt. Dem liegt die Vorstellung zugrunde, daß jeweils mehrere der beobachteten Variablen mit jeweils einem solchen fundamentalen Faktor zusammenhängen. Die Faktoren haben den Charakter komplexer Indikatoren. Als statistische Methode bedient sich die Faktorenanalyse in hohem Maß der Korrelationsrechnung und einer Anzahl von Testverfahren[9].

Ein wichtiger Vorteil der Faktorenanalyse liegt in einer Reduktion der Beobachtungsdaten und damit in einer übersichtlicheren Darstellung des Datenbereiches: Die ermittelten Merkmalskomplexe (Faktoren) lassen eine schärfere Charakteristik des Beobachtungsmaterials zu: *Deshalb* spricht man von der Bildung von Indizes oder Indikatoren.

Es geht in der Faktorenanalyse jedoch meist um mehr als eine vereinfachte Beschreibung, man will Aussagen über die den Variablen zugrundeliegende Struktur machen, d.h. man will in der Menge der Variablen gewisse Regelmäßigkeiten aufdecken. Damit verbunden ist die Verwendung der Faktorenanalyse zur Messung direkt nicht meßbarer Größen. Voraussetzung hierfür ist, daß es gelingt, Faktoren (mindestens einen) zu ermitteln oder zu "extrahieren", die sich eindeutig interpretieren (identifizieren) lassen. Die Faktoren selbst sind hypothetische Größen. Ihre Zahl sollte möglichst klein sein.

Es ist naheliegend – und dies wird bei der Diskussion der Ergebnisse deutlich –, daß die Faktorenanalyse sich mit den genannten Anwendungsbereichen gut für die Analyse räumlicher Arbeitsteilung eignet: Sie ermöglicht eine übersichtliche Beschreibung der Spezialisierungen der einzelnen Regionen. Durch die Messung der Struktur der Variablen können Aussagen über die räumliche Dimension (Raumstruktur) der Sektoralstruktur erfolgen.

4.2. Die Ergebnisse der Berechnungen

Nach dem Überblick über die verwendeten Methoden kommen wir zu den Ergebnissen und beginnen zunächst mit den einfachen Kennziffern. Besonders gut zeigt sich bei den ressourcenabhängigen Wirtschaftszweigen, welche Informationen die Kennziffern enthalten. Die Tabellen 8a und 8b der Entropiemaße und der Konzentrationskoeffizienten lassen für 1925 und 1970 eine starke räumliche Konzentration im Bergbau erkennen (rel. Entropie von 0,49 bzw. 0,58), die sich bis 1970 sogar verstärkt hat. Die geringe Zahl der Bergbaubetriebe hat bis 1970 weiter abgenommen. Die Landwirtschaft bleibt zu beiden Zeitpunkten ähnlich verteilt. Interessant ist die wesentlich gleichmäßigere räumliche Verteilung des Wirtschaftszweigs "Steine und Erden" 1970 gegenüber 1925. Die Konzentrationskoeffizienten zeigen allerdings 1925 und 1970 beim Sektor "Steine und Erden", sowie in der Landwirtschaft eine starke Konzentration. Offensichtlich sind diese Wirtschaftszweige in bezug auf die Regionen nicht besonders ungleichmäßig verteilt, ihre Verteilung ist jedoch eine andere als die Verteilung der Gesamtbeschäftigten. Insbesondere sind sie in den Verdichtungsräumen nur unterproportional vertreten. Auch der Bergbau ist in bezug auf die Gesamtbeschäftigtenverteilung noch weit ungleichmäßiger verteilt, als wenn man nur seine räumliche Lagerung betrachtet. Der Sektor Gas- und Elektrizitätsgewinnung und -versorgung ist 1925 weder räumlich noch in bezug auf die Beschäftigtenverteilung besonders konzentriert, beim Sektor Wassergewinnung und -versorgung ist die Konzentration in bezug auf die Referenzverteilung etwas stärker. 1970 hat der Konzentrationskoeffizient der Energiewirtschaft stark zugenommen, für die Wassergewinnung und -verteilung ist er ebenso stark gefallen. Offensichtlich hat sich die Energieerzeugung auf wenige große Kraftwerke konzentriert, während die Wasserversorgung bis 1970 bei den meisten Kommunen verbreitet war.

Bei den produzierenden Wirtschaftszweigen sind 1925 Kautschuk- und Asbestindustrie (0,88) und Musikinstrumenten- und Spielwarengewerbe (0,64) räumlich am stärksten konzentriert. 1970 ist in allen produzierenden Wirtschaftszweigen der Grad der räumlichen Konzentration stark gesunken, der höchste Wert der relativen Entropie findet sich noch in der chemischen Industrie (mit 0,37).

Im Vergleich mit der Referenzverteilung der Gesamtbeschäftigten sieht das Bild (gemessen durch den Konzentrationskoeffizienten) etwas anders aus.

Am stärksten konzentriert in bezug auf die Gesamtbeschäftigtenverteilung sind 1925 die Musikinstrumenten- und Spielwarenindustrien (0,71) und erst an zweiter Stelle die Kautschuk- und Asbestindustrie (0,69). Mit relativ hoher Konzentration tauchen 1925 zwei Wirtschaftszweige auf, die (nach dem Entropiemaß) räumlich nicht besonders ungleichmäßig verteilt sind: Textilindustrie (0,67) und Verarbeitung von Steinen und Erden, keramische und Glasindustrie (0,56). Es handelt sich offensichtlich (wie bei den ressourcenabhängigen Sektoren) um Wirtschaftszweige, die in den Beschäftigtenkonzentrationen der Städte und Verdichtungsräume nur unterproportional vertreten sind, jedoch ansonsten relativ breit über die Regionen streuen.

Der Konzentrationskoeffizient zeigt auch noch 1970 stärkere Ballungen der Beschäftigten der genannten Wirtschaftszweige im Vergleich zu der Verteilung der Gesamtbeschäftigten. Am stärksten ist die relative Konzentration bei der Feinkeramik (0,77) und im Sektor Musikinstrumente (0,58) sowie Textilgewerbe (0,57).

Im tertiären Bereich bestätigen die räumlichen Verteilungs- und Konzentrationsmaße der einzelnen Sektoren einige plausible

Tabelle 8a: 1925: Relative Entropie und Konzentration
(bei 198 Regionen)

	Rel. Entropie	Konzentration
1 Wohnbevölkerung*	.081	.055
2 Wassergewinnung und -Versorgung	.243	.330
3 Gas-, Elektrizitätsgewinnung und -Vers.	.272	.231
4 Bergbau, Salinenwesen und Torfaufbereit.	.493	.867
5 Nat. Gesteine, Nutzmineralien, Sand, Kies.	.708	.681
6 Kalk, Zement, Beton, Ziegel, Keram., Glas	.197	.558
7 Eisen- und Metallgewinnung	.420	.553
8 Eisen-, Stahl- und Metallwaren	.250	.241
9 Eisen- und Stahlwaren	.440	.467
10 andere Metallwaren	.532	.564
11 Maschinen-, Apparate- und Fahrzeugbau	.446	.385
12 Elektrot., Feinmechanik und Optik	.481	.389
13 Chemie	.374	.406
14 Textilindustrie	.343	.668
15 Papier und Vervielfältigung	.386	.330
16 Leder und Linoleum	.190	.277
17 Kautschuk und Asbest	.880	.687
18 Holz- und Schnitzstoffgewerbe	.141	.235
19 Musikinstrumente und Spielwaren	.638	.713
20 Nahrungs- und Genußmittel	.157	.154
21 Bekleidungsgewerbe	.192	.151
22 Bauingenieur-, Architektur- und Vermessungsw.	.544	.436
23 Bauunternehmungen und -Handwerk	.149	.163
24 Baunebengewerbe	.249	.150
25 Großhandel, Ein- und Ausfuhrhandel	.366	.260
26 Einzelhandel	.213	.121
27 Private Verwaltung	.331	.249
28 Geld- und Bankenwesen	.308	.193
29 Speditionen und Ähnliches	.390	.319
30 Versicherungen, Privatversicherungen	.683	.507
31 Öffentliches Versicherungswesen	.322	.244
32 Verkehr	.267	.212
33 Gast- und Schankwirtschaft	.150	.222
34 Theater, Musik, Sport	.447	.375
35 Unterricht	.532	.470
36 Krankenanstalten	.261	.340
37 Apotheken und Ähnliches	.250	.234
38 Landwirtschaft Erwerbstätige	.052	.314
39 Industrie und Handwerk Erwerbstätige	.165	.233
40 Handel Erwerbstätige	.259	.356
41 Verwaltung Erwerbstätige	.231	.337
42 Gesundheit Erwerbstätige	.228	.323
43 Häusliche Dienste Erwerbstätige	.202	.291

* Die Wohnbevölkerung wird wie ein Wirtschaftssektor behandelt

Tabelle 8b: 1970: Relative Entropie und Konzentration (bei 191 Regionen)

	Rel. Entropie	Konzentration
1 Wohnbevölkerung* am 27.5.1970 VZ	.089	.054
2 Wassergewinnung und -Verteilung	.203	.229
3 Energiewirtschaft	.186	.388
4 Bergbau	.578	.895
5 Gewinnung u. Verarb. v. Steinen u. Erden	.087	.436
6 Feinkeramik, Herstellung, Verarb. Glas	.333	.768
7 Eisen- u. NE-Metallerzeugung, Gießerei	.219	.447
8 Herstellung von EBM-Waren	.197	.447
9 Stahl-, Maschinen u Fahrzeugbau	.254	.259
10 Elektrotechnik, Feinmechanik, Optik	.330	.343
11 Chemische Industrie	.365	.503
12 Textilgewerbe	.221	.568
13 Papier- und Pappeverarbeitung	.263	.457
14 Druckerei und Vervielfältigung	.375	.332
15 Ledergewerbe	.165	.438
16 Kunststoff-, Gummi- u. Asbestverarbeitung	.194	.446
17 Holzgewerbe	.083	.424
18 Musikinstrumente, Sportgeräte und Spielwaren	.258	.582
19 Nahrungs- und Genußmittelgewerbe	.087	.194
20 Bekleidungsgewerbe	.123	.330
21 Bauhauptgewerbe	.143	.105
22 Ausbau- und Bauhilfsgewerbe	.116	.123
23 Großhandel	.243	.185
24 Handelsvermittlung	.188	.139
25 Einzelhandel	.155	.081
26 Kredit- und sonstige Finanzinstitute	.253	.148
27 Versicherungsgewerbe	.542	.469
28 Sozialversicherung	.271	.304
29 Verkehr und Nachrichtenübermittlung	.249	.195
30 Gaststätten- u Beherbergungsgewerbe	.120	.238
31 Kunst, Theater, Film, Rundfunk, Fernsehen	.444	.427
32 Wissenschaft, Bildung, Publizistik	.387	.334
33 Gesundheits- und Veterinärwesen	.162	.127
34 Rechts- und Wirtschaftsberatung usw.	.361	.261
35 Sonstige Dienstleistungen	.345	.266
36 Organisationen ohne Erwerbscharakter	.195	.208
37 Gebietskörperschaften	.181	.141
38 Anstalten und Einrichtungen d. Wissenschaft	.664	.689
39 Anstalten und Einrichtungen d. Gesundheitsw.	.193	.215
40 Land- und Forstwirtschaft Erw.	.060	.399
41 Produzierendes Gewerbe Erw.	.096	.075
42 Handel und Verkehr Erw.	.159	.142
43 Sonstiger Bereich Dienstleistungen Erw.	.169	.171

* Die Wohnbevölkerung wird wie ein Wirtschaftssektor behandelt

Hypothesen: Einzelhandel und Geld- und Bankwesen sind räumlich breit gestreut, mit Bezug auf die Gesamtbeschäftigtenverteilung (Konzentrationsmaß) räumlich sehr viel gleichmäßiger als wenn man allein die Verteilung der Standorte über die Regionen (durch das Entropiemaß) mißt. Das private Versicherungswesen ist dagegen hinsichtlich der Anzahl der Standorte stark konzentriert, es handelt sich um einen Wirtschaftszweig, der vor allem in Großstädten vertreten ist. Die Aussage gilt nicht nur für 1925, sondern auch für 1970, obwohl in der Zwischenzeit ein Prozeß zunehmender Gleichverteilung und Dekonzentration begonnen hat.

Die wichtigsten Standorte der einzelnen Wirtschaftszweige lassen sich – wie wir bereits gezeigt haben – durch hohe Standortquotienten erkennen. Hier beschränken wir uns auf einige Beispiele mit den höchsten Standortquotienten. In Klammern sind die bayerischen Anteile der jeweiligen Sektoren an der Summe der Gesamtbeschäftigten in Prozent angegeben.

	Bearbeitung von Steinen und Erden, keramische und Glasindustrie	Feinkeramik, Herstellung und Verarbeitung von Glas
	1925 (4,9)	1970 (1,6)
Stadt Selb	14,3	24,1
Rehau	9,7	13,3
Stadt Marktredwitz	8,5	11,5
Neustadt(Waldnaab)	8,3	20,2
Tirschenreuth	8,0	14,2
Wunsiedel	7,5	16,8
Vohenstrauß	6,7	8,3
Regen	4,6	13,7
Lauf	5,5	11,9
Grafenau	4,9	11,3
Stadt Weiden	5,5	10,3
Eichstätt	2,5	9,5
Nabburg	2,6	9,4
Kronach	4,4	8,2
Kemnath	4,1	8,0

Die Standorte dieses Wirtschaftszweigs sind natürlich in der Nähe der entsprechenden Rohstoffvorkommen zu finden, wobei sich 1970 eine starke Erhöhung der relativen Konzentration zeigt.

	Eisen- und Metallgewinnung	Eisen- und NE-Metallerzeugung
	1925 (1,0)	1970 (1,7)
Sulzbach	33,3	22,4
Burglengenfeld	31,9	15,4
Neunburg	30,5	6,0
Illertissen	20,7	13,4
Altötting	9,2	4,2
Stadt Amberg	8,2	3,8
Stadt Neumarkt	6,1	–
Stadt Schwabach	–	13,4
Lauf	–	7,2
Stadt Kitzingen	2,5	7,2

Die wichtigsten Standorte der übrigen Wirtschaftszweige sind den folgenden Tabellen der Standortquotienten zu entnehmen. Wir wollen dem Leser durch den Vergleich der Standortlagerung 1925 und 1970 vor allem einen Eindruck von der relativen Konstanz bzw. Veränderlichkeit der räumlichen Arbeitsteilung bei sehr unterschiedlichen Sektoren geben.

	Herstellung von Eisen-, Stahl- und Metallwaren	Herstellung von EBM-Waren
	1925 (4,6)	1970 (1,4)
Stadt Schwabach	7,5	3,1
Fürth	4,6	10,3
Hersbruck	2,9	8,9
Stadtsteinach	–	8,5
Günzburg	–	7,7
Roding	–	7,0

	Maschinen-, Apparate- und Fahrzeugbau	
	1925 (5,5)	1970 (10,3)
Stadt Schweinfurt	10,4	5,6

	Elektrotechnische Industrie, Feinmechanik und Optik	
	1925 (3,0)	1970 (7,9)
Stadt Erlangen	5,4	–

Chemische Industrie

	1925 (1,1)	1970 (1,8)
Altötting	16,0	18,5
Fürth	9,1	–
Traunstein	8,8	3,1
Augsburg	8,1	4,1
Schwabmünchen	–	16,4
Obernburg	–	15,7
Freising	–	10,4
Kelheim	–	9,1

Textilindustrie

	1925 (5,2)	1970 (2,8)
Münchberg	12,3	14,0
Naila	8,8	7,5
Stadtsteinach	8,8	–
Bamberg	8,4	5,0
Stadt Hof	7,3	6,5
Hof	6,5	7,5
Augsburg	6,2	4,8
Kulmbach	4,1	8,5
Stadt Kulmbach	5,1	6,6
Stadt Forchheim	3,6	6,6
Bad Aibling	4,7	6,4
Deggendorf	–	6,1

Lederindustrie und Linoleumindustrie / Ledergewerbe

	1925 (0,8)	1970 (0,8)
Rehau	16,0	7,6
Stadt Neu – Ulm	14,6	5,9
Lichtenfels	–	10,6
Höchstadt (Aisch)	–	10,4
Scheinfeld	–	10,1
Eggenfelden	2,1	8,5
Stadtsteinach	–	8,4
Naila	–	6,3

	Musikinstrumenten- und Spielwarenindustrie	Musikinstrumente, Sportgeräte, Spiel- und Schmuckwaren
	1925 (1,2)	1970 (0,6)
Stadt Neustadt (Coburg)	35,4	26,6
Stadt Rodach	16,5	–
Hilpoltstein	7,8	–
Schwabach	6,1	5,5
Fürth	5,8	9,1
Coburg	5,1	11,9
Erlangen	–	13,9
Stadt Kaufbeuren	–	11,5
Kötzting	4,5	8,2
Gunzenhausen	–	7,7
Beilngries	–	7,2
Schrobenhausen	–	6,1

	Bekleidungsgewerbe	
	1925 (8,1)	1970 (3,5)
Aschaffenburg	–	7,8
Obernburg	4,5	7,8

Starke regionale Ballungen einzelner Wirtschaftszweige sind überwiegend im produzierenden Bereich zu finden. Im tertiären Sektor erkennt man regionale Besonderheiten vor allem im Gesundheitswesen:

Auffallend ist die Stadt Bad Kissingen mit einem Standortquotienten von (1925) 9,7 und (1970) 5,9 bei Krankenanstalten und Gesundheitswesen und (1970) 11,3 bei Sozialversicherung (Sanatorien). Ansonsten fallen erwartungsgemäß die Universitätsstädte durch hohe Standortquotienten bei den Anstalten und Einrichtungen der Wissenschaft und Forschung auf, sowie die oberbayerischen Fremdenverkehrsgebiete im Wirtschaftszweig Gaststätten- und Beherbergungsgewerbe (SQ 1925/1970): Berchtesgaden (6,3/6,3), Garmisch (5,3/5,7), Miesbach (2,6/4,9).

Hohe Standortquotienten in einzelnen Wirtschaftszweigen ergeben nicht notwendigerweise einen hohen Spezialisierungskoeffizienten der Region: Das ist nur der Fall, wenn gleichzeitig wenige Wirtschaftszweige in der Region ansässig sind. So zeigt die Auswahl der Regionen mit der stärksten Spezialisierung, daß sich darunter zwar vor allem Regionen mit wenigen dominierenden Sektoren, aber auch ohne solche, durch sehr hohe Standortquotienten herausragende, Sektoren befinden.

Aus der Tabelle der Regionen mit den höchsten Spezialisierungskoeffizienten 1925 und 1970 ergibt sich im zeitlichen Vergleich – und das stimmt mit der Interpretation der Entropie- und Konzentrationskennziffern überein – bei fast allen Regionen eine Abnahme der Spezialisierung in der Wirtschaftsstruktur, häufig sogar in starkem Ausmaß.

	Spezialisierungskoeffizienten	
	1925	1970
Stadt Selb	0,65	0,42
Stadt Schwabach	0,61	0,29
Münchberg	0,59	0,41
Stadt Schweinfurt	0,55	0,48
Stadt Bad Kissingen	0,51	0,36
Rehau	0,51	0,45
Burglengenfeld	0,50	0,49
Naila	0,50	0,32
Stadt Neustadt (Coburg)	0,50	0,49
Wunsiedel	0,50	0,42
Stadt Marktredwitz	0,48	0,29
Neustadt (Waldnaab)	0,47	0,44
Obernburg	0,47	0,52
Stadtsteinach	0,47	0,40
Coburg	0,45	0,48
Tirschenreuth	0,45	0,35
Weilheim	0,45	0,20
Sulzbach	0,44	0,45

Die Analyse der räumlichen Arbeitsteilung mittels der Faktorenanalyse läßt die grundsätzlichen Zusammenhänge zwischen der Sektoralstruktur und der räumlichen Struktur in den gefundenen Faktoren erkennen. Aufgrund der errechneten Faktorladungen lassen sich die Faktoren in folgender Weise interpretieren[10].

(1925)
Faktor 1: Großstädtische Industrie- und Dienstleistungsballung. Die Variablen "Bevölkerung", "Gas- und Elektrizitätsgewinnung und -versorgung", "Papierindustrie und Vervielfältigungen", "Kautschuk- und Asbestindustrie", "Nahrungs- und Genußmittelindustrie", "Bekleidungsindustrie", "Bau- und Baunebengewerbe", sowie alle Sektoren des Dienstleistungsbereichs, einschließlich Handel und Verkehr laden hoch. Es handelt sich offensichtlich

um den Generalfaktor, der die großstädtische Funktionskomplexität zeigt.

(1970)
Faktor 1: Großstädtische Industrie- und Dienstleistungsballung.
Hoch laden grundsätzlich die gleichen Wirtschaftszweige wie 1925. Die Trennung zum Faktor 2 ist allerdings schärfer. "Stahl-, Maschinen-, Fahrzeugbau" und "Elektrotechnik, Feinmechanik, Optik" gehören 1970 eindeutig zum Faktor 1.

(1925)
Faktor 2: Städtische Industrieballung, mit Schwerpunkt Leichtindustrie.
Hohe Ladungen haben die Variablen "Eisen-, Stahlwaren- und (vor allem) Metallwarenherstellung", sowie "Elektrotechnik", "Feinmechanik", "Optik" und (vor allem) "Musikinstrumenten- und Spielwarenindustrie".

(1970)
Faktor 2: Leicht- und Kleinindustrie, mit Anteil Schwerindustrie.
Im Unterschied zu 1925 ist kaum mehr eine Beziehung zu städtischen Bevölkerungsballungen vorhanden, Verstädterungsvorteile sind also für die den Faktor 2 ladenden Wirtschaftszweige (der Industrie) relativ unwichtig geworden.

(1925)
Faktor 3: Textilindustrie.
Hoch geladen ist nur die Variable "Textilindustrie".

(1970)
Faktor 3: Textilindustrie, mit Anteil Ledergewerbe.

(1925)
Faktor 4: Landwirtschaft.
Hoch geladen ist nur die Variable "landwirtschaftliche Erwerbstätige".

(1970)
Faktor 4: Landwirtschaft.
Im Unterschied zu 1925 sind hier zwei Wirtschaftszweige, "Gewinnung und Verarbeitung von Steinen und Erden" sowie "Holzgewerbe", von gewisser Bedeutung.

(1925)
Faktor 5: Gewinnung und Bearbeitung von Steinen und Erden, keramische und Glasindustrie.
Hohe Ladung hat die Variable "Industrie Steine und Erden, Keramik- und Glasindustrie", relativ hoch lädt noch die Variable "Gewinnung und grobe Bearbeitung von Gesteinen und Nutzmineralien".

(1970)
Faktor 5:   Schwerindustrie und Bergbau.
Die Schwerindustrie war auch für den Faktor 2 "Leicht- und Kleinindustrie" wichtig, was auf zwei unterschiedliche sektorale Komplexe hinweist. Die Schwerindustrie des Faktors 5 hat die Standorte außerdem außerhalb aller städtischen Zonen. Dieser Faktor war 1925 noch nicht für die räumliche Arbeitsteilung relevant.

(1970)
Faktor 6:   Wirtschaftszweige des ländlichen Raums.
Besonders wichtig sind "Holzgewerbe" und "Gewinnung und Verarbeitung von Steinen und Erden", zwei Wirtschaftszweige, die auch für Faktor 4 eine Rolle spielen. Bei Faktor 6 kommen hinzu "Feinkeramik, Herstellung und Verarbeitung von Glas" sowie "Bekleidungsgewerbe". "Gewinnung und Verarbeitung von Steinen und Erden" (im Unterschied zu 1925) und "Bekleidungsgewerbe" (wie 1925) sind jedoch auch großstädtische Wirtschaftszweige (Faktor1), was wieder zwei verschiedene sektorale Komplexe erkennen läßt.

Mit Hilfe der jeweiligen Faktorladungen kann man für die einzelnen Beobachtungseinheiten (hier die Kreise) die Faktorenwerte bestimmen. Die Faktorenwerte beschreiben die einzelnen Kreise anhand der gefundenen Faktoren. Mittels dieser Faktoren läßt sich somit die räumliche Arbeitsteilung in Bayern in *stark verdichteter* Form erfassen. Man kann die gefundenen Faktoren auch als Indikatoren der räumlichen Arbeitsteilung in Bayern bezeichnen und mit Hilfe der Faktorenwerte der einzelnen Regionen die räumliche Struktur beschreiben.

Da eine Tabelle der Faktorenwerte für die 198 bzw. (1970) 191 Kreise zu umfangreich wäre, werden hier nur die für die einzelnen Faktoren charakteristischen Regionen aufgezählt (deren Faktorwerte um ein *Vielfaches* höher sind als die der Regionen mit den nächsthöheren Werten): Sie stehen sozusagen repräsentativ für den Regionstyp.

Faktor 1:   (1925) Stadt München, (1970) Stadt München,

Faktor 2:   (1925) Stadt Nürnberg, (1970) Stadt Nürnberg,

Faktor 3:   (1925) Stadt Augsburg, (1970) Stadt Augsburg, Stadt Hof,

Faktor 4:   (1925 und 1970) Eine große Zahl von Regionen hat höhere Faktorwerte als der Durchschnitt, unter ihnen ragt jedoch keine stärker hervor.

Faktor 5: (1925) Wunsiedel, Tirschenreuth,

Faktor 5: (1970) Burglengenfeld, Sulzbach-Rosenberg, Illertissen, Altötting, also einmal Bergbau-Regionen, zum anderen Schwerindustrie- bzw. Chemie-Regionen außerhalb städtischer Zonen.

Faktor 6: (1970) Coburg, Kronach sowie Kreis München. (Wie gesagt, enthält der Faktor auch eine Art von großstädtischem Produktionskomplex.)

Für das Jahr 1925 läßt sich zusammenfassend festhalten: Bayern war ein agrarisch geprägtes Land. Die Industrie war auf Großstädte beschränkt, mit Ausnahme (zum Teil) der Textilindustrie und vor allem der Industrie der Gewinnung und groben Bearbeitung von Gesteinen (vor allem in Nordost-Bayern), die man als quasi-ländlichen Industriezweig bezeichnen könnte. Der Dienstleistungssektor konzentrierte sich relativ stark in München.

1970 hat sich die Industrie von ihrer Konzentration auf größere Städte gelöst, allerdings bleiben einige Wirtschaftszweige eher "großstädtisch", wie der Stahl-, Maschinen-, und Fahrzeugbau, sowie die Elektrotechnik, Feinmechanik und Optik. Auch 1970 zeigen sich "typisch ländliche" Wirtschaftszweige in dem Sinn, daß sie für den die Landwirtschaft erfassenden Faktor 4 ebenfalls eine Rolle spielen, zur Industrie Steine und Erden (wie 1925) kommt das Holzgewerbe und zum Teil das Bekleidungsgewerbe hinzu.

5. Sektoraler Strukturwandel und Städtesystem

Während wir im Vorhergehenden einen Überblick über die räumliche Arbeitsteilung in Bayern zu zwei Zeitpunkten gegeben haben, wollen wir jetzt einen Schritt weitergehen, indem wir verschiedene *Typen von Sektoren* unterscheiden und nach ihren Standorten fragen. In Tabelle 9 haben wir zum einen "neue" und "alte" Sektoren und Sektoren nach ihrer Entwicklungsdynamik (gemessen im Beschäftigtenwachstum) zusammengefaßt, zum anderen städtische Standorte (kreisfreie Städte) und nicht-städtische Standorte gebildet.

Die in den Tabellen dargestellten Ergebnisse bestätigen einige Hypothesen über die räumliche Dimension des Strukturwandels, insbesondere über den Raumbezug von Innovationen. Die "neuen" Sektoren sind sowohl 1925 als auch 1970 sehr viel stärker in den

54 größten (= kreisfreien) Städten Bayerns konzentriert als die "alten" Sektoren.

Die Ausnahme bildet einmal die Chemiefaserproduktion, welche durch große Betriebe – an nur drei Standorten in Bayern – charakterisiert ist, zum anderen die Kunststoffverarbeitung, die von Anfang an ein "nicht-städtischer" Wirtschaftszweig wurde, wahrscheinlich wegen der fast von Beginn an standardisierten Produktionsprozesse mit der Möglichkeit der Produktion in relativ kleinen Betrieben.

Zwischen 1925 und 1970 vermindert sich die Konzentration "neuer" Sektoren in den Städten, die "alten" Sektoren breiten sich jedoch noch stärker auf nicht-städtische Standorte aus.

Der Anteil der Beschäftigten aller Standorte ergibt summiert nicht 100%, da nur Standorte mit einem Anteil $\geq 1\%$ an den gesamten Sektorbeschäftigten einbezogen sind. Insofern kann die jeweilige Differenz zu 100% auch als Indikator der Dezentralisierung über sehr kleine Standorte angesehen werden. Wir können es dem Leser überlassen, die Tabelle weiter in der angedeuteten Weise zu interpretieren und sich einen Eindruck von den Zusammenhängen zwischen Sektortypen und Unterschieden ihrer Lagerung in städtischen oder nicht-städtischen Regionen zu verschaffen.

Selbstverständlich sind damit nicht mehr als erste Hinweise zur Abhängigkeit von sektoralem Strukturwandel und Städtesystem gegeben. Auf diesem Gebiet sind weitere theoretische und empirische Forschungen nötig[11].

Mit diesen kurzen empirischen Hinweisen werden wir die Betrachtung der räumlichen Makro-Ebene, des Zusammenhangs von Stadtgrößen, Städtesystemen und räumlicher Arbeitsteilung verlassen.

In den folgenden Kapiteln beschäftigen wir uns mit der internen räumlichen Struktur einer einzigen Stadt, der Stadtstruktur im engeren Sinn.

Tabelle 9: Standorte "alter" und "neuer" Sektoren
(mit einem Beschäftigtenanteil von mind. 1 Prozent)

"Neue" Sektoren	I		II		III		IV	
	1925	1970	1925	1970	1925	1970	1925	1970
Städtische Standorte[1]	9	4	1	0	–	9	6	10
Beschäftigtenanteil	51,3	23,8	1,6	0	–	25,3	73,8	45,9
Alle Standorte	14	16	3	3	–	30	7	21
Beschäftigtenanteil	81,3	82,7	99,6	99,9	–	73,9	78,2	68,4
Nicht-städt. Standorte	5	12	2	3	–	21	1	11
Beschäftigtenanteil	30,0	58,9	98	99,9	–	48,6	4,4	22,5

"Neue" Sektoren	V		VI		VII		VIII	
	1925	1970	1925	1970	1925	1970	1925	1970
Städtische Standorte[1]	–	4	7	7	7	10	6	10
Beschäftigtenanteil	–	92,1	74,4	57,0	76,1	61,8	97,3	71,7
Alle Standorte	–	5	9	12	9	17	7	14
Beschäftigtenanteil	–	96,8	79,7	74,6	80,9	75,1	99,5	79,8
Nicht-städt. Standorte	–	1	2	5	2	7	1	4
Beschäftigtenanteil	–	4,7	5,3	17,6	4,8	13,3	2,2	8,1

"Alte" Sektoren	IX		X		XI		XII	
	1925	1970	1925	1970	1925	1970	1925	1970
Städtische Standorte[1]	5	6	6	4	7	8	9	7
Beschäftigtenanteil	10,2	11	28,4	20,9	34,6	25,4	52,5	29,7
Alle Standorte	30	26	14	15	19	19	14	21
Beschäftigtenanteil	61,5	51,7	93,3	93,4	95,7	90,1	65,0	57,8
Nicht-städt. Standorte	25	20	8	11	12	11	5	14
Beschäftigtenanteil	51,3	40,7	64,9	72,5	61,1	64,7	12,5	28,1

"Alte" Sektoren	XIII		XIV		XV		XVI	
	1925	1970	1925	1970	1925	1970	1925	1970
Städtische Standorte[1]	8	2	11	10	8	10	2	2
Beschäftigtenanteil	31,2	5,2	46,4	32,7	45,3	26,0	6,2	6,6
Alle Standorte	15	24	21	20	13	24	18	11
Beschäftigtenanteil	50,0	42,9	88,2	71,8	57,5	53,2	92,6	95,1
Nicht-städt. Standorte	7	22	10	10	5	14	16	9
Beschäftigtenanteil	18,8	37,7	41,8	39,1	12,2	27,2	86,4	88,5

"Neue" Sektoren

I   Chemische Industrie
II   Herstellung von Chemiefasern
III   Kunststoffverarbeitung
IV   Maschinenbau
V   Herstellung von Geräten und Einrichtungen für die automatische Datenverarbeitung
VI   Straßenfahrzeugbau, Luftfahrzeugbau, usw.
VII   Elektrotechnik
VIII   Herstellung von nachrichten- und meßtechnischen Geräten

"Alte" Sektoren

IX   Gewinnung und Verarbeitung von Steinen und Erden
X   Feinkeramik
XI   Herstellung und Verarbeitung von Glas
XII   Eisen- und Stahlerzeugung
XIII   Säge- und Holzbearbeitungswerke
XIV   Textilgewerbe
XV   Bekleidungsgewerbe
XVI   Bergbau

[1] Als städtische Standorte sind alle Standorte in den kreisfreien Städten bezeichnet.

Anmerkungen zum 3. Kapitel

1) Aktuelle Beschäftigtenzahlen für Kreise liegen nur von der Bundesanstalt für Arbeit für sozialversicherungspflichtig beschäftigte Arbeitnehmer vor. Die sektorale Gliederung nach Wirtschaftsabteilungen ist für die vorliegende Untersuchung nicht ausreichend. Außerdem sind in dieser Statistik nur rund 75% aller Erwerbstätigen erfaßt, da Beamte und Selbständige, sowie sonstige nicht sozialversicherungspflichtige Arbeitnehmer fehlen.
2) Siehe die Liste der Wirtschaftszweige 1925 und 1970 im Anhang des 7. Kapitels.
3) Selbstverständlich gilt nicht für jede Stadt die gleiche Wahrscheinlichkeit, sich in der Rangfolge der Stadtgrößen zu verändern. Bei großen Städten ist diese Wahrscheinlichkeit sehr viel geringer als bei kleinen Städten, z.B. werden München und Nürnberg auf absehbare Zeit kaum ihre ersten Rangplätze verlieren.
4) Auf die Methode der Shift-Analyse kann hier nicht eingegangen werden. Vergleiche hierzu z.B. Müller, J.; Sektorale Struktur und Entwicklung der industriellen Beschäftigung in den Regionen der Bundesrepublik Deutschland, Berlin 1983, S. 35 – 42.
5) Allerdings wird man in den meisten Fällen davon ausgehen können, daß die Sektorstruktur der Städte relativ gut der Sektorstruktur des Kreises entspricht, da sich die Beschäftigten im allgemeinen in den Städten eines Kreises konzentrieren.
6) Die Formel ist weiter unten erläutert, S. 89f.
7) Zur Verwendung des Entropie-Maßes für die Messung der räumlichen Konzentration vgl. Geisenberger, S. und Mälich, W.; Informationstheoretische Messung regionaler Konzentrationserscheinungen. In: Raumforschung und Raumordnung, 28.Jahrgang (1971), und neu: Müller, J.; Sektorale Struktur und Entwicklung der industriellen Beschäftigung in den Regionen der Bundesrepublik Deutschland, Berlin 1983, S.112 – 118.
8) Wegen der einfachen Berechnung dient der Standortquotient häufig zur Bestimmung der Exportbasis einer Region, vgl. die theoretische Darstellung S.56f.
9) Die Grundlagen dieser "modernen" Faktorenanalyse wurden erst Mitte der sechziger Jahre gelegt. Vergleiche als Einführung Weber, E.; Einführung in die Faktorenanalyse, Jena 1974 und zur Anwendung Klemmer, P.; Die Faktorenanalyse als Instrument der empirischen Strukturforschung. In: Methoden der empirischen Regionalforschung (1. Teil), Hannover 1973 (ARL).

10) Die vollständigen Tabellen der Faktorenwerte sind im Seminar für empirische Wirtschaftsforschung, Universität München, erhältlich.
11) Im vorhergehenden 2. Kapitel finden sich einige Hinweise auf die angelsächsische Literatur. Theoretische Arbeiten sind noch seltener als empirische Analysen. Einen neuen theoretischen Ansatz liefert Hampe, J.; Stadtentwicklung und Städtesystem im sektoralen Strukturwandel. In: Schriften des Vereins für Socialpolitik, a.a.O. Eine empirische Analyse des Wandels der räumlichen Arbeitsteilung zwischen 1895 und 1970 in Bayern am Beispiel der Sektoren Maschinenbau, Textil – und Bekleidungsgewerbe findet sich in ders.; Langfristiger Strukturwandel und regionale Arbeitsmärkte; in: Analyse regionaler Arbeitsmarktprobleme (= FuS der Akademie für Raumforschung und Landesplanung), Hannover 1988. Unter der Überschrift "Regionale lange Wellen" und "Räumliche Zyklen" gibt es einige interessante aktuelle Beiträge; vgl. Booth, D.E.; Regional Long Waves and Urban Policy, in: Urban Studies Vol.24 (1987) S.447 – 459. Das gesamte Heft (Nr. 6) von Urban Studies (a.a.O.) beschäftigt sich im übrigen mit dem Thema Strukturwandel und Politik für Städte. Vgl. außerdem van den Berg, L.; Burns, L.S. und Klaassen, L.H. (Hrsg.), Spatial Cycles, Aldershot 1987.

Literaturverzeichnis

Akademie für Raumforschung und Landesplanung: Qualität von Arbeitsmärkten und regionale Entwicklung, Forschungs- und Sitzungsberichte Band 143. Hannover 1982
Berg, L. van den ; Burns, L.S.; Klaassen, L.H. (Hrsg): Spatial Cycles. Aldershot 1987
Berg, L. van den; Drewett, R.; Klaassen, L.H.; Rossi, A.; Vijverberg, C.H.T.: Urban Europe – A Study of Growth and Decline. Oxford 1982
Berry, B.J.L.; Horton, F.E.: Geographic Perspectives on Urban Systems, with Integrated Readings. Englewood Cliffs, New Jersey 1970
Berry, B.J.L. (Hrsg.): City Classification Handbook, Methods and Applications. New York, u.a. 1972
Berry, B.J.L.: Growth Centers in the American Urban System, Volume I. Cambridge, Massachusetts 1973
Bourne, L.S.; Simmons, J.W. (Hrsg.): Systems of Cities. Readings on Structure, Growth and Policy. New York 1978
Böventer, E. von: City Size Systems: Theoretical Issues, Empirical Regularities and Planning Guides, in: Urban Studies, Vol. 10, 1973, S. 145 – 165
Böventer, E. von (Hrsg.): Stadtentwicklung und Strukturwandel. in: Schriften des Vereins für Socialpolitik, N.F. Bd. 168; Berlin 1987
Bradbury, K.L.; Downs, A.; Small, K.A.: Urban Decline and the Future of American Cities. Washington, D.C. 1982
Brown, L.A.: Innovation Diffusion, A New Perspective. London, New York 1981
Cameron, G.C.; Wingo, L. (Hrsg.): Cities, Regions and Public Policy. Edinburgh 1973
Christaller, W.: Die zentralen Orte in Süddeutschland. Darmstadt 1968
Cross, M.: New Firm Formation and Regional Development. Aldershot 1981
Dunn Jr., E.S.: The Development of the U.S. Urban System, Volume I: Concepts, Structures, Regional Shifts. Baltimore, London 1980
Ewers, H.-J.; Goddard, J.B.; Matzerath, H. (Hrsg.): The Future of the Metropolis, Economic Aspects. Berlin, London, Paris, New York 1986
Fothergill, S.; Gudgin, G.: Urban and Regional Employment Change in the UK. Aldershot 1982
Friedrichs, J. (Hrsg.): Stadtentwicklungen in kapitalistischen und sozialistischen Ländern. Hamburg 1978
Friedrichs, J. (Hrsg.): Die Städte in den 80er Jahren. Demogra-

phische, ökonomische und technologische Entwicklungen. Opladen 1985

Friedrichs, J. (Hrsg.): Stadtentwicklung in West - und Osteuropa. Berlin, New York 1985

Golany, G. (Hrsg.): International Urban Growth Policies - New-Town Contributions. New York, Chichester, u.a. 1978

Gunarsson, J.: Production Systems and Hierarchies of Centers. Leiden 1977

Hall, P.; Hay, D.: Growth Centers in the European Urban System. London, u.a. 1980

Hansen, N.M. (Hrsg.): Growth Centers in Regional Economic Development. New York, London 1972

Klaassen, L.H.; Molle, W.T.M.; Paelinck, J.H.P. (Hrsg.): Dynamics of Urban Development. Aldershot 1981

Klaassen, L.H.; Bourdrez, J.A.; Volmuller, J.: Transport and Reurbanisation. Aldershot 1981

Knaap, G.A. van der: Population Growth and Urban Systems Development. London 1980

Kuklinski, A. (Hrsg.): Polarized Development and Regional Policies. Tribute to Jacques Boudeville. The Hague, Paris, New York 1981

Marshall, M.: Long Waves of Regional Development. Macmillan, Basingstoke, London 1987

Massey, D.: Spatial Divisions of Labour. Social Structures and the Geography of Production. London 1984

Moser, C.A.; Scott, W.: British Towns. A Statistical Study of their Social and Economic Differences. Edingburgh, London 1961

Nijkamp, P. (Hrsg.): Technological Change, Employment and Spatial Dynamics. Berlin, Heidelberg, u.a. 1986

Pred, A.R.: The Spatial Dynamics of U.S. Urban - Industrial Growth, 1800 - 1914; Interpretive and Theoretical Essays. Cambridge, Massachusetts, London 1966

Pred, A.R.: City Systems in Advanced Economies. London 1977

Reulecke, J.: Geschichte der Urbanisierung in Deutschland. Frankfurt a.M. 1985

Richardson, H.W.: The Economics of Urban Size. Westmead, u.a. 1973

Robson, B.T.: Urban Growth: An Approach. London 1973

Rodwin, L.: Nations and Cities - A Comparison of Strategies for Urban Growth. Boston 1970

Rust, E.: No Growth: Impacts on Metropolitan Areas. Lexington, Mass., Toronto, London 1975

Sample, C.J.: Patterns of Regional Economic Change: A Quantitative Analysis of U.S. Regional Growth and Development. Cambridge, Mass. 1974

Schmal, H. (Hrsg.): Patterns of European Urbanisation since 1500. London 1981

Schöller, P.: Die deutschen Städte. Geographische Zeitschrift. Wiesbaden 1980

Schröder, W.H. (Hrsg.): Moderne Stadtgeschichte. Stuttgart 1979

Sheppard, E.: City Size Distributions and Spatial Economic Change; in: International Regional Science Review, Vol. 7, 1982, S. 127–151

Tolley, G.S.; Graves, P.E.; Gardner, J.L.: Urban Growth Policy in a Market Economy. New York, San Francisco, London 1979

Vasko, T. (Hrsg.): The Long Wave Debate. Berlin, Heidelberg, u.a. 1987

Windhorst, H.W.: Geographische Innovations- und Diffusionsforschung. Darmstadt 1983

Teil III: Die räumliche Dimension einer Stadt: Modellabbildung, Erfassung und Messung der Stadtstruktur[1)]

4. Kapitel: Theoretische Grundlagen

1. Allgemeine Bemerkungen: Ökonomische und städtebauliche Stadtmodelle

In der Wissenschaft bezeichnet man allgemein als Modell eine vereinfachte Darstellung eines Sachverhalts der Wirklichkeit: Für die jeweilige Analyse werden nur die wesentlichen Elemente eines Zustandes, eines Zusammenhangs oder eines Ablaufs erfaßt. Durch diesen Prozeß der Abstraktion von der Realität will man zunächst einen Sachverhalt beschreiben, dann aber auch – an Hand von Wirkungszusammenhängen – erklären und voraussagen. Mit dieser Abstraktion kann eine Idealisierung, die Entwicklung eines Systems idealer Normen verbunden sein, in bezug auf welches man politische Handlungen und ihre Konsequenzen beurteilt. In der Volkswirtschaftslehre wird man für das Modell der vollkommenen Konkurrenz eine solche Interpretation akzeptieren können.

Planung ohne Modelle ist nicht möglich. Auch "reine Praktiker" haben immer eine "Theorie", auch wenn sie diese nicht explizit als Modell formulieren können. Definitionsgemäß muß sich Planung auf die Zukunft beziehen. Da die Zukunft unbekannt ist, brauchen wir Modelle, um uns zukünftige (mögliche) Sachverhalte vorstellen zu können. Für die Planung dürfen diese Sachverhalte nicht zu kompliziert sein, nur die wichtigsten Zusammenhänge und Abläufe können erfaßt werden, die Überlegungen müssen sich auf die vermuteten entscheidenden Einflüsse beschränken.

Für eine Klassifikation von Modellen eignen sich drei Fragen:

1. Mit welchen methodischen Werkzeugen ist das Modell konstruiert?
2. Wofür ist das Modell konstruiert?
3. Wie wird der Zeitfaktor erfaßt?

Diese Fragen beziehen sich somit auf die Mittel, mit denen die Realität abgebildet werden soll. Wir können physische und konzeptionelle Modelle unterscheiden.

a) Physische Modelle

Physische Charakteristika der Realität werden dabei durch dieselben oder analoge materielle Elemente repräsentiert. Zwei Typen sind zu unterscheiden:
1. Bildhafte Modelle.
   Die physischen Eigenschaften werden durch eine Maßstabs-

veränderung dargestellt. Zu den bildhaften Modellen gehören (dreidimensionale) Architekturmodelle und Photographien. Bildhafte Modelle ermöglichen visuelle Vorstellungen des Sachverhalts. Sie können zumindest teilweise nur sehr schwer wesentliche dynamische Prozesse erfassen.[2]
2. Analoge Modelle

Die physische Eigenschaften der Realität werden durch andere Merkmale erfaßt, die auf Grund von Transformationsvorschriften zugeordnet werden.[3] Dieser Modelltyp umfaßt topographische Karten, Pläne, Graphiken usw. Damit lassen sich im allgemeinen auch dynamische Situationen erfassen.

b) Konzeptionelle Modelle

Die relevanten Eigenschaften der Realität werden hier durch Konzepte (sprachlicher Art oder in Form von Symbolen) beschrieben. Man unterscheidet
1. Verbale Modelle

Die logischen Ableitungen erfolgen durch gesprochene oder geschriebene Worte. Explizite Aussagen und Widerspruchsfreiheit sind damit häufig nur schwer zu erreichen.
2. Mathematische Modelle

Die Beschreibung der Realität erfolgt durch (mathematische) Symbole und funktionale Zusammenhänge. Die Modelle lassen sich deterministisch oder stochastisch formulieren. Stadtökonomen haben aus der Wirtschaftstheorie eine Bevorzugung mathematischer Modelle bei der Erfassung der Stadtstruktur übernommen, ohne daß damit die potentielle Bedeutung sorgfältig formulierter verbaler Modelle vergessen wird. Physische Modelle haben sich allerdings der ökonomischen Wissenschaft als nicht adäquat erwiesen.

In bezug auf die mathematischen Modelle (formalen Modelle) unterscheidet Wilson[4] vier Formulierungstechniken:
1) Statistische Techniken,
2) Aufstellen von Gleichungssystemen,
3) Numerische Simulation; wenn nicht alle Relationen zwischen den Variablen als mathematische Funktionen bekannt sind, wird man mit unterschiedlichen Variablenwerten oder deren Kombinationen (im Computer) simulieren. Die Simulation verlangt häufig die
4) Formulierung von Computer-Algorithmen bzw. bestimmten Regeln, die nicht in Gleichungsform ausgedrückt sind.

Die Konstruktion und der Einsatz mathematischer Modelle wird durch folgendes Schaubild (4) verdeutlicht.[5)]

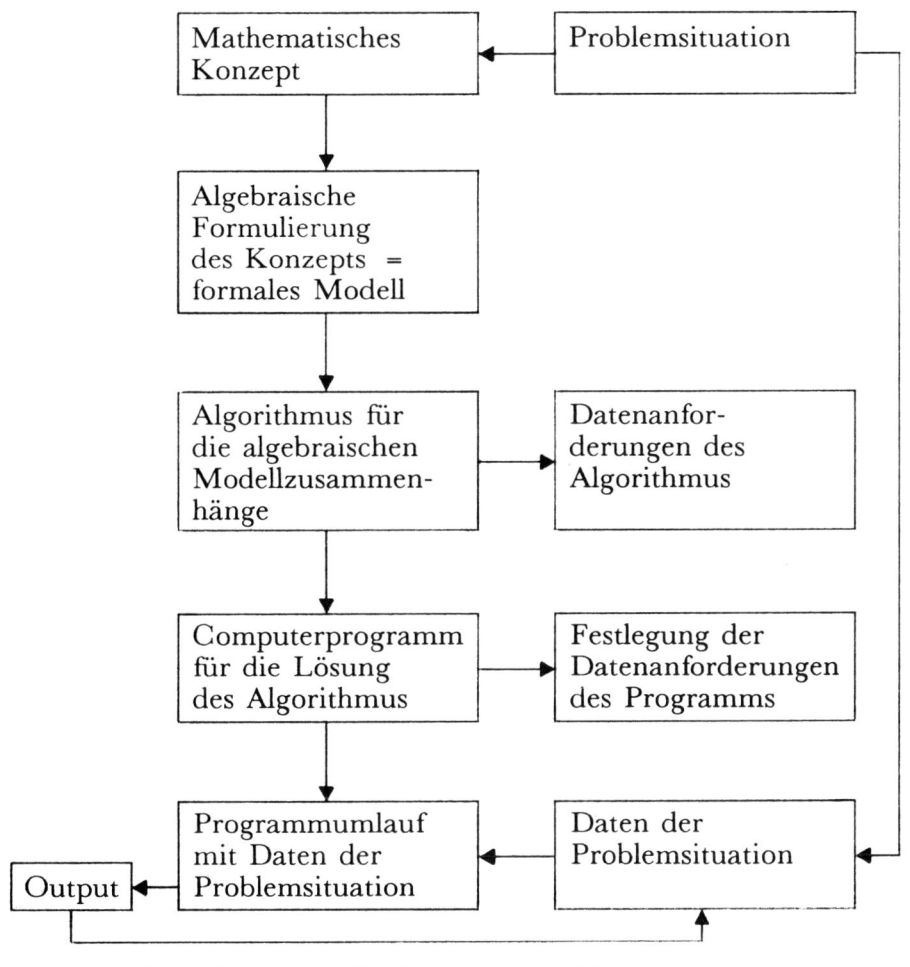

```
┌─────────────────┐      ┌─────────────────┐
│ Mathematisches  │◄─────│ Problemsituation│
│ Konzept         │      │                 │
└────────┬────────┘      └─────────────────┘
         │
         ▼
┌─────────────────┐
│ Algebraische    │
│ Formulierung    │
│ des Konzepts =  │
│ formales Modell │
└────────┬────────┘
         │
         ▼
┌─────────────────┐      ┌─────────────────┐
│ Algorithmus für │      │ Datenanfor-     │
│ die algebraischen├─────►│ derungen des    │
│ Modellzusammen- │      │ Algorithmus     │
│ hänge           │      │                 │
└────────┬────────┘      └─────────────────┘
         │
         ▼
┌─────────────────┐      ┌─────────────────┐
│ Computerprogramm│      │ Festlegung der  │
│ für die Lösung  ├─────►│ Datenanforderungen│
│ des Algorithmus │      │ des Programms   │
└────────┬────────┘      └─────────────────┘
         │
         ▼
┌──────┐ ┌─────────────────┐      ┌─────────────────┐
│Output│◄│ Programmumlauf  │◄─────│ Daten der       │◄──
└──┬───┘ │ mit Daten der   │      │ Problemsituation│
   │     │ Problemsituation│      │                 │
   │     └─────────────────┘      └─────────────────┘
   │                                       ▲
   └───────────────────────────────────────┘
```

weitere Programmläufe mit neuen Daten

Schaubild 4

Bei der Frage, wofür das Modell konstruiert wurde, geht es um die Intentionen der Modellbauer. Vier Modelltypen werden im allgemeinen unterschieden:
a) Beschreibende Modelle,
b) Erklärungsmodelle,
c) Prognosemodelle,
d) Planungsmodelle.

Bei den beschreibenden (deskriptiven) Modellen geht es vor allem um die "Erfassung" der Realität. Auch dies setzt schon eine gewisse (wenn auch oft sehr rudimentäre) Theorie der Realität voraus; zumindest muß geklärt sein, welche Aspekte der Realität jeweils "wesentlich" sind. Logischerweise ist dieser Modelltyp der erste Schritt auch zu den anderen Modelltypen. Oft ist es schwierig, diesen Modelltyp von den Erklärungsmodellen zu trennen.

Erklärung ist die Rückführung des (zu erklärenden) individuellen Tatbestands auf verschiedene Einflußfaktoren genereller und einmaliger Art, so daß der individuelle Tatbestand aus der Verbindung dieser Faktoren logisch folgt. Die generellen Einflußfaktoren gewinnt man aus allgemeinen Aussagen, in denen ein gesetzmäßiger Zusammenhang zwischen bestimmten Tatbeständen hergestellt wird; die allgemeinen Aussagen werden als Theorien oder (konzeptionelle) Modelle bezeichnet.

So beschreibt zum Beispiel die Zentrale-Orte-Theorie (unter anderem), daß die Nachfrage des Hinterlandes im Zentralen Ort wirksam wird und deshalb dort die notwendigen Kapazitäten an Versorgungseinrichtungen bereitgestellt werden. Daraus wird abgeleitet, daß eine bestimmte Stadt (als Zentraler Ort) deshalb größer wird, weil die Bevölkerung und/oder das Pro-Kopf-Einkommen in ihrem Einzugsbereich wächst.

Theorien oder *Erklärungsmodelle* sind immer vereinfachte Abbilder der Realität, da sie Aussagen nur über gewisse wichtige, systematische beziehungsweise regelmäßige Beziehungen zwischen den für einen Problembereich relevanten Tatbeständen aufstellen.[6] Für empirisch gehaltvolle Theorien ist Voraussetzung, daß sich die in Beziehung gesetzten Tatbestände messen lassen (beziehungsweise für diese Messungen genügend genaue Vorschriften gegeben werden). Kann man einen individuellen Tatbestand "erklären", indem man ihn *vollständig* auf die verursachenden Faktoren zurückführt, so ist es gleichgültig, ob es sich dabei um einen Tatbestand der Vergangenheit oder Zukunft handelt. Die Prognose ist eine Erklärung "ex ante", ein zukünftiger Tatbestand wird auf die verursachenden Faktoren zurückgeführt und damit prognostiziert.

Die Schwierigkeit von Prognosen gegenüber "ex post"-Erklärungen besteht allerdings darin, daß die *Bedingungen*, unter denen die allgemeinen Aussagen – aufgrund der Theorie – gelten, für die Zukunft genau festzulegen sind. Falls diese Anfangs- und Randbedingungen nicht prognostiziert werden können, läßt sich auch der zukünftige Zustand nicht aus den (theoretischen) Gesetzmäßigkeiten ableiten. Es gibt einen Unschärfebereich, dessen Werte von der Ungewißheit über die einmaligen raum-zeitlich gebundenen Tatbestände – die Anfangs- bzw. Randbedingungen – abhängen; dieser Bereich ist umso kleiner, je stärker die gesetzmäßigen Zusammenhänge zwischen als sicher anzusehenden Tatbeständen sind, und er ist um so größer, je größer der Einfluß unberücksichtigter, unbekannter oder zufälliger Faktoren ist. Außerdem ist eine Prognose natürlich nur möglich, wenn Zukunftswerte der verursachenden Faktoren bekannt sind.[7]

Ein *Prognosemodell* erfordert weiter, daß die wichtigsten Funktionalzusammenhänge der Realität abgebildet sind und die zu prognostizierende Situation mit dem Modell zu erfassen ist. Zum Beispiel kann die Zentrale-Orte-Theorie die Veränderung der Raumstruktur nicht ausreichend beschreiben, wenn unvorhergesehene technologische oder institutionelle Veränderungen auftreten oder das ökonomisch relevante Verhalten der Menschen sich ändert.

Planungs- oder Entscheidungsmodelle lassen sich einfach formulieren, wenn die Situation durch ein Erklärungsmodell gut abgebildet wird: Man fragt nicht mehr, wie man ein bestimmtes Ergebnis durch das Zusammenwirken verschiedener Faktoren erklären, sondern wie man ein bestimmtes Ergebnis durch die *Steuerung* verschiedener Einflüsse erreichen kann. Man braucht also bestimmte Zielvorstellungen und Vorstellungen über die Mittel, die zu ihrer Erreichung eingesetzt werden könnten. Die Wirkungen der verschiedenen Instrumente müssen prognostiziert werden, damit man diejenigen Instrumente auswählen kann, deren Wirkungen es erlauben, den Zielvorstellungen möglichst nahe zu kommen.

Bei der Erfassung der Stadtstruktur durch Modelle unterscheiden sich die Denkansätze von Ökonomen und als Architekten ausgebildeten Städtebauern.

Abgesehen von der Tatsache, daß Architekten ihre Überlegungen häufig auf die Verwendung bildhafter oder analoger Modelle beschränken, ergeben sich Unterschiede auch bei der Konstruktion konzeptioneller Modelle. Generell sind die konzeptionellen Modelle der Architekten eher verbal formuliert und *qualitative* Aussagen überwiegen. Ökonomen bevorzugen formale Modelle in mathematischer Schreibweise, der hohe Abstraktionsgrad erschwert häufig eine direkte Übertragung auf die Realität. Die mathematische Formulierung erleichtert andererseits die *Quantifizierung* ökonomischer Modelle. Die unterschiedlichen Ansätze der Ökonomen und Architekten sollen im folgenden – auf die Grundzüge reduziert – einander gegenübergestellt werden.

Strukturmodelle der Städtebauer enthalten Vorstellungen über die Verteilung von räumlichen Nutzungsbereichen bestimmter Prägungen und die sie verbindenden Infrastrukturelemente. "Unterschiedliche räumliche Nutzungsbereiche ergeben sich aus der differenzierten Ausstattung mit baulichen und sonstigen Einrichtungen im Hinblick auf die sozialen, ökonomischen und kulturellen Bedürfnisse der Bevölkerung; man könnte also auch von der Herrichtung solcher Bereiche für unterschiedliche menschliche Tätigkeiten sprechen. Neben diese räumlichen Bereiche treten als notwendige Ergänzung die Systeme, die sie untereinander verknüpfen und zum Transport von Menschen, Gütern, Energie und Nachrichten dienen; in der amerikanischen Planungsterminologie ist dafür der Oberbegriff der 'Fließsysteme' geprägt worden."[8]

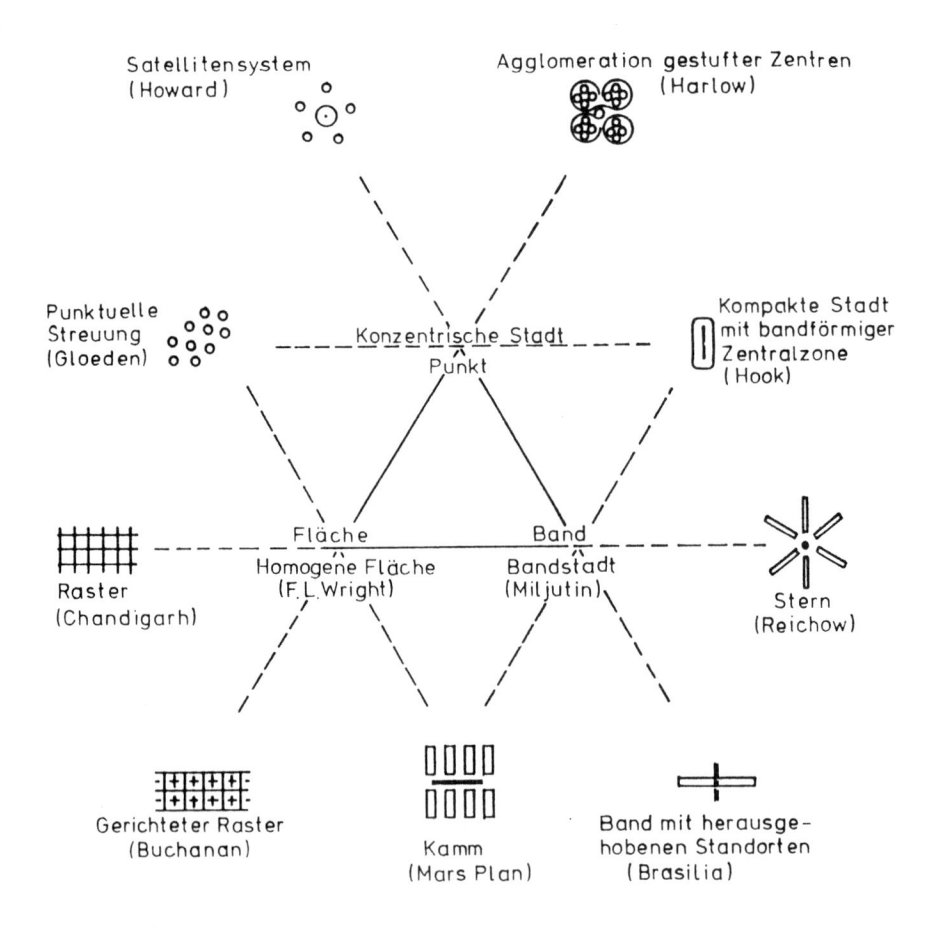

Abbildung 13
Typologie der Strukturmodelle[9]

Von dieser allgemeinen Definition der Strukturmodelle ausgehend gelingt es Albers, die städtebaulichen Modelle in umfassender Weise zu systematisieren.

Die Systematisierung nach den Grundansätzen von Punkt, Band und Fläche – also drei unterschiedlichen geometrischen Elementen – zeigt die gedankliche Herkunft der dahinterstehenden, mit dem Namen der (als "Anwender") wichtigsten Architekten oder Städte bezeichneten Strukturpläne.

"Abstrakt betrachtet stellen diese Elemente gleichsam die geometrischen Orte der Infrastruktur dar – zentriert, bandförmig oder ubiquitär zugänglich –; ihnen entsprechen die Grundformen der konzentrischen, kreisförmig begrenzten Ballung, der Bandstadt und der homogenen Flächensiedlung. Keines dieser Extreme ist ... für den Verdichtungsraum der Gegenwart geeignet. Dagegen bieten offenbar Kombinationen und Überlagerungen dieser Grundformen verschiedene Ausgangspunkte für die Entwicklung zweckentsprechender Strukturkonzepte".[10] Dabei geht es nicht um einen schöpferischen Gestaltungsakt, "mit dem zugleich die Koordination der im Raum wirkenden Kräfte zu einem harmonischen Gesamtkonzept geleistet würde".[11] Es handelt sich vielmehr um einen Auswahlvorgang zwischen Alternativen, "die im Widerstreit der beteiligten Interessen sehr unterschiedliche Bewertungen erfahren können und keineswegs in allen Punkten objektiver Abwägung zugänglich sind".[12] Trotzdem sollen die der Planung zugrunde zu legenden Strukturmodelle die Bedürfnisse der industriellen Gesellschaft besser erfüllen können, "als es die Allokation der Nutzungen allein durch den Markt vermöchte".[13],[14] Hinter dieser Behauptung steckt als zentrale Begründung, daß viele städtische Prozesse nicht über einen Markt laufen und deshalb auch nicht über Märkte gesteuert werden können.[15]

Optimale Lösungen in dem Sinne, daß sie die Zielvorstellungen der Gesellschaft unter den gegebenen Bedingungen am besten erfüllen, werden im großen und ganzen durch eine qualitative Abwägung von Vor- und Nachteilen verschiedener Modelle gefunden – der Begriff "Modell" wird in diesen Zusammenhängen generell auch zur Bezeichnung grundsätzlicher städtebaulicher Alternativen verwendet.

Am deutlichsten läßt sich diese Vorgehensweise an Hand eines Beispiels illustrieren. Städtebauer schätzen das von Buchanan für South Hampshire entwickelte Modell[16] wegen seiner Flexibilität und der Möglichkeit der Funktionenteilung in einem polyzentrischen Verdichtungsraum.

—1km

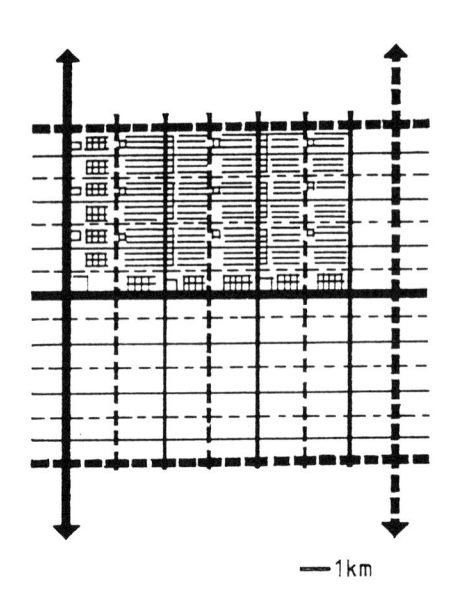

Abbildung 14: C. Buchanan: "South Hampshire Study"

Grundgedanke: Bandstadt ohne starre Bindung an eine Verkehrsachse; mehr Standortfreiheit durch Rasternetz funktionsdifferenzierter Straßen.

Nutzungsverteilung: Innerhalb des Rasters weitgehend flexibel mit der Maßgabe, daß von den Hauptquerstraßen abwechselnd eine die Standorte für Arbeitsstätten und kommerzielle Einrichtungen, die andere die für Gemeindebedarfseinrichtungen aller Art erschließt.

Verkehrssystem: Rastersystem mit Bündelung der Hauptverkehrsstraßen in Längsrichtung des Bandes.

Größenordung und Dichte: Aufnahmefähigkeit weitgehend flexibel. Bruttosiedlungsdichte etwa 37 Einwohner/ha.

In dem zitierten Beispiel zeigt sich die Art und Weise der Modellkonstruktion des Städtebauers sehr deutlich. Als Maßstäbe für eine allgemeine qualitative Beurteilung von Strukturmodellen werden genannt:

" 1. Möglichkeit des Wachstums und der Entwicklung sowohl bezüglich der Gesamtstruktur als auch in den einzelnen Elementen.
2. Zuordnung der verschiedenen Nutzungen zueinander im Sinne eines möglichst großen Freiheitsgrades der Wahl für Arbeits-, Einkaufs- und Erholungsmöglichkeiten; hierzu stellt

das Verkehrssystem eine entscheidende Voraussetzung dar.
3. Individuatisierung und Differenzierung des Gesamtgefüges sollte nicht nur möglich sein, sondern durch das strukturelle System gefördert werden".[17]

Man kann nun die zitierten Beurteilungskriterien auch als Basiselemente zur *Konstruktion* städtebaulicher Modelle verwenden. Der Städtebauer kommt dann zu einer erstrebenswerten räumlichen Struktur für einen Verdichtungsraum, die folgendermaßen gekennzeichnet wird:

" – Eine räumliche Disposition differenzierter Zentren in der Weise, daß sie einander funktionell – nach der Stufung der Einzugsbereiche und dem Nutzungsschwerpunkt – ergänzen.
 – Ihre Verbindung untereinander durch ein leistungsfähiges Netz des öffentlichen Nahverkehrs, das zugleich das Grundgerüst für die weiteren Bauflächen darstellt.
 – Die Ergänzung dieses Netzes durch ein Schnellstraßensystem, das die Zugänglichkeit aller Nutzungsbereiche für den erforderlichen Individualverkehr sichert, ohne ihm wichtige Umweltqualitäten zu opfern.
 – Bandartige Gruppierungen von Bauflächen für Wohnen und Arbeiten entlang der Nahverkehrslinien in einer Körnung, die massierte Verkehrsströme in je einer Richtung vermeiden hilft.
 – Eine Disposition zusammenhängender Freiflächen zwischen den Bauflächenbändern, die leichten Zugang zum Erholungsgrün für alle Wohnungen sichert."[18]

Das zitierte Buchanan-Modell für South Hampshire enthält *eine mögliche* Konkretisierung dieser "optimalen" räumlichen Struktur.

Die Darstellung des "städtebaulichen Modelldenkens" geschah in der Absicht, den Unterschied zum Modelldenken der Stadtökonomen deutlich und anschaulich werden zu lassen.

Die *Ableitung ökonomischer Stadtmodelle* ist nicht mit zeichnerisch darstellbaren Elementen zu veranschaulichen, wenn auch die *Ergebnisse*, die resultierenden *Strukturen*, naturgemäß auf eine Zeichnung reduziert werden können. Da im 6. Kapitel die Konstruktion ökonomischer Stadtmodelle ausführlich gezeigt wird, wollen wir hier nur die *Ergebnisse* der Ableitungen diskutieren und fragen, inwieweit sie reale Stadtstrukturen abbilden.

Die Stadtökonomen leiten ihre – im Ergebnis – wenig differenzierten Stadtstrukturen aus bestimmten Annahmen über das

Verhalten nutzen- oder gewinnmaximierender Wirtschaftseinheiten ab, die miteinander in Konkurrenz auf dem Bodenmarkt stehen. Eine entscheidende Rolle spielen für deren Verhalten bei gegebenem Stand der Produktionstechnik jeweils Bodenrenten und Transportkosten, zwei Größen, die zumindest theoretisch objektiv meßbar sind. Ebenso sind die Annahmen über die Verhaltensweisen und technischen Zusammenhänge in Form mathematischer Gleichungen vorgegeben und damit jederzeit nachprüfbar.

Auf die Stadtstrukturmodelle von Wingo, Alonso und Muth[19] Anfang der sechziger Jahre folgte eine Theorieentwicklung, die heute in der Stadtökonomie einen zentralen Platz einnimmt: es entstand das Gebiet der "New Urban Economics".[20] Trotz großer Fortschritte in den siebziger Jahren ist eine modellmäßig befriedigende Ableitung unterschiedlicher *differenzierter* Stadtstrukturen aus Standortentscheidungen von (wohnungssuchenden) Haushalten und (Produktionsstandorte suchende) Unternehmen noch nicht gelungen. Es überwiegen Ableitungen für die Standortverteilung allein der Wohnnutzung (von verschiedenen Einkommensschichten), mit *konzentrischen Stadtstrukturen* auf Grund der Annahme, daß sich alle produktionswirtschaftlichen Aktivitäten im Stadtzentrum konzentrieren, die Grundstücke sich *nur* durch die Entfernung dorthin unterscheiden und alle Bewohner in das Zentrum pendeln. Selbst die aus der älteren stadtökonomischen Literatur bekannten weiteren Grundkonzepte der Stadtstruktur[21], die sektorale Stadt und die polyzentrische Stadt sind mit der besprochenen Technik der Modellkonstruktion bisher noch nicht überzeugend erfaßt worden.

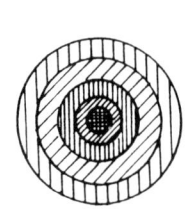

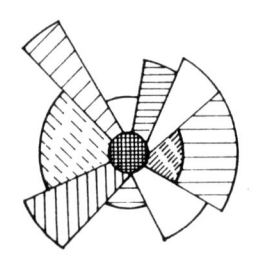

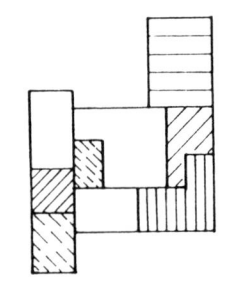

Konzentrische Stadt   Sektorale Stadt   Polyzentrische Stadt

Abbildung 15

Architekten und Stadtökonomen haben ihre jeweiligen Stadtmodelle mit unterschiedlichen Zielsetzungen und aus unterschiedlichen Annahmen heraus entwickelt.

Die Modelle der Architekten enthalten im allgemeinen normativ begründete Versuche, einen konkreten, das heißt auf eine bestimmte Stadt bezogenen Planungsfall zu lösen. Ihnen liegen im großen und ganzen Plausibilitätsüberlegungen über die in einer bestimmten Situation zweckmäßigen Strukturlösungen zugrunde, die nur zum Teil von Dritten eindeutig nachvollziehbar sind. Sie brauchen die zeichnerische und dreidimensionale Darstellung, um erkennbar zu werden. Dabei pendeln die Überlegungen der Architekten hinsichtlich ihres Selbstverständnisses zwischen den Polen Wissenschaft und Kunst[22], wobei im Fall der Kunst der Aspekt der Gestaltung dreidimensionaler räumlicher Baumassen im Vordergrund steht, im Fall der Wissenschaft vor allem auf den Standortaspekt hingewiesen wird.

Die Stadtökonomen stehen vor dem Problem, abstrakte Modellüberlegungen auf konkrete Planungsfälle übertragen zu müssen, was generell bisher nur für die Standortplanung von Einzelbetrieben gelungen ist. Häufig behält aber auch hinsichtlich der Standortplanung die Bauplanung, das "physical planning", den entscheidenden Einfluß, der Beitrag des Stadtökonomen erscheint bisher unerheblich.

Für den Wirtschaftswissenschaftler ist die Stadtstruktur das Ergebnis der Standortentscheidungen der verschiedenen Wirtschaftseinheiten und ihres durch Marktpreise gesteuerten Wettbewerbs um den besten Standort. Aus bestimmten Verhaltensannahmen kann er eine mehr oder weniger konsistente *optimale Standortstruktur* ableiten.

Der planende Unternehmer muß die Stadtstruktur als Umfeld für die Standortwahl seines Betriebes ansehen, als einzelner ist er den historischen Festlegungen durch die baulich-physische Struktur der Stadt unterworfen. Nur in kleinem Rahmen hat er Gestaltungsfreiheit, im großen muß er sich anpassen, er sucht seinen optimalen Standort innerhalb der vorgegebenen Stadtstruktur.

Die Verteilung von *Standortgunst* innerhalb der Stadtstruktur liegt zum großen Teil in den Händen der Kommunalpolitiker. Ihre Entscheidungen über die Standorte von Infrastruktureinrichtungen beeinflußten die Stadtstruktur in starkem Maß. Die Planung der Infrastruktur erfordert neben der Berücksichtigung der ökonomischen Standortkriterien in besonderem Maße auch die Beachtung technischer Restriktionen. Durch die Festlegung von Nutzungsmöglichkeiten mit Hilfe von (bau)rechtlichen Bestimmungen und entsprechender Infrastruktur werden die "Qualitäten" der Standorte erzeugt, in Bökemanns passender Terminologie werden diese "Standorte von Gebietskörperschaften produziert", sie werden als gebrauchsfertige Endprodukte zur Verfügung gestellt, an deren Ursprung der undifferenzierte Boden stand.[23]

Die architektonische Komponente der Stadtstruktur bringt die dritte Dimension ins Spiel und damit das Erlebnis städtischer Umwelt und städtischer Räume. Sozialpsychologische Anliegen verlangen ein Bemühen um eine *humane Stadtgestalt*.

Sämtliche Aspekte der Stadtstruktur hängen voneinander ab und sind im Prozeß der Stadtentwicklung im Zusammenhang zu sehen. Aus dem einzelwirtschaftlichen Standortverhalten ergibt sich eine bestimmte Stadtstruktur, die durch die Entscheidungen der Kommunalpolitiker in Richtung auf die stadtpolitischen Zielvorstellungen zur (gesamtgesellschaftlich) "optimalen" Stadtstruktur zu beeinflussen ist. Dabei sind Probleme der räumlichen Gestaltung mit zu lösen, da Strukturplanung sich baulich konkretisieren muß.

Die im großen und ganzen nur rudimentäre Berücksichtigung von Grundlagen der ökonomischen Wissenschaft führt zur Forderung nach einer Integration von ökonomischer Analyse und physischer Planung: diese ist als Forderung nach einer Integration auf der Ebene der *Planungsgrundlagen* zu verstehen. Die in jüngerer Zeit immer stärker als Mangel empfundende Tatsache der fehlenden Einbeziehung der Standorttheorie und der ökonomischen Stadtforschung in die Stadtplanung wird besonders betont in einem bereits 1974 erschienenen Report für das United Nations Centre for Housing, Building and Planning: "As a result, different sorts of planning evolved along different lines, aiming simultaneously at different objectives, independently of each other."[24] Ihre auf die regionale Entwicklungsplanung bezogene Feststellung "...new ideas on the interrelationship of economic and physical planning are only just emerging"[25] gilt immer noch für die Stadtplanung.

2. Stadtstruktur als räumliche Dimension der Stadt: Erfassung der Elemente

a) Allgemeiner Überblick

Ausgangspunkt für den Versuch, stadtökonomische Forschung mit der (praktischen) physischen Stadtplanung zu verbinden, muß die Entwicklung eines *einheitlichen* Konzepts zur *Erfassung* von Stadtstrukturen in ihren wichtigsten Aspekten sein. Die Kriterien müssen sowohl ökonomisch relevante Tatbestände als auch städtebauliche, gestalterische Aspekte umfassen. Die Erfassung ist Voraussetzung der Messung und Ansatzpunkt für Bewertungsverfahren.[26] Auch die Bewertung von Stadtstrukturen erfordert nach diesem Verständnis eine Integration ökonomischer und städtebaulicher Kriterien: Die qualitativen Begründungen verschiedener Stadtmodelle der Städtebauer, ihre Vor- und Nachteile, wären in Bewertungskategorien eines gewählten Bewertungsverfahrens zu überführen. Die Bewertung nach ökonomischen Kriterien hat insbesondere die das *einzelwirtschaftliche* Standortverhalten bestimmenden Faktoren zu berücksichtigen. Mit einem einheitlichen System der Erfassung, Messung und Bewertung von Stadtstrukturen, das an konkreten Städten überprüft ist, ließen sich Anhaltspunkte für Entscheidungen in der Stadtplanung geben, da implizit in der Bewertung verschiedener Stadtstrukturen Aussagen über die Wirkungen der eingesetzten stadtpolitischen Instrumente auf stadtstrukturelle Ziele enthalten sind.

Zur Darstellung der Stadtstruktur müssen die Elemente festgelegt werden, aus denen sie sich zusammensetzt. Bauleitplaner, Städtebauer, Städtestatistiker und Stadtökonomen haben – entsprechend ihrem Analyseinstrumentarium – unterschiedliche Einteilungen.

Der Städtestatistiker sieht seine Aufgabe in der zahlenmäßigen Beschreibung der Stadtstruktur. Ausgangspunkt seiner Überlegungen kann der Datenbestand der Großzählungen der amtlichen Statistik sein. Um die Zahl der erfaßbaren Merkmale zu beschränken, wird er die Datenerfassung im Einzelfall an der Problemstellung orientieren.

Boustedt bietet ein ausführliches Gliederungsschema für die Daten an, mit deren Hilfe die Stadt räumlich differenziert erfaßt werden kann.[27]

1. Grundeinheiten der Raumanalyse

1.1. Allgemeine Raumanalyse

- natürlich-ökologische Gliederungen
- historisch-genetische Einheiten
- administrative Raumeinheiten

1.2. Analytische Raumgliederungen

- städtebauliche Gliederungen: Baublöcke, Blockseiten
- geometrische Gliederungen: Planquadratraster
- topographische Gliederungen: Schwerpunkt-Koordinaten

1.3. Planerische Raumgliederungen

- Bauflächen nach der Baunutzungsverordnung (Flächennutzungsplan)
- Verkehrsbezirke (Generalverkehrsplan)
- Sanierungsgebiete nach dem Städtebauförderungsgesetz

2. Gliederung des Stadtgebietes nach der Bausubstanz

- Gebäudeart und Verwendungszweck
- Gebäudealter
- Größe, Höhe
- Hygienisch-technische Ausstattung

- Eigentumsverhältnis

3. Gliederung nach dem Wohnungsangebot

   - Wohnungen nach Gebäudearten, Alter und Ausstattung
   - Wohnungsgröße nach Raumzahl und Ausstattung
   - Wohnungen nach dem Eigentums- bzw. dem rechtlichen Verhältnis

4. Gliederung nach der infrastrukturellen Ausstattung

   - Bildungs- und kulturelle Einrichtungen
   - Einrichtungen der Gesundheitspflege
   - Freizeiteinrichtungen, Sport- und Grünanlagen

5. Gliederung nach den Wohnverhältnissen

   - Größe und Zusammensetzung der Wohnparteien
   - Belegung der Wohnungen
   - Sozialstatus der Wohnparteien
   - Mietverhältnis und Miethöhe

6. Gliederung nach der demographischen Substanz

   - Alter, Geschlecht   evtl. getrennt nach
   - Familienstand   Inländer – Ausländer
   - Religion
   - Staatsangehörigkeit

7. Gliederung nach der sozialen Struktur

   - Soziale Stellung
   - Erwerbstätigkeit

8. Gliederung nach demodynamischen Merkmalen

   - Familienstruktur
   - Kinderreichtum, Geburtenhäufigkeit, Sterblichkeit
   - Seßhaftigkeit – Mobilität

9. Gliederung nach dem sozialen und kulturellen Gefälle

   - Einkommensschichtung
   - Bildungsstand
   - Wahlverhalten

10. Gliederung nach der sozioökonomischen Struktur

    − Art der Erwerbsquellen
    − Ort der Arbeitsplätze (Tag- und Nachtbevölkerung)

11. Gliederung nach der Wirtschaftsstruktur

    − (Art und Mischung der Arbeitsstätten)

12. Gliederung nach den funktionalen Beziehungen

    − (z.B. Pendlerbeziehungen).

Die *Gliederung der Stadt* erfolgt durch − nach diesen Gliederungskriterien gebildete − *Kennziffern* oder deren Kombinationen meist in homogene Elemente.

Homogenitätskriterien bei der Bildung der Strukturelemente spielen auch für den Bauleitplaner und den Städtebauer eine große Rolle. Für sie steht die Nutzung der *Flächen* im Vordergrund. Die Flächenkategorien, die sich zur Gliederung des Gemeindegebiets eignen, hat Borchard systematisch dargestellt.[28]

```
                        ┌─────────────────────────┐
                        │   G E M E I N D E G E B I E T   │
                        └─────────────────────────┘
```

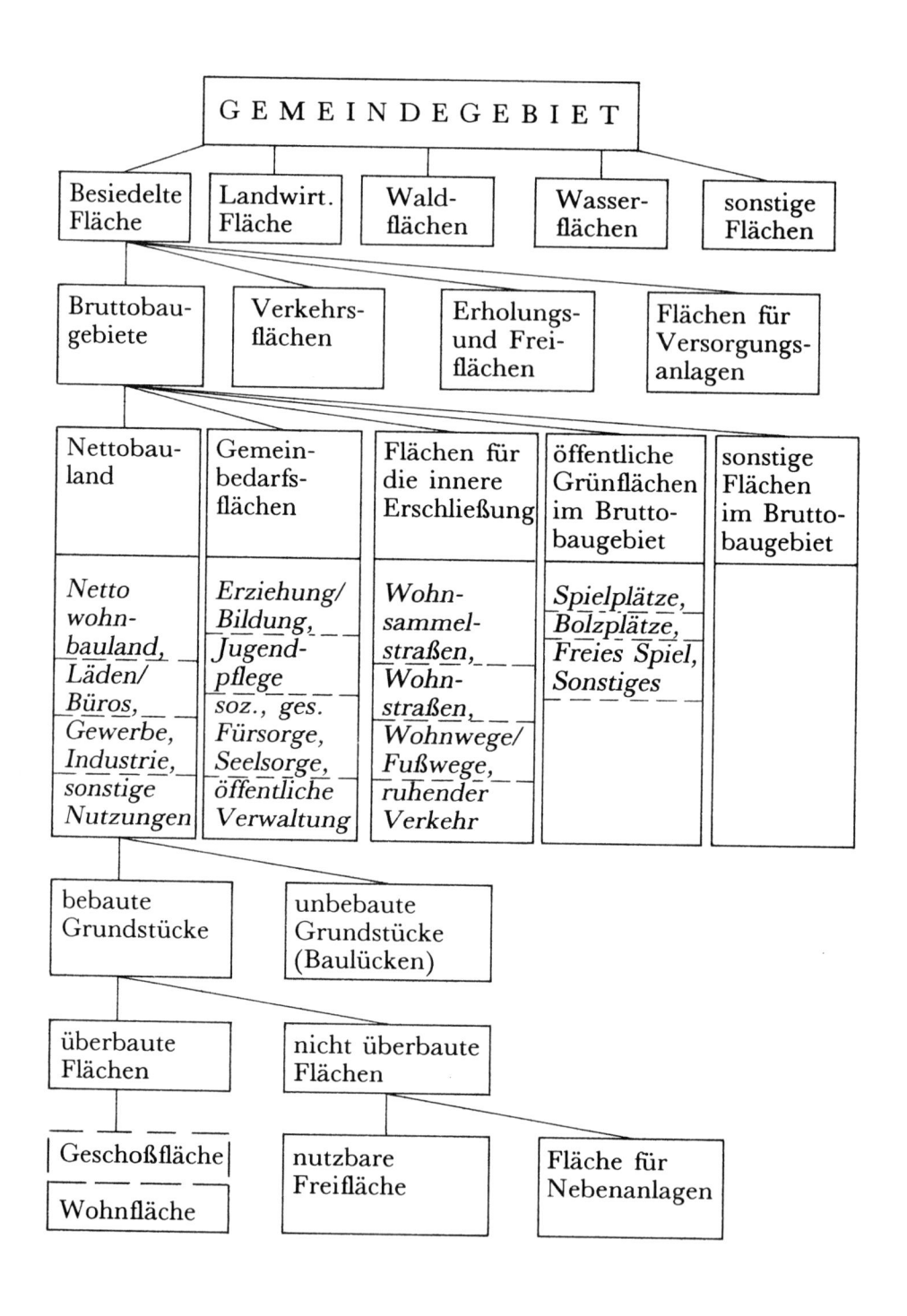

Besiedelte Fläche	Landwirt. Fläche	Wald- flächen	Wasser- flächen	sonstige Flächen

Bruttobau- gebiete	Verkehrs- flächen	Erholungs- und Frei- flächen	Flächen für Versorgungs- anlagen

Nettobau- land	Gemein- bedarfs- flächen	Flächen für die innere Erschließung	öffentliche Grünflächen im Brutto- baugebiet	sonstige Flächen im Brutto- baugebiet
Netto wohn- bauland, Läden/ Büros, Gewerbe, Industrie, sonstige Nutzungen	*Erziehung/ Bildung, Jugend- pflege soz., ges. Fürsorge, Seelsorge, öffentliche Verwaltung*	*Wohn- sammel- straßen, Wohn- straßen, Wohnwege/ Fußwege, ruhender Verkehr*	*Spielplätze, Bolzplätze, Freies Spiel, Sonstiges*	

bebaute Grundstücke	unbebaute Grundstücke (Baulücken)

überbaute Fläche	nicht überbaute Fläche

Geschoßfläche	nutzbare Freifläche	Fläche für Nebenanlagen
Wohnfläche		

Schaubild 5

In der Baunutzungsverordnung hat eine ganz bestimmte Art der *Flächendifferenzierung* "nach der allgemeinen Art" sowie "nach der besonderen Art" der *baulichen Nutzung* ihren Niederschlag gefunden. In § 1 werden als Bauflächen Wohnbauflächen, gemischte, gewerbliche und Sonderbauflächen und als Baugebiete jeweils Kleinsiedlungsgebiete, reine und allgemeine Wohngebiete, Dorf-, Misch- und Kerngebiete, Gewerbe- und Industriegebiete, Wochenendhaus – und Sondergebiete unterschieden.

Der eher theoretisch ausgerichtete Städtebauer arbeitet mit diesen Unterscheidungen des Baurechts nicht. Er geht zunächst auch nicht von der Unterscheidung von Flächen aus, sondern er unterscheidet *Funktionen*, die in der Stadt zur Erfüllung menschlicher Bedürfnisse notwendig sind und die dabei Flächen beanspruchen.[29] Städtebau ist in diesem Sinn "Organisation sämtlicher Funktionen des kollektiven Lebens".[30] Ausgehend von der Charta von Athen werden die Funktionen Wohnen, Arbeiten und Erholung (Verkehr ist hinzuzuzählen) unterschieden und ihnen werden Flächen zugewiesen. Eine weitere Einteilung der *Flächenkategorien* unterscheidet nach Wohnstätten, Arbeitsstätten, Bildungseinrichtungen, Gelegenheit zum Einkauf, zur Kommunikation sowie zur Entspannung und Vergnügung.[31]

Alle Differenzierungen genügen aber nicht, um die Stadtstruktur als die Struktur der (flächenhaften) *Standorte* der *verschiedenen wirtschaftlichen Entscheidungseinheiten* (Haushalte verschiedenen Sozialstatus', Unternehmen verschiedener Branchen, öffentliche Einrichtungen usw.) adäquat zu erfassen. Auch die weitere Unterteilung der Kategorien nach Flächenbedarf und Standortansprüchen[32], zum Beispiel die Einteilung der Arbeitsstätten nach solchen des sekundären und des tertiären Sektors, reicht für die stadtökonomische Fragestellung nicht aus, da weiterhin die Einteilung nach Flächenkategorien, nicht aber nach handelnden, über *Standorte entscheidenden* und dabei *Flächen beanspruchenden* Wirtschaftssubjekten im Mittelpunkt steht.

Von den einzelnen Wirtschaftseinheiten aus stellt sich die Stadtstruktur als eine bestimmte räumliche *Zuordnung der Standorte* verschiedener *Wirtschaftsaktivitäten*[33] dar, die sich durch Standort*entscheidungen* (im Zusammenhang mit Investitionsentscheidungen) ergeben hat und sich durch weitere Entscheidungen verändert. Die Standorte haben eine *räumliche Ausdehnung*, die Wirtschaftseinheiten nutzen also jeweils eine bestimmte Fläche der Stadt, und die Nutzung manifestiert sich physisch im Kapitalbestand, vor allem den Bauten auf den Grundstücken.[34]

Die *bauliche Struktur* der Stadt fügt eine weitere Dimension, die Höhe, in die Betrachtung ein und gibt damit einerseits dem einzelnen Standortsuchenden eine zusätzliche (ökonomische) Entscheidungsvariable – die Kapital-Boden-Relation – und andererseits dem Architekten eine Gestaltungsmöglichkeit, um visuelle Orientierungen und Erlebnisse räumlicher Situationen zu schaffen.[35] Gleichzeitig beschränkt die relative Dauerhaftigkeit des physischen Baubestandes die Standortwahl, indem sie die Abhängigkeit der ökonomischen Entscheidungen von der historisch entstandenen "ökonomischen Umwelt" verstärkt.

b) Wirtschaftliche Entscheidungseinheiten und Nutzungsarten als Elemente der Stadtstruktur

Nach dem oben Gesagten liegt es nahe, in der vorliegenden Arbeit als Elemente der Stadtstruktur die einzelnen, ansässigen wirtschaftlichen Entscheidungseinheiten mit ihren verschiedenen Merkmalen zu unterscheiden. Der Aspekt der Flächenbeanspruchung spielt für die Differenzierung eine besondere Rolle.

Zunächst geht es um die Art der Wirtschaftsaktivität (Unternehmen eines bestimmten Wirtschaftszweigs, Haushalt eines bestimmten Sozialstatus', öffentliche Einrichtung bestimmten Typs), die vor allem nach Produktion oder Konsum, nach Art des produzierten Gutes und/oder institutionellen Merkmalen gegliedert ist.

"Gleichartige" Wirtschaftseinheiten lassen sich zu bestimmten *Standort-Typen* zusammenfassen, die unter dem Gesichtspunkt ihres Flächenanspruchs auch als *Nutzungsarten* bezeichnet werden können. Die für die Aggregation maßgebliche Gleichartigkeit bezieht sich aber auf das durch die Standortansprüche bestimmte Standortverhalten und auf sonstige wirtschaftliche Entscheidungen, denen gleichartige oder ähnliche Zielsetzungen in den Wirtschaftsplänen zu Grunde liegen sollten, zum Beispiel gleichartige oder ähnliche Produktionsprogramme und/oder Produktionstechniken. Die in dieser Weise zu unterscheidenden Nutzungsarten lassen sich mit den Arten der baulichen Nutzung nach der Baunutzungsverordnung und mit den Funktionen im Städtebau in Beziehung setzen, sie sind jedoch von diesen zu unterscheiden, da sie nach anderen Kriterien gebildet wurden.

In den empirischen Teilen dieser Arbeit werden folgende Wirtschaftsaktivitäten als standortwählende Einheiten und damit als Nutzungsarten des städtischen Bodens unterschieden[36]:

- Haushalte mit niedrigem Einkommen,
  Haushalte mit mittlerem Einkommen,
  Haushalte mit hohem Einkommen, charakterisiert also nach ihrem Sozialstatus; dabei ist die Nutzungsart das Wohnen;
- private Dienstleistungsunternehmen,
- öffentliche Dienstleistungsunternehmen (haushaltsorientierte Infrastruktureinrichtungen);
  (beide letztgenannten Aktivitäten können zur Vereinfachung

zusammengefaßt und unter Umständen kann die nächstgenannte Aktivität hinzugefügt werden),
- Einzelhandelsbetriebe und ähnliche von der Nachfrage der Haushalte direkt abhängige Betriebe wie Banken,
- Verwaltungsabteilungen der Privatwirtschaft,
- Verwaltungseinrichtungen der öffentlichen Hand;
(Beide letztgenannten können wieder aus Vereinfachungsgründen zusammengefaßt werden),
- Handwerksbetriebe,
- Industriebetriebe,
- Grün- und Erholungsanlagen.

Letztere können ebenfalls als "standortsuchende Aktivitäten" betrachtet werden.

Aus dem räumlichen Nebeneinander der verschiedenen Wirtschaftsaktivitäten mit einer Anzahl (im folgenden zu besprechender) unterschiedlicher Merkmale ergibt sich die Stadtstruktur.

c) Dichte und Größe der Strukturelemente und ihre Flächenausdehnung

Die Arten oder Typen der ansässigen Wirtschaftsaktivitäten als die "Nutzungsarten" des Grundstücks sind die Basiselemente der Stadtstruktur. Man kann nun an jeder Wirtschaftsaktivität weitere Merkmale festhalten, die für die Stadtstruktur konstituierend sind.

Daraus ergibt sich eine Überlagerung von Strukturelementen mit verschiedenen Merkmalen: Über das Strukturelement "Wirtschaftsaktivität eines bestimmten Typs" ("Nutzungsart") wird als weiteres Strukturelement "Wirtschaftsaktivität einer bestimmten Größe und Fläche" gelegt. Die Größe eines Strukturelementes ist vor allem durch die Zahl der Beschäftigten oder der Einwohner zu messen. Diese Kriterien sind für die räumliche Betrachtung wichtiger als andere mögliche Kriterien wie Umsatz, Ausgaben oder Einkommen. Die Flächenbeanspruchung durch den Standort ist in Quadratmetern anzugeben. Größe und Fläche des Strukturelements, das aus gleichartigen Wirtschaftsaktivitäten in der oben getroffenen Unterscheidung nach Typen besteht, müssen für die Strukturuntersuchung festgelegt werden. Sie sind als Einheiten nicht vorgegeben, da - wie beschrieben - gleichartige Wirtschaftseinheiten mehr oder weniger stark aggregiert werden. Das Strukturelement muß groß genug sein, um den Grad der Differenzierung der Stadtstruktur überschaubar zu halten und die Berechnungen zu erleichtern. Da das Strukturelement jedoch nur Wirtschaftsaktivitäten der gleichen Art enthält, also möglichst homogen sein soll, darf es flächenmäßig auch keine zu große Ausdehnung haben. In der empirischen Analyse wird man einen Kompromiß schließen müssen, eine allgemein gültige quantitative Angabe kann deshalb hier nicht gemacht werden.

Die Vorgabe der Flächenausdehnung des Strukturelements, zum Beispiel durch Angabe von Quadratmetern, determiniert bei *gegebener* Stadtstruktur im allgemeinen auch seine Größe. Sie kann deshalb durch eine Dichteziffer ersetzt werden, in der gleichzeitig Größe und Fläche erfaßt sind. Die Festlegung der Flächenausdehnung eines Strukturelements, das heißt der räumlichen Grundeinheit der Nutzungsarten, muß sich durch Angaben ergänzen lassen, wieviele solcher Grundeinheiten im Einzelfall direkt benachbart sind. Erst eine gemeinsame Betrachtung beider Angaben ermöglicht es, für die verschiedenen Wirtschaftsaktivitäten eine einheitliche Flächenausdehnung (z.B. ein ha) als Grundeinheit zu postulieren[37] und bei Wirtschaftsaktivitäten mit größerer Flächenausdehnung von Zusammenballungen solcher Grundeinheiten zu sprechen.

Die hier vorgenommene Bildung von Strukturelementen, ausgehend von den Standorten wirtschaftlicher Entscheidungseinheiten oder ihren entsprechenden Aggregaten mit einer bestimmten – jeweils einheitlichen – Flächenausdehnung, enthält keine Wertung über die Optimalität ihrer Größe oder Ausdehnung.[38] Es handelt sich um eine Einteilung, die sich flexibel – durch unterschiedliche *Aggregationsniveaus* – an die Erfordernisse der Analyse anpassen läßt. Eine Zoneneinteilung des Stadtgebietes nach rein statistischen Kriterien, die nicht auf der Unterscheidung von Standorten verschiedener Wirtschaftsaktivitäten beruht, ist allerdings nicht mit dem Untersuchungsziel vereinbar.

d) Räumliche Zuordnung der Strukturelemente

Für die Standorte der Wirtschaftsaktivitäten, die die Basiselemente der Stadtstruktur bilden sollen, ist die Angabe ihrer Lage zueinander und innerhalb des Stadtgebietes notwendig. Wie bereits betont, muß man zunächst wissen, ob gleichartige Wirtschaftsaktivitäten benachbart sind oder nicht. Für die *qualitative* Analyse schlagen wir zunächst nur zwei Kategorien vor: Ballung gleichartiger Einheiten und Einzel- beziehungsweise Mischlage.

Als besonders wichtig hat sich in vielen bisherigen Untersuchungen die Entfernung zum Stadtzentrum, also die räumliche Zuordnung der Strukturelemente zur Stadtmitte, erwiesen. Dabei ist die Stadtmitte selbst ebenfalls durch die Nachbarschaft spezifischer Wirtschaftsaktivitäten gekennzeichnet. Beschränkt man sich auf die *qualitative* Analyse, lassen sich die verschiedenen Wirtschaftsaktivitäten, je nach ihrer Entfernung zum Stadtzentrum, ebenfalls in Kategorien einordnen. Die Zahl der zu bildenden Kategorien hängt wiederum vom Zweck der Untersuchung ab –

im Extremfall wird man die Entfernung jedes einzelnen Standortes zum Stadtzentrum angeben. Hier werden folgende qualitative "Lage"-Kategorien vorgeschlagen: a) zentral, b) sektoral, c) peripher, d) polyzentrisch oder dezentral konzentriert, e) flächenhaft konzentriert und f) flächenhaft gestreut. Zur Verdeutlichung seien die Kategorien in der Abbildung 16 dargestellt.

I. Zuordnung zueinander

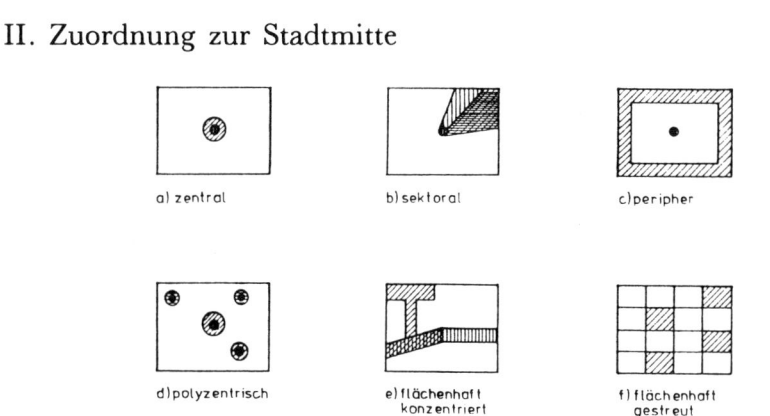

Ballung   Einzel-u. Mischlage

II. Zuordnung zur Stadtmitte

a) zentral   b) sektoral   c) peripher

d) polyzentrisch   e) flächenhaft konzentriert   f) flächenhaft gestreut

Abbildung 16: Kategorien der räumlichen Zuordnungen

e) Baulich-physische Struktur der Stadt (Stadtgestalt)

Jedes Strukturelement, mit einer bestimmten Nutzungsart, mit bestimmter Flächenausdehnung, Größe und Lage zu anderen Elementen und zur Stadtmitte ist im Stadtraum in Form von Gebäuden und damit dreidimensional sichtbar.[39] Es werden zum einen ästhetische Kriterien[40] wichtig, zum anderen spielen ökonomische Faktoren hinein, da die baulich-physische Struktur eines Elementes sich als (Sach-)Kapitalbestand darstellt und vorhandene (Sach-)Kapitalbestände nicht kurzfristig verändert, schon gar nicht kurzfristig räumlich verlagert werden können. Mit der baulich-physischen Struktur erhält die Stadtplanung bestimmte historische Vorgaben; die bauliche Struktur legt jedoch nur zum Teil gleichzeitig die Nutzungsart fest.

f) Das Verkehrsnetz als Element der Stadtstruktur

Die baulich-physische Struktur steht in enger Wechselwirkung mit dem Verkehrsnetz (wobei die übrige Leitungsinfrastruktur als eingeschlossen betrachtet wird). Das Verkehrsnetz der Stadt schlägt sich nicht in einem flächenmäßig begrenzten Strukturelement in bestimmter Lage nieder, sondern ist ein Bestandteil der Gesamtstruktur der Stadt.[41] Das Verkehrsnetz der Stadt hängt außer mit der baulich-physischen Struktur auch eng mit den Nutzungsarten der einzelnen Strukturelemente zusammen, ist jedoch nicht eindeutig davon festgelegt. Bei gleicher oder ähnlicher räumlicher Verteilung aller Standorte gleichartiger Nutzungen in verschiedenen Städten sind unterschiedliche Formen des Verkehrsnetzes möglich, die zum Teil auf topographische und historische Besonderheiten der Stadt, zum Teil aber auch nur auf unterschiedliche intuitive Ansätze der Verkehrsplaner zurückzuführen sind, da rein technische Vorgaben, vor allem die Schaffung bestimmter Kapazitäten im Netz, die Netz*struktur* noch nicht eindeutig determinieren.

Auch für das Hauptverkehrsnetz bietet sich als erste und einfachste Erfassungsmöglichkeit die Bildung von *qualitativen* Kategorien an, jedoch sollte insbesondere bei der (Verkehrs-) Netzstruktur die qualitative Analyse durch quantitative Messungen zumindest ergänzt werden. Die Kategorien werden in folgender Abbildung 17 graphisch dargestellt. Überlagerungen der verschiedenen Kategorien sind möglich und üblich.

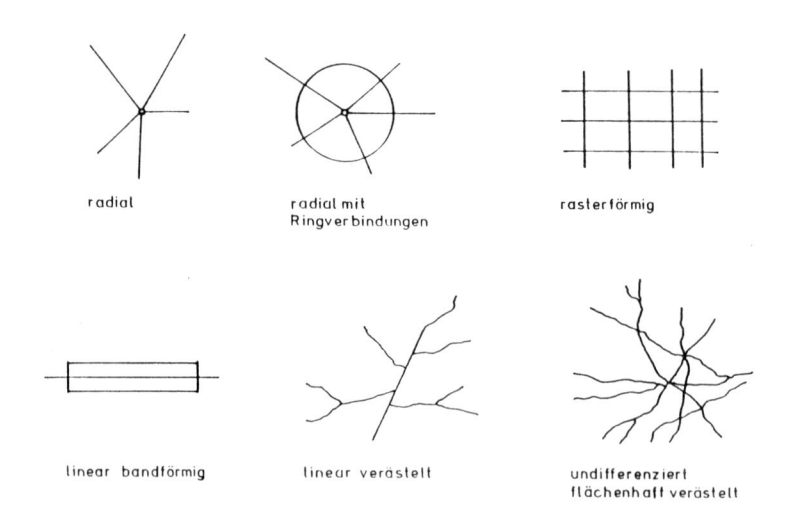

radial   radial mit Ringverbindungen   rasterförmig

linear bandförmig   linear verästelt   undifferenziert flächenhaft verästelt

Abbildung 17: Kategorien des Verkehrsnetzes

g) Die äußere Stadtform

Die äußere Stadtform wird bestimmt als die sichtbare Abgrenzung der bebauten Fläche der Stadt gegenüber der freien Landschaft.[42)] Sie ist in vielen Fällen (mehr oder weniger) durch das Verkehrsnetz beeinflußt. Ein radiales Verkehrsnetz führt durch die Bebauung entlang der Ausfallstraßen im allgemeinen zu einer sternförmigen Stadtform. Die anderen Typen des Hauptstraßennetzes sind die Grundlage kreisförmiger, rechteckiger oder eher linearer Stadtformen; in der Realität findet man fließende Übergänge zwischen diesen Formen. Nicht direkt einem bestimmten Typ eines Hauptverkehrsnetzes zuordnen läßt sich vor allem die flächenhaft ausgedehnte Stadt: Diese ist insofern im Grunde eine Pseudo-Stadt, als ihr die "äußere Form" fehlt. Eine solche, durch den Suburbanisationsprozeß vor allem in Verbindung mit dem Eigenheimbau in die Landschaft "zerflossene Stadt" kann grundsätzlich bei jedem Hauptverkehrsnetz entstehen.

Trotz der in der Realität zu beobachtenden Zusammenhänge – zumindest bei einzelnen Stadtformen – sind die Struktur des Verkehrsnetzes und die oben als "äußere Stadtform" definierte Stadtbebauungsgrenze als verschiedene Elemente der Stadtstruktur zu sehen und zu analysieren. Denn modellmäßig sind auch andere Zuordnungen als die gegenwärtig vorhandenen möglich, vor allem wenn man an Stadtplanung denkt, die auf eine Stadtentwicklung hin angelegt ist. Auch implizieren bestimmte Stadtformen nicht notwendigerweise jeweils eine bestimmte *räumliche Verteilung der Zentren* (zentralen Funktionen) in der Stadt. Aber selbstverständlich besteht insbesondere zwischen der Zentren- und Verkehrsnetzstruktur einer Stadt eine enge Beziehung. In der vorliegenden Untersuchung werden allerdings nicht Zentren, sondern Standorte einzelner Dienstleistungsaktivitäten unterschieden. Diese Standorte brauchen nicht zwangsläufig zu Zentren geballt zu sein und sind dann auch nicht ein das Verkehrsnetz bestimmendes Element. *Alle* genannten Faktoren sind wichtige Bestimmungsfaktoren der äußeren Stadtform, neben anderen Faktoren, die es hier nicht zu untersuchen gilt, die es aber möglich machen, die äußere Stadtform als nicht durch Verkehrs- und Zentrenstruktur allein und eindeutig bestimmt anzusehen, wie es zum Teil in der Literatur geschieht.[43]

h) Zusammenfassung: Die Stadtstruktur als Überlagerung von Form, Nutzungsstruktur, Dichtestruktur, Lagestruktur, Netzstruktur und baulich-physischer Struktur der Stadt

Die Stadtstruktur besteht aus verschiedenen, Standorte besetzenden Wirtschaftsaktivitäten mit flächenhafter Ausdehnung. Sie

wird gebildet aus Strukturelementen bestimmter Nutzungsart, Dichte, Lage und baulicher Gestalt, und den diese standortbezogenen Elemente überlagernden gesamtstädtischen Komponenten eines bestimmten (Verkehrs-)Netzes und einer bestimmten Stadtform.[44)] Die Elemente der Stadtstruktur mit ihren verschiedenen Merkmalen ergeben sechs (Merkmal)Ebenen der Stadtstruktur, die stadtstrukturellen "Teilstrukturen", deren Überlagerung oder "Ordnung" die gesamte Stadtstruktur ergibt. Jede der Ebenen oder Aspekte der Stadtstruktur läßt sich gesondert für die Gesamtstadt untersuchen, die Analyse jeder der Teilstrukturen fällt in großen und ganzen auch in ein anderes Wissenschaftsgebiet:
- Nutzungs-, Lage- und Dichtestruktur interessieren vor allem den Stadtökonomen,
- die Netzstruktur den Ingenieur und den Verkehrswissenschaftler,
- die baulich-physische Struktur und die Form den Architekten und Städtebauer.

Bereits diese Aufzählung der primären Zuständigkeiten für die einzelnen Aspekte der Stadtstruktur läßt die Notwendigkeit interdisziplinärer Zusammenarbeit erkennen, zu der das vorliegende Buch beitragen soll, wie dies zu Anfang des Kapitels betont wurde.

Die sich überlagernden Aspekte der Stadtstruktur, die "Teilstrukturen", sind in folgender Abbildung 18 schematisch dargestellt.

Form

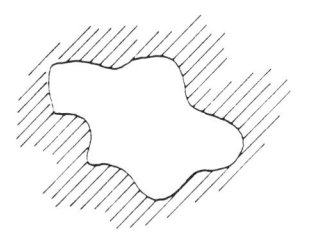

Netzstruktur

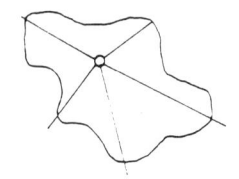

Nutzungs-, Dichte-, Lagestruktur (wobei die unterschiedliche Schraffur Unterschiede der Nutzungsart und/oder Dichte angibt und Nachbarschaften erkennen läßt.)

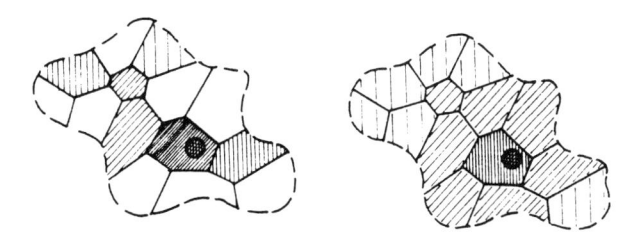

baulich-physische Struktur

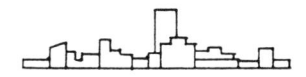

Abbildung 18: Aspekte der Stadtstruktur

3. Beschreibung und Messung der Stadtstruktur: Konzepte und Methoden

a) Erfassung durch Reduktion auf einen städtebaulichen oder ökonomischen Stadtmodelltyp

Die Eigenart der Vorgehensweise der Städtebauer bedingt oft von vornherein die Zuordnung bestimmter Stadtplanungen oder Stadtbauentwürfe zu bestimmten städtebaulichen Modelltypen. Der Grund hierfür wurde bereits bei der Erörterung der unterschiedlichen Denkweise von Architekten und Ökonomen im ersten Abschnitt angesprochen: Die vornehmlich visuell, auf zeichnerische Darstellung ausgerichtete und mehr oder weniger an geometrischen Formen orientierte Art des Architekten, Stadtstrukturen darzustellen, führt üblicherweise auch bei konkreten Planungen dazu, daß einfache (geometrische) Grundmuster der Struktur erkennbar bleiben und in ein vorgegebenes Schema eingeordnet werden können.

Die Stadtstrukturkonzepte der Stadtökonomie erlauben bei ihrer geringen Zahl und ihrer großen Allgemeinheit nur eine ganz grobe Klassifizierung von Stadtstrukturen in Ring-, Sektor- und polyzentrische Städte. Auch hier lassen sich jeweils empirische Beispiele finden.[45)] Die Ableitung differenzierterer Strukturen für die Gesamtstadt steckt aus unten zu behandelnden Gründen noch in den Anfängen.[46)] Wichtiger als die Zuordnungsmöglichkeit gesamter realer Städte zu stadtökonomischen Modellen wäre für den Stadtökonomen die Verwendung stadtökonomischer Modelle zur Beschreibung der räumlichen Struktur einzelner Aktivitäten in der Gesamtstadt. So hat sich in empirischen Untersuchungen von Soziologen eine ringförmige Struktur bei der räumlichen Anordnung des Familienstatus, eine sektorale Struktur beim Sozialstatus und eine polyzentrische Struktur beim ethnischen Status gezeigt.[47)] Als "Modell der Stadtstruktur" wäre also für jede der verschiedenen Haushaltsgruppen (Nutzungsart "Wohnen von Haushalten") jeweils ein anderer Typ passend. Es ist zu vermuten, daß auch Betriebe verschiedener Wirtschaftszweige Zuordnungen zu unterschiedlichen Strukturtypen verlangen würden; Industriebetriebe sind zum Beispiel meist in Sektoren angeordnet.

b) Ableitung des Strukturtyps durch Kombination verschiedener Strukturelemente

Die Stadtstruktur setzt sich zusammen aus Strukturelementen mit jeweils bestimmten Merkmalen, von denen die für die Strukturanalyse wichtigen oben behandelt wurden. Durch systematisches Kombinieren verschiedener Strukturelemente und Merkmale läßt sich eine große Zahl theoretisch möglicher Stadtstrukturen generieren. Ausgangspunkt der Darstellung ist zweckmäßigerweise eine Matrix, wobei jedes Matrixfeld ein ganz bestimmtes Strukturelement einer bestimmten Nutzungsart darstellt. Addiert man die für jede Nutzungsart gesondert ermittelten Strukturelemente, ergibt sich jeweils eine der theoretischen Stadtstrukturen. Jede Stadtstruktur kann außerdem noch verschiedene äußere Stadtformen haben, und ihr Verkehrsnetz ist ebenfalls einer der unterschiedlichen Kategorien zuzuordnen. Geht man von konkreten Stadtstrukturen aus, so kann man sie durch Zerlegung in Strukturelemente mit bestimmten Merkmalskombinationen verschiedenen Matrixfeldern und damit einer der theoretisch möglichen Stadtstrukturen zuordnen. Bei einer größeren empirischen Untersuchung konkreter Städte wird man so auch feststellen können, ob aus der Vielzahl der theoretisch möglichen Typen in der Realität nur ein beschränkter Ausschnitt verwirklicht ist und ob bestimmte Stadtstrukturen dominieren.

MATRIX DER MERKMALE DER STRUKTURELEMENTE

Strukturtyp I = x
Strukturtyp II = o

Netzstruktur:		Form:	
Radial:	x	Kreis:	x
Radial mit Ringverb.		Stern	
Rasterförmig:	o	Rechteck:	o
linear bandförmig		Band	
linear verästelt		Fläche	
undiff. flächenhaft verästelt			

Nutzungsart	Nachbarschaft gleicher Nutzungsarten		Dichte je Einheit der Nutzungsart		
	Ballung	Einzellage	hoch	mittel	gering
Wohnen hohes Eink.	x o				x o
Wohnen mittleres u. niederes Einkommen	x o		x	x	o
private und öffentliche Dienste	x	o	x	o	
Einzelhandel	x	x o	x	o	
private und öffentliche Verwaltung	x	o	x	o	
Handwerk		x o	x	o	
Industrie	x o			o	x
Grün- und Erholungsflächen		x o		x o	

FORTSETZUNG DER MATRIX

Nutzungsart	Räumliche Zuordnung zur Stadtmitte					
					flächenhaft	
	zentral	sektoral	peripher	polyzen.	konzen.	gestr.
Wohnen hohes Eink.		x	o			
Wohnen mittleres u. niederes Einkommen				x o		
private und öffentliche Dienste	x				o	
Einzelhandel	x				x o	
private und öffentliche Verwaltung	x			o		
Handwerk		o				x
Industrie		o	x			
Grün- und Erholungsflächen						x o

Schaubild 6

Statt als Zuordnung von Strukturelementen mit bestimmten Merkmalskombinationen ließe sich die Stadtstruktur auch durch die zwischen den verschiedenen Strukturelementen der Stadt stattfindenden Interaktionen darstellen, also zum Beispiel durch die Pendelbeziehungen zwischen dem Strukturelement "Wohnen mit hoher Dichte, dezentral bei radialem Verkehrsnetz" und dem Strukturelement "Produktion mit geringer Dichte in starker Ballung, dezentral bei radialem Verkehrsnetz". Die Beschreibung der Stadtstrukturen anhand der ihnen *eigentümlichen Interaktionsmuster* ist jedoch keineswegs so trennscharf wie die aus der Analyse der Strukturelemente zu erhaltende Einordnung der Stadtstrukturen. Man müßte sich deshalb bei der Beschreibung durch Interaktionsmuster auf wenige charakteristische Stadtstrukturtypen beschränken.

c) Beschreibung der Stadtstruktur durch die zugrundeliegenden Bestimmungsfaktoren

Die Stadtstruktur entsteht bei gegebener Infrastruktur einschließlich der durch die Bauleitplanung gegebenen Nutzungsmöglichkeiten der Grundstücke aus den Entscheidungen der einzelnen standortsuchenden Wirtschaftsaktivitäten. Einer *bestimmten* Stadtstruktur liegen immer *bestimmte* Verhaltensweisen für bestimmte Aktivitäten zugrunde. Unterschiedliche Stadtstrukturen resultieren also aus Unterschieden in den Verhaltensweisen bei der Standortsuche, bei der Produktion und im Konsum, aus unterschiedlichen Entscheidungskriterien und unterschiedlichen Zielsetzungen und aus verschiedenen äußeren Umständen, insbesondere topographischen Besonderheiten oder historischen Festlegungen durch vorhandene bauliche Strukturen. Wichtigster, das Standortverhalten einschränkender Faktor für die Stadtstruktur ist dabei das Netz der technischen Infrastruktur, dessen Veränderbarkeit auch längerfristig begrenzt ist.

Bestimmungsfaktoren der Stadtstruktur sind deshalb – auf der Grundlage der vorhandenen baulichen Struktur, vor allem der Infrastruktur, und der (bau)rechtlichen Möglichkeiten – die Bestimmungsfaktoren der Standortentscheidungen der verschiedenen Wirtschaftsaktivitäten: Unterschiedliche Stadtstrukturen können durch die Betrachtung der ihnen zugrundeliegenden unterschiedlichen Bestimmungsfaktoren typisiert und analysiert werden, und ein Vergleich der Stadtstrukturen kann bei dem Vergleich dieser Bestimmungsfaktoren ansetzen.

Die Analyse wird im allgemeinen nicht direkt bei den Einflußfaktoren der einzelwirtschaftlichen Entscheidungen beginnen und aus ihnen eine bestimmte Stadtstruktur abzuleiten versuchen, sondern sie wird nach allgemeinen aggregierten Determinanten für verschiedene Stadtstrukturen suchen. Für eine solche Art der Untersuchung bietet sich die multiple Regressionsanalyse an, in der der Zusammenhang zwischen der abhängigen Variablen, der Stadtstruktur, und "erklärenden" unabhängigen Variablen aus empirischen Daten geschätzt wird.[48] Die Parameter der geschätzten Regressionsfunktion enthalten die Information über die zugrundeliegende Stadtstruktur: Das System dieser (konstanten) Parameter wird als ökonometrische Struktur des Modells, mit dem die reale Stadtstruktur abgebildet wurde, bezeichnet.

Bei faktoranalytischen Untersuchungen[49] liegt der Analyseschwerpunkt auf der Ermittlung weniger unabhängiger Merkmalsbündel der Stadtstruktur, nicht auf der Ermittlung eines direkten "erklärenden" Funktionalzusammenhangs mit der räumlichen Struktur. Mit Hilfe solcher unabhängiger Merkmalsbündel, den Faktoren der Faktorenanalyse, zum Beispiel Merkmalen der Wohnbevölkerung, können zum Beispiel (sozial) homogene Teilräume innerhalb der Stadt abgegrenzt und klassifiziert werden: Es wird eine – im genannten Beispiel – *sozialökologische* Struktur nach der Sozialgruppenverteilung gebildet. Über die Standortzuordnung dieser Gruppen entsteht auch eine räumliche Struktur. Dabei ergeben sich, wie bereits erwähnt[50], in empirischen Studien bestimmte räumliche Verbreitungsmuster, die auf bestimmte Merkmale der Wohnbevölkerung zurückgeführt werden können. Merkmale des Haushalts- beziehungsweise Familientyps sind konzentrisch verteilt. Merkmale des sozioökonomischen Status' variieren nach Sektoren, ethnische und sozial bestimmte Segregationen bilden Kerne einer polyzentrischen Struktur.

d) Beschreibung der Stadtstruktur durch Strukturmaße

Bisher wurde behandelt, wie eine bestimmte Stadtstruktur durch Zerlegung in Strukturelemente oder durch Rückführung auf ihre Bestimmungsfaktoren beschrieben und durch Zuordnung zu Modelltypen kategorisiert werden kann. Im folgenden sollen Maße behandelt werden, mit denen sich jeweils eine stadtstrukturelle Teilstruktur quantitativ, im allgemeinen in *einem* Zahlwert, erfassen, also messen läßt. Ziel dieser Zusammenstellung von Maßzahlen ist es, eine Reihe von geeigneten Maßzahlen vorzustellen, mit denen sich eine Stadtstruktur eineindeutig (als eine Kombination bestimmter Werte) abbilden läßt: Zu jeder Stadtstruktur sollte eine Maßzahlenkombination aus bestimmten Kennziffern gehören und aus dieser Kennzifferkombination sollte sich wieder die Ausgangsstruktur ergeben.[51] Will man Strukturtypen als Aggregation "ähnlicher" Strukturen bilden, kann man Schwellenwerte für die einzelnen Kennziffern festlegen, die zu kombinieren sind.[52]

Es wird zwischen physischen und monetären Maßzahlen unterschieden. Bei den physischen Maßzahlen handelt es sich um Kennziffern, die Mengen (Größen, Flächen), Entfernungen und Zeitdauer in verschiedener Weise in Beziehung setzen. Aus Bewertungen mit Preisen und Einkommensgrößen ergeben sich die monetären Maßzahlen der Stadtstruktur.[53]

Im folgenden wird ein Katalog von Maßzahlen vorgestellt und ihre Berechnungsvorschrift angegeben. Dabei ist zu beachten, daß ein Teil auch der physischen Maßzahlen substitutiv zu verwenden ist: Die geeignete Maßzahlenkombination zur Erfassung einer bestimmten Stadtstruktur läßt sich erst bei der empirischen Analyse selbst herausfiltern. A priori lassen sich nicht bestimmte Maßzahlen ausschließen: Es ist möglich, daß einfach konstruierte Meßziffern die unterschiedlichen Stadtstrukturen gut trennen können; es mag aber auch sein, daß nur relativ kompliziert zu berechnende Maßzahlen dies genügend genau tun. Deshalb erfolgt im folgenden auch keine weitere Diskussion der Maßzahlen. Der Katalog erhebt auch keineswegs Anspruch auf Vollständigkeit, er ist ein erster Vorschlag, dessen Auswahl auf allgemeinen Überlegungen zur Strukturmessung beruht, und der den Verfassern als *geeigneter Ausgangspunkt* erscheint. Die zukünftige Stadtforschung wird über Ergänzungen und Veränderungen zu entscheiden haben, und die Verfasser wollen zu diesen Anstrengungen zur (*objektiven*) Messung von Stadtstrukturen ermuntern.

I) Physische Maßzahlen

1) *Maß der Form der Stadt* [54]

$$B = A\,[(0{,}5\,L)^2 \pi]^{-1}$$

wobei: A = Fläche der Stadt
L = Länge der längsten Achse

2) *Maße der Netzstruktur* [55]

a) *Netzdichte*: $D_N = C/A$

wobei: C = Gesamtlänge des Netzes
A = bediente Fläche

b) *Graphentheoretisches Maß:*

Formindex der Netzstruktur:

$$F_N = C/d$$

Dabei ist C die Gesamtlänge des Netzes und d die Länge des Netz-Diameter δ, der die Zahl der Routen auf dem kürzesten Weg zwischen den am weitesten entfernten Knoten mißt. Als

Knoten werden hier die Schnittpunkte der Hauptlinien des Netzes und ihre jeweiligen Endpunkte angenommen.

c) *Verkehrswissenschaftliches Maß*:

Qualität des Verkehrsnetzes (Verkehrsqualität)[56]

$$V = \{\sum_i \sum_j F_{ij} d_{ij}\} : \{\sum_i \sum_j F_{ij} w_{ij}\}$$

$$= \frac{\text{theoretisch minimale Verkehrsarbeit}}{\text{praktisch aufzuwendende Verkehrsarbeit}}$$

wobei: F_{ij} die Fahrten einer bestimmten Beziehungsmatrix,
d_{ij} Luftlinienentfernung zwischen den Flächenzonen (Strukturelementen) i und j,
w_{ij} Widerstandsmaß für den mittleren Widerstand zwischen den Zonen i und j, zu messen z.B. durch die Transportkosten in Geldeinheiten oder den notwendigen Zeitaufwand zur Überwindung der Entfernung zwischen i und j.
Da unterschiedliche Attraktivitäten der Zonen j beziehungsweise i die Fühlbarkeit des Entfernungswiderstands beeinflussen können, werden entsprechend Zonenmerkmale gelegentlich berücksichtigt.[57]

Der mittlere Widerstand zwischen den Zonen (Verkehrszellen) hängt von der Verteilung der Strukturelemente und von der Netzstruktur ab. Deshalb mißt V nicht nur wie das graphentheoretische Maß F_N die "Güte" der Netzstruktur unabhängig von ihrer Belastung durch tatsächliche Verkehrsbeziehungen, sondern es stellt die Beziehung zwischen Netzstruktur und räumlicher Zuordnung und Dichte der verschiedenen Nutzungsarten innerhalb der Stadt her.

3) *Maße der Dichte und räumlichen Zuordnung der Nutzungen (Nutzungs-, Lage-, und Dichtestruktur)*[58]

a) *Durchschnittliche Dichte der Bevölkerung*

$$D_B = B/A$$

wobei: B Bevölkerungszahl
A Stadtfläche

b) *Durchschnittliche Dichte des Kapitalbestandes (Kapitalintensität des Bodens)*

$$D_K = K/A$$

wobei: K Kapitalbestand (z.B. in m³ umbauten Raumes gemessen)[59)]
A Stadtfläche

Statt als Durchschnitt über die gesamte Stadtfläche können die Dichteziffern auch über verschiedene Flächenzonen gebildet und daraus Durchschnitte entsprechend der jeweiligen Fragestellung errechnet werden.

c) *Dichtegradienten*

$$D_i(d) = D_i e^{-\gamma d}, \quad i = 1\ldots n$$

wobei: $D_i(d)$: Dichte der Nutzungsart i (Zahl der Bevölkerung, Beschäftigte bestimmter wirtschaftlicher Aktivitäten pro ha) in d km Entfernung vom Zentrum

D_i: zu schätzender Parameter (Dichte der Nutzungsart i im Zentrum)

γ: zu schätzender Parameter

Analog: $$D_k(d) = D_k e^{-\gamma d}$$

wobei: $D_k(d)$: Dichte des Kapitalbestandes in der Entfernung d km vom Zentrum

Dichtegradienten sind das Maß[60)], mit dem die stadtökonomische Theorie sehr häufig die Stadtstruktur global erfaßt. Die Ableitung von Dichtegradienten in den stadtökonomischen Modellen aus einzelwirtschaftlichem Standortverhalten wird im 6. Kapitel gezeigt.

d) *Koeffizient der räumlichen Spezialisierung*

Spezialisierungskoeffizient der Flächenzone j:

$$S_j = 0.5 \sum_i \left\{ \left| E_{ij} / (\sum_i E_{ij}) - (\sum_j E_{ij}) / (\sum_i \sum_j E_{ij}) \right| \right\}$$

wobei: E_i: Größe (Zahl der Einwohner oder Beschäftigten, qm-Fläche) der Nutzungsart i.

Der Koeffizient der räumlichen Spezialisierung der gesamten

Stadtstruktur ergibt sich als Durchschnitt der Summe der Koeffizienten aller n Flächenzonen:

$$\overline{S} = \sum_j S_j/n$$

wobei: n: Zahl der Flächenzonen.

Diese Kennziffer wurde bereits bei der Beschreibung der räumlichen Arbeitsteilung verwendet und ist im 3. Kapitel näher erläutert.

e) *Gitteranalyse*

"Der Grundgedanke der Gitteranalyse kann wie folgt skizziert werden: Das Untersuchungsgebiet, d.h. eine exakt abgegrenzte Fläche, über welche die zu untersuchenden Punkte in irgendeiner Form verteilt sind, wird durch die Konstruktion eines Gitters in eine Anzahl von Teilgebiete zerlegt. Für jedes Teilgebiet wird ausgezählt, wieviele der zu untersuchenden Punkte in dieses Teilgebiet fallen."[61]

Beispiel: Verteilung von Punkten im Raum

X	XX	
XXX		XX
		X

Diese Punkte können verschiedene Nutzungsarten, Einwohner- oder Beschäftigtenzahlen, usw., sein. Die Gitterfelder werden im allgemeinen durch die Zonen der Stadt gebildet. Daraus wird die Häufigkeitsverteilung der Besetzungszahlen der einzelnen Gitterfelder gebildet.

Besetzungszahl = Merkmal des Gitterfeldes	Anzahl Gitterfelder = Häufigkeit	Besetzungszahl x Anzahl Gitterfelder = Zahl der Punkte P
0	4	0
1	2	2
2	2	4
3	1	3

Für diese aus der Gitteranalyse abgeleitete Häufigkeitsverteilung lassen sich übliche Maßzahlen[62] berechnen, zum Beispiel:

Mittelwert $M = \sum_{j=1}^{n} P_j/n \qquad n = $ Zahl der Gitterfelder

Streuung $\sigma = [\ 1/n \sum_{j=1}^{n}(P_j - M)^2]^{0.5}$

f) *Relative Entropie*

$$H_i^r = (\ln m - H_i)/(\ln m) \qquad 0 \leq H^r \leq 1$$

Dabei ist H_i die Entropie des Merkmals i und m die Zahl der Flächenzonen, allgemein die Zahl der Merkmalsträger.

$$H_i = - \sum_{j=1}^{m} P_{ij} \ln P_{ij},$$

wobei: P_{ij}: relativer Anteil der Flächenzone j an der Summe der auf m Flächenzonen verteilten Nutzungsart i (Zahl der Bevölkerung, Zahl der Beschäftigten verschiedener Nutzungsarten). Voraussetzung der Verwendung des Entropiemaßes ist (genaugenommen) die Annahme fehlender räumlicher Autokorrelation, also die Annahme, daß die Nutzung benachbarter Flächenzonen sich nicht wechselseitig bedingt.[63]

Dieses Maß wurde bereits im dritten Kapitel beschrieben.

g) *Konzentrationskoeffizient*:

$$K_i = 0.5 \sum_j \{|B_{ij}/(\sum_j B_{ij}) - (\sum_i B_{ij})/(\sum_i \sum_j B_{ij})|\}$$

wobei B_{ij} im allgemeinen durch die Beschäftigtenzahl eines Sektors i oder die Zahl der Einwohner einer Einwohnergruppe i in der Zone j gegeben wird. Auch dieses Maß wurde bereits bei der Beschreibung der räumlichen Arbeitsteilung im 3. Kapitel erläutert.

h) *Lagegunst der Nutzungsarten zueinander*

Lagegunst (Potential) der Nutzungsart i in der Flächenzone j:

$$G_{ij} = k\ E_{ij} \sum_l f(w_{lj})$$

wobei: E_i: Zahl der Bevölkerung oder Beschäftigten der Art i.

$f(w_{lj})$: räumliche Widerstandsfunktion zwischen Flächenzone j und l.

Bei $f(w_{lj}) = E_{il}^{a}/w_{lj}^{\beta}$ ergibt sich als häufig verwendeter Spezialfall:

$$G_{ij} = k\, E_{ij} \sum_{l=1}^{n} (E_{il}^{a} / w_{lj}^{\beta})$$

Die Summierung der Lagegunst (des Potentials) aller n Flächenzonen j für eine Nutzungsart i ergibt die Gesamtlagegunst (das Potential) der räumlichen Zuordnung und Dichte dieser Nutzungsart i in der Stadt.

$$G_i = \sum_j G_{ij}$$

Die Maßzahl für die Lagegunst läßt sich unter bestimmten Annahmen (wenn unter anderem der Zusammenhang zwischen Größe der Nutzungsart pro Flächenzone und der Verkehrserzeugung der Flächenzone bekannt ist) in die zur Messung der Qualität des Verkehrsnetzes verwendete Maßzahl der praktisch aufzuwendenden Verkehrsarbeit überführen.

i) *Maße der Nachbarschaft verschiedener Nutzungsarten*

Bei diesen Maßen handelt es sich jeweils um durchschnittliche Luftlinienentfernungen d_{lj}, innerhalb der die *betrachtete* Aktivität i eine bestimmte Anzahl *anderer* Aktivitäten erreicht. Als Entfernung ist hier die Luftlinienentfernung gewählt, da es sich um Maße der *Mischung* der Aktivitäten in der Fläche, um Maße der räumlichen Nachbarschaft, der Umgebung, handeln soll, so daß die tatsächlich zu überwindenden (Strecken-) Widerstände (w_{lj}) keine Rolle spielen.[64]

Die folgenden Maße sind Beispiele, die im nächsten Kapitel empirisch verwendet werden. Je nach Zweck der Analyse sind selbstverständlich Anpassungen vorzunehmen. Wir definieren folgende Maße der Nähe:

Durchschnittliche Entfernung (Meter) für folgende Aktivitäten für die Erreichung folgender "Ziele":

M 1: Alle Einwohner 2000 Einwohner[65]
M 2: Alle Einwohner 2000 Arbeitsplätze
M 3: Alle Beschäftigten 4000 Einwohner
M 4: Alle Einwohner 2000 Tertiärarbeitsplätze
M 5: Alle Beschäftigten 2000 Arbeitsplätze
M 6: Alle Beschäftigten 2000 Tertiärarbeitsplätze
M 7: Alle Tertiärbeschäftigten 2000 Tertiärarbeitsplätze

M 8: Alle Tertiärbeschäftigten 4000 Einwohner
M 9: Alle Einwohner das Zentrum
M10: Alle Beschäftigten das Zentrum
M11: Alle Tertiärbeschäftigten das Zentrum
M12: Alle Einwohner 2000 qm Freifläche
M13: Alle im Sektor 1 Beschäftigten 500 Arbeitsplätze des Sektors 1
M14: Alle im Sektor 1 Beschäftigten 500 Arbeitsplätze des Sektors 2
M15: Alle im Sektor 1 Beschäftigten 500 Arbeitsplätze des Sektors 3
M16: Alle im Sektor 2 Beschäftigten 500 Arbeitsplätze des Sektors 1
M17: Alle im Sektor 2 Beschäftigten 500 Arbeitsplätze des Sektors 2
M18: Alle im Sektor 2 Beschäftigten 500 Arbeitsplätze des Sektors 3
M19: Alle im Sektor 3 Beschäftigten 500 Arbeitsplätze des Sektors 1
M20: Alle im Sektor 3 Beschäftigten 500 Arbeitsplätze des Sektors 2
M21: Alle im Sektor 3 Beschäftigten 500 Arbeitsplätze des Sektors 3
M22: Alle im Sektor 4 Beschäftigten 500 Arbeitsplätze des Sektors 4
M23: Alle im Sektor 1 Beschäftigten 2000 Einwohner
M24: Alle im Sektor 1 Beschäftigten das Zentrum
M25: Alle im Sektor 2 Beschäftigten 2000 Einwohner
M26: Alle im Sektor 2 Beschäftigten das Zentrum
M27: Alle im Sektor 3 Beschäftigten das Zentrum
M28: Alle im Sektor 4 Beschäftigten 2000 Einwohner
M29: Alle im Sektor 4 Beschäftigten das Zentrum
M30: Alle Einwohner 1000 Arbeitsplätze im Sektor 1
M31: Alle Einwohner 1000 Arbeitsplätze im Sektor 2
M32: Alle Einwohner 1000 Arbeitsplätze im Sektor 3
M33: Alle Einwohner 1000 Arbeitsplätze im Sektor 4
M34: Alle Beschäftigten im Einzelhandel 500 Arbeitsplätze im Sektor 2
M35: Alle Beschäftigten im Einzelhandel 50 Arbeitsplätze im Einzelhandel
M36: Alle Beschäftigten im Einzelhandel 1000 Einwohner
M37: Alle Beschäftigten im Einzelhandel das Zentrum
M38: Alle in Arztpraxen Beschäftigten 10 andere in Arztpraxen Beschäftigte
M39: Alle Beschäftigten im Gastgewerbe 50 Arbeitsplätze im Gastgewerbe

M40: Alle Beschäftigten im Gastgewerbe 1000 Einwohner
M41: Alle Beschäftigten im Maschinenbau 500 Arbeitsplätze im Sektor 4 [66)]
M42: Alle Beschäftigten im Maschinenbau 100 Arbeitsplätze im Maschinenbau
M43: Alle Einwohner 50 Arbeitsplätze im Einzelhandel
M44: Alle Einwohner 100 Arbeitsplätze im Schulbereich
M45: Alle Einwohner 10 Arbeitsplätze bei Ärzten
M46: Alle Einwohner 100 Arbeitsplätze in der Chemie
M47: Alle Einwohner 200 Arbeitsplätze im Krankenhausbereich
M48: Alle Einwohner 10 Arbeitsplätze im Kunst- und Kulturbereich
M49: Alle Einwohner 50 Arbeitsplätze im Gastgewerbe
M50: Alle Einwohner 50 Arbeitsplätze im Maschinenbau

4) *Maße der baulich-physischen Struktur*

a) *Grundflächenzahl*

$$\text{GRZ} = \frac{m^2 \text{ Grundfläche}}{m^2 \text{ Grundstücksfläche}}$$

b) *Geschoßflächenzahl*

$$\text{GFZ} = \frac{m^2 \text{ Geschoßfläche}}{m^2 \text{ Grundstücksfläche}}$$

c) *Baumassenzahl*

$$\text{BMZ} = \frac{m^3 \text{ Baumasse}}{m^2 \text{ Grundstücksfläche}}$$

Es können Durchschnittsziffern für die Gesamtstadtstruktur oder Kennziffern pro Zone gebildet werden. Für die Durchschnittsbetrachtung ist die Baumassenzahl vorzuziehen. Die für die einzelnen Flächenzonen berechneten Ziffern können in ihrer räumlichen Struktur durch die Streuung um den Mittelwert erfaßt werden. Diese einfachen Maße der baulich-physischen Struktur enthalten allerdings kaum mehr Informationen über die Stadtstruktur, als bereits mit den durchschnittlichen Dichtemaßen erfaßt werden.[67)]
Die genannten Maße wären auf jeden Fall um Maße ästhetischer (visueller) Eigenschaften der baulich-physischen Struktur zu ergänzen, wie sie inzwischen in der Städtebauliteratur zu finden sind.[68)] Die Frage nach Zusammenhängen zwischen der

(baulich-physischen) Stadtgestalt und den anderen Teilstrukturen der Stadtstruktur ist für die Stadtökonomie sicher nicht nur unter dem Aspekt der Kapitalintensität der Bodennutzung und der Kosten bei unterschiedlichen Gebäudeformen wichtig. Die *Stadtbildsicht* der Nutzer kann zum Beispiel Einfluß auf das räumliche Nachfrageverhalten der Haushalte haben[69], so daß Analysen der Wechselwirkung aller Teilstrukturen unter Beteiligung der verschiedenen Wissenschaftsdisziplinen auch direkt für die stadtökonomische Forschung interessant sind.[70] Da die Stadtökonomie sich bisher fast ausschließlich mit der "zweidimensionalen Stadt" beschäftigt hat, werden wir es hier mit diesem Hinweis auf zukünftige Aufgaben bewenden lassen. Der Vollständigkeit halber wollen wir ergänzend auf Möglichkeiten der Erfassung weiterer Qualitätseigenschaften der Stadtstruktur hinweisen, wobei wir etwas vereinfachend unterstellen, daß diese Qualität in besonderer Weise von der baulich-physischen Struktur abhängt.

d) *Maße der baulich-physischen Struktur: Sonstige Qualitätseigenschaften*

Maße der Umweltbelastung[71]

Zum Beispiel:
- Immission bestimmter Schadstoffe in Mengeneinheiten pro Flächeneinheit
- Zahl der Fälle von Straßenkriminalität pro Flächeneinheit

II) Monetäre Maße der Stadtstruktur

Wenn man davon ausgeht, daß unterschiedliche Stadtstrukturen unterschiedlich "günstig" für verschiedene Nutzungsarten sein können, so muß sich das im Einkommen und in der Zahlungsbereitschaft verschiedener wirtschaftlicher Aktivitäten für Grundstücke niederschlagen. Deshalb muß die Aggregation aller in einer Stadt verdienten Einkommen, die gesamtstädtische Wertschöpfung, unter Berücksichtigung der Unterschiede in den anfallenden Transportkosten oder auch nur die Summe der Einkommen der Bodeneigentümer, das heißt die Summe der Bodenrenten aller Grundstücke bei verschiedenen Stadtstrukturen unterschiedliche Werte ergeben.

Interpretationsprobleme ergeben sich aus Unterschieden in den Stadtgrößen und sektoralen Strukturen. Wenn man allerdings unterstellt – wie sich aus der theoretischen Ableitung von Stadtgrößen aus dem einzelwirtschaftlichen Verhalten ergibt –, daß sich zu jeder Stadtgröße die Sektoren einfinden werden, die den höchsten Nutzen daraus ziehen können, so wird man zumindest hypothetisch unterschiedliche Beiträge verschiedener Stadtstrukturen zur gesamtwirtschaftlichen Wertschöpfung feststellen können. Dabei ist jedoch folgendes zu beachten: Da ein großer Teil der Transportleistungen *marktmäßig* vom Transportsektor bereitgestellt wird, ist sein Beitrag (in genau diesem Ausmaß) in der gesamtstädtischen Wertschöpfung enthalten. Um den Effekt auszuschalten, daß eine Stadtstruktur mit wachsendem Transportaufwand immer "günstiger" wird, ist der Wertschöpfungsbeitrag des Transportsektors abzuziehen.[72] Darüberhinaus wären in den Transportkosten auch die beim städtischen Transport anfallenden externen Effekte zu bewerten; sie genau zu berücksichtigen, würde allerdings komplizierte Korrekturen erfordern.

Trotz aller Einschränkungen können die monetären Maße der Stadtstruktur wertvolle Informationen für die Stadtplanung enthalten, insbesondere wenn man sie nicht für die Gesamtstadt, sondern für einzelne Stadtviertel berechnet und festgestellte Unterschiede einer differenzierten Analyse unterzieht. Dabei wird man im allgemeinen nicht auf die Berechnung physischer Maßzahlen verzichten, obwohl ökonomisch beide Typen von Maßzahlen den gleichen Sachverhalt – wenngleich auf unterschiedlichem Aggregationsniveau – messen und deshalb, strenggenommen, nur substitutiv verwendet werden dürften.

Wir fassen formelhaft zusammen, wobei folgende Maße für jeweils eine einzelne Stadt als *Pro-Kopf-Maße* zu verstehen sind, um reine Größeneffekte auszuschalten:

a_1) $M_1 = \sum_{i=1}^{n} \text{Wertschöpfung} - \sum_{i=1}^{n} \text{Transportkosten}$

entspricht annähernd

a_2) M_1 = Bruttoinlandsprodukt – Beitrag des Transportsektors
  wobei: i = 1...n verschiedene Wirtschaftssektoren der Stadt

b) $M_2 = \sum_{j=1}^{m} (\text{Markt} -)\text{Bodenrenten} -$

$\sum_{j=1}^{m} \sum_{s=1}^{k} \text{Infrastrukturkosten}$
  wobei j = 1...m Grundstücke (Zonen) und
  s = 1...k Infrastrukturarten

Bei M_2 ist darauf hinzuweisen, daß die Bodenrenten zwar ganz entscheidend von der Infrastrukturausstattung ("Erschließung") der jeweiligen Flächenzone abhängig sind, und insofern Infrastrukturkostenunterschiede widerspiegeln. Da es sich jedoch im allgemeinen um keine lineare Abhängigkeit zwischen Infrastrukturausstattung und Höhe der Bodenrente handeln wird, ist die Differenzbildung und damit die getrennte Betrachtung aus Gründen besserer Vergleichbarkeit zweckmäßig.[73]

Wie bei der Darstellung der methodologischen Grundlagen im 1. Kapitel ausführlich begründet wurde, muß jede Forschung über Aspekte der Realität von einer genauen *theoretischen* Erfassung des Problems ausgehen, kommt jedoch ohne *empirische* Messung realer Phänomene nicht aus. Jede Messung vergröbert vom theoretischen Standpunkt aus die Erfassung: Es lassen sich lediglich bestimmte Aspekte messen, und die Meßmethoden sind unvollständig. Unser Versuch, das komplexe Phänomen der Stadtstruktur zu messen, muß insofern zwangsläufig zu einem groben Ergebnis führen. Um so wichtiger ist es, nochmals zu wiederholen: Wir beanspruchen weder Vollständigkeit noch (vorerst) theoretische Konsistenz der Messung. Beim erreichten Stand von Stadtplanung und stadtökonomischer Forschung kam es uns mehr darauf an, den richtigen Weg zu weisen, als bereits am Ziel anzukommen.

Allerdings wollen wir die empirischen Tests nicht allein dem Leser überlassen: Im folgenden 5. Kapitel zeigen wir, welche Ergebnisse die empirische Analyse einer bestimmten Stadt mit dem hier dargestellten Instrumentarium erbringt.

Anmerkungen zum 4. Kapitel

1) Die Grundlage dieses Teils III bildet eine bereits 1975/76 durchgeführte Pilotstudie. Vgl. Hampe,J., Saemundsdottir,S., Steinmüller,H.; Vergleich und Bewertung von Stadtstrukturen – Konzept und theoretische Werkzeuge für die empirische Grundlagenforschung im Rahmen der Stadtentwicklungsplanung, München 1977 (= Working Paper Nr.10, Seminar für empirische Wirtschaftsforschung, Universität München).
2) Churchman, C.W., Ackoff, R.L., Arnoff, E.L.; Introduction to Operations Research, New York 1957.
3) Dieselben und zusätzlich Haggett, P. und Chorley, R.J.; Models, Paradigms and the New Geography. In: Chorley and Haggett; Models in Geography, London 1967.
4) Vgl. von den zahlreichen Veröffentlichungen insbesondere Wilson, A.G.; Urban and regional models in geography and planning, Chichester 1974.
5) Vgl. Chadwick, G.; A Systems View of Planning, Oxford, New York usw., 1978 (2nd ed.), S. 194.
6) Daß damit eine Idealisierung verbunden sein kann, wurde bereits gesagt.
7) Ausführlichere Erläuterungen bei Böventer, E. von, Hampe, J., Steinmüller, H.; Theoretische Ansätze zum Verständnis räumlicher Prozesse. In: Grundriß der Raumordnung, ARL, Hannover 1982, S. 64 – 94.
8) Albers, G.; Grundsätze und Modellvorstellungen für die strukturelle Ordnung des Verdichtungsraums. In: Zur Ordnung der Siedlungsstruktur, (= Forschungs- und Sitzungsberichte der Akademie für Raumforschung und Landesplanung, Bd. 85) Hannover 1974, S. 70. Er zitiert: Lynch, K. und Rodwin, L.; A Theory of Urban Form. In: Journal of the American Institute of Planners, Vol. XXIV, (1958), S. 201.
9) Albers, G.; Modellvorstellungen zur Siedlungsstruktur in ihrer geschichtlichen Entwicklung, In: Zur Ordnung der Siedlungsstruktur; a.a.O., S. 15.
10) Albers, G.; Grundsätze und Modellvorstellungen, a.a.O., S. 81.
11) Ebenda, S. 69.
12) Ebenda, S. 69. Als Analyse historischer Bedingtheit stadtplanerischer Vorstellungen ist besonders instruktiv: Henning, F. – W.; Stadtplanerische Überlegungen in der Zwischenkriegszeit – dargestellt anhand des Planes von Hans Bernhard Reichow für Stettin, in: Teuteberg, H. – J.(Hrsg.); Stadtwachstum, Industrialisierung, sozialer Wandel, Berlin 1986 (= Schriften des Vereins für Socialpolitik, N.F. Bd. 156) S. 195 – 230

13) Albers, G.; Grundsätze, a.a.O., S. 70.
14) In einer neuen Veröffentlichung wird die Skepsis gegenüber ökonomischen Zusammenhängen sogar noch deutlicher formuliert, vgl. Spengelin, F.; Ordnung der Stadtstruktur. In: Grundriß der Stadtplanung, Hannover 1983, S. 355 - 385.
15) Im 8. Kapitel, 1. Abschnitt, wird dazu aus ökonomischer Sicht ausführlich Stellung genommen.
16) Buchanan, C. and Partners; South Hampshire Study, London 1966. Vgl. die Darstellung bei Albers, G.; Grundsätze, a.a.O., S. 86.
17) Ebenda, S. 86.
18) Ebenda, S. 88.
19) Alonso, W.; Location and Land Use, Cambridge/Mass. 1964. Wingo, L.; Transportation and Urban Land, Washington 1968. Muth, R.F.; Cities and Housing, Chicago 1969.
20) Richardson bezeichnet diese Modelle als von dominierendem Einfluß auf die Entwicklung der "Neuen Stadtökonomie" seit den späten 60er Jahren. Vgl. Richardson, H.W.; The new urban economics: and alternatives, London 1977, S. 6.
21) Vergleiche z.B. den Überblick bei Richardson, H.W.; Regional economics, New York, Washington 1969, S. 145 - 155.
Im Zusammenhang mit Stadtregionen unterscheidet die praxisorientierte Raumforschung die rein zentral orientierte (einpolige) Solitärstadt und die funktional verbundene (mehrpolige) Städtelandschaft bzw. Städte-Stadt. Vgl. Müller, Gottfried; Der Raumbedarf von Solitärstädten, ermittelt aus ihren Verflechtungsbeziehungen – untersucht und dargestellt am Beispiel der Städte Aachen, Hamm, Münster und Siegen, o.O. o.J. (1969), S. 5.
22) Vgl. hierzu zum Beispiel: BDA Aspekte 3, Architekten und reproduzierbares Bauen, Bonn 1974 (= Sonderdrucke aus "Der Architekt" 774).
23) Vgl. Bökemann, D.: Theorie der Raumplanung, München 1984, S. 19.
24) Klaassen, L. und Paelinck, J.; Integration of socio-economic and physical planning, Rotterdam 1974, S.1.
25) Ebenda, S. 2f. Diese Bemerkung könnte auch noch zehn Jahre später geschrieben worden sein.
26) Im Einleitungskapitel haben wir die allgemeinen methodologischen Grundlagen ausführlich geschildert.
27) Boustedt, O.; Grundriß der empirischen Regionalforschung, Teil III: Siedlungsstrukturen (= Taschenbücher zur Raumplanung Bd.6) Hannover 1976, S.206 ff.
28) Borchard, K.; Der Flächenbedarf der Siedlung. In: Zur Ordnung der Siedlungsstruktur, a.a.O., S.36.
29) Zu den Konzepten der Städtebautheorie findet man umfangrei-

ches und aktuelles Material in: Grundriß der Stadtplanung, Hannover 1983. Es ist ergänzend darauf hinzuweisen, daß auch die Stadtgeographie den Begriff der Funktion verwendet. "In der Stadtgeographie bedeuten Funktionen zum einen Tätigkeiten (Leistungen) oder Nutzungen, für die Bedarf an Raum besteht, zum anderen die Verflechtungen oder Bindungen der Stadt zu ihrer unmittelbaren und ihrer weiteren Umgebung, zu der sich Verkehrsspannungen ergeben." Für die erstgenannten Tätigkeiten werden auch von den Geographen Wohnen, Arbeiten, Erholen und der (sich wegen der räumlichen Distanzen daraus ergebende) Verkehr genannt und als die vier Hauptfunktionen der Stadt bezeichnet. Vgl. Hofmeister, B.; Stadtgeographie, Braunschweig 1972, S. 50.
30) "Ciam", Erklärung von La Sarraz. In: Conrads, U., Programme und Manifeste zur Architektur des 20. Jahrhunderts (Bauwelt Fundamente 1), Berlin usw. 1964, S.104.
31) Vgl. auch Spengelin, F.; Ordnung der Stadtstruktur, in: Grundriß..., a.a.o., S.359.
32) Albers, G.; Grundsätze und Modellvorstellungen für die strukturelle Ordnung des Verdichtungsraums. In: Zur Ordnung der Siedlungsstruktur, a.a.O., S.76.
33) wobei ökonomisch die auf einzelwirtschaftlichen Entscheidungen beruhenden verschiedenen Arten von Prozessen, vor allem Konsum- und Produktionsprozessen, an den Standorten relevant sind. Vgl. auch II. Kapitel, 1. Abschnitt.
34) Zur Erfassung der Raumdimension, vgl. Böventer, E.v., Hampe, J., Steinmüller, H.; Theoretische Ansätze zum Verständnis räumlicher Prozesse. In: Grundriß der Raumordnung, Hannover, 1982, S.63 – 94.
35) Auch die bauliche Struktur der Stadt ließe sich in "Bildausschnitte und Strukturebenen" zergliedern. Vgl. Uhl, J.; Ein Notationssystem für Stadtbildbeschreibung und Stadtbildentwurf. In: Schneider, M.(Hrsg.); Information über Gestalt, Braunschweig, Wiesbaden 1974 (1. Auflage) (= Bauwelt Fundamente 44). Dieses Konzept böte u.E. eine sehr gute Möglichkeit, den Strukturbegriff der physischen Planung in ökonomische Strukturzusammenhänge einzufügen.
36) Nimmt man die Abhängigkeit vom Publikumsandrang als alleinige standortrelevante Komponente der Aktivität, so kommt man zu einer sehr ähnlichen Unterscheidung der Aggregate in: Wohnen, öffentliche Nutzungen (wie Theater, Kirchen), private Verwaltungen, Dienstleistungen, Einzelhandel, Gaststätten (einschl. Hotels); so bei Fuchs, M., Neben, V. und Todt, H.; Regelmäßigkeiten der innerstädtischen Bodennutzung – Das Beispiel Hamburgs. In: Geographische Zeitschrift, Jg. 73 (1985), S. 68. Öffentliche Verwaltung wäre zu ergänzen.

37) In diesem Fall kommt es also nicht auf Grundstücksgrenzen, auf die rechtliche Zuordnung des Bodeneigentums an. Entscheidend ist die Art der Wirtschaftsaktivität. Z.B. würde man zwei kleine *gleichartige* Handwerksbetriebe, auf zwei benachbarten Grundstücken, im allgemeinen als eine Aktivität an diesem Standort bezeichnen. Damit wird gleichzeitig das Konzept eines *handelnden Unternehmens* oder Haushalts zu einer abstrakten Konstruktion, wie sie dem ökonomischen Modelldenken entspricht. Auch die mikroökonomische Theorie verwendet überwiegend die Vorstellung "repräsentativer" Wirtschaftseinheiten, da es dem Ökonomen – im Unterschied zum Psychologen – nicht um individuelle Motive und Handlungsabläufe geht.

38) Die hier vorgenommene Unterscheidung von Strukturelementen bestimmter Größe und Fläche darf also nicht direkt mit der Diskussion von Städtebauern und Architekten über den Flächenbedarf von Siedlungen und die Größenordnungen von Siedlungselementen in Verbindung gebracht werden. Vgl. zu dieser andersartigen Fragestellung: Borchard, K., Der Flächenbedarf..., und Breitling, P.; Siedlungselemente und ihre Größenordnungen, in: Zur Ordnung der Siedlungsstruktur. a.a.O.

39) Die (sichtbare) Stadtgestalt wird auch als Physiognomie oder als Morphologie der Stadt bezeichnet. Vgl. z.B. Hofmeister, B., Stadtgeographie, a.a.O., S. 37. Zum Teil wird als Stadtstruktur nur der physische Raum betrachtet. Vgl. Panerai, P.; Castex, J., Depoule, J.; Vom Block zur Zeile – Wandlungen der Stadtstruktur, Braunschweig, Wiesbaden 1985 (= Bauwelt Fundamente 66).

40) Die klassische Analyse dieses Komplexes findet sich bei Lynch, K.; The Image of the City (1960), Deutsch als: Das Bild der Stadt (= Bauwelt Fundamente 16), Berlin, Frankfurt 1965.

41) Lynch und Rodwin unterscheiden anschaulich "Adapted Spaces" und "Flow System". Vgl. Lynch, K. und Rodwin, L.; A Theory of Urban Form. In: Journal of the American Institute of Planners. Vol. 24 (1958), S. 204.

42) Dieser Begriff "Äußere Stadtform" wird hier in anderem Sinn als der Begriff "Die äußere Gestalt der Stadt" bei Lynch (Das Bild der Stadt, a.a.O.,) gebraucht. Lynch versteht darunter die Gesamtheit der visuell wahrnehmbaren Elemente der Stadt, hier ist es nur die sichtbare Stadtgrenze.

43) Außerdem kann man andere Gliederungskriterien verwenden. Stone kategorisiert Stadtformen nach der Anordnung der zentralen Funktionen als rechteckig, sternförmig oder linear. Stone, P.A., The Structure, Size, and Costs of Urban Settlements, Cambridge 1973, S. 33.
Lean setzt bestimmte Stadtformen gleich mit einer bestimmten

Zentren- und Verkehrsstruktur der Stadt. Er unterscheidet allerdings nur die monozentrische Stadt mit radialem Verkehrssystem und die ringförmige Stadt mit dem Zentrum an der Ringstraße. Vgl. Lean, B.; Economics of land use planning: Urban and regional, London 1969, S. 143.

44) Diese verschiedenen Aspekte der Stadtstruktur gehen auch in die Bestimmungsgrößen des Marktwertes von Gebäuden auf jedem der städtischen Grundstücke ein. Bökemann unterscheidet drei globale Faktoren des Gebäudemarktwertes: Gebäudezustand, bauliches Milieu (Gebäudeumfeld), Lage im Stadtgefüge (Standortqualität im weiteren Sinne). Vgl. Bökemann, D.; Alterung von Baustrukturen und stadtentwicklungspolitische Konsequenzen. Das Modell SANSTRAT – Wien, in: Böventer, E. von (Hrsg.); Stadtentwicklung und Strukturwandel, Berlin 1987 (= Schriften des Vereins für Socialpolitik, N.F. Bd. 168)

45) Vgl. Boustedt, O.; Grundriß, Teil III, a.a.O., S. 200 ff.

46) Es geht vor allem um die Zusammenfügung der partial abgeleiteten Standortentscheidungen der einzelnen Wirtschaftssubjekte zu einer Gesamtstruktur, die bisher nur unter sehr vereinfachenden Annahmen gelingt.

47) Vgl. die Arbeiten von Murdie, R.A., Factorial Ecology of Metropolitan Toronto 1951 – 1961: An Essay to the Social Geography of the City; Chicago – Depart. Geography Research Paper 116 (1969). Berry, B.J.L., and Neils, E., Location, Size, and Shape of Environment Writ Large. In: Perloff, H.S. (Hrsg.); The Quality of the Urban Environment, Baltimore 1969, S. 257 – 302. Roes, P.H.; Problems of Classifying Subareas within Cities. In: Berry, B.J.L., City Classification Handbook: Methods and Applications, New York 1972, S. 265 – 330.

48) Ein Beispiel, in dem die Stadtstruktur durch die Bodenpreisstruktur erfaßt wird, gibt Yeates, M. H.; Some Factors Affecting the Spatial Distribution of Chicago Land Values 1910 – 1960. In: Economic Geography, Bd. 41 (1965), S. 57 – 70. Deutsche Übersetzung in: Bartels, D. (Hrsg.); Wirtschafts- und Sozialgeographie, Köln-Berlin 1970 (= NWB 35), S. 323 – 340. Im nächsten Kapitel wird als empirisches Beispiel die Stadt Augsburg regressionsanalytisch "beschrieben".

49) Eine Darstellung der Methoden der Regressions – und der Faktorenanalyse findet sich in: Methoden der empirischen Regionalforschung, 1. Teil, ARL, Hannover 1973.

50) Vgl. Fußnote 47).

51) Das bleibt natürlich bisher eine theoretische Forderung. Erst umfangreichere empirische Analysen werden zeigen können, ob die ausgewählten Maßzahlen für eine Messung aller Teil-

strukturen ausreichend trennscharf sind.
52) Zieht man formale statistische Methoden vor, so bieten sich die Clusteranalyse und in Ergänzung die Diskriminanzanalyse an, um diese Aggregation durchzuführen.
53) Monetäre Maßzahlen sind im allgemeinen substitutiv zu den physischen Maßzahlen und erfassen mehrere Teilstrukturen gleichzeitig.
54) Vgl. Gibbs, J.P. (ed.)., Urban research methods, New York 1961, S.99 – 106.
Differenziertere Maße bei Bunge, B., Theoretical Geography. (= Lund Studies in Geography, Series C, General and Mathematical Geography, 1), Lund 1962.
55) Vgl. Haggett, P.; Locational Analysis in Human Geography, London 1965,S. 236 – 240 und speziell zu Netzstrukturen: Haggett, P. and Chorley, R.J.; Network Analysis in Geography, London 1969, mit einer großen Zahl verschiedener Maße der Netzstruktur,auf die zur Ergänzung ausdrücklich hingewiesen sei.
56) Vgl. ausführlich: Braun, J. und Wermuth, M.; VP 53-Konzept und Programmsystem eines analytischen Gesamtverkehrsmodells (= Schriftenreihe des Instituts für Verkehrsplanung und Verkehrswesen der Techn. Universität München Heft 6), München 1973, S. 224.
57) Bei gleichem objektiven Zeitaufwand kann der mittlere Widerstand der Entfernung von Zone j zu einer Zone i_1 mit höherer Attraktivität als geringer empfunden werden als von j zu einer Zone i_2 mit geringerer Attraktivität. Das Maß der Lagegunst berücksichtigt unterschiedliche Zonenattraktivitäten, so daß man sich beim Maß der Verkehrsqualität allein auf die Messung des Entfernungswiderstandes i.e.S. beschränken sollte.
58) Ebenso wie bei anderen Maßen ist auch hier zu erwähnen, daß für die Erfassung "räumlicher Strukturen" weitere methodische Konzepte zu finden sind. Zur Ergänzung besonders wichtig ist die "Quadrat Analyse". Vgl. Rogers, A.; Statistical Analysis of Spatial Dispersion, London 1974.
59) Mit dieser Hilfsgröße zur Messung des Kapitalbestandes entspricht dieses Maß grundsätzlich der Baumassenzahl, die auch zur Messung der baulich-physischen Struktur dient.
60) Es werden auch noch andere Funktionstypen verwendet. Vgl. für empirische Schätzungen: Mills, E.S.; Studies in the structure of urban economy, Baltimore and London 1972, und als Beispiel für eine neue deutsche Untersuchung, die verschiedene Funktionstypen vergleicht, Rußig, V.; Dichtefunktionen und ihre Determinanten – am Beispiel des Stadt-Umlandes Augsburg, (Diss. München) Tübingen 1979.
61) Mälich, B.; Die Untersuchung räumlicher Verteilungen mittels

Gitteranalyse. In: Methoden der empirischen Regionalforschung (2. Teil), ARL, Hannover 1975, S. 14.
62) Für weitere Erläuterungen, vgl. Mälich, a.a.O.
63) Vgl. zur Verwendung des Entropiemaßes: Semple, R.K., Golledge, R.G.; An Analysis of Entropy Changes in a Settlement Pattern over Time. In: Economic Geography, Vol. 46 (1970) S. 157–160 und Sheppard, E.S.; Entropy, theory construction and spatial analysis. In: Environment and Planning A, Vol. 8 (1976), S. 741–752.
64) Die Widerstandsfunktion taucht bei der Messung der Qualität des Verkehrsnetzes auf. Insofern unterscheiden wir uns von der Definition dieser Maße bei Echenique u.a., die eine Widerstandsfunktion verwenden. Echenique, M., Crowther, D. and Lindsay, W.; A structural comparison of three generations of New Towns; In: Martin, L. and March, L. (eds.), Urban Space and Structures, Cambridge 1972, S. 219–259.
65) Die eingesetzten Zahlenwerte sind entsprechend der konkreten Situation zu variieren.
66) Unter Sektoren sind hier die oben auf S. 128/129 unterschiedenen Aggregate von Nutzungen zu verstehen.
67) Insbesondere die Maße M41, M42, M46, M50 sind Beispiele, wie im Fall einer konkreten Stadt auf die spezifische Sektoralstruktur bezogene Maße gebildet werden können.
68) Ein erster Versuch, bauliche Strukturen durch die Berechnung von Kapitalkosten mit dem wirtschaftstheoretischen Instrumentarium zu behandeln, findet sich bei Büttler und Beckmann: Die bauliche Struktur (der Gebäude) wird als abhängig von "design parameters" gesehen und in der Struktur-Kostenfunktion erfaßt. Vgl. Büttler, H.-J. und Beckmann, M.J.; Design Parameters in Housing Construction and the Market for Urban Housing. In: Econometrica, Vol. 48 (1980), S. 201–225.
69) Im Grundsätzlichen gehen sie auf die Arbeiten von K. Lynch zurück, insbesondere auf seine Veröffentlichung "Das Bild der Stadt", a.a.O. Am weitesten scheint uns die Theorie und Praxis der Erfassung von M. Trieb weitergeführt worden zu sein. Vgl. Trieb, M.; Stadtgestaltung – Theorie und Praxis, Düsseldorf 1974 (= Bauwelt Fundamente 43). Als Überblick zum Zusammenhang Stadtstruktur und Stadtgestalt, vgl. Sieverts, T.; Die Stadt als Erlebnisraum. In: Grundriß, a.a.O., S. 119–142.
70) Die Berücksichtigung unterschiedlicher Attraktivitäten von Zonen beim Maß der Lagegunst beruht auf diesen Überlegungen.
71) Ein umfassender Indikator zur Erfassung der Umweltqualität könnte sich aus den dem "KÖH–Wert" zugrundeliegenden Kriterien ergeben (bevor diese in Wohlfahrtswirkungen umge-

formt und damit bewertet worden sind). Vgl. Schulz A.; Stadtökologische Wirkungsgefüge und ihre Bilanzierung in einem praxisorientierten Bewertungsmodell. Diss. (Geowissenschaften) Universität Mainz 1982.

72) Das Problem wird behandelt in bezug auf Städtesysteme bei: Tisdell, C.; The Theory of Optimal City – Sizes: Elementary Speculations about Analysis and Policy, In: Urban Studies, Vol. 12 (1975), S. 61 – 70.

73) Die Zusammenhänge zwischen Einkommen, Transportkosten und Renten bei verschiedenen Stadtstrukturen werden modellmäßig behandelt in: Wheaton, W.C.; A Comparative Static Analysis of Urban Spatial Structure. In: Journal of Economic Theory, Vol. 9 (1974), S. 223 – 237 und Richardson, H.W.; Discontinuous Densities, Urban Spatial Structure and Growth: A new Approach. In: Land Economics, Vol. LI (1975), S. 305 – 315. Unter besonderer Berücksichtigung von Verbesserungen des Transportsystems erfolgt die Analyse bei: Goldberg, M.A.; An Evaluation of the Interaction between Urban Transport and Land Use Systems, In: Land Economics, Vol. XLVIII (1972), S. 338 – 346. Einen ähnlichen, wie zum Maß M_2 führenden Gedankengang zur Optimierung von Stadtstrukturen entwickeln Sharpe, R., Brotchie, J.F., Ahern, P.A.; Evaluation of Alternative Growth Patterns for Melbourne. In: Karlquist, A., Lundquist, L., Snickars, F. (eds.); Dynamic allocation of urban space, Westmead, Farnborough 1975, S. 259 – 286.

5. Kapitel: Empirische Anwendung: Erfassung der Stadtstruktur Augsburgs

1. Vergleich des Status quo mit einer Flächennutzungsalternative: Darstellung der Planungssituation

Als Datenbasis für die empirischen Analysen dient die Volks- und Arbeitsstättenzählung 1970. Mit diesen Daten wurde eine Hochrechnung durchgeführt und die Einwohner- und Beschäftigtenzahlen (für die verschiedenen städtischen Wirtschaftssektoren und die einzelnen Zonen) für das Jahr 1977, und – soweit möglich – auch für das Jahr 1981 "fortgeschrieben". Ausgehend von diesen "aktualisierten" Daten wurden die Strukturkennziffern für den Status quo und die beabsichtigten Flächenumwidmungen errechnet. Dabei wurden nicht alle der oben definierten Kennziffern verwendet, einige Kennziffern wurden jedoch weiter aufgegliedert.

Darstellung der Planungssituation

Zum besseren Verständnis der Situation nennen wir die zwei Ziele des Flächennutzungsplans der Stadt Augsburg, die für die geplante Flächenumwidmung wichtig sind[1]:

(a) "Revitalisierung" der Innenstadt und der Innenstadtrandbereiche, vor allem für die "Funktion Wohnen" und damit verbunden

(b) eine Verlagerung von Produktionsbetrieben aus Innenstadt- und aus Wohnbereichen in weniger verdichtete Randlagen bei gleichzeitiger Berücksichtigung der Standorterfordernisse (Standortfaktoren) vor allem des produzierenden Gewerbes.

Unter Beachtung dieser beiden (räumlichen) Oberziele der Stadtentwicklung steht die Stadt Augsburg folgenden, konkreten Entwicklungsalternativen gegenüber:

(1) Das Grundstück eines Textilbetriebs (Sektor 4)[2] im Augsburger Textilviertel (Zone Nr. 184)[3] mit einer Größe von 10,6 ha wird für Wohnnutzung umgewidmet, wobei eine mittlere Bebauungsdichte angestrebt wird; diese sei angenommen zwischen der Wohndichte in der Innenstadt (122,02 Einw./ha) und der Wohndichte für die gesamte Stadtfläche (98,33 Einw./ha), denn es ist erklärtes Ziel der Augsburger Stadtverwaltung, keine zu dichte Bebauung vorzusehen. Man erhält eine Dichterestriktion von 110,18 Einwohnern je Hektar. Unter dieser Bedingung kann in Zone 184 Wohnraum für 1168

zusätzliche Einwohner geschaffen werden. Gleichzeitig ist das Textilunternehmen nach Lechhausen-Ost (Zone 66) zu verlegen.

Bei dieser Maßnahme blieben von den 900 Arbeitsplätzen des Betriebs im Textilviertel 300 Arbeitsplätze am neuen Standort Lechhausen-Ost erhalten, während die restlichen 600 Arbeitnehmer nicht weiter beschäftigt würden. Dieser im *konkreten Fall* vorgesehene Beschäftigtenabbau hat zwar nichts mit der Verlagerung zu tun, wir berücksichtigen ihn dennoch bei der Simulation.

(2) Es wird keine Flächenumwidmung durchgeführt, d.h. der Status quo mit dem Areal des Textilunternehmens als Gewerbefläche wird beibehalten. Dabei ist offen, ob das alte Unternehmen bestehen bleibt oder ein anderes Unternehmen aus dem gleichen oder einem anderen Sektor dort die Produktion weiterführt.

Bei der folgenden Simulation der Stadtstruktur Augsburg wird implizit unterstellt, daß die 900 Arbeitsplätze im Status quo erhalten bleiben. Dann wird der Status quo der Stadtstruktur Augsburg (Alternative 2) mit der geplanten Strukturveränderung (Alternative 1) verglichen.[4] Es erfolgt noch keine Bewertung der beiden Alternativen: Hier geht es vorerst lediglich um eine genaue Erfassung und Messung der beiden durch die Umwidmung sich unterscheidenden Stadtstrukturen.

Die der simulierten Nutzungsänderung zugrundeliegenden Szenarien werden in folgender Übersicht zusammengefaßt:

Übersicht 2

	Alternative 2 (Status quo)		Alternative 1	
Nr. der untersuchten Zone	184 (Textilviertel) Planungsraum 1	66 (Lechhausen Ost) Planungsraum 4	184 (Textilviertel) Planungsraum 1	66 (Lechhausen Ost) Planungsraum 4
Wohnbevölkerung	536	151	1704	151
davon erwerbstätig	249	70	792	70
Beschäftigte im Sektor				
1	13	0	13	0
2	57	10	57	10
3	0	0	0	0
4	1109	388	209	688
Insgesamt	1179	398	279	698
Fläche der Zone (ha)	24,5	33,2	24,5	33,2
davon wird umgewidmet	– –	– –	10,6	– –
Freifläche (ha)	4,2	24,6	4,2	24,6
Wohndichte (Einw./ha)				
– der Zone	21,9	4,5	69,5	4,5
– der umgewidmeten Fläche	– –	– –	110,2	– –

2. Simulation von Änderungen und Strukturmessung durch Maßzahlen

Die Simulation der Stadtstrukturänderungen wurde in drei Schritten durchgeführt:
- Reduktion der Arbeitsplätze in Sektor 4 um 900 in Zone 184,
- Vermehrung der Arbeitsplätze des Sektors 4 in Zone 66 um 300,
- Vermehrung der Wohnbevölkerung in Zone 184 um 1168 Einwohner.

Die Zerlegung der Simulation in mehrere Etappen empfiehlt sich bei der Analyse aller Planungseingriffe, die eine Flächenumwidmung vorsehen. Dadurch ist eine höhere Transparenz der Zusammenhänge erreichbar: Es lassen sich Vergleiche verschiedener Art — sowohl zwischen den Simulationsschritten wie auch zwischen diesen und dem Status quo — anstellen. Der Ausgleich zwischen der Zahl der Arbeitsplätze und der Zahl der Erwerbstätigen wird über die (*angenommene*) Variation der Einpendler hergestellt; so kann von weiteren induzierten Stadtstrukturänderungen abgesehen werden.

(a) Messung des Status quo in der Zone 184[5], der Innenstadt (Planungsraum PLR 1) und der Gesamtstadt.[6]

Für den Vergleich der Kennziffern werden zunächst die Maße der Nähe und der Lagegunst herangezogen.[7]

Die Erreichbarkeit anderer Einwohner (M1) ist für die Wohnbevölkerung in Zone 184 schlechter (566 m) als für den Durchschnitt der Gesamtstadt (470 m) oder für den PLR 1 (330 m). Die durchschnittliche Erreichbarkeit von Arbeitsplätzen (M2) (472 m) liegt in Zone 184 jedoch über dem gesamtstädtischen Wert (419 m). Ähnliches gilt für die Erreichbarkeit von Tertiärarbeitsplätzen (995 m im Vergleich zu 1723 m bzw. 582 m).

Bei weiterer Disaggregierung der Arbeitsplätze nach Sektoren zeigt sich folgendes Ergebnis:

Maß		In der Gesamtstadt	In Zone 184
M30:	durchschn. Erreichbarkeit von Arbeitsplätzen im Sektor 1	3006 m	1203 m
M31:	durchschn. Erreichbarkeit von Arbeitsplätzen im Sektor 2	1526 m	946 m
M32:	durchschn. Erreichbarkeit von Arbeitsplätzen im Sektor 3	2859 m	1347 m
M33:	durchschn. Erreichbarkeit von Arbeitsplätzen im Sektor 4	1305 m	223 m

Durch M33 wird insbesondere der hohe Industriebesatz der Zone 184 bestätigt: Relativ zu allen anderen Arbeitsplätzen ist die Erreichbarkeit von Industriearbeitsplätzen am größten. Genauso wird in den Maßen die Innenstadt*rand*lage der Zone widergespiegelt: Die Zonenwerte sind besser als die gesamtstädtischen, aber schlechter als die jeweiligen Innenstadtdurchschnittswerte. Auch bei der Erreichbarkeit des Zentrums (der Zone 154) wird dies deutlich:

Maß	Gesamtstadt	PLR 1	Zone 184
M9: durchschn. Erreichbarkeit des Zentrums für die Wohnbevölkerung	2841 m	893 m	993 m

Bei den für die Versorgungsqualität der Haushalte wichtigen Nähemaßen zeigt sich im Durchschnitt gegenüber der Gesamtstadt eine höhere Erreichbarkeit von Schulen, Ärzten, Krankenhäusern, Kultur- und Kunsteinrichtungen sowie Gaststätten, allerdings besteht auch eine größere Nähe zu chemischen Betrieben; schlechter als im Durchschnitt erreichbar sind Geschäfte des Sektors Einzelhandel.

Die Nähemaße, die für die gewerbliche Wirtschaft von Bedeutung sind, ergeben im Durchschnitt bessere Werte für Zone 184 als für die Gesamtstadt, aber zum Teil schlechtere Werte als für Planungsraum 1. Wegen des relativ hohen Industriebesatzes der Zone sind die Werte für den Sektor 4 überaus gut. Folgende Branchen weist Zone 184 nach der Hochrechnung nicht auf: Öffentliche und private Verwaltung (Sektor 3), Ärzte, Zahnärzte und Betriebe des Maschinenbaus.[8] Die Werte der Nähemaße für die Sektoren 1 und 2 sind im Vergleich zum Durchschnitt der Gesamtstadt höher und damit weniger günstig.[9]

Die *Lagegunst* für die Wohnnutzung der Zone 184 (4,27645) liegt deutlich unter dem gesamtstädtischen (9,85549), wie auch unter dem innenstädtischen Durchschnittswert (8,6532). Selbst der PLR 10 (Hammerschmiede) mit dem niedrigsten Wert aller PLR hat noch eine höhere Lagegunst als Zone 184 (6,1742), das heißt: In Zone 184 gibt es für die ansässige Bevölkerung wenig Nachbarschaft anderer Bewohner, überwiegend besteht die Nachbarschaft aus Gewerbenutzung.

(b) Die simulierten Nutzungsänderungen

Im folgenden werden die 3 Simulationsschritte jeweils mit dem Status quo verglichen, im Anschluß daran folgt eine zusammenfassende Darstellung der Ergebnisse.

(1) Lauf 1: Die Abnahme der Beschäftigung in Zone 184.

Wie oben schon angedeutet, wird die geplante Nutzungsänderung in mehrere Schritte zerlegt, um deren Konsequenzen besser herausarbeiten zu können. Im ersten Lauf wird eine Abnahme der Beschäftigung in Sektor 4 der Zone 184 um 900 Arbeitsplätze angenommen. Gegenüber dem Status quo ergeben sich folgende Veränderungen:

Die *durchschnittliche Spezialisierung der gesamten Nutzungen* nimmt für die Gesamtstadt geringfügig ab (−0.0011), die gleiche Tendenz zeigt sich bei den Planungsräumen 1 − 10. Die *durchschnittliche Spezialisierung der gewerblichen Nutzungen* verringert sich gleichfalls (−0.0018) in der Stadt und den meisten Planungsräumen.

Das Maß der *relativen Entropie*, d.h. die Abweichung von der Gleichverteilung der Nutzungen zeigt die erwarteten Resultate: Für die *Sektoren 1 − 3* ändert sich das Maß nicht: Sektor 2 weist mit 0,1778 nach wie vor die größte Ähnlichkeit zur Gleichverteilung im Raum auf, es folgt der Sektor 1 mit 0.2046; räumlich am ungleichmäßigsten verteilt bleibt Sektor 3 (Verwaltung) mit 0.3045. In *Sektor 4* mit der Nutzungsminderung um 900 Arbeitsplätze ergibt sich für die Gesamtstadt eine leichte Zunahme (+0.0001) und für den PLR 1 eine Abnahme (−0.0023) der relativen Entropie, d.h. eine gleichmäßigere Nutzungsverteilung *in diesem* Planungsraum. Die *Entropie für die gesamten gewerblichen Nutzungen* steigt gesamtstädtisch und in der Innenstadt an (+0.0002 bzw. +0.0014). Da sich an der Verteilung der Wohnnutzung nichts ändert, wird dieses Maß (noch) nicht berührt (0.0600 für die Stadt). Bei der *Entropie der Gesamtnutzung* (Einwohner und Beschäftigte) steigt nur der Wert für PLR 1 (+0.0004).[10]

Die *Konzentrationskoeffizienten der Sektoren 1 − 3* nehmen gesamtstädtisch und innenstädtisch (PLR 1) ab, d.h. sie nähern sich der Verteilung aller Nutzungen im Stadtraum an.[11] Der Konzentrationskoeffizient des *Sektors 4* steigt in der Stadt geringfügig (+0.0006), da die (verbliebenen) Nutzungen nunmehr auf weniger Standorte verteilt sind.[12] Auch der Konzentrationskoeffizient der *Beschäftigten insgesamt* steigt leicht an (+0.0003).

Die *Maße der Nähe* werden überall dort verändert, wo Beschäftigte des Sektors 4 mit im Spiel sind. Die durchschnittliche Entfernung, in der jeder Einwohner Arbeitsplätze erreichen kann, erhöht sich gesamtstädtisch um 1 m, für den PLR 1 um 5 m, für die Einwohner in Zone 184 jedoch um 282 m. Für jeden Beschäftigten verschlechtert sich die Erreichbarkeit von Einwohnern durchschnittlich um 3 m für die Gesamtstadt, und verbessert sich um 1 m im PLR 1. Das Maß der Erreichbarkeit von anderen Beschäftigten (M5) verhält sich ähnlich (Gesamtstadt: +1 m;

PLR 1: − 2 m), in Zone 184 ergibt sich wieder eine Verschlechterung um 282 m. Das Zentrum ist für jeden Beschäftigten im Durchschnitt der Gesamtstadt um 10 m weiter entfernt, in Zone 184 ändert sich selbstverständlich für die "Restbeschäftigten" nichts.

Diese Ergebnisse werden mit den disaggregierten Nähemaßen (M13 – M50) weiter "verfeinert". Die Erreichbarkeit zwischen Arbeitsplätzen des Sektors 4 (M22) sinkt zwar in der Gesamtstadt nur um 4 m, in Zone 184 aber um 433 m! Auch die Erreichbarkeit von Einwohnern (M28) verschlechtert sich für den Sektor 4 (Gesamtstadt: + 8 m) und das Zentrum rückt im Durchschnitt um 29 m in die Ferne (M29). Umgekehrt verschlechtert sich wiederum die Erreichbarkeit von Industriearbeitsplätzen für jeden Einwohner in der Gesamtstadt um 3 m, in Zone 184 um 475 m.

Das Maß der *Lagegunst*, welches das Umgebungspotential für die Wohnbevölkerung einer Zone mißt (also die tatsächliche Erreichbarkeit anderer Einwohner über das vorhandene Straßennetz), nimmt für die Gesamtstadt, für alle PLR (außer PLR 2) und für Zone 184 (+ 0.28537) leicht zu.[13]

Die *belastungsabhängige Verkehrsqualität* steigt für die Gesamtstadt um 0.0965 km/h, in PLR 1 um 0.0228 km/h. Leichte Verbesserungen ergeben sich auch für die Planungsräume 3, 4, 6, 7, 9, 10, leichte Verschlechterungen für PLR 2, 5 und 8. Die Verkehrsqualität für Zone 184 nimmt ebenfalls zu (+ 0.2061 km/h): Der entfernungsabhängige Allokationsmechanismus konnte das um 900 Einpendler verminderte Interaktionssystem offenbar besser anordnen als im Status quo.[14]

(2) Lauf 2: Zunahme der Beschäftigung in Zone 66.

Die abermalige Erhöhung der Zahl der Arbeitsplätze in Sektor 4 für Zone 66 (Lechhausen-Ost) konterkariert zum Teil wieder die Strukturveränderungen aus Lauf 1.

Die *Konzentrationskoeffizienten* für die *Sektoren 1 – 3* weisen eine umgekehrte Tendenz zum Lauf 1 auf: Sie nehmen für die Gesamtstadt wieder zu.[15] In PLR 1 ändert sich nichts und in PLR 4 ist jeweils eine Steigerung zu verzeichnen. Der Wert der Konzentrationskoeffizienten in *Sektor 4* nähert sich wieder dem der Alternative 2 (Status quo).[16] Auch im PLR 4 nimmt der Koeffizient wieder ab (− 0.0005). Die Konzentrationskoeffizienten für die Sektoren Einzelhandel, Schulen, usw.[17] verhalten sich – da sie Untermengen der Sektoren 1 – 3 sind[18] – entsprechend den Koeffizienten dieser Sektoren.

Die Nähe zwischen Einwohnern und Arbeitsplätzen (M2) nimmt gegenüber Lauf 1 gesamtstädtisch wieder zu (− 3 m); im PLR 4 sogar um 23 m, d.h. die Einwohner dieses PLR werden im Durchschnitt um 23 m näher an Arbeitsplätze herangerückt, da in ihrem PLR zusätzliche Arbeitsplätze geschaffen werden. Dies kommt auch durch M33, der Erreichbarkeit von Industriearbeitsplätzen zum Ausdruck (− 7 m). Wegen der dezentralen Lage der neuen Arbeitsplätze verschlechtert sich aber die Erreichbarkeit von Einwohnern für Beschäftigte insgesamt (M3) (+ 6 m gegenüber Lauf 1; + 30 m im PLR 4) sowie insbesondere für Beschäftigte des Sektors 4 (M28) (+ 5 m gegenüber Lauf 1). Ebenso findet man eine Erhöhung der durchschnittlichen Entfernung zu anderen Arbeitsplätzen (M5) um 1 m, im PLR 4 aber eine Abnahme um 20 m. Die Erreichbarkeit innerhalb des Sektors 4 (M22) verbessert sich (− 4 m), woraus man schließen kann, daß die neuen Arbeitsplätze in der Nähe einer bestehenden Industrieagglomeration angesiedelt wurden.[19] Hingegen verschlechtert sich die Erreichbarkeit von Tertiärarbeitsplätzen (Sektor 1 − 3) um 11 m und für die Beschäftigten in PLR 4 um 8.7 m (M6).

Die durchschnittliche Entfernung zum Zentrum erhöht sich für jeden Beschäftigten (M10) weiter (+ 21 m gegenüber Lauf 1), für die Beschäftigten des Sektors 4 (M29) sogar um 69 m gegenüber dem Status quo.[20]

Die *Lagegunst der Wohnnutzung* steigt gesamtstädtisch leicht an (+ 0.0035). Außer in PLR 5 und 8 nimmt sie in allen PLR und in Zone 184 (− 0.01075) ab.

Die *Verkehrsqualität* nimmt für die Gesamtstadt leicht zu, für Zone 184 aber ab. Bei den Maßen für die PLR ist keine eindeutige Tendenz zu erkennen.

(3) Lauf 3: Zunahme der Wohnbevölkerung in Zone 184.

Im letzten Schritt der Simulation wird auf der umgewidmeten Gewerbefläche (10.6 ha) in Zone 184 eine zusätzliche Wohnbevölkerung von 1168 Einwohnern (gemäß der Dichterestriktion) vorgesehen.

Der *Spezialisierungskoeffizient der gesamten Nutzungen* verändert sich gegenüber Lauf 2 nicht (Gesamtstadt).[21] Bei PLR 2 − 10 ergibt sich die gleiche Tendenz wie bei Lauf 1: Der Koeffizient nimmt weiter ab, nur in PLR 1 ist eine Zunahme zu verzeichnen (+ 0.0017).

Bei der *Wohnnutzung* steigt die gesamtstädtische (+ 0.0002) und die innenstädtische (+ 0.0016) *Entropie*, bei der *Gesamtnutzung* verringert sich nur die Entropie in PLR 1 (− 0.0002). Die anderen Entropiemaße werden nicht berührt.

Die *Konzentrationskoeffizienten* bleiben bei diesem Lauf im großen und ganzen unverändert.[22]

Bei den *Maßen der Nähe* treten eine ganze Reihe von Veränderungen auf. Die Erreichbarkeit von anderen Einwohnern (M1) verbessert sich gesamtstädtisch um 2 m, in Zone 184 um 254 m und in PLR 1 um 5 m. Arbeitsplätze sind für jeden Einwohner in gesamtstädtischen Durchschnitt (M2) um 3 m nähergerückt, während sie für den PLR 1 um 9 m weiter entfernt sind.[23]. Dies gilt auch bei Disaggregierung der Arbeitsplätze nach den 4 Sektoren (M30, M31, M32, M33): Die entsprechenden Maße verbessern sich gegenüber dem Status quo. Auch die Standorte von Schulen (M 44), Arztpraxen (M45), Krankenhäusern (M47) Kunst- und Kultureinrichtungen (M48) und Gastgewerbe (M49) aber auch der Chemieindustrie (M46) und des Maschinenbaus (M50) sind zwischen 1 m und 19 m näher an die Haushalte herangerückt,[24] die Entfernung zu Einzelhandelsbetrieben nimmt um 1 m zu.

Das Zentrum ist für jeden Einwohner durchschnittlich 10 m näher herangerückt (M9). Für den PLR 1 nimmt das Maß um 3 m zu, dies ist wiederum ein Indiz für die Innenstadtrandlage der Zone 184. Die Entfernung zu Freiflächen verkürzt sich um 2 m; auch für PLR 1 nimmt dieses Maß (M12) ab (– 6 m), was sofort einleuchtend ist, wenn man bedenkt, daß vom Innenstadtrand aus eher Freiflächen erreichbar sind als von der City. Die Beschäftigten können Einwohner wieder besser erreichen (M3), als im Lauf 2; in der Zone 184 nimmt diese Entfernung im Durchschnitt um 177 m ab. Um dieselbe Distanz verringert sich die Entfernung für die Tertiärbeschäftigten der Zone 184 (M8).

Die Erreichbarkeit von Haushalten verbessert sich für die Einzelhandelsbeschäftigten (M36) und für die im Gastgewerbe Beschäftigten (M40) jeweils um 303 m in Zone 184.

Die *Lagegunst der Wohnnutzung* verschlechtert sich für die Gesamtstadt und sinkt unter den Wert des Status quo (– 0.02694). In Zone 184 sinkt die Lagegunst ebenfalls und nähert sich wieder dem Status-quo-Wert (4.35824). Auch die *Verkehrsqualität* nimmt gesamtstädtisch und für Zone 184 gegenüber den beiden ersten Läufen ab, ist aber noch besser als im Status quo.

(c) Zusammenfassung: Ergebnisse der Simulationsläufe

Das Ergebnis des Vergleichs von Alternative 1 mit Alternative 2 anhand der verschiedenen Maße wird hier kurz zusammengefaßt.

Die Spezialisierungskoeffizienten der gesamten und der gewerblichen Nutzungen liegen für Alternative 1 gesamtstädtisch und für fast alle Planungsräume niedriger als bei Alternative 2 (Status quo), d.h. im Durchschnitt weicht die Zusammensetzung der zonalen Nutzungen in Alternative 1 weniger von der Zusammensetzung der Nutzungen in der Gesamtstadt ab.

Bei den Entropiemaßen ändert sich die Entropie des Sektors 4 nur in PLR 1 (nimmt ab) und PLR 4 (steigt). Die Entropie der gewerblichen Nutzungen steigt leicht an (auch in PLR 1 und 4), ebenso die Entropie der Wohnnutzung (in PLR 1 ebenso). Die

Entropie der Gesamtnutzungen bleibt nahezu unverändert, in den tangierten Planungsräumen 1 und 4 nimmt sie zu bzw. ab. D.h. insgesamt sind die Nutzungen bei Alternative 1 etwas ungleicher im Raum verteilt als bei Alternative 2.

Die Konzentrationskoeffizienten für die Sektoren 1 - 3 nehmen gesamt- und innenstädtisch (PLR 1) ab, in PLR 4 hingegen deutlich zu. In Sektor 4 nimmt der Koeffizient insgesamt zu, aber in den betroffenen PLR ab. Mit Ausnahme des Sektors "Schulen" fallen die Koeffizienten der Einzelauswertung (Einzelhandel, Ärzte usw.) gegenüber Alternative 2, d.h., die Verteilung einer Nutzungsart über alle Zonen nähert sich der Verteilung der *Gesamtnutzung* über alle Zonen an.

Bei folgenden Maßen der Nähe schneidet Alternative 1 gesamtstädtisch besser als der Status quo ab: M1, M2, M4, M9, M12, M25, M30, M31, M32, M33, M40, M44 - M50. Schlechter als im Status quo sind hingegen die Maße M3, M5, M6, M10, M28, M29 und M43. *Mit anderen Worten:* Es verbessern sich vor allem diejenigen Maße, die in die Nutzenfunktion der *Haushalte* eingehen (Erreichbarkeit von verschiedenen Aktivitäten für Einwohner), während sich zum Teil die für *Unternehmen* wichtigen Nähemaße verschlechtern (insbesondere für Sektor 4).[25]

Für die Zone 184 ergaben sich folgende Wirkungen: M1, M3, M8, M23, M25, M28, M36, M40 werden gegenüber Alternative 2 besser, M2, M5, M22 und M33 verschlechtern sich. Die Verbesserungen ergeben sich für alle die Maße, die das "Näherrücken" von Einwohnern (durch die zusätzliche Wohnbevölkerung) an die verschiedenen Nutzungen in Zone 184 repräsentieren. Verschlechtert wird in Zone 184 die Erreichbarkeit von Arbeitsplätzen des Sektors 4 sowohl für Einwohner als auch für andere Beschäftigte.[26] Die Lagegunst der Wohnnutzung ist gesamtstädtisch schlechter als im Status quo, in Zone 184 zeigt sich eine geringe Verbesserung. Am Ende der 3 Simulationen ist die belastungsabhängige Verkehrsqualität in Zone 184 und PLR 1 besser als im Status quo, für die anderen PLR zeigen sich sowohl Verschlechterungen als auch Verbesserungen.

Dem Leser mögen die dargestellten Ergebnisse wie eine Zahlenspielerei erscheinen. Deshalb müssen wir die Zwecke der Berechnungen in Erinnerung zurückrufen, und dabei wollen wir fragen, wie der Stadt"planer" das Problem höchstwahrscheinlich angehen würde. Als Antwort genügt uns völlig die Feststellung, daß der Planer sicherlich die Situation auf dem Flächennutzungsplan einzeichnen wird, um dann bei Betrachtung der *zeichnerischen Darstellung* allein oder in Diskussion mit Kollegen, die auf der Karte (visuell) *sichtbaren* Unterschiede *qualitativ zu beschreiben.*

Mit großer Wahrscheinlichkeit ist zu erwarten, daß diese

Beschreibung mit wertenden Begriffen eng verbunden sein wird, zum Beispiel: "Hier ist die Verkehrsanbindung besser, dort ist die Zuordnung von Wohnen und Gewerbe problematisch." Es soll einerseits nicht bestritten werden: Einige dieser Feststellungen sind sicher so offensichtlich, daß sie von praktisch jedem Dritten verstanden werden. Aber andererseits wird es viele Einschätzungen geben, die kontrovers sind, die sich intersubjektiv nicht nachvollziehen lassen.

Es geht uns in diesem Kapitel nicht um die konkreten Zahlenwerte, sondern um die beispielhafte Darstellung der wissenschaftlichen Vorgehensweise in der Stadtplanung, wie sie im ersten Kapitel angedeutet wurde. Wir wollten am Beispiel zeigen, was es heißt, die Stadtstruktur zu messen, so daß sich jeder, unabhängig von seinen subjektiven (visuellen) Eindrücken, ein objektives Bild von der jeweiligen Situation machen kann: Eine Meterangabe ist nicht subjektiven Eindrücken unterworfen, die Veränderung der Zahlenwerte des Entropiemaßes ist von jedem mit dem Datenmaterial nachzurechnen. Später werden wir dann Methoden kennenlernen, mit denen die Meßergebnisse "bewertet" werden können.

Wir haben im 1. Kapitel die Messung der Stadtstruktur als einen methodischen Schritt bezeichnet, der zu jeder wissenschaftlich fundierten empirischen Analyse einer Stadt und ihrer Entwicklung gehört. Wir haben die Messung als Voraussetzung für die Anwendung wissenschaftlicher Bewertungsmethoden genannt. Zahlenwerte sind allerdings abstrakt, verglichen mit den üblicherweise "bunten" Kartendarstellungen der "Planungen". Aber sie gehören nicht zur "grauen Theorie", sie erfassen in einer bestimmten (Planungs-)Situation die Realität sehr viel genauer als die Farben des "Plans". Wahrscheinlich ist es nur eine Frage der Anwendung und Übung, die Zahlenreihen mit konkreten Stadtstrukturen gedanklich zu verbinden, allerdings: Abstraktion gegenüber der bildhaften Erfassung wird sich nicht vermeiden lassen.

Das gilt wohl ebenso für die im folgenden beispielhaft gezeigte zweite Methode der Erfassung und Messung der Stadtstruktur.

3. Beschreibung durch Regressionsanalyse der Bestimmungsfaktoren

Bei der *beschreibenden* Regressionsanalyse geht es um eine möglichst gute Reproduktion der Stadtstruktur aus einer Anzahl von zweckmäßig ausgewählten Faktoren. Eine *Erklärung* der Stadtstruktur muß dagegen aus einer Theorie städtischer Zusammenhänge heraus erfolgen. Wird die Regressionsanalyse für die Überprüfung der Theorie eingesetzt, so ist darauf zu achten, daß die Erklärungsfaktoren, für die ein systematischer Zusammenhang mit der Stadtstruktur behauptet wird, keine zu hohe Wechselwirkungen *untereinander* zeigen: Hohe Multikollinearitäten deuten darauf hin, daß für die *Erklärung* eher ein dahinter stehender, gemeinsamer Faktor relevant sein könnte. Für die *Beschreibung* der Stadtstruktur ist das weniger wichtig, da es vor allem auf die gute Übereinstimmung der zahlenmäßigen Darstellung der Stadtstruktur (als abhängiger Variabler) mit der Realität und weniger auf die Isolierung einzelner Einflußfaktoren ankommt.

In der empirischen Forschung muß man im konkreten Fall Kompromisse schließen: Wie schon auf theoretischer Ebene keine klare Trennungslinie zwischen beschreibenden und erklärenden Modellen zu finden ist, so ist bei den Regressionsmodellen diese Unterscheidung noch schwieriger zu treffen, in vielen Fällen praktisch nicht möglich.

Wir werden im folgenden die Stadtstruktur Augsburgs im Rahmen eines Regressionsmodells analysieren. Da wir den ökonometrischen Ansatz nicht aus einer Theorie der Stadtstruktur bzw. aus einem der ökonomischen Stadtmodelle ableiten, können wir im strengen Sinn nicht von einem Ansatz zur "Erklärung" der Stadtstruktur Augsburgs sprechen, mit dem Ursache-Wirkungszusammenhänge aufgedeckt werden. Allerdings werden in der empirischen Forschung die gefundenen Einflußfaktoren häufig als "Erklärungsvariable" bezeichnet. Aus den genannten methodischen Gründen verzichten wir jedoch auf eine Darstellung dieser *pragmatischen* und nicht theoretisch abgeleiteten Ansätze bei der empirischen Überprüfung der *Theorie* der Stadtstruktur. Um uns dort auf die aus den mikroökonomischen *Stadtmodellen ableitbaren* Zusammenhänge beschränken zu können, stellen wir die Regressionsanalyse der Bestimmungsfaktoren der Stadtstruktur allein hier im Abschnitt über die Messung und Erfassung der Stadtstruktur dar.

Wir versuchen im Regressionsmodell, die Stadtstruktur einmal durch tatsächliche Erreichbarkeiten der Nutzungen untereinander, zum anderen durch ihre räumliche, flächenhafte Zuordnung zu beschreiben. Bei den Erreichbarkeiten spielen Weg-Zeit-Entfernungen eine Rolle, damit auch die Güte der Verkehrsinfrastruktur und das nutzenmaximierende Verhalten der Wirtschaftssubjekte, die die Fahrtdauer zu minimieren suchen. Räumliche Zuordnung meint die geographische Konstellation, insbesondere die Nachbarschaft oder Ballung der Nutzungen. Beide Arten der Beschreibung unterscheiden sich zwar inhaltlich und könnten damit auch gemeinsam getestet werden. Die konkreten erklärenden Variablen der beiden Ansätze sind jedoch miteinander korreliert, so daß es methodisch sinnvoll erscheint, sie getrennt zu überprüfen. Analysemethode war die schrittweise Regression.

Bevor Regressionsanalysen überhaupt möglich sind, ist ein

recht schwieriges Problem zu lösen: Mit welcher Variablen soll die Stadtstruktur in diesen Analysen erfaßt werden? Ohne einen Gesamtindex der Stadtstruktur müssen wir uns mit der Beschreibung von Teilaspekten begnügen: Die räumliche Struktur der Wohnungsnutzung sowie der gewerblichen Nutzung, und alternativ die jeweiligen Dichten werden jeweils als "Stadtstruktur" beschrieben.

Wir wollen die Hypothesen bezüglich des Einflusses der verschiedenen Variablen nicht im einzelnen diskutieren. Ein allgemeiner Überblick genügt, um ihre Plausibilität zu zeigen. Im Erreichbarkeiten-Ansatz wird getestet:
a) wie Weg-Zeit-Entfernungen zu Zonen mit gleicher oder unterschiedlicher Nutzung und
b) wie Maßzahlen der Verkehrsstruktur, der Lagegunst und der Spezialisierung

die räumliche Allokation der Wohnnutzung ("Funktion Wohnen", gemessen durch die Einwohnerzahl) oder die räumliche Allokation der gewerblichen Nutzung ("Funktion Arbeiten", gemessen durch die Zahl der Gesamtbeschäftigten) bzw. deren jeweiligen Dichten beschreiben.

Bei der Überprüfung des Einflusses der räumlichen Zuordnung werden statt der Weg-Zeit-Entfernungsvariablen die Maße der Nähe (mit Luftlinienentfernungen) verwendet.

Folgende Variablen wurden in die Regression einbezogen und in der angegebenen Weise gemessen:[27]

Wohnen: Wohnbevölkerung der Zone,
Wohndichte: Wohnbevölkerung der Zone, bezogen auf die gesamte Fläche der Zone,
Arbeiten: Gesamtbeschäftigte der Zone,
Arbeitsplatzdichte: Gesamtbeschäftigte der Zone, bezogen auf die Zonenfläche,
Z: Luftlinien-Entfernung zum Stadtzentrum,
W: durchschnittliche Weg-Zeit-Entfernung zu den nächstgelegenen Zonen mit Wohnungsnutzung (mindestens 2.000 Personen),
G: durchschnittliche Weg-Zeit-Entfernung zu den nächstgelegenen 5 Zonen mit gewerblicher Nutzung (mindestens 2.000 Beschäftigte);
I: durchschnittliche Luftlinienentfernung zu den nächstgelegenen 5 Zonen mit Industriearbeitsplätzen;
T: durchschnittliche Weg-Zeit-Entfernung zu den nächstgelegenen 5 Zonen mit Nicht-Industriearbeitsplätzen (Tertiärsektor);
T_{60}: durchschnittliche Weg-Zeit-Entfernung zu den Nicht-Industriearbeitsplätzen des umliegenden *räumlichen Sektors*

AB:	(60 Grad Sektor); durchschnittliche Weg-Zeit-Entfernung zur nächsten Ausfallstraße;
VKQu:	Verkehrsqualität der Zone, gemessen nur für den Quellverkehr dieser Zone;
G_w:	Lagegunst einer Zone bezüglich der Wohnungsnutzung
G_G:	Lagegunst einer Zone bezüglich der gewerblichen Nutzung
VKBe:	Verkehrsbelastung einer Zone, gemessen an der Menge des durchfließenden Verkehrs
S_N:	Spezialisierungskoeffizient einer Zone bezüglich aller Nutzungen
F:	Fläche einer Zone, aggregiert aus den gesamten Blockflächen
F_{Bau}:	Fläche einer Zone, aggregiert aus den gesamten Bauflächen;

hinzu kommen folgende Zuordnungsvariablen (Maße der Nähe):

durchschnittliche Entfernungen (m), in der alle
WW: Einwohner 2000 andere Einwohner,
WG: Einwohner 2000 Arbeitsplätze,
GW: Beschäftigte 4000 Einwohner,
WT: Einwohner 2000 Tertiärarbeitsplätze,
GT: Beschäftigte 2000 Tertiärarbeitsplätze,
TT: Tertiärbeschäftigte 2000 Tertiärarbeitsplätze,
TW: Tertiärbeschäftigte 4000 Einwohner,
WZ: Einwohner das Zentrum erreichen können.

Die Ergebnisse der Analysen sind in den folgenden Tabellen dargestellt. Der besseren Vergleichbarkeit halber sind die Regressionskoeffizienten in standardisierter Form angegeben. Es sind nur gesicherte Parameter aufgeführt.

Tab.10: Erreichbarkeiten-Variable zur Beschreibung der intrastädtischen Struktur

Bestimmungs-faktoren	Wohnen		Wohndichte		Arbeiten		Arbeitsplatz-dichte	
Z	-0,18	-0,17	-0,16	-0,16		-0,11		-0,15
W	-0,92	-0,80	-0,74	-0,64	-	-	-	-
G	*)	-	-	-	-0,71	-0,54	-0,34	-0,21
I	-*)				-0,11	-0,11		
T	0,31	0,25	0,30	0,24	0,40	0,28		-0,10
AB	0,08	0,09				0,07		
T_{60}	0,19	0,16			0,31	0,24		
S_N	-	-0,18	-	-0,16	-	0,32	-	0,34
VKQu	0,11	0,12	0,10	0,10				
VKBe	0,32	0,30	0,31	0,30	0,24	0,32	0,28	0,35
F	0,10	0,08	-	-	-	-	-	-
F_{Bau}	-	-	-	-	0,11	0,09	-	-
R^2	50,9	53,3	44,8	46,9	45,0	54,4	28,5	39,1

*) – bedeutet, daß diese Variablen nicht in die Regression einbezogen wurden.
Freigelassene Felder geben an, daß die Parameter nicht gesichert waren.

Tab.11: Zuordnungs-Variable zur Beschreibung der intrastädtischen Struktur

Bestimmungsfaktoren	Wohnen		Wohndichte		Arbeiten		Arbeitsplatzdichte	
WW	0,67		0,50		-		-	
WG	-0,34		-0,29		-		-	
WT		-1,21		-0,87	-		-	
WZ	0,35		0,16				-0,11	
GT					-0,42	-0,69	-0,10	
TT						0,59		
GW					0,28	0,55		
TW					-0,57			
G_w	0,22	0,10	0,23	0,16				
G_g							0,39	0,35
F_{Bau}					0,18	0,13		
VKQu	0,097							
VKBe	0,13		0,27	0,20	0,32	0,38	0,32	0,34
S_N		-0,34		-0,28		0,40		0,33
R^2	19,5	40,9	22,9	36,2	23,2	41,5	33,4	43,5

Es würde zu weit führen, die geschätzten Parameter im einzelnen zu diskutieren, das wäre auch nicht möglich, ohne auf die konkrete räumliche Situation in Augsburg näher einzugehen. Wir wollen jedoch auf einige allgemein bedeutsame Zusammenhänge aufmerksam machen. Da wir standardisierte Regressionskoeffizienten verwenden, sind sie untereinander vergleichbar, und die relative Stärke des Einflusses der verschiedenen Faktoren ist unmittelbar ablesbar.[28] So ergibt sich für die räumliche Struktur der Wohnnutzung die überragende Bedeutung der guten Erreichbarkeit weiterer Wohngebiete (negatives Vorzeichen von W): Die Wohngebiete ballen sich also, eine wegen des Einflusses der Flächennutzungsplanung selbstverständlich naheliegende Beobachtung. Außerdem wird die Nutzungsintensität mit zunehmender Entfernung vom Zentrum geringer (negatives Vorzeichen von Z). Der positive Einfluß von T, also die mit wachsender Entfernung von Zonen mit Tertiärarbeitsplätzen (die sich vor allem im Stadtzentrum befinden) zunehmende Wohnnutzung zeigt, daß Wohnen keine zentralen Standorte besetzt. Der hohe positive Koeffizient für die Variable Verkehrsbelastung (VKBe) der Zone deutet zwar darauf hin, daß die Wohngebiete sich im Durchschnitt um stark befahrene Straßen gruppieren, die Ausfallstraßenvariable läßt allerdings erkennen, daß mit zunehmender Entfernung von Ausfallstraßen (positiver Wert von AB) die Wohnnutzung steigt.

Zonen mit Wohnnutzung sind in bezug auf die Gesamtnutzung nicht besonders stark spezialisiert, so daß sich ein negativer Wert von S_N ergibt. Die Hinzunahme des Spezialisierungskoeffizienten S_N der Zonen erhöht (hier, wie auch bei den anderen räumlichen Nutzungsstrukturen) den "Erklärungsgehalt" der Gleichung: Das Bestimmtheitsmaß R^2 zeigt jeweils, daß ein größerer Teil des Zusammenhangs durch die verwendeten Faktoren bestimmt ist.

Bei der räumlichen Verteilung der Arbeitsplätze läßt ein positiver Koeffizient von S_N erkennen, daß stark spezialisierte Zonen vor allem bei gewerblicher Nutzung vorkommen. Die negativen Vorzeichen der Variablen G und I zeigen auch hier wieder Ballungstendenzen, das positive Vorzeichen von T, daß die Beschäftigungsschwerpunkte entfernt von den Tertiärarbeitsplätzen, also nicht im Stadtzentrum liegen. Hierbei ist anzumerken, daß sich in Augsburg in einzelnen wenigen Zonen sehr hohe Konzentrationen von Industriearbeitsplätzen finden, die die Struktur bestimmen.

Die "Erklärung" der innerstädtischen Struktur durch die Zuordnungs-Variablen, die Maße der (geographischen) Nähe, ist deutlich geringer als die "Erklärung", die sich bei Verwendung der Variablen mit den tatsächlichen Weg-Zeit-Entfernungen in der Stadt ergibt. Allein durch die Hinzunahme des Spezialisierungskoeffizienten S_N wird das R^2 auf akzeptable Werte angehoben.

Außerdem ist festzustellen, daß sich die Nutzungsdichten durch die ausgewählten Bestimmungsfaktoren weniger gut "erklären" lassen als die absoluten Größen der Nutzung, das Bestimmtheitsmaß (R^2) ist generell deutlich niedriger.

Zusammenfassend können wir festhalten: Die Beschreibung der Stadtstruktur durch Regressionsgleichungen ist ein brauchbarer

Weg der Strukturmessung, der die Kennzifferanalyse ergänzen kann: Die weitere Forschung wird sich mit zusätzlichen Bestimmungsfaktoren und verbesserten Meßmethoden, vor allem bei der Messung der räumlichen Zuordnung bzw. der Nachbarschaft von Nutzungen, beschäftigen müssen. Die Verbindung von Beschreibungsmodellen und Erklärungsmodellen ist im Auge zu behalten. Und damit ist die Fortentwicklung der Stadtstrukturtheorie gefordert. Den *Stand* der Theorie, nebst einigen Hinweisen auf neue Ansätze, werden wir im nächsten Kapitel darstellen.

Anmerkungen zum 5. Kapitel

1) Der gesamte Zielkatalog wird im 9. Kapitel dargestellt.
2) Zur Sektoreinteilung vgl. Anhang A.2.
3) Eine Karte mit den Planungsräumen (PLR) und den Stadtbezirken findet sich im Anhang A.3 zu diesem Kapitel.
4) Wir folgen mit dieser Vorgehensweise dem volkswirtschaftlichen (auch in der Kosten – Nutzen – Analyse bekannten) "with – and – without" – Prinzip, bei dem die Allokation der Ressourcen bei Vornahme eines Planungseingriffs mit der Allokation ohne diesen Eingriff verglichen und bewertet wird.
5) Vergleiche auch die Tabellen im Anhang A.1.
6) Vergleiche die Maße der Nähe auf Seite S. 146ff im 4. Kapitel.
7) Die Werte der Maße M43, M44, M45, M46, M47, M48, M49 finden sich im Anhang A.1. Hinweis: Die hier verwendeten Daten sind zonale *Beschäftigtendaten*. Kennt man die durchschnittliche Betriebsgröße der Zonen, so weiß man damit ohne weiteres, wie viele Betriebsstätten im Durchschnitt die vorgegebene Zahl erreichbarer Arbeitsplätze anbieten.
8) Selbstverständlich hängt es vom jeweiligen konkreten Fall ab, welche Einzelsektoren man explizit herausgreift.
9) Vgl. die Maße M3, M5, M6, M7, M8 M10, M13 – M18, M22 – M26, M28, M29, M35 – M37, M40 im Anhang A.1.
10) Die Entropiemaße der Einzelauswertung Einzelhandel, allgemeinbildende Schulen, Ärzte, Chemie, Krankenhäuser, Kunst und Kultur, Maschinenbau und Gaststättengewerbe bleiben unverändert. Interessant ist der Vergleich dieser Entropiemaße untereinander: Relativ nahe der Gleichverteilung liegen Gaststätten (0.2263), Einzelhandelsgeschäfte (0.2629) und Arzt – und Zahnarztpraxen (0.2764), einen relativ hohen räumlichen Konzentrationsgrad weisen Kultureinrichtungen (0.7425), Maschinenbauunternehmen (0.7014), Krankenhäuser (0.6597) und chemische Industrie (0.5887) auf; dazwischen liegen allgemeinbildende Schulen (0.3596). Diese Verteilung läßt bereits erste Schlüsse auf Agglomerations – bzw. Deglomerationstendenzen zu.
11) Veränderung der Konzentrationskoeffizienten

	Stadt	PLR 1
Sektor 1	– 0.0027	– 0.0050
Sektor 2	– 0.0032	– 0.0072
Sektor 3	– 0.0023	– 0.0053

12) In der Innenstadt nimmt die Konzentration des Sektors 4 ab.
13) Vgl. Anhang A.1 mit den vollständigen Ergebnissen.
14) Das Modell unterstellt Gleichgewicht auf dem Arbeitsmarkt. Eine Verminderung der Arbeitsplätze wird durch Abnahme

der Einpendler kompensiert.
15) Sektor 1: + 0.0009 gegenüber Lauf 1
    Sektor 2: + 0.0011 gegenüber Lauf 1
    Sektor 3: + 0.0008 gegenüber Lauf 1
16) Sektor 4: - 0.0002 gegenüber Lauf 1.
17) Vgl. Lauf 1.
18) Mit Ausnahme von chemischer Industrie und Maschinenbau.
19) Vgl. die Entropie des Sektors 4 für PLR 4 (Lechhausen – Ost).
20) Entsprechend im PLR 4 um + 82 m für alle Beschäftigten.
21) Der Spezialisierungskoeffizient der gewerblichen Nutzungen nimmt leicht ab.
22) Vgl. Anhang A.1 mit der Tabellenübersicht.
23) Gegenüber Lauf 2.
24) Dies gilt auch für die Tertiärbeschäftigten insgesamt (– 4 m), vgl. M4.
25) Obwohl sowohl M2 wie M3 die räumliche Zuordnung von Wohnungs – und gewerblicher Nutzung messen, macht es doch einen Unterschied, welche Nutzungsart als Ausgangs – und welche als Referenzgröße genommen wird. Die Maße der Nähe tasten nämlich – bildlich gesprochen – *nur* die räumliche Verteilung der Referenzgröße ab. Eine gegenläufige Veränderung von Nähemaßen für Wohnungs – und gewerbliche Nutzung, also z.B. M2 mit der gewerblichen Nutzung als Referenzgröße und M3 mit der Wohnungsnutzung als Referenzgröße, im Verlauf einer Simulation braucht deshalb nicht zu verwundern, weil Wohnungs – und gewerbliche Nutzung in der Regel räumlich unterschiedlich verteilt sind. Eine gegenläufige Veränderung ist damit selbst dann möglich, wenn die Werte der Bezugsgröße für M2 und M3 gleich sind.
26) Wenn wir die Begriffe "besser", "schlechter" und ähnliche verwenden, so sind sie als Verkürzung der Beschreibung gemeint. Sie werden hier nicht in einem wertenden Sinn gebraucht, sie beschreiben die Richtung der Veränderung eines Zahlenwertes.
27) Die Definition der Maßzahlen zur Strukturmessung findet sich im 4. Kapitel.
28) Auf das erwähnte Problem der Multikollinearitäten können wir hier nicht eingehen. Es ändert die Argumentation nicht grundsätzlich, würde aber weitere Differenzierungen verlangen.

Anhang zu Kapitel 5

A.1 Tabellen der Maßzahlen
A.2 Sektorenabgrenzung
A.3 Die Planungsräume der Stadt Augsburg und die im Berechnungsbeispiel verwendete Zoneneinteilung

Anhang A.1

Tabellen der Maßzahlen

Spezialisierungskoeffizient der gesamten Nutzungen:

		Status quo	1	Lauf 2	3
Stadt		0.3848	0.3837	0.3839	0.3839
PLR	1	0.3982	0.3937	0.3938	0.3955
	2	0.3154	0.3148	0.3150	0.3143
	3	0.3356	0.3350	0.3352	0.3346
	4	0.3269	0.3262	0.3287	0.3280
	5	0.2870	0.2855	0.2860	0.2848
	6	0.3071	0.3059	0.3036	0.3054
	7	0.4432	0.4432	0.4432	0.4430
	8	0.3652	0.3641	0.3645	0.3635
	9	0.2761	0.2745	0.2750	0.2738
	10	0.3351	0.3334	0.3339	0.3326

Spezialisierungskoeffizient der gewerblichen Nutzungen:

		Status quo	1	Lauf 2	3 [1]
Stadt		0.3535	0.3517	0.3523	0.3521
PLR	1	0.3747	0.3717	0.3719	0.3719
	2	0.3906	0.3908	0.3907	–
	3	0.3452	0.3450	0.3451	–
	4	0.3332	0.3331	0.3333	–
	5	0.4104	0.4087	0.4093	–
	6	0.4307	0.4294	0.4298	–
	7	0.4322	0.4322	0.4322	–
	8	0.3172	0.3167	0.3169	–
	9	0.2969	0.2963	0.2965	–
	10	0.3208	0.3202	0.3204	–

[1] " – " bedeutet: keine Veränderung gegenüber Status quo

Entropie von Sektor 1, 2, 3:[1)]

		Sektor		
		1	2	3
Stadt		0.2046	0.1778	0.3045
PLR	1	0.1349	0.1623	0.2395
	2	0.1899	0.1487	0.3830
	3	0.4250	0.1361	0.3557
	4	0.2276	0.2538	0.4333
	5	0.1385	0.1290	0.3958
	6	0.2454	0.1319	0.2924
	7	0.2216	0.2834	0.3327
	8	0.2603	0.1893	0.6004
	9	0.2340	0.1298	0.6756
	10	0.3271	0.1976	0.7684

[1)] Bleibt bei allen drei Simulationsläufen unverändert.

Entropie des Sektors 4:

		Status quo	Lauf		
			1	2	3
Stadt		0.2141	0.2142	0.2141	0.2141
PLR	1	0.1256	0.1233	0.1233	0.1233
	2	0.2164	–	–	–
	3	0.4217	–	–	–
	4	0.2338	–	0.2399	0.2399
	5	0.2596	–	–	–
	6	0.3674	–	–	–
	7	0.3021	–	–	–
	8	0.5927	–	–	–
	9	0.1145	–	–	–
	10	0.4035	–	–	–

Entropie der gewerblichen Nutzung:

		Status quo	Lauf		
			1	2	3
Stadt		0.1330	0.1332	0.1331	0.1331
PLR	1	0.0672	0.0686	0.0686	0.0686
	2	0.1198	–	–	–
	3	0.2562	–	–	–
	4	0.1567	–	0.1585	0.1585
	5	0.0969	–	–	–
	6	0.0944	–	–	–
	7	0.1599	–	–	–
	8	0.3975	–	–	–
	9	0.0926	–	–	–
	10	0.2299	–	–	–

Entropie der Wohnnutzung:

		Status quo	1	Lauf 2	3
Stadt		0.0600	–	–	0.0602
PLR	1	0.0808	–	–	0.0824
	2	0.0861	–	–	–
	3	0.0932	–	–	–
	4	0.0919	–	–	–
	5	0.0426	–	–	–
	6	0.1205	–	–	–
	7	0.1637	–	–	–
	8	0.1249	–	–	–
	9	0.0582	–	–	–
	10	0.1281	–	–	–

Entropie der Gesamtnutzung:

		Status quo	1	Lauf 2	3
Stadt		0.0404	–	0.0403	–
PLR	1	0.0237	0.0241	0.0241	0.0239
	2	0.0690	–	–	–
	3	0.0848	–	–	–
	4	0.0513	–	0.0505	0.0505
	5	0.0358	–	–	–
	6	0.0924	–	–	–
	7	0.0699	–	–	–
	8	0.1292	–	–	–
	9	0.0543	–	–	–
	10	0.1264	–	–	–

Entropie der Sektoren:

	Status quo [1] [2]
Einzelhandel	0.2629
Allgemeinbildende Schulen	0.3596
Arztpraxen	0.2764
Chemische Industrie	0.5887
Krankenhäuser	0.6597
Kunst – und Kulturbetriebe	0.7425
Maschinenbau	0.7014
Gastgewerbe	0.2263

[1] Die Werte ändern sich nicht während der Simulation
[2] Gesamtstädtische Werte.

Konzentrationskoeffizient des Sektors 1:

		Status quo	1	Lauf 2	3
Stadt		0.4801	0.4774	0.4783	0.4783
PLR	1	0.3637	0.3587	0.3587	0.3587
	2	0.4207	–	–	–
	3	0.6808	–	–	–
	4	0.5948	–	0.6036	0.6036
	5	0.3232	–	–	–
	6	0.4724	–	–	–
	7	0.5818	–	–	–
	8	0.6358	–	–	–
	9	0.3266	–	–	–
	10	0.3020	–	–	–

Konzentrationskoeffizient des Sektors 2:

		Status quo	1	Lauf 2	3
Stadt		0.3974	0.3942	0.3953	0.3953
PLR	1	0.3299	0.3227	0.3227	0.3227
	2	0.3001	–	–	–
	3	0.5402	–	–	–
	4	0.3495	–	0.3637	0.3637
	5	0.1957	–	–	–
	6	0.2344	–	–	–
	7	0.5485	–	–	–
	8	0.6771	–	–	–
	9	0.1322	–	–	–
	10	0.3131	–	–	–

Konzentrationskoeffizient des Sektors 3:

		Status quo	1	Lauf 2	3
Stadt		0.5576	0.5553	0.5561	0.5561
PLR	1	0.4266	0.4213	0.4213	0.4213
	2	0.7143	–	–	–
	3	0.7272	–	–	–
	4	0.7480	–	0.7534	0.7534
	5	0.6342	–	–	–
	6	0.5834	–	–	–
	7	0.6575	–	–	–
	8	0.7303	–	–	–
	9	0.6367	–	–	–
	10	0.7312	–	–	–

Konzentrationskoeffizient des Sektors 4:

		Status quo	1	Lauf 2	3
Stadt		0.3299	0.3305	0.3303	0.3303
PLR	1	0.3734	0.3712	0.3712	0.3712
	2	0.2028	–	–	–
	3	0.2081	–	–	–
	4	0.2599	–	0.2594	0.2594
	5	0.3313	–	–	–
	6	0.3951	–	–	–
	7	0.2551	–	–	–
	8	0.1885	–	–	–
	9	0.2954	–	–	–
	10	0.3084	–	–	–

Konzentrationskoeffizient des Sektors Einzelhandel:

		Status quo	1	Lauf 2	3
Stadt		0.5156	0.5131	0.5140	0.5140
PLR	1	0.2280	0.2314	0.2314	0.2366
	2	0.2900	–	–	–
	3	0.3596	–	–	–
	4	0.4218	–	0.4245	0.4245
	5	0.3587	–	–	–
	6	0.3541	–	–	–
	7	0.3381	–	–	–
	8	0.4319	–	–	–
	9	0.2631	–	–	–
	10	0.3253	–	–	–

Konzentrationskoeffizient von allgemeinbildenden Schulen:

		Status quo	1	Lauf 2	3
Stadt		0.7928	0.7931	0.7934	0.7934
PLR	1	0.3275	0.3278	0.3278	0.3268
	2	0.0919	–	–	–
	3	0.2570	–	–	–
	4	0.1483	–	0.1535	0.1535
	5	0.0407	–	–	–
	6	0.0475	–	–	–
	7	0.3067	–	–	–
	8	0.2823	–	–	–
	9	0.0243	–	–	–
	10	0.0191	–	–	–

Konzentrationskoeffizient der Sektoren[1)]
- Arztpraxen
- Chemische Industrie
- Krankenhäuser
- Kunst- und Kulturbetriebe
- Maschinenbau
- Gastgewerbe

	Status quo	1	Lauf 2	3
Arztpraxen	0.5907	0.5884	0.5892	0.5892
Chemische Industrie	0.8606	0.8601	0.8603	0.8603
Krankenhäuser	0.9395	0.9391	0.9393	0.9393
Kunst- u. Kulturbetriebe	0.8443	0.8436	0.8439	0.8439
Maschinenbau	0.8388	0.8379	0.8382	0.8382
Gastgewerbe	0.5540	0.5528	0.5535	0.5535

Konzentrationskoeffizient
- für alle Beschäftigten
- für die Wohnbevölkerung

	Status quo	1	Lauf 2	3
Beschäftigte	0.3801	0.3804	0.3804	0.3817
Wohnbevölkerung	0.2415	0.2400	0.2405	0.2400

[1)]Gesamtstädtische Werte

Die Maße der Nähe[1)2)]

M 1

	Status quo	1	Lauf 2	3
Stadt	470	–	–	468
Zone 184	566	–	–	312
PLR 1	330	–	–	325
2	349	–	–	–
3	403	–	–	–
4	505	–	–	–
5	725	–	–	–
6	610	–	–	–
7	358	–	–	–
8	468	–	–	–
9	507	–	–	–
10	818	–	–	–

[1)]Vgl. die Definitionen auf Seite 146ff.
[2)]Alle Angaben in Meter.

M 2

		Status quo	1	Lauf 2	3
Stadt		1206	1207	1204	1201
Zone	184	472	754	754	754
PLR	1	419	424	424	433
	2	724	–	–	–
	3	743	–	–	–
	4	1278	–	1255	1255
	5	3190	–	–	–
	6	1400	–	–	–
	7	658	–	–	–
	8	924	–	–	–
	9	1811	–	–	–
	10	2996	–	–	–

M 3

		Status quo	1	Lauf 2	3
Stadt		1076	1079	1085	1084
Zone	184	688	–	–	511
PLR	1	616	615	615	613
	2	572	–	–	–
	3	1057	–	–	–
	4	2575	–	2605	2605
	5	1559	–	–	–
	6	1557	–	–	–
	7	2343	–	–	–
	8	876	–	–	–
	9	769	–	–	–
	10	1070	–	–	–

M 4

		Status quo	1	Lauf 2	3
Stadt		1723	–	–	1719
Zone	184	995	–	–	–
PLR	1	582	–	–	593
	2	1087	–	–	–
	3	1126	–	–	–
	4	1923	–	–	–
	5	4267	–	–	–
	6	2129	–	–	–
	7	1109	–	–	–
	8	1513	–	–	–
	9	2635	–	–	–
	10	3702	–	–	–

M 5

	Status quo	1	Lauf 2	3
Stadt	606	607	608	608
Zone 184	472	754	754	754
PLR 1	272	270	270	270
2	636	–	–	–
3	488	–	–	–
4	1441	–	1421	1421
5	2414	–	–	–
6	1564	–	–	–
7	1098	–	–	–
8	499	–	–	–
9	1706	–	–	–
10	2474	–	–	–

M 6

	Status quo	1	Lauf 2	3
Stadt	1278	1280	1291	1291
Zone 184	995	–	–	–
PLR 1	453	445	445	445
2	1036	–	–	–
3	1472	–	–	–
4	2817	–	2904	2904
5	4374	–	–	–
6	2277	–	–	–
7	2942	–	–	–
8	1493	–	–	–
9	2482	–	–	–
10	3098	–	–	–

	M7[1]) Status quo	M8[1]) Status quo	M11[1]) Status quo
Stadt	803	798	1781
Zone 184	995	688	993
PLR 1	291	587	625
2	1029	546	1951
3	1193	867	2916
4	1974	1819	6332
5	4082	1309	6333
6	2436	1687	4366
7	1473	1235	2180
8	1531	936	3127
9	2412	756	4243
10	3216	1105	3764

[1]) M7, M8, M11 werden durch die Simulation nicht verändert.

M 9

	Status quo	1	Lauf 2	3
Stadt	2841	–	–	2831
Zone 184	993	–	–	–
PLR 1	893	–	–	896
2	2025	–	–	–
3	2849	–	–	–
4	3323	–	–	–
5	6160	–	–	–
6	3293	–	–	–
7	2021	–	–	–
8	3001	–	–	–
9	4422	–	–	–
10	3957	–	–	–

M 10

	Status quo	1	Lauf 2	3
Stadt	2356	2366	2387	2387
Zone 184	993	–	–	–
PLR 1	803	800	800	800
2	1906	–	–	–
3	2522	–	–	–
4	8075	–	8157	8157
5	6663	–	–	–
6	4061	–	–	–
7	3255	–	–	–
8	3219	–	–	–
9	4300	–	–	–
10	3627	–	–	–

M 12

	Status quo	1	Lauf 2	3
Stadt	549	–	–	547
Zone 184	118	–	–	–
PLR 1	379	–	–	373
2	516	–	–	–
3	635	–	–	–
4	664	–	–	–
5	1027	–	–	–
6	493	–	–	–
7	424	–	–	–
8	337	–	–	–
9	545	–	–	–
10	318	–	–	–

Maße der Nähe

	a) Gesamt-stadt b) Zone 184	Status quo	1	Lauf 2	3
M 13	a)	808	–	–	–
M 13	b)	1011	–	–	–
M 14	a)	496	–	–	–
M 14	b)	867	–	–	–
M 15	a)	872	–	–	–
M 15	b)	1164	–	–	–
M 16	a)	1721	–	–	–
M 16	b)	1011	–	–	–
M 17	a)	471	–	–	–
M 17	b)	867	–	–	–
M 18	a)	1533	–	–	–
M 18	b)	1164	–	–	–
M 19	a)	985	–	–	–
M 19	b)	*	–	–	–
M 20	a)	540	–	–	–
M 20	b)	*	–	–	–
M 21	a)	624	–	–	–
M 21	b)	*	–	–	–
M 22	a)	282	286	282	282
M 22	b)	112	545	545	545
M 23	a)	422	–	–	–
M 23	b)	566	–	–	312
M 24	a)	1326	–	–	–
M 24	b)	993	–	–	–
M 25	a)	601	–	–	600
M 25	b)	566	–	–	312
M 26	a)	2157	–	–	–
M 26	b)	993	–	–	–
M 27	a)	1325	–	–	–
M 27	b)	*	–	–	–
M 28	a)	1088	1096	1101	1100
M 28	b)	566	–	–	312
M 29	a)	2938	2967	3007	3007
M 29	b)	993	–	–	–
M 30	a)	3006	–	–	2996
M 30	b)	1203	–	–	–
M 31	a)	1526	–	–	1523
M 31	b)	946	–	–	–
M 32	a)	2859	–	–	2850
M 32	b)	1347	–	–	–
M 33	a)	1305	1308	1301	1298
M 33	b)	223	648	698	698
M 34	a)	365	–	–	–
M 34	b)	1021	–	–	–
M 35	a)	138	–	–	–
M 35	b)	766	–	–	–
M 36	a)	309	–	–	–
M 36	b)	448	–	–	145
M 37	a)	1702	–	–	–
M 37	b)	993	–	–	–
M 38	a)	125	–	–	–
M 38	b)	*	–	–	–
M 39	a)	594	–	–	–
M 39	b)	880	–	–	–

Maße der Nähe

	a) Gesamt-stadt b) Zone 184	Status quo	1	Lauf 2	3
M 40	a)	325	–	–	324
M 40	b)	448	–	–	145
M 41	a)	88	–	–	–
M 41	b)	*	–	–	–
M 42	a)	75	–	–	–
M 42	b)	*	–	–	–
M 43	a)	618	–	–	619
M 43	b)	766	–	–	–
M 44	a)	1798	–	–	1793
M 44	b)	993	–	–	–
M 45	a)	920	–	–	919
M 45	b)	814	–	–	–
M 46	a)	3006	–	–	2998
M 46	b)	1654	–	–	–
M 47	a)	3297	–	–	3290
M 47	b)	2095	–	–	–
M 48	a)	4422	–	–	4403
M 48	b)	1124	–	–	–
M 49	a)	1708	–	–	1704
M 49	b)	880	–	–	–
M 50	a)	1917	–	–	1910
M 50	b)	680	–	–	–

Lagegunst der Wohnnutzung:

	Status quo	1	Lauf 2	3
Stadt	9.85549	9.86133	9.86483	9.82855
Zone 184	4.27645	4.56182	4.55107	4.35824
PLR 1	8.6532	8.7214	8.7121	8.6806
2	8.9955	8.9902	9.0259	8.9305
3	10.6963	10.7403	10.7181	10.7286
4	20.6061	20.8456	20.7807	20.8542
5	14.1901	14.2773	14.2851	14.6953
6	14.5246	14.8433	14.8012	14.6953
7	10.7332	10.8442	10.8293	10.7529
8	9.7385	9.7658	9.7716	9.7471
9	12.4760	12.6305	12.5403	12.5246
10	6.1742	6.2263	6.2116	6.2315

Belastungsabhängige Verkehrsqualität:

	Status quo	1	Lauf 2	3
Stadt	10.4834	10.5799	10.5996	10.5733
Zone 184	12.6680	12.8741	12.8586	12.6763
PLR 1	5.6676	5.6904	5.6572	5.7681
2	16.7367	16.4207	16.9725	16.4447
3	7.4521	7.5033	7.4907	7.5464
4	14.2910	14.3281	14.0038	14.1252
5	15.3951	15.1867	15.2520	15.2402
6	8.6505	9.0559	9.0584	8.5081
7	3.5642	3.6511	3.6789	3.5858
8	10.0807	9.9309	10.0930	10.0149
9	15.2839	15.3874	15.3067	15.3310
10	11.2886	11.3772	11.3184	11.3736

Anhang A.2

Sektorenabgrenzung unter Verwendung der Wirtschaftszweigsystematik für die Arbeitsstättenzählung 1970

Sektor 1: *Öffentliche und private Dienstleistungen*
  Wissenschaft, Bildung, Erziehung und Sport
  Kunst, Theater, Film, Rundfunk und Fernsehen
  Verlags-, Literatur- und Pressewesen
  Gesundheitswesen, Veterinärwesen
  Rechtsberatung, Wirtschaftsberatung und -prüfung
  Architektur- und Ingenieurbüros, Laboratorien und ähnliche Institute
  Wirtschaftswerbung (ohne Ausstellungs- und Messewesen)
  Grundstücks- und Wohnungswesen, Vermögensverwaltung
  Sonstige Dienstleistungen
  Organisationen ohne Erwerbscharakter

Sektor 2: *Groß- und Einzelhandel, Banken u.ä.*
  Großhandel, Handelsvermittlung, Einzelhandel
  Kredit- und sonstige Finanzierungsinstitute
  Gaststätten- und Beherbergungsgewerbe
  Wäscherei und Reinigung (einschl. Schornsteinfegergewerbe)
  Friseur- und sonstige Körperpflegegewerbe

Sektor 3: *Öffentliche und private Verwaltung*
  Gebietskörperschaften, Sozialversicherung
  Versicherungsgewerbe
  Deutsche Bundespost

Sektor 4: *Handwerk, Industrie, Bau*
  Energiewirtschaft und Wasserversorgung
  Bergbau
  Verarbeitendes Gewerbe (ohne Baugewerbe)
  Baugewerbe
  Verkehr und Nachrichtenübermittlung (ohne Deutsche Bundespost)

Weitere Untergliederung in ausgewählten Sektoren

Sektor 5: *Einzelhandel*
  Einzelhandel

Sektor 6: *Schulen*
    Allgemeinbildende Schulen, Kindergärten und -horte
    - als Dienstleistungen, soweit von Unternehmen und freien Berufen erbracht
    - Organisationen ohne Erwerbscharakter
    - Gebietskörperschaften

Sektor 7: *Ärzte*
    Arztpraxen (ohne Zahn - und Tierarztpraxen)
    Zahnarztpraxen

Sektor 8: *Chemie*
    Chemische Industrie (einschl. Kohlenwertstoffindustrie und Mineralölverarbeitung
    Kunststoff - , Gummi - und Asbestverarbeitung

Sektor 9: *Krankenhäuser*
    Krankenhäuser, Kliniken und Sanatorien
    - als Dienstleistungen, soweit von Unternehmen und freien Berufen erbracht
    - Organisationen ohne Erwerbscharakter
    - Gebietskörperschaften
    - Sozialversicherung

Sektor 10: *Kunst*
    Theater und Opernhäuser, Filmtheater
    - als Dienstleistungen, soweit von Unternehmen und freien Berufen erbracht
    Theater und Opernhäuser
    Sonstige Unterrichtsanstalten, Museen, Volkshochschulen und ähnliche Bildungsstätten
    - Organisationen ohne Erwerbscharakter
    - Gebietskörperschaften

Sektor 11: *Maschinenbau*
    Maschinenbau (ohne Herstellung von Büromaschinen)

Sektor 12: *Gastgewerbe*
    Hotels und Gasthöfe, Gast - und Speisewirtschaften
    Cafes, Bars, Tanz - und Vergnügungslokale
    Eisdielen, Trink - und Imbißhallen

Anhang A.3

Die Planungsräume der Stadt Augsburg

Um die vorstehenden Interpretationen zu erleichtern, wird der oben betrachtete Planungsraum 1 (Innenstadt) den entsprechenden Stadtbezirken gegenübergestellt. Planungsraum 1 umfaßt folgende Stadtbezirke:

1 Lechviertel
2 Innenstadt
3 Bahnhofs – und Bismarckviertel
4 Georgs – und Kreuzviertel
5 Stadtjägerviertel
7 Bleich und Pfärrle
8 Jakobervorstadt – Nord
9 Jakobervorstadt – Süd
10 Am Schäfflerbach. Stadtbezirk 10 entspricht der Zone 184.

Mit den Ziffern 1 bis 10 in der Karte sind die Planungsräume bezeichnet.

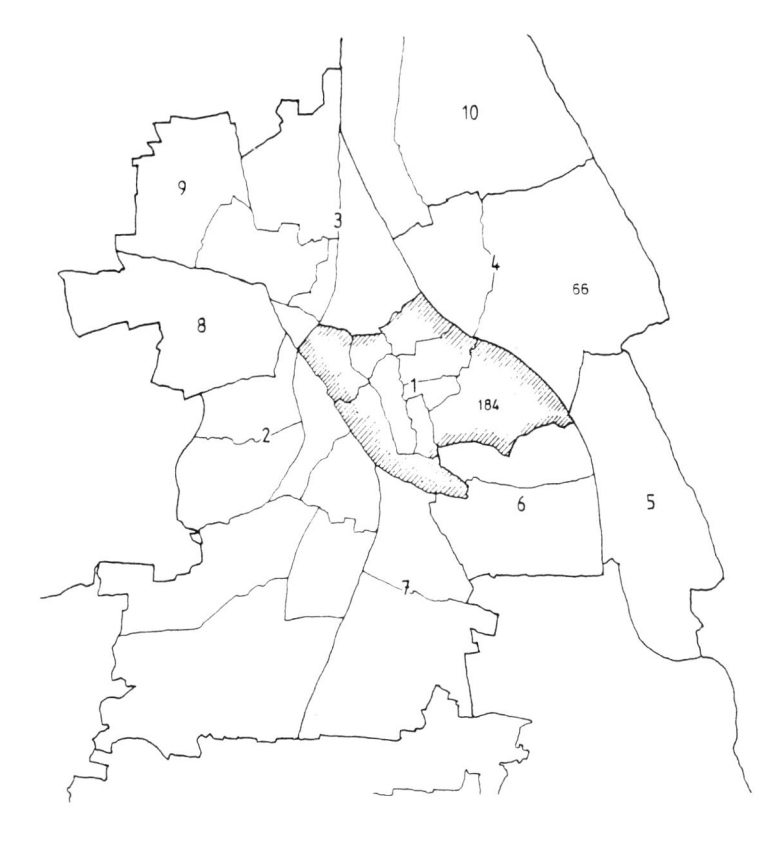

Abbildung 19

Literaturverzeichnis

Akademie für Raumforschung und Landesplanung: Zur Ordnung der Siedlungsstruktur. Forschungs – und Sitzungsberichte Band 85. Hannover 1974

Akademie für Raumforschung und Landesplanung: Methoden der empirischen Regionalforschung (1.Teil). Forschungs – und Sitzungsberichte Band 87. Hannover 1973

Akademie für Raumforschung und Landesplanung: Methoden der empirischen Regionalforschung (2.Teil). Forschungs – und Sitzungsberichte Band 105. Hannover 1975

Allen, K.; Yuill, D.: Small Area Employment Forecasting. Data and Problems. Aldershot 1978

Bahrenberg, G.; Fischer, M.M.; Nijkamp, P. (eds.): Recent Developments in Spatial Data Analysis. Methodology, Measurement, Models. Aldershot, Brookfield 1984

Berry, B.J.(ed.): City Classification Handbook: Methods and Applications. New York, London, u.a. 1972

Boustedt, D.: Grundriß der empirischen Regionalforschung
  Teil I: Raumstrukturen, Taschenbücher zur Raumplanung Band 4. Hannover 1975
  Teil III: Siedlungsstrukturen, Taschenbücher zur Raumplanung Band 6. Hannover 1976

Catanese, A.J.: Scientific Methods of Urban Analysis. Urbana, Chicago 1972

Chorley, R.J.; Haggett, P. (eds.): Socio – Economic Models in Geography. London 1967

Cliff, A.D.; Haggett, P.; Ord, J.K.; Bassett, K.A.; Davies, R.B.: Elements of Spatial Structure. A Quantitative Approach. Cambridge, London, u.a. 1975

Grundmann, W.; Holdhaus, R. u.a.: Mathematische Methoden zur Standortbestimmung. Berlin 1967

Güßefeldt, J.: Kausalmodelle in Geographie, Ökonomie und Soziologie. Berlin, Heidelberg, u.a. 1988

Haggett, P.: Locational Analysis in Human Geography. London 1965

Haggett, P.; Chorley, R.J.: Network Analysis in Geography. London 1974 (1. Aufl. 1969)

Hutchinson, B.; Batty, M. (eds.): Advances in Urban Systems Modelling. Amsterdam, New York, Oxford, Tokio 1986

Isard, W.: Methods of Regional Analysis; an Introduction to Regional Science. 4th Reprint, Cambridge, Mass.; London 1966

Kau, J.B.; Lee, C.F.; Sirmans, C.F.: Urban Econometrics: Model Developments and Empirical Results. Greenwich, Conn.; London 1986

Lee, C.: Models in Planning. Oxford, New York, u.a. 1973
Lynch, K.: Das Bild der Stadt. Bauwelt Fundamente 16. Berlin, Frankfurt a.M. 1965
Martin, R.L.; Thrift, N.J.; Bennett, R.J. (eds.): Towards the Dynamic Analysis of Spatial Systems. London 1978
Moholy – Nagy, S.: Die Stadt als Schicksal. Geschichte der urbanen Stadt. München 1968
Müller, J.H.: Methoden zur regionalen Analyse und Prognose. Taschenbücher zur Raumplanung Band 1. Hannover 1973
Paelinck, J.H.; Nijkamp, P.: Operational Theory and Method in Regional Economics. London 1985
Panerai, P.; Castex, J.; Depaule, J. – C.: Vom Block zur Zeile. Wandlungen der Stadtstruktur. Bauwelt Fundamente 66. Braunschweig 1985
Peters, P.: Stadt für Menschen. Ein Plädoyer für das Leben in der Stadt. München 1973
Pocock, D.; Hudson, R.: Images of the Urban Enviroment. London, u.a. 1978
Rogers, A.: Statistical Analysis of Spatial Dispersion – the Quadrat Method. London 1974
Schneider, M. (Hrsg.): Information über Gestalt. Textbuch für Architekten und andere Leute. Bauwelt Fundamente 44. 2. Auflage. Braunschweig 1986
Schumpp, M.: Stadtbau – Utopien und Gesellschaft. Der Bedeutungswandel utopischer Stadtmodelle unter sozialem Aspekt. Bauwelt Fundamente 32. Gütersloh 1972
Trieb, M.: Stadtgestaltung Theorie und Praxis. Bauwelt Fundamente 43. Düsseldorf 1974
Wilson, A.G.; Kirby M.J.: Mathematics for Geographers and Planners. Contemporary Problems in Geography. Oxford 1975
Wilson, A.G.; Rees, P.H.; Leigh, C.M. (eds.): Models of Cities and Regions. Chichester, u.a. 1977
Wolf, K.; Schwanzer, W.; Steingrube, W.: Urbanisierung und Suburbanisierung – Ursachen und Folgen für den Verdichtungsraum, Beispiel Rhein – Main.
in: Wolf, K.; Schymik, F.; Jurczek, P. (Hrsg.): Der Verdichtungsraum in Regionalforschung und zukünftiger Raumordnung. Beispiel Rhein – Main – Gebiet. Rhein – Mainische Forschung, Heft 98. Frankfurt a.M. 1983

Teil IV: Einzelwirtschaftliches Standortverhalten, Stadtstruktur und Stadtgröße: Zur einzelwirtschaftlichen Bewertung der Stadt

6. Kapitel: Theoretische Darstellung

1. Einzelwirtschaftliche Standortentscheidungen in der Stadt: Allgemeiner Überblick

Die Stadtstruktur ist das Ergebnis einzelwirtschaftlichen Standortverhaltens und gleichzeitig dessen wesentlicher Bestimmungsfaktor. Wie in diesem Kapitel gezeigt werden soll, ist Grundlage der Standortentscheidung eines Unternehmens oder eines Haushalts die einzelwirtschaftliche Bewertung von Standortalternativen innerhalb der Stadtstruktur, die mit dem Ziel eines optimalen – gewinnmaximalen oder nutzenmaximalen – oder eines gewisse Ansprüche befriedigenden Standorts vorgenommen wird. Für die Entscheidung spielen immer Entfernungen – wegen der damit verbundenen Transportkosten – und flächenhafte Nachbarschaften – wegen der damit verbundenen (externen) Agglomerationsvorteile oder -nachteile – sowie die Größe der unter den gegebenen Umständen möglichen und von den einzelwirtschaftlichen Zielen her optimalen Flächenausdehnung (Grundstücksgröße) eine zentrale Rolle. *Die einzelwirtschaftliche Standortentscheidung* basiert auf einzelwirtschaftlichen Vorstellungen über die Stadtstruktur, in wissenschaftlicher Betrachtung impliziert dies *grundsätzlich die Lösung von Problemen der Messung der Stadtstruktur*, wie sie im III. Teil des Buches besprochen wurden.

Wir werden zunächst das Grundproblem des einzelwirtschaftlichen Standortverhaltens darstellen und erst später auf die modelltheoretische Abbildung im Rahmen der Stadtökonomie eingehen. Vorher betrachten wir in einer weniger formalen Weise die Standortentscheidung als Problem, das im Rahmen des Preismechanismus auf dem Bodenmarkt gelöst wird. Dabei spielen auch nichtmarktliche Entscheidungsmechanismen, welche Einfluß auf die Stadtstruktur haben, insbesondere die staatliche (kommunale) Flächennutzungsplanung und die Infrastrukturplanung eine Rolle. Deshalb ist es wichtig, das Verhältnis von *einzelwirtschaftlicher* Bewertung der Stadtstruktur (im Rahmen des Standortverhaltens von Unternehmen und Haushalten) und *gesamtwirtschaftlicher Bewertung* an Hand gesellschaftlicher (kommunaler) Zielvorstellungen über die Stadtentwicklung zu diskutieren. Wir werden uns in diesem Kapitel auf die einzelwirtschaftliche Betrachtung beschränken und zu Beginn des achten Kapitels auf die Zusammenhänge von einzelwirtschaftlicher und gesamtwirtschaftlicher Bewertung der Stadtstruktur eingehen.

Die einzelwirtschaftliche Beurteilung von Stadtstrukturen bildet den *Ausgangspunkt* zur Klärung folgender Fragen:

- Wie wird – bei gegebener Struktur – für einzelne Aktivitäten der optimale Standort gefunden?
- Welche Stadtstrukturen ergeben sich aus den Marktprozessen und dem Zusammenwirken von Einzelentscheidungen?
- Wie verändern sich diese Strukturen im Zeitablauf durch einzelwirtschaftliche Anpassungen?
- Welches sind die Kosten und Nutzen für die einzelnen Aktivitäten bei verschiedenen Stadtstrukturen in einzelwirtschaftlicher Betrachtung, und wie ändert sich dieses Bild bei gesamtwirtschaftlicher Betrachtung?
- Wie kann die Strukturentwicklung mittelbar über eine Einflußnahme auf die Einzelentscheidungen gesteuert werden?

Das *grundlegende Problem* für die Beantwortung dieser Fragen liegt in folgendem Zusammenhang: Die Stadtstruktur ist, wie angedeutet, einerseits das Ergebnis einer Vielzahl von Einzelentscheidungen von Unternehmen, Haushalten und der öffentlichen Hand im Zeitablauf, andererseits ist sie – verstanden als Überlagerung von Form-, Netz-, Nutzungs-, Lage-, Dichte- und baulich-physischer Struktur – wesentlicher Einflußfaktor eben dieser Standortentscheidungen. Die Wechselwirkungen von Standortentscheidungen und Stadtstruktur vollziehen sich im Zeitablauf in einem permanenten Anpassungsprozeß. Die Langlebigkeit der Bausubstanz und der Netzinfrastruktur sowie externe Nachbarschaftseffekte führen dabei möglicherweise zu kumulativen Prozessen, die sich zum Beispiel in sozialer Subzentrenbildung, Suburbanisation, Entstehen von Sanierungsgebieten und Segregation[1] niederschlagen und die im Zeitablauf das Zerbrechen der Stadtstruktur als miteinander verflochtenem Ganzen von Teilstrukturen verursachen können.

Der permanente Anpassungsprozeß läßt sich im Grunde nur in einer dynamischen Ungleichgewichts-Analyse erfassen. Dem Problem versuchen die *Bodennutzungsmodelle* (die ökonomischen Stadtmodelle) vor allem dadurch beizukommen, daß sie die Nutzungsstruktur für eine gesamte Stadt simultan über eine (vorgestellte) Versteigerung städtischen Bodens, der annahmegemäß für alle Nutzungsarten in gleicher Weise geeignet ist, an die jeweils meistbietende Aktivität bestimmen. Dabei wird das Stadtzentrum in seiner Funktion als einziger Beschäftigungs- und Marktort meist vorgegeben, die Transportkosten sind auf Grund der Annahme einer homogenen Fläche in alle Richtungen die gleichen. Auf homogener Transportfläche resultiert eine monozentrische Ringstruktur, wie sie erstmals in dem *sozial-ökologischen* Ansatz von

Burgess[2] zu finden ist. Die Bevölkerungsdichte nimmt mit zunehmender Entfernung vom Zentrum ab. Alonso (1964)[3] hat diese Nutzungsstruktur für die großen Nutzergruppen, Unternehmen und Haushalte, erstmals in einem *ökonomischen* Modell abgeleitet. *Agglomerationsvorteile* in Verbindung mit dem städtischen Verkehrsnetz liefern die erste Modifikation der monozentrischen Ringstruktur. Für *kleine Nutzergruppen* mit anteilsmäßig geringer Nachfrage nach Land würden die von diesen Aktivitäten genutzten Ringe unrealistisch schmal: Führt man für diese Gruppen Agglomerationsvorteile ein, so ergibt sich eine *Zusammenballung* bestimmter Nutzungen in unterschiedlicher Entfernung vom Zentrum. Das gilt allgemein für die Nutzungsarten, sobald man diese in kleine Gruppen disaggregiert betrachtet. So gelangt man zunächst zu den von Hoyt[4] erstmals formulierten *Sektortheorien* städtischer Bodennutzung: Man hat eine Agglomeration von Nutzergruppen in *Sektoren* entlang von Verkehrsachsen statt in (schmalen) Ringen, wobei das Stadtzentrum der Ausgangspunkt für die Sektorgliederung der Stadt bleibt. Die Bedeutung der Entfernung und der Transportkosten wird durch die Einführung von Agglomerationseffekten modifiziert, aber nicht aufgehoben.

Die in der Realität unmittelbar beobachtbare Differenzierung der Stadtfläche in Verbindung mit dem Ausbau eines Verkehrsnetzes hebt die Annahme einer homogenen Transportfläche auf, verändert aber nicht das Prinzip ökonomischen Verhaltens. Da den Kosten des Transports zum Zentrum im ökonomischen Modellansatz zentrale Bedeutung zukommt, führt die Einführung eines konkreten Verkehrsnetzes lediglich zu einer Verzerrung der Nutzungsstruktur entsprechend dem Verlauf der Isodapanen, der Kurven gleichen Transportaufwandes.

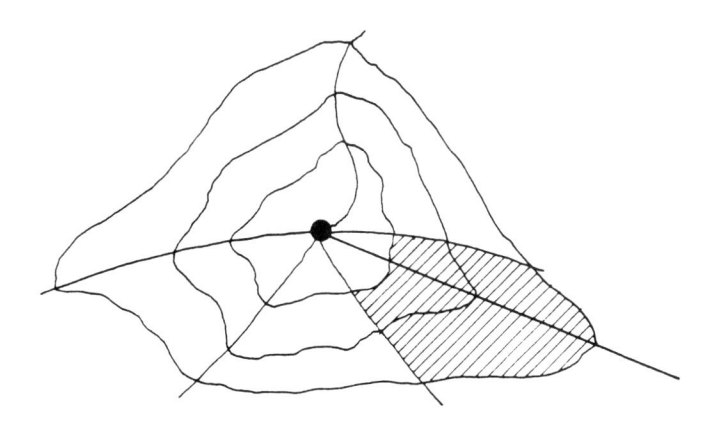

Abbildung 20 : Verzerrung des Ringmodells durch ein Verkehrsnetz und Entstehung eines Sektors

Existieren nicht nur Agglomerationsvorteile, sondern auch in starkem Maße miteinander nicht verträgliche Nutzungsarten (locational antagonism), so entsteht ein System von Nachbarschaften – eine Vielkernstruktur (Harris/Ullmann).[5] Mischtypen dieser Grundstrukturen sind möglich und in der Realität das Übliche.

Welches ökonomische Kalkül der Standortsuchenden steht hinter den Modifikationen des einfachen Ringmodells auf homogener Fläche? Wesentliche zusätzliche *Einflußfaktoren für die Standortentscheidungen* sind neben den Entfernungen zu einem (gedachten oder tatsächlichen) Zentrum der ökonomischen Aktivitäten in der Stadt
- die speziellen *Eigenschaften des Standorts selbst*, wie zum Beispiel die Wohnungsqualität und die Umfeldqualität (Luft, Landschaft, Nachbarn),
- vor allem *Entfernungen* (im Sinne von Zeitdistanzen) zu den *Standorten* ganz bestimmter anderer Wirtschaftseinheiten derselben Aktivität und anderer Aktivitäten ("Bezugspunkte") sowie
- der Grad der *Substituierbarkeit* zwischen diesen Faktoren.

Je nach Art der Aktivität sind Punkte räumlicher Orientierung: Beschaffungs- und Absatzorte von Gütern und Dienstleistungen, Arbeitsplätze, Schulen und Kindergärten, Einkaufsgelegenheiten. Die räumliche Anordnung dieser Bezugspunkte variiert stadtstrukturspezifisch; die erforderlichen Zeit- und Wegkosten hängen wesentlich von der Netzstruktur ab.

Jede Standortentscheidung muß zudem zwangsläufig unter *Unsicherheit* getroffen werden; es besteht unvollkommene Information hinsichtlich der Zahl und der Qualität an sich vorhandener Alternativen. In den Entscheidungsprozeß gehen Erwartungen und Prognosen hinsichtlich zukünftiger Entwicklungen der Stadtstruktur, das heißt zukünftiger "privater" und "öffentlicher" Standortentscheidungen sowie Veränderungen der Netzstruktur ein. Derartige Prognosen sind – vor allem auch aufgrund wechselseitiger Beeinflussungen – möglicherweise der Art, daß sie "sich selbst erfüllen".

Im folgenden stellen wir uns die Stadt als in Zonen eingeteilt vor: so können wir mit einer endlichen Zahl von Standorten argumentieren. Wie sehen die grundlegenden Zusammenhänge einer Standortentscheidung aus? Anzusetzen ist bei der Untersuchung der Standorteigenschaften einzelner Zonen, so wie sie aufgrund des jeweiligen Informationsstandes vom Standortsuchenden gesehen werden. Dieser – immer mehr oder weniger beschränkte – Informationsstand kann natürlich erweitert werden: Das kostet aber "Zeit und Geld", Informationskosten wirken somit ebenfalls als beschränkender Faktor. Man kann sich vorstellen, daß für jede der betrachteten Zonen die räumliche Verteilung und damit die "Entfernung" der "Bezugspunkte" ermittelt wird, wobei die Häufigkeit des Aufsuchens dieser Bezugspunkte ebenfalls ein Aktionsparameter ist. Dann wird die "Qualität" des Standorts in Form von Bodenpreisen, Mieten, (natürlicher und sozialer) Umgebungsqualität geprüft. Aus einem bewertenden Vergleich zwischen den analysierten Zonen wird schließlich der endgültige Standort gewählt.

Folgt man der Interpretation Ullmanns[6], so sind es die Komplementaritäten von Beziehungen bei räumlicher Divergenz ihres Angebots und ihrer Nachfrage im weitesten Sinn sowie die Höhe der (monetären und zeitlichen) *Transportkosten*, welche die räumlichen Interaktionsmuster der verschiedenen Aktivitäten prägen. Vorteile räumlicher Spezialisierung – wie sie für die interne Struktur der Städte und auch die Beziehung zwischen Städten gleicher und unterschiedlicher Größe typisch sind – werden "erkauft" mit höheren Transportkosten zu anderen Aktivitäten. Veränderungen im Transport- und Verkehrsnetz beeinflussen über Veränderungen der Transportkosten die Interaktionsmöglichkeiten und damit die Stadtstruktur und den Spezialisierungsgrad. Die dargestellten räumlichen Beziehungen lassen sich in erweiterten (räumlichen) Input-Output-Tabellen – soweit es sich um produktions- und absatzbedingte Relationen handelt – sowie Interaktionsmatrizen[7] – soweit vor allem Personenströme involviert sind – erfassen. Diese Muster räumlicher Verflechtungen sind für jede Sektorstruktur der Wirtschaft und jede Sozialstruktur der Bevölkerung spezifisch von der räumlichen Stadtstruktur abhängig. Eine unterschiedliche räumliche Anordnung der verschiedenen Aktivitäten führt dazu, daß aufgrund veränderter relativer Zeit- und Wegekosten zwischen bestimmten Aktivitäten jeweils andere Interaktionen oder Interaktionsmuster auftreten.

Die durchschnittliche Erreichbarkeit zentraler Bezugspunkte verringert sich im allgemeinen im *Wachstumsprozeß* einer Stadt, es sei denn, es werden ganz erhebliche Verkehrsinvestitionen vorgenommen. Deshalb kommt es oft zu einer Auslagerung einzelner Aktivitäten zur Peripherie hin und/oder zur Herausbildung von Subzentren.[8]

Standortentscheidungen, die kurzfristig gesehen als optimal erscheinen, sind über größere Zeiträume gesehen, häufig nicht optimal. Das hat seine Ursache teils in der Unvollkommenheit der Information in der Ausgangssituation, vor allem aber in der Tatsache, daß die Stadtstruktur infolge technischen und ökonomischen Wandels einem permanenten Änderungsprozeß unterworfen ist. Da die Langlebigkeit des Baubestandes und die Umzugskosten eine Standortanpassung nur unter hohen Kosten gestatten, versuchen Unternehmen und Haushalte oftmals auf andere Art, derartige Strukturverschiebungen in der Stadt zu kompensieren.

Eine Standortverlagerung oder -spaltung stellt in der Regel die "ultima ratio" der Wirtschaftssubjekte dar. Im Rahmen des wirtschaftlichen Strukturwandels werden Standortentscheidungen jedoch immer wieder unausweichlich. Ein (theoretisches) Modell ohne solche Anpassungsprozesse würde erfordern, daß für den gesamten betrachteten Zeitraum optimale Standorte (ex ante) bestimmt werden und daß schon im voraus bei Strukturwandel alle Wirkungen auf den Standort in die Anfangsüberlegungen einbezogen werden könnten. Ob sich in derartigen Modellen Veränderungen der Bevölkerungs- und Nachfragestruktur sowie der Alterungsprozeß der Bausubstanz zufriedenstellend einbauen lassen, erscheint höchst fraglich.

In der Realität sind spätere Entscheidungen über *Standortanpassungen der verschiedenen Aktivitäten* erforderlich, weil
- Standortentscheidungen zeitlich nacheinander getroffen werden und sich somit die Entscheidungsgrundlage erst im Lauf der Zeit mehr oder weniger verändert,
- sich im Entwicklungsprozeß einer Stadt deren räumliche Struktur wandelt,
- Produktionsprozesse und produzierte Güter sich durch technischen Fortschritt ständig erneuern und
- sich im Zeitablauf die Bevölkerungs- und Nachfragestruktur (Lebenszyklus, Wohnflächenbedarf, Aktivitätsmuster, Sozialstruktur) auch in ihrer räumlichen Ausprägung verschiebt.

Bezugspunkte, die in einer bestimmten Phase von zentraler Bedeutung sind (Kindergarten, Schule, Arbeitsplatz), treten in eine spätere Phase zurück (zum Beispiel hinter solche wie dem Wohnort der Verwandten).

Dynamische Ansätze der Standorttheorie, die die geschilderten Faktoren erfassen wollen, müssen von einer umfassenden Interpretation des Standortverhaltens ausgehen: Die Stadtstruktur und ihre Veränderung ist das Ergebnis raumbezogenen anpassungsorientierten Verhaltens von Unternehmen und Haushalten.

Beschränken wir uns hier auf eine Diskussion des Unternehmerverhaltens: Investitionen zur Rationalisierung oder Erweiterung der Produktion, Änderungen des Produktionsprogramms, Einführung neuer Produktionstechniken und/oder neuer Güter, der Wechsel von Zulieferern, die Belieferung neuer Kunden, die Schließung oder Verlagerung von Betriebsteilen, die Verminderung der Beschäftigtenzahl oder die Neuerrichtung von Betrieben, alle diese nur beispielhaft aufgeführten Unternehmerentscheidungen beeinflussen die Stadtstruktur und sind Ausdruck des Versuchs des Unternehmers, sich an veränderte Daten seiner wirtschaftlichen Umwelt anzupassen. In diesem Fall redet man von einer aktiven

Anpassung (Adaption) des Unternehmers. Gleichzeitig findet eine passive Auslese unter den Unternehmen statt (Adoption): Nur die "optimalen" Unternehmen können sich am Standort halten, die anderen verschwinden wieder.[9]

Explizit oder implizit sind alle genannten Entscheidungen raumbezogen, da sie sich immer nur auf bestimmte Raumpunkte oder Standorte beziehen und diese damit räumlich differenzieren. Bestehende Unternehmen werden wegen der mit einem Standortwechsel verbundenen Kosten und wegen des Risikos oder der Unsicherheit versuchen, ihren Standort möglichst lange beizubehalten. Das ist möglich, wenn alle Entscheidungen unter Berücksichtigung des vorhandenen Standorts, also raumbezogen getroffen werden. Denn sowohl auf der Output-Seite als auch auf der Input-Seite eines Unternehmens kann man sich häufig an veränderte Verhältnisse – der Nachfrage, der Umgebung des Standorts, des Faktormarktes – ohne Wechsel des Standorts anpassen, auch wenn man damit die Vorstellung eines einzigen Optimalzustandes zugunsten der Vorstellung von befriedigenden Verhältnissen innerhalb eines bestimmten Bereichs aufgeben muß.

In den Weiterentwicklungen der traditionellen Standorttheorie wird der Zusammenhang mit der Produktionstheorie hervorgehoben.[10] In allgemeiner Form läßt sich das so formulieren: Man geht von einer (substitutionalen) neoklassischen Produktionsfunktion aus,

$$(1) \quad x = f(K,L,R,s)$$

in der der Output x von den Einsatzmengen von Kapital (K), Arbeit (L) und Boden (R) und den Eigenschaften des Standorts (s) abhängt, wobei alle Faktoren in einem bestimmten Bereich gegeneinander substituierbar sind.[11] Ein Standort*wechsel* bedeutet die Wahl eines Standortes mit *anderen Eigenschaften*: Nur in einem theoretischen Extremfall bleibt die Kombination der Mengen von Kapital, Arbeit und Boden dabei unverändert. Zielfunktion des Unternehmens kann wie in der allgemeinen Theorie die Kostenminimierung für einen gegebenen Umsatz oder die Gewinnmaximierung sein; man kann jedoch auch vom Ziel eines befriedigenden Gewinns ausgehen.

Die Standorteigenschaften bestimmen gleichzeitig die Möglichkeiten der Unternehmung, sich am Standort an Veränderungen auf der (Markt-)Nachfrageseite anzupassen: Die Agglomerationseffekte, die ein Standort zu bieten hat, umfassen sowohl Vor- und Nachteile der Nähe zu Lieferanten als auch zu Abnehmern und alle sonstigen externen Effekte aus der Nähe zu anderen Wirtschaftsaktivitäten.

Die geschilderten Gelegenheiten, Produktionsfaktoren am historisch gegebenen Standort zu substituieren, die Produktionstechnik zu wechseln und auf der Nachfrageseite Anpassungen vorzunehmen, sind in Verbindung mit hohen Kosten einer Betriebsverlagerung der Grund dafür, daß Standortverlagerungen bestehende Betriebe selten vorkommen. Weit häufiger sind Veränderungen der Stadtstruktur durch Einschränkung oder Aufgabe der bisherigen Produktion in bestehenden Betrieben, die Neugründung von Unternehmen an Standorten mit anderen Standorteigenschaften oder die Verlagerung von Betriebsteilen.

Die *Standortentscheidungen verschiedener Wirtschaftseinheiten spiegeln deren Bewertung* der Standortalternativen innerhalb einer Stadt wider und legen damit die Bewertung einer gegebenen Stadtstruktur offen. Stehen bei Standortentscheidungen *verschiedene Städte* mit unterschiedlichen Strukturen zur Auswahl, so erfolgt mit der neuen Standortwahl eine Bewertung alternativer Strukturen.

Die Standortentscheidungen Privater müssen keineswegs auch unter dem Aspekt *gesamtwirtschaftlicher Kosten und Nutzen* optimal sein. Die Addition sämtlicher einzelwirtschaftlicher Bewertungen einer bestimmten Stadtstruktur führt schon deshalb im allgemeinen nicht notwendigerweise zu einem "gesamtwirtschaftlich optimalen Ergebnis", weil dieses Ergebnis von historischen *Entwicklungsprozessen* selbst abhängt, insbesondere auch davon, welche Aktivität sich an welche *andere* bei der Standortwahl anpassen muß.[12)] Die *simultane* Ableitung einer optimalen Siedlungsstruktur aus den einzelwirtschaftlichen Standortentscheidungen ist nur in relativ einfachen Fällen gelungen. Die Modelle sind überwiegend statisch und zeigen das Zusammenwirken einiger wichtiger ökonomischer Variablen; sie erlauben die Ableitung grundlegender Regelmäßigkeiten, die sich aus dem ökonomischen Mechanismus ergeben und in realen Stadtstrukturen zu finden sind. Wegen der großen theoretischen Schwierigkeiten fehlen fast völlig Versuche, Stadtentwicklungen in dynamischen Modellen abzubilden.

2. Bestimmungsfaktoren des Standortverhaltens und städtischer Bodenmarkt: Grundzüge der städtischen Standorttheorie

Die Standorttheorie ist zentraler Bestandteil der Raumwirtschaftstheorie, jenes Gebietes der ökonomischen Theorie, in dem die räumliche Dimension des Wirtschaftens behandelt wird. Der gegenwärtige Stand der Raumwirtschaftstheorie läßt noch immer die verschiedenen Zweige der Standorttheorie erkennen, welche historisch mit unterschiedlichen Fragestellungen entstanden sind und mit unterschiedlichen Annahmen und Analysemethoden gearbeitet haben. Am ältesten sind die Partialmodelle der landwirtschaftlichen und industriellen Standortlehre. Thünens Standortmodell[13] für die Landwirtschaft leitet die optimale Nutzung (Art und Intensität) eines gegebenen Grundstücks ab. In der Industriestandorttheorie A. Webers[14] geht es um die Bestimmung des optimalen Standorts eines (zusätzlichen) Produktionsbetriebs, wenn der Konsumort (Markt) der produzierten Güter und die Rohstofflager vorgegeben sind. Die Grundlagen zur städtischen Standorttheorie wurden von Alonso[15] durch die Anwendung des Thünenschen Ansatzes auf die Stadt gelegt, wobei die Entfernung zum Stadtzentrum den entscheidenden Einflußfaktor für die Flächennutzung der verschiedenen Grundstücke bildet. Christaller und Lösch haben unabhängig voneinander Ableitungen von Modellen der Landschaftsstruktur vorgelegt.[16]. Ihre Bedeutung liegt in der Ableitung von Standortstrukturen, die sich auf einer ursprünglich homogenen Fläche allein aus dem Wirken rein ökonomischer Faktoren ergeben. Obwohl die Standortstruktur eines Gesamtraums abgeleitet wird, lassen sich mit diesen Modellen auch Zentrenstrukturen innerhalb von Verdichtungsräumen erklären.

Wir wollen im folgenden einen systematischen Überblick über die modellmäßigen Grundlagen der Standorttheorie[17] geben und dabei versuchen, die genannten vier grundsätzlichen Richtungen der Standorttheorie so in einen theoretischen Rahmen einzufügen, daß sie jeweils als Spezialfälle eines allgemeinen Ansatzes erscheinen.[18]

Wir gehen aus von der Vorstellung der allgemeinen ökonomischen Theorie, daß eine Standortentscheidung die Frage nach dem nutzenmaximalen Standort erfordert, die unter Beachtung von einschränkenden Nebenbedingungen zu beantworten ist. Zur Erläuterung schreiben wir dieses Problem für einen Haushalt auf.

Der Nutzen U der betrachteten Wirtschaftseinheit hänge von verschiedenen Faktoren ab, welche wir wie folgt in einer Funktion zunächst allgemein zusammenfassen:

$$(2) \quad U = U(Y,L,A)$$

– dem Einkommen Y und damit den möglichen Konsumausgaben oder Ersparnissen
– der Freizeit L beziehungsweise der Arbeitszeit und
– anderen nichtmonetären Faktoren A, wie etwa der Qualität der Umwelt im weitesten Sinne des Wortes.

Im Falle des Haushalts sind für die Möglichkeiten der Einkommenserzielung und des Freizeitgenusses wichtig:

– die Qualifikation der Haushaltsmitglieder für verschiedene Berufe,

- das Angebot an Arbeitsplätzen an verschiedenen Orten,
- die Entfernungen zu den potentiellen Arbeitsplätzen und die dort jeweils möglichen Entlohnungen,
- die Möglichkeiten der Gestaltung der Arbeitszeit,
- die Entfernungen zu Einkaufsstätten sowie zu allen Einrichtungen des Staates beziehungsweise der Kommunen und zu allen potentiell genutzten Stätten der Erholung und der Feriennutzung, schließlich
- die Verkehrs-Infrastruktur und deren relevante Preise.

Zu den erwähnten nichtmonetären Faktoren gehört vor allem:

- die Qualität der Umwelt, und zwar sowohl die physischen Charakteristika – wie die Bausubstanz und deren ästhetische Qualitäten, die Begrünung und die Qualität der Luft – als auch die Qualität der Nachbarschaft, etwa die soziale Zusammensetzung der in der Nähe wohnenden Familien.

Dabei sind neben den Kosten der Entfernungsüberwindung auch die mit den Wegen verbundenen Zeitaufwände und Unbequemlichkeiten zu sehen.

Vom Standpunkt aller Wirtschaftssubjekte, und zwar der Unternehmer als Produzenten wie auch der Haushalte als Konsumenten, kann man die wesentlichen Faktoren wie folgt ordnen:

Umgebung
(1) die physischen Charakteristika der Umgebung,
(2) die sozialen Charakteristika der Umgebung, v.a. Nähe zu Freunden (N_F), Entfernung zu unerwünschten sozialen Gruppen (N_U)

Faktoren vom Standpunkt der Haushalte
(3) Entfernung zur Arbeitsstätte, die entweder ein Industriebetrieb (P) oder ein Dienstleistungsbetrieb (T) sein kann,
(4) Entfernung zu Einkaufszentren und anderen tertiären Einrichtungen (T),
(5) Entfernung zu Einrichtungen für kulturelle oder soziale Aktivitäten (T),

Argumente für die Produzenten
(6) Eigenschaften der Produktionsfunktion, wie Unteilbarkeiten, externe und interne Ersparnisse bei der Produktion,
(7) geographische Lage zu Rohstofflagern und natürlichen Ressourcen im weiten Sinn, einschließlich des Klimas (R_N),
(8) Mengen, Arten und geographische Zuordnung der vorhande-

nen Kapitalausstattung (einschließlich dauerhafter Konsumgüter und Infrastruktur) (als andere Ressourcen R_K),
(9) die Bevölkerung (Haushalte), deren Qualifikationen und deren räumliche Verteilung (H),
(10) die Entfernung zu den Anbietern der Inputs (P_A),
(11) die Entfernung zu den Käufern (die die Güter der betrachteten Wirtschaftseinheit nachfragen), entweder Produzenten (P_N) oder tertiäre Einrichtungen (T),
(12) die Entfernung zu den Konkurrenten (Produzenten P_K oder Einzelhändler T_K),
(13) die Entfernung zu anderen Produzenten oder Verkäufern (mit denen keine direkten Handelsbeziehungen bestehen, Produzenten P_S oder Einzelhändler T_S).

Die obige Aufzählung ist nur eine sehr grobe Gliederung, bei der die unterschiedlichen Determinanten in ihren Wirkungen nicht klar zu trennen sind und häufig monetäre und nichtmonetäre Einflüsse auf komplexe Art und Weise zusammenwirken.

Preise sind hier nicht erwähnt, da sie sich innerhalb des Systems aus den Produktionsfunktionen, den Nachfragefunktionen und den verfügbaren Ressourcenbeständen, sowie aus deren räumlicher Verteilung ergeben.

Welche allgemeinen Aussagen lassen sich über die resultierende Raumstruktur treffen?

a) Je ungleichmäßiger die Verteilung der natürlichen Ressourcen, um so ungleichmäßiger wird die Raumstruktur der Volkswirtschaft sein.
b) Je größer die Unteilbarkeiten und die Wichtigkeit von Agglomerationsvorteilen, um so stärker wird die räumliche Konzentration der Produktion sein.
c) Es besteht immer, wenn sonst alles gleich bleibt, ein Anreiz, die Entfernungen (3), (4), (5), (7), (8), (9) zu minimieren, und das gilt insbesondere auch für (10) und (11), das sind alle Entfernungen, über die Vorleistungen oder Produkte transportiert werden müssen.
d) Bezüglich der Entfernungen (12) und (13) sind keine allgemeinen Aussagen möglich. Gäbe es keine externen Vorteile, würde man diese Entfernungen maximieren, da alle anderen Betriebe Konkurrenten auf dem Arbeitsmarkt und Bodenmarkt sind und/oder um die Nachfrager konkurrieren. Wenn jedoch hohe Agglomerationsvorteile auftreten, wird man diese Entfernungen (innerhalb gewisser Grenzen) minimieren, so daß räumliche Industriekomplexe, Einkaufszentren oder ähnliche Betriebskonzentrationen entstehen.

Die verschiedenen Ansätze der Standorttheorie unterscheiden sich dadurch, daß sie jeweils nur bestimmte der genannten Einflußfaktoren berücksichtigen.

In der traditionellen industriellen Standortlehre sind die Entfernungen zu folgenden Standorten am wichtigsten, sie werden daher minimiert: Rohstofflager, andere Inputs und Absatzmärkte, also insbesondere die Entfernungen (7), (10) und (11). Die Entfernungen zu Arbeitskräften (H) und Kapitalbeständen (R_K) werden über ihre Faktorpreise implizit berücksichtigt, indem bestehende Faktorpreisunterschiede verschiedener Standorte mit entstehenden Transportkostenänderungen verglichen werden.

In den grundlegenden Landschaftsstrukturmodellen vom Christaller-Lösch-Typ spielt nur eine Entfernung eine Rolle, die Entfernung vom jeweils betrachteten Produzenten zu seinen nächsten Nachbarn (P_K). Diese Entfernung wird maximiert, und unter den Annahmen der *homogenen Fläche* werden damit gleichzeitig die Entfernungen zu den Haushalten (Konsumenten) und zu den Rohstoffen minimiert. Wenn der Abstand zum Konkurrenten maximiert worden ist, wird – als zweiter Schritt – die Entfernung zu den Produzenten anderer Güter (P_S) minimiert.

In der städtischen Standortlehre haben wir – in Analogie zur landwirtschaftlichen Standorttheorie – das Problem, die Entfernungen zu Produzenten (P) oder Dienstleistungsbetrieben (T) beziehungsweise zu Freunden (N_F) und unerwünschten Gruppen (N_U) zu bestimmen. Dabei werden unterschiedliche Annahmen gesetzt über das Zusammenspiel der Produzenten und Dienstleistungsbetriebe bzw. Haushalte, was sich bezüglich der Standortwahl als Wettbewerb auf dem städtischen Bodenmarkt um bestimmte Grundstücke darstellen läßt.

Die aufgezählten Einflußfaktoren führen in den Modellen der städtischen Standortlehre – den ökonomischen Stadtmodellen – *über den Bodenpreismechanismus*, der die Grundstücke (Standorte) dem meistbietenden Nutzer zuweist, zu einer "gleichgewichtigen" Stadtstruktur. Für jede einzelne standortsuchende Wirtschaftseinheit ist dabei – in der jeweiligen Partialbetrachtung – die *vorhandene* Stadtstruktur diejenige Umwelt, in der sie ihre Entscheidung trifft. Diese vorhandene Stadtstruktur legt die konkreten Werte für die genannten Einflußfaktoren zum großen Teil in Form einer Art Entfernungangabe fest.[19]

Während die formalen stadtökonomischen Modelle – die im übernächsten Abschnitt dargestellt werden – die *individuellen* Einflußfaktoren der Standortentscheidung, wie sie oben systematisiert wurden, nur noch stark vereinfacht berücksichtigen, gibt es innerhalb der Stadtgeographie behavioristische Ansätze[20], die die verschiedenen *Eigenschaften* der (potentiellen) Standorte explizit in ihr theoretisches Konzept einbauen.

Diese Ansätze zeigen unseres Erachtens, daß es prinzipiell möglich ist, die im 4. Kapitel erfaßten und gemessenen Eigenschaften der Stadtstruktur auch als Bestimmungsfaktoren des (ökonomischen) einzelwirtschaftlichen Standortverhaltens zu interpretieren und in der oben geschilderten Art und Weise auf mikroökonomischer Ebene in Modelle einzubauen.[21]

Eine Vorstellung von der Art der in den behavioristischen Ansätzen erfaßten Standorteigenschaften kann folgende Tabelle geben.[22] Es ist zu erwähnen, daß die aufgezählten Faktoren empirisch (durch Regressionsanalyse) bezüglich ihres Einflusses auf die Standortentscheidung von Haushalten überprüft wurden.

"Eigenschaften

- Nähe zu vorhandenen Arbeitsplätzen
- Nähe zum Strand
- Nähe zur freien Natur
- Nähe zu Grünanlagen, Spielplätzen
- Nähe zu Unterhaltungsstätten
- Nähe zu Freunden
- Nähe zu Verwandten
- Nähe zu Menschen gleichen Alters
- Nähe zu Menschen der gleichen sozialen Schicht
- Nähe zu Menschen der gleichen Nationalität
- Vorhandensein passender Geschäfte
- Vorhandensein passender Schulen
- Öffentlicher Personenverkehr
- Fußgängersicherheit
- Verkehrslärm
- Verkehrsstau
- Ordentlichkeit des Viertels
- Gebäudezustand
- Sauberkeit der Luft
- vorhandene Bepflanzung
- Wohnungstypen
- vom Betrachter potentiell nachgefragter Wohnungstyp
- Gewinnerwartung beim Wohnungswiederverkauf"

Die von der Geographie herkommenden Theoriekonzepte unterscheiden sich in einem wesentlichen Punkt von den Modellen, wie sie üblicherweise von Ökonomen konstruiert werden: Preise für Güter und Produktionsfaktoren spielen explizit in ihnen keine Rolle, und es ist in den geographischen Modellen auch nicht zu sehen, durch welche Zusammenhänge innerhalb der Ansätze sie jeweils implizit bestimmt sein können. Damit fehlt den erwähnten behavioristischen Theorien die wichtigste Voraussetzung, um sie im Rahmen des allgemeinen wirtschaftstheoretischen Instrumentariums verwenden zu können: Im Mittelpunkt ökonomischer Modelle steht der Preismechanismus, der die einzelwirtschaftlichen Entscheidungen steuert und koordiniert. In den ökonomischen Stadtmodellen sind es die Bodenpreise, die die Allokation des Produktionsfaktors Boden auf verschiedene Verwendungen, das heißt die unterschiedlichen Nutzungen der verschiedenen Grundstücke steuern.

Mit der Einführung des Begriffs des Standortgleichgewichts kann die Art und Weise der Allokation der Nutzungen in der Stadt über den Bodenmarkt kurz verdeutlicht werden: Die Vorstellung einer Gleichgewichtssituation ermöglicht es, Entwicklungen innerhalb eines gegebenen Systems, hier also der Stadtstruktur, in zwei Komponenten aufzuspalten. Dies sind auf der einen Seite die vor allem durch den Markt gesteuerten Anpassungen *an* dieses Gleichgewicht bei gegebener, konstanter Datenkonstellation, also hier bei Konstanz der Faktoren, die man als exogen gegebene Umwelt der Stadt im weitesten Sinn bezeichnen kann.

Auf der anderen Seite sind dies Veränderungen durch den Wandel dieser sozialen, ökonomischen und physikalischen, natürlichen und baulichen Umweltbedingungen, die in ihrer Gesamtheit (über einen Zwischenschritt aggregiert zu städtischen Teilstrukturen) die Stadtstruktur ergeben. Um den Allokationmechanismus, der – innerhalb der Schranken der Bauleitplanung – die Standortstruktur der Stadt weitgehend bestimmt, verstehen zu können, muß man nach den Eigenschaften der Gleichgewichtstandorte fragen. Da die Ableitung der Unternehmensstandorte zusätzliche Probleme aufwirft, beschränken wir unsere Argumentation auf die Wohnnutzung, deren Standorte abgeleitet werden in Abhängigkeit von der Entfernung zu *einem* gegebenen Bezugspunkt, meistens dem Stadtzentrum, zu dem die Haushaltsmitglieder pendeln. Das Allokationsproblem, das Problem der gleichgewichtigen Standortverteilung der Haushalte in der Stadt, wird gelöst über die Maximierung der Nutzenfunktion der Haushalte bei gegebenem Einkommen und gegebenen Güterpreisen. Unterstellt ist eine bestimmte Datenkonstellation, eine *konstante Umwelt* im weitesten Sinn in der gesamten Stadt bei jeweils gegebenen Fahrtarifen für den Pendelverkehr. In die Nutzenfunktion gehen die Mengen der *konsumierten Güter* sowie die *Wohnfläche* und in einfachen Erweiterungen auch die Bewertungen der Fahrten (über die Entfernung) zum Stadtzentrum ein.

Abgeleitet werden die Gleichgewichtsstandorte und gleichzeitig die Gleichgewichtsbodenpreise und die optimalen (gleichgewichtigen) Konsummengen an Gütern und Wohnfläche, die an jedem Standort so zu dieser Umwelt passen, daß das Gesamtsystem aus sich selbst heraus keine Änderung erfährt.

Für den Gleichgewichtsstandort gilt, daß dort (marginal) die Lage- bzw. *Fahrtkostenvorteile* einer größeren Nähe zum Zentrum genau die *Preisvorteile für die Wohnfläche ausgleichen*, wenn man zum Stadtrand zieht und gleichzeitig alle anderen Ausgaben des Haushalts in diesem Gleichgewicht optimal angepaßt sind. Dabei ist unterstellt, daß die Fahrtkosten mit zunehmender Entfernung vom Stadtzentrum steigen, während die Bodenpreise sinken. Am Gleichgewichtsstandort lohnt sich keine Veränderung: Er ist dadurch charakterisiert, daß sich keine Aktivität unter den gegebenen Umständen durch einen Standortwechsel verbessern kann.

In Ergänzung zu diesem geschilderten Standard-Modell, dem sogenannten trade-off-Stadtmodell, in dem die Ausgaben für die Fläche substitutiv zu den Transportkosten sind, also eine Fahrkostenerhöhung durch eine Bodenkostensenkung ausgeglichen wird, gibt es Ansätze, welche auch die Umgebung des Standorts in das Nutzenmaximierungskalkül einbeziehen. Das geschieht durch die Einfügung eines Attraktivitätsindex. Die Umweltattraktivität, also nicht einfach durch Entfernungen meßbare Lagevorteile, und die Ausgaben für Wohnfläche an einem Standort sind dann den Transportkosten zu dem betrachteten Bezugspunkt in der Stadt, den Erreichbarkeitsvorteilen der geographischen Lage, gegenüberzustellen.[23]

Obige Überlegungen lassen sich grundsätzlich auch auf die Ableitung der Unternehmensstandorte in der Stadt anwenden, wie es Alonso[24] bereits ansatzweise getan hat. Allerdings sind eine Reihe weiterer Annahmen nötig.

Da es verschiedene Aktivitäten (mit unterschiedlichen Standortanforderungen) in der Stadt gibt, entsteht unmittelbar eine Konkurrenz um bestimmte Flächen. Das Gleichgewicht erfordert, daß die Nutzung, die den höchsten Bodenpreis zahlt, den Standort besetzen kann. Angebot und Nachfrage auf dem Bodenmarkt müssen dabei im Gleichgewicht sein.

Alle diese ökonomischen Modelle behandeln jeweils einen engen Ausschnitt der Realität und zeigen für ihn Wirkungszusammenhänge, die sich auf dem Bodenmarkt ergeben. Es gibt detailliert ausgearbeitete Modelle, in denen die Gleichgewichtssituation, unter der Annahme bestimmter Ausgangsbedingungen und Verhaltensweisen, aus dem Zusammenwirken weniger Variablen abgeleitet wird. Da die Kenntnis der in diesen mikroökonomischen Stadtmodellen geschilderten Wirkungszusammenhänge für das Verständnis marktwirtschaftlicher Prozesse in der Stadt wichtig ist, werden wir uns weiter unten mit den Grundzügen der Konstruktion *formaler Stadtmodelle* beschäftigen. Zunächst werden wir jedoch die Betrachtung der Funktionsweise des Bodenmarkts fortsetzen und uns seiner Rolle bei Änderungen der Stadtstruktur zuwenden.

3. Koordinierung der Entwicklung städtischer Teilstrukturen durch den Bodenmarkt: Die Dynamik auf der Meso-Ebene

"Optimale Standorte verlieren ihre Vorteilhaftigkeit durch unternehmerische Produkt- oder Prozeßinnovationen sowie durch Umweltveränderungen".[25] Ähnlich werden Wohnstandorte weniger attraktiv, wenn sich die Bedürfnisse der Haushalte ändern und/oder neue Wohnformen entwickelt werden. Es ist also wichtig, in einer *dynamischen* Betrachtung die Prozesse auf dem Bodenmarkt zu analysieren.

Das Konzept des Gleichgewichtsstandorts, mit Gleichgewichtsbodenpreis und optimaler Grundstücksgröße, ist als Referenzelement bei der Diskussion von *Marktprozessen* weiter unentbehrlich. Bei diesen Marktprozessen, welche zum Gleichgewicht tendieren, es wegen laufender Störungen aber nie erreichen, spielt das Zusammenspiel der sich überlagernden Teilstrukturen der Stadtstruktur eine entscheidende Rolle. Ausgearbeitete Modelle, welche diese Prozesse abbilden, existieren noch nicht. Wir können deshalb im folgenden nur versuchen, auf grundsätzliche Zusammenhänge und ihre Bedeutung für die *Entwicklung* der gesamten Stadtstruktur hinweisen.[26]

Gehen wir aus von den Faktoren, die in den Stadtmodellen eine wichtige Rolle spielen, und unterscheiden wir (statt Entfernungen zu einem Stadtzentrum) der Einfachheit halber diskrete Raumpunkte, Zonen als Standorte, in die die Stadt eingeteilt werden kann. Jeder Standort bzw. jede Zone wird also individuell gesehen, nicht allein durch eine Entfernung, sondern durch verschiedene Eigenschaften charakterisiert. Mit dieser Betrachtung von Zonen in der Stadt anstelle von einzelnen Grundstücken begeben wir uns auf eine *Meso-Ebene* der Analyse.

Der Gleichgewichtsbodenpreis und die optimale Flächenausdehnung, die von einer Nutzungsart insgesamt in einer Zone erreicht werden, hängen in systematischer Weise von der Lage der Zone innerhalb der Gesamtstadt und von der Umgebung der einzelnen Grundstücke ab. Wir beschreiben verschiedene Flächennutzungen i in unterschiedlichen Zonen j dieser Stadt.

Formulieren wir zunächst den Zusammenhang in Symbolen:

Für den gleichgewichtigen Bodenpreis R_j^i und die optimale Flächenausdehnung bei der Nutzung i in der Zone j, F_j^{i*} zum Zeitpunkt T gilt:

$$(3) \quad R_{j,T}^i \, F_{j,T}^{i*} = f(G_j, E_{j,T}^i)$$

Der Preis für die Nutzung und die Größe der Flächenausdehnung sind von der geographischen Lage G in der Stadt und der Umgebung E der Zone abhängig. Die *Umgebung* E ist dabei großenteils durch die Nutzungen in der Nachbarschaft charakterisiert, aber auch die vorhandene Infrastruktur spielt eine Rolle.

Die Bedeutung der Umgebung E ist je nach Nutzungsart unterschiedlich; dies gilt im allgemeinen auch für den Einfluß der geographischen Lage G.

Die zwei Variablen Lage und Umgebung erfassen in allgemeiner Weise die städtische Umwelt jeder Zone und jedes Grundstücks[27] und ergeben sich aus den bei der Messung der Stadtstruktur unterschiedenen Teilstrukturen: Die Lage G wird durch die Aspekte Lagestruktur, Netzstruktur und Stadtform definiert. Die Umgebung E ist über die Nutzungs- und Dichtestruktur zu erfassen und hängt auch mit der baulich-physischen Struktur der Stadt zusammen.

Der gleichgewichtige oder "natürliche" Bodenpreis und die optimale Flächengröße verändern sich in der Zone – für die *gegebene Nutzungsart* – aufgrund der betrachteten Einflußfaktoren nur sehr langsam. Das ist durch den Zeitindex T (Isards Makrozeit)[28] angedeutet.

Kurzfristig, in jeder einzelnen (kleinen) Zeitperiode t (Mikrozeit), werden lediglich *einzelne* Grundstücke in der Zone angeboten und können von der Nutzungsart i *neu* besetzt werden, sofern sie in Konkurrenz mit anderen Nutzungsarten den höheren Marktpreis r für den Boden zahlt. Die Anpassungsprozesse benötigen also *Zeit*. Im folgenden wird nun unterstellt, daß sich eine – in der Zone noch wenig verbreitete – Nutzung um so schneller ausdehnt, je mehr sie allen anderen Nutzungsarten in bezug auf die möglichen Preisgebote für Grundstücke überlegen ist[29], und dies hängt davon ab, wie weit entfernt sie von ihrer – nach Einschätzung der Nutzer bzw. Bauträger oder "Grundstücksentwickler" – optimalen Größe der Flächenausdehnung in der Zone noch ist.

Die Zuwachsrate der Flächenausdehnung $\Delta F/F$ einer bestimmten Nutzungsart in einer Zone hängt – verkürzt gesagt – somit von der Differenz zwischen den jeweils als optimal eingeschätzten, mit dem langfristigen Bodenpreis bewerteten und den von ihr tatsächlich in Anspruch genommenen, mit dem Marktpreis bewerteten Bodenflächen in der betreffenden Zone ab.[30] *Einzelwirtschaftlich* stehen dahinter die oben beschriebenen Entscheidungen einzelner Grundstückseigentümer oder Grundstückskäufer, durch die in einem Prozeß von Versuch und Irrtum – mit den entsprechenden Veränderungen der Erwartungsbildung – das Optimum erreicht wird. Die Konkurrenz der verschiedenen Nutzungsarten wird gesteuert durch deren jeweils langfristig möglichen Preisgebote für den Boden, also die jeweiligen langfristigen Bodenpreise. Sollte der Marktpreis des Bodens in einer Zone über dem natürlichen Bodenpreis einer der bereits ansässigen Nutzungen liegen, kann und wird diese Nutzungsart *langfristig verdrängt* werden, aber nicht kurzfristig, nicht mit einem Schlage, verschwinden.

Formal läßt sich der Prozeß der Anpassung an die langfristige Gleichgewichtssituation für die Nutzung i in einer gegebenen Zone folgendermaßen beschreiben:

$$(4)\ \Delta F^i_t / F^i_t = \psi^i (R^i_T F^{i*}_T - r_t F^i_t),$$

also ψ^i mal die Differenz von optimalen Werten und den tatsächlichen Werten der Ausgaben für den Boden in der Zone: diese Differenz bestimmt die Veränderungsrate der Flächennutzung i dort. Dabei ist ψ^i ein Parameter, der für diese Nutzung i die Reaktion auf die Bodenpreisentwicklung in der Zone j angibt. Dieser Erwartungsparameter ließe sich zum Beispiel mit einem langfristigen Zinssatz, als Abzinsungsfaktor der für die Nutzung pro Periode gezahlten Bodenrente, in Verbindung bringen. Für eine bestimmte Nutzungsart i kann man den Anpassungsprozeß in einer Zone in graphischer Darstellung häufig mit einer logistischen Funktion beschreiben (Abb. 21).

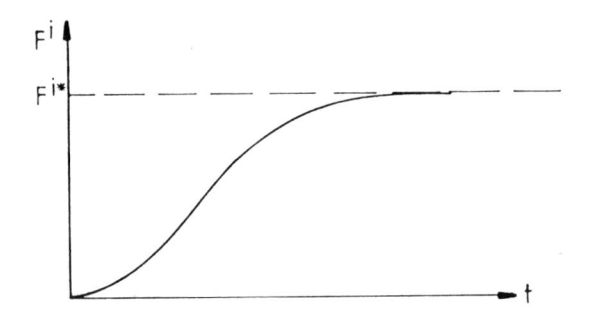

Abbildung 21: Flächenausdehnung einer Nutzungsart i in einer vorgegebenen Zone

Nach einer langsamen Anlaufphase kommt es zu einer Phase schneller, kumulativer Veränderung, deren Erklärung durch die Beobachtung von *"Mitläufereffekten"*, durch das Beispiel der Nachbarn, wie auch kumulativer *"Wegläufer-Effekte"* der bisherigen Nutzer, empirisch gestützt wird.

Die betrachtete Nutzung kann sich höchstens solange in der Zone ausbreiten, wie sie andere hinwegkonkurrieren kann – bis schließlich das beschriebene Optimum des Gleichgewichtsbodenpreises bei optimaler Flächenausdehnung erreicht ist. Das kann allerdings nur geschehen, wenn die in Gleichung (4) beschriebenen Entscheidungsgrundlagen (im wesentlichen) gleich bleiben. Realistischerweise wird man jedoch ständige Störungen der "Tendenz zum Gleichgewicht" annehmen müssen.

Die aus den Ungleichgewichtssituationen resultierenden Marktprozesse sind ständige Ursache für Veränderungen der Stadtstruktur.[31] Werden zum Beispiel im sektoralen Strukturwandel freiwerdende Grundstücke nur zu so hohen Preisen angeboten, daß sie für keine neue Nutzungsart attraktiv sind, kommt es möglicherweise zu kumulativen Prozessen der Abwertung einer Zone, vor allem durch die wechselseitig sich aufschaukelnde Verschlechterung der Umgebung und der Bauqualität. Dies geschieht bei sinkenden, aber in jedem Zeitpunkt immer noch zu hohen Angebotspreisen, die ständig über dem langfristig erwarteten (gleichgewichtigen) und sich nur sehr langsam abwärtsbewegenden Bodenpreis für irgendeine Nutzungsart liegen. Erst im weiteren Verlauf kann von einem Tiefstpunkt der zonalen Bodenpreise aus die Entwicklung zu kumulativen Aufwärtsbewegungen führen, insbesondere wenn die geographische Lage ursprünglich günstig war und dieser Tatbestand sich auch nicht geändert hat. Vor allem die gleichbleibende attraktive Lage (G) innerhalb der Gesamtstadt bildet, über ihren Einfluß auf den natürlichen Bodenpreis, sozusagen eine Untergrenze des Wertverlustes von Grundstücken.

Wo immer sich Stadtstrukturentwicklungen allgemein durch die genannten Beziehungen beschreiben lassen, ergeben sich weitere interessante Konsequenzen. Dazu ist zunächst auf die dynamischen Eigenschaften der oben beschriebenen Gleichung hinzuweisen. Die Gleichung stellt den einfachsten Typ einer nichtlinearen Differenzengleichung erster Ordnung dar, deren Dynamik ausführlich bereits in der Literatur beschrieben wurde.[32]

Das dynamische Verhalten der Gleichung für die Veränderungsrate der Flächennutzung in der Zone hängt von einem Parameter ab, der hier mit dem Ausdruck $\psi^i R^i_T F^{i*}_T$, das heißt der Reaktion auf den erwarteten, "natürlichen" Bodenpreis bei optimaler Flächenbeanspruchung der Zone, gegeben wird und in der Realität von den Erwartungen und dem Verhalten eines Bauträgers, des "Grundstücksentwicklers" der Zone, bestimmt sein könnte. Überschreitet dieser Parameter, mit dem die Reaktion auf das erwartete Optimum der Ausgaben *dieser* Nutzungsart für Boden in dieser Zone erfaßt wird, kritische Grenzen, so kommt es zunächst zu zyklischen Schwankungen ("langen Wellen") in der Flächenausdehnung der betreffenden Nutzungsart. Dies kann jedoch in ganz bestimmten Einzelfällen (bestimmte Parameterwerte) zu einem "Chaos", zu irregulären Schwankungen führen.

Die folgende Abbildung (Abb. 22) soll eine Vorstellung davon geben, was unter irregulären Schwankungen der Flächenausdehnung zu verstehen ist. Es handelt sich hierbei nicht um das Ergebnis von Berechnungen, sondern um den Versuch der Veranschaulichung des typischen Verhaltens der genannten Funktion, deshalb fehlen Angaben für die Variablenwerte.

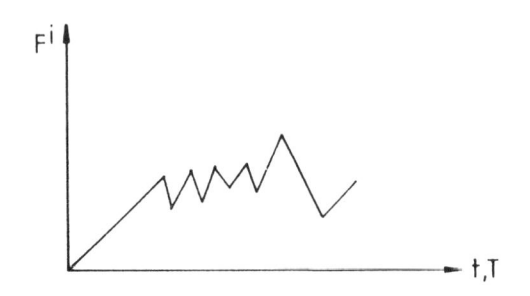

Abbildung 22: Größe der Flächennutzung i in einer bestimmten Zone im Zeitablauf

Aus dem mathematischen Zusammenhang ergibt sich, daß die kritische Grenze für die Parameterwerte überschritten werden kann
a) durch ständiges Steigen des "natürlichen" Bodenpreises in der Zone, z.B. bei Stadtwachstum, und/oder
b) durch zunehmende Ausdehnung des "optimalen" Flächenanspruchs der betrachteten Nutzungsart in der jeweiligen Standortzone.
Es sei ausdrücklich auf die interessante Modelleigenschaft hingewiesen, daß sich die *Instabilitäten* vor allem bei Stadtwachstum ergeben, während bei schrumpfenden Städten die sich ausbreitenden externen Nachteile kumulative Abwärtsprozesse auslösen, jedoch nicht zu plötzlichen Katastrophen führen. Die *irregulären* Schwankungen enden zum Teil im völligen Zusammenbruch der betreffenden Nutzungen in der *betrachteten Zone*, und dies hat die (zum Teil oben geschilderten) Wechselwirkungen für andere Nutzungen, vor allem über den Einfluß der Umgebung auf die Nachfrage nach einem gegebenen Grundstück. Der Nichtökonom wird die geschilderten Effekte sicherlich ein Ergebnis übertriebener Grundstücksspekulation nennen, und hat damit insofern recht, als falsche Erwartungen über die langfristigen Nutzungsmöglichkeiten der Grundstücke die Ursache sind. Es sei an Jane Jacobs[33]) erinnert, die städtische "Entwicklungswellen" aus Verschiebungen im Diversifikationsgrad der Funktionen einer Stadt ableitet und eine positive Entwicklung nur bei einer optimalen Differenzierung der Funktionen (verschiedene Gebäudealter, gute Erreichbarkeiten, befriedigende Bevölkerungskonzentration) für möglich hält.

Die weitere Interpretation der beschriebenen mathematischen Zusammenhänge erfordert die Verbindung unserer Überlegungen mit der neuen Wissenschaft der Synergetik, deren naturwissenschaftliche Grundlagen in der Physik und Chemie liegen. In der

Synergetik spielen Gleichungen mit komplizierter Dynamik die zentrale Rolle. Auch hier können deterministische Gleichungen irreguläre Bewegungen verursachen, welche als Chaos bezeichnet werden. In den Begriffen, wie sie von H. Haken, dem Begründer dieser Wissenschaft, verwendet werden, wird ein synergetisches System jeweils von bestimmten Ordnungsprinzipien, 'Ordnern' genannt, regiert, die das Verhalten des Gesamtsystems bestimmen.[34]

Die Anwendung der Überlegungen auf unsere stadtökonomische Fragestellung läßt sich (von der Synergetik her gesehen) so zusammenfassen: Offensichtlich überlagern sich mit den Einflußfaktoren auf den natürlichen Bodenpreis und die optimale Flächenausdehnung einer Nutzungsart in einer Zone mehrere, verschiedene Ordnungsprinzipien, die die Gesamtordnung auf dem Bodenmarkt bestimmen: In unserem einfachen Modellbeispiel sind es die Lage der Zone in der Gesamtstadt und die Umgebung des Grundstücks, (vgl. Gleichung (3)), beides Einflußfaktoren, die in Teilstrukturen der Stadt, insbesondere der Lage-, Dichte- und Nutzungsstruktur erfaßt sind.[35] Im Laufe der Entwicklung der Flächennutzung der Zone gilt in der Terminologie von Haken: "Eine Zeitlang dominiert ein Ordner und versklavt die beiden anderen, deren Bewegung also von dem ersten Ordner vorgeschrieben wird. Nach kurzer Zeit verliert aber dieser die Herrschaft und einer der anderen kommt nun zum Zuge, worauf sich das Spiel wiederholt. Interessanterweise erfolgt der 'Herrschaftswechsel' völlig unregelmäßig, also chaotisch".[36] Hiermit könnten Bewegungen auf bestimmten Bodenmärkten in gewissen Ausnahmesituationen, zum Beispiel der Überlagerung von Verkehrsnetzstruktur und Nutzungsstruktur, geschildert sein – tatsächlich beschreibt Haken aber den Fall einer von unten erwärmten Flüssigkeit zur Veranschaulichung der Wechselbeziehung der Ordner.

Das zugrunde liegende Schema wird von Haken so beschrieben:[37] "Aus der alten Struktur entsteht nach einer Phase der Instabilität eine neue Struktur": dies ist Ökonomen nicht unbekannt. Der Prozeß der *schöpferischen Zerstörung* ist zentrales Element vor allem in der Theorie der wirtschaftlichen Entwicklung von *Schumpeter*, einem bedeutenden Nationalökonomen.[38]

Das Finden und die Erklärung von Strukturbrüchen in wirtschaftlichen Entwicklungen wird jeder empirisch arbeitende Ökonom als Herausforderung empfinden. Interessanterweise befürworten immer mehr Architekten und Städtebauer einen "Rückbau" vorhandener Stadtstrukturen. Über die Stadtpolitik in Bologna schreibt Fortin, sie "bewirkte allerdings auch eine Verknöcherung des Stadtgewebes, und bisweilen, durch das Insistieren auf dem Bestand, sogar soziale und funktionale Segregation. Noch schwerer wiegt, daß das städtebauliche 'Appeasement' unter der frommen Leitung weiser Stadtverwaltungen, die vorhandene Nutzung und die Eigentumsverhältnisse an Grund und Boden festschreibt, damit die Eigendynamik der Stadt zerstört und die Logik des Zentrums auflöst, ohne die Peripherie zu verändern. Der Erstarrung der Zentren aber entspricht die grobe Verwahrlosung der Vorstädte."[39]

Es entspricht den Ergebnissen ökonomischer Wissenschaft, daß die Unsicherheit der einzelnen Wirtschaftseinheiten über die anzustrebende bestmögliche eigene optimale Handlungsweise, welche bei bereits bekannter Umwelt besteht, vergrößert wird, wenn diese Umwelt weniger genau bekannt ist. Insbesondere gilt das dann, wenn eine neue Art des Zusammenspiels ökonomischer und außerökonomischer Faktoren gefunden werden muß und erst daraus ein neues Optimum bestimmt werden kann. In diesen Phasen der "Unordnung", in denen Beobachtungen falsch interpretiert werden und/oder genauere Informationen fehlen[40], kann es einzelnen dynamischen Unternehmern, wie sie Schumpeter beschrieben hat, oder auch Bauträgern oder Planern eher als unter "normalen" einigermaßen voraussehbaren Bedingungen gelingen, aktiv die städtische Umwelt zu beeinflussen. Voraussetzung ist, daß sich Erwartungen erfüllen, das heißt, daß Mitläufer bei der Gestaltung dieser neuen Ordnung gewonnen werden können. Solche Umbruchsituationen der Stadtentwicklung werfen besonders dringlich die Frage nach der Rolle von Stadtplanung und Markt auf, nach dem Zusammenspiel von Hierarchie und autonomen Einzelentscheidungen. Hier hat auch die Stadtökonomie noch keine umfassenden Antworten zu bieten, allerdings sollten Ansätze in neuen ökonomischen Spezialdisziplinen aufmerksam verfolgt und auf ihre Verwendbarkeit für stadtökonomische Fragestellungen geprüft werden.[41]

Wie bereits zu Anfang dieses Kapitels betont wurde, ist es – trotz der zentralen Bedeutung der Anpassungsprozesse in der Realität – sehr wichtig, über das Zustandekommen von Gleichgewichtssituationen Bescheid zu wissen. Gleichgewichtssituationen stellen in ökonomischen Modellen einen optimalen Zustand dar, weil jede einzelne Wirtschaftseinheit dabei unter den gegebenen Bedingungen und Einschränkungen (die sich vor allem auf Preise und Einkommen beziehen) ein Nutzenmaximum beziehungsweise Gewinnmaximum erreicht, so daß keinerlei Veranlassung besteht, Veränderungen vorzunehmen. Indem wir zeigen, wie *einige wenige Variable den optimalen Standort* bestimmen, erhalten wir einen Anhaltspunkt, von dem aus wir später diskutieren können, in welchem Zusammenhang die einzelwirtschaftliche Bewertung der Stadtstruktur, ausgedrückt durch die Standortentscheidungen der verschiedenen Wirtschaftseinheiten in der Stadt, mit dem Problem der gesamtwirtschaftlichen Bewertung der Stadtstruktur steht.

4. Mikroökonomische Stadtmodelle: Formale Ableitungen

Die Standard-Stadtmodelle der stadtökonomischen Literatur, die monozentrischen Stadtmodelle, stellen einen speziellen Zweig innerhalb der Mikroökonomie dar. Sie beschränken sich meist auf die Ableitung der Wohnstandorte, indem sie in die mikroökonomische Theorie des Haushalts den Konsum von Fläche und die Präferenzen für bestimmte Standorte einfügen.[42)] Damit ergeben sich jedoch einige Probleme für die formale Behandlung, so daß bei allen diesen Stadtmodellen drei spezifische Annahmen eingeführt werden:

a) Da Produktionsaktivitäten (von Sachgütern und Dienstleistungen) nur im Stadtzentrum angesiedelt sind, ist Pendeln zwischen Wohnung und Arbeitsstätte im Zentrum nötig. Das Modell ist nur relevant für Haushalte, bei welchen mindestens ein Mitglied im Stadtzentrum arbeitet. Andere Haushalte werden nicht betrachtet.
b) Die Nutzenfunktion des Haushalts enthält das Konsumgut "Fläche" als positives Argument.[43)] Wegen der Einkommensbeschränkung ergibt sich (bei Nutzenmaximierung) die Notwendigkeit, zwischen (Kosten beim) Flächenkonsum und Pendelkosten zu wählen. Die Dichtestruktur einer Stadt entsteht in diesen Modellen allein aus dieser Substitution (trade-off).
c) Die Qualität der Fläche darf nicht durch die Existenz immobilen Kapitals differenziert und festgelegt sein. Sonst würde die vorhergehende Flächennutzung jeweils die gegenwärtigen oder zukünftigen Nutzungen stark einschränken, und erst sehr langfristig könnte sich ein neues Optimum einstellen. Dies würde zu komplizierten Anpassungsprozessen führen. Um dies zu vermeiden, schließt man in den üblichen (kurzfristigen) Modellen die Existenz immobilen Kapitals aus.

Trotz dieser unrealistischen Annahmen haben die mikroökonomisch fundierten Stadtmodelle ihre große Bedeutung. Wie bereits oben erwähnt wurde, zeigen sie dem Planer und Stadtökonomen grundlegende Mechanismen städtischer Boden*märkte* auf. In ihrer einfachen Modellstruktur ermöglichen sie das Herausarbeiten von Regelmäßigkeiten, die sich aus dem Zusammenspiel der Standortentscheidungen vieler einzelner Nutzer, *gesteuert durch die Bodenpreise*, in der Stadt(struktur) ergeben.

Da es entscheidend für das Verständnis dieser Modelle ist, den Substitutionsprozeß zwischen Pendelkosten und Flächenkonsum zu verstehen, werden wir im folgenden zunächst ein Modell darstellen, das diesen Zusammenhang besonders deutlich zeigt. Der Einfachheit halber wird nicht von einer Nutzenfunktion ausgegangen, sondern als Zielfunktion des einzelnen Haushalts die Wohnfläche[44] am jeweiligen Standort maximiert.

Ein solches Maximum existiert, wenn, wie oben schon erwähnt, ab einer bestimmten (optimalen) Entfernung d^* die (von der Entfernung zum Zentrum abhängigen) *Mietausgaben weniger fallen* als der (von der Entfernung abhängige) *Transportaufwand steigt*, umgekehrt: bei einer Verminderung der Entfernung der *Mietaufwand stärker zunimmt* als die *Transportkosten zurückgehen*. Dies sei anhand des Basismodells folgendermaßen beschrieben:

"1. Das Wohnbudget wird für Mietausgaben und Transportkosten verwendet.
2. Die Transportkosten sind eine lineare Funktion der Distanz; dabei finden Fahrtenhäufigkeit und Transporttarif Berücksichtigung.
3. Die Mietausgaben hängen von der Wohnfläche und dem Mietpreis pro Wohnflächeneinheit ab.
4. Der Verlauf des Mietpreisgradienten wird durch eine logarithmische (e-)Funktion beschrieben.
5. Die Frage nach dem optimalen Standort kann dual formuliert werden:
    a) optimaler Standort als wohnflächenmaximaler Standort unter der Nebenbedingung eines gegebenen Wohnbudgets.
    b) optimaler Standort als wohnausgabenminimaler Standort unter der Nebenbedingung eines gegebenen Wohnflächenbedarfs".[45]

Es ist hervorzuheben, daß – neben dem Transporttarif und der Fahrtenhäufigkeit – auch die Mietpreise an jedem Standort, das heißt in jeder Entfernung zum Stadtzentrum, gegeben und bekannt sein müssen. Wir haben es also mit einem *reinen Partialmodell* zu tun. Der optimale Standort, unter der Nebenbedingung gegebener Wohnausgaben, läßt sich formal aus folgendem Gleichungssystem ableiten:[46]

(1) $\quad W = H + T$
(2) $\quad T = h \cdot a \cdot d$
(3) $\quad H = p \cdot q$
(4) $\quad p = c \cdot \exp(-b \cdot d)$
(5) $\quad q = f(d) \stackrel{!}{=} \max.$

unter der Nebenbedingung:

(6) $\quad W = p \cdot q + h \cdot a \cdot d = \text{const.}$

wobei:

W - Wohnbudget, Wohnausgaben
H - Mietausgaben
T - Transportkosten
h - Transporthäufigkeit
a - Transporttarif
d - Distanz vom Zentrum
p - Mietpreis pro Wohnflächeneinheit
q - Wohnfläche
c,b - Parameter

Setzt man (2) bis (4) in (1) ein, so erhält man als Ausgangsgleichung:

(7) $W = q \cdot c \cdot \exp(-b \cdot d) + h \cdot a \cdot d$

Zur Ermittlung des optimalen Standorts wird (7) nach q aufgelöst und nach der Distanz differenziert. Als Distanzwert für das Wohnflächenmaximum resultiert:

(8) $d^* = W/(h \cdot a) - 1/b$, wobei $\partial^2 q/\partial d^2 < 0$.

In der Entfernung d^* findet der Haushalt seinen optimalen Standort, an dem er seine Wohnfläche maximiert. Durch einfache Umformung findet man, daß für jedes d gilt:

$H/(h \cdot a) = 1/b$,

das Verhältnis von Mietausgaben zu Fahrtkosten bleibt für jeden gefundenen Standort konstant. Höhere Mietausgaben werden dort durch geringere Fahrtkosten zum Zentrum genau ausgeglichen und umgekehrt: Zwischen Mietausgaben und Fahrtkosten besteht eine wechselseitige (negative) Abhängigkeit, ein 'trade-off': es handelt sich bei diesem Modell um das sogenannte trade-off-Modell der Stadtstruktur.

Man kann das Gleichungssystem auch so formulieren, daß die Frage nach dem optimalen Standort als *wohnausgabenminimaler Standort* direkt beantwortet wird. Statt der Gleichungen (5) und (6) hat man zu schreiben:

(9) $W = F(d) \stackrel{!}{=} \min$

unter der Nebenbedingung

(10) $q = [W - h \cdot a \cdot d] / [c \cdot \exp(-b \cdot d)] = \text{const.}$

Zur Ermittlung des optimalen Standorts wird die Ausgangsgleichung (7) nach der Distanz differenziert:

$$d^* = [\lg q + \lg c + \lg b - \lg h - \lg a] / [b \lg e]$$

Selbstverständlich muß sich der gleiche optimale Standort wie bei obiger Ableitung ergeben: Entweder kann man bei gegebenen Wohnausgaben die Wohnfläche maximieren oder bei gegebener Wohnfläche die Wohnausgaben minimieren.

Trotz der unterstellten einfachen Zusammenhänge ergibt sich aus dem Modell bereits eine Folgerung, die empirisch überprüfbar ist. Die Ableitungen des Modells legen nahe, daß im Zentrum oder nahe an ihm Haushalte mit geringem Wohnflächenbedarf wohnen, weil sie sich entweder nur geringe Wohnflächen leisten können, d.h. nur über ein beschränktes Wohnbudget verfügen, oder weil sie nur eine geringe Wohnfläche benötigen oder wünschen. Bei *kleiner Wohnfläche* schlagen die mit steigender Distanz fallenden Mietpreise nur *schwach* auf die *Mietausgaben* durch, so daß die mit zunehmender Distanz ansteigenden *Transportkosten nicht kompensiert* werden können. Haushalte mit geringem Wohnbudget oder Wohnflächenbedarf sind daher an zentrale Wohnlagen gebunden. Dieses Ergebnis entspricht durchaus empirischen Beobachtungen.

Das eben dargestellte Modell hat eine Analogie in den Ableitungen der landwirtschaftlichen Standorttheorie, wonach bei gleichen Frachttarifen bodenintensive Erzeugnisse – genauer: solche mit hohem Ertrag je Hektar – in der größten Nähe zum Markt angebaut werden. Es entspricht in den Ergebnissen dem Standardmodell der "Neuen Stadtökonomie"[47], das als Ausgangspunkt für eine Vielzahl von Variationen und Erweiterungen einen großen Teil der stadtökonomischen Literatur beherrscht. Wir wollen auf die Aufzählung aller einschränkenden Annahmen hier verzichten[48] und in Ergänzung zu obiger Darstellung lediglich die Ableitung des Standardmodells aus der Nutzenfunktion des Haushalts zeigen. Hierbei ist wieder das Ergebnis durch die Bedingung charakterisiert, daß ein Umzug in eine größere oder kleinere Entfernung vom Zentrum netto keinen Vorteil (mehr) bringt.

Der Nutzen U soll maximiert werden:

$$(11) \quad U = U(c, q)$$

wobei:

c   - Menge des (privaten) Konsumgüterbündels C, das gekauft wird, (ohne die Güter Grundstücksfläche und Transport) mit dem Preisindex 1

q   - Grundstücksfläche
p(d) - Boden(Miet-)preis pro Flächeneinheit in der Entfernung d vom Zentrum
a   - Transporttarif
Y   - Einkommen des Haushalts.

Weiterhin wird angenommen: $p(d) \cdot q = $ const. für alle d, das heißt, die Ausgaben eines Haushalts für Boden sind konstant und an allen Standorten gleich. Die Haushalte unterliegen der Budgetbeschränkung:

(12) $c + p(d) \cdot q + a \cdot d - Y = 0$

In der Umformung der Budgetbeschränkung

$$c + p(d) \cdot q = Y - a \cdot d$$

zeigt sich, welcher Betrag des Einkommens dem Haushalt nach Abzug der Transportkosten am Standort d noch für den Konsum von Grundstücksfläche und Konsumgütern bleibt.

Das langfristige Gleichgewicht auf dem städtischen Bodenmarkt ist durch maximales Nutzenniveau eines jeden Haushalts charakterisiert. Es ergibt sich, wenn alle Haushalte ihren Nutzen unter der Budgetbeschränkung maximieren. Wir stellen hier die Ergebnisse dar.[49]
Die Gleichgewichtsbedingungen sind:

(a) $[\partial U / \partial q] / [\partial U / \partial c] = p(d)$

Das Grenznutzenverhältnis von Flächen- und Güterkonsum an jedem Standort d muß gleich dem Boden-(Miet)preis an diesem Standort (im Verhältnis zum Güterpreis, der gleich 1 gesetzt ist) sein.

(b) $(-\partial p / \partial d) \cdot q = a$, wobei $\partial p / \partial d$ die Veränderung der Bodenpreise mit der Entfernung ist.

Gleichung (b) ist die Standortgleichgewichtsbedingung: Hat der Haushalt den Gleichgewichtsstandort erreicht, dann ist seine Nettoersparnis, die er durch einen Umzug in eine größere oder kleinere Entfernung erreichen könnte, gleich Null. Andernfalls könnte der Haushalt bei konstantgehaltener Grundstücksfläche q durch einen Umzug entweder Mietausgaben oder Transportkosten sparen. Aus der Gleichgewichtsbedingung folgt auch, daß im langfristigen Gleichgewicht – wegen der für alle Haushalte gleichen Einkommen, gleichen Nutzenfunktionen und gleichen Fahrtarife – der Nutzen eines jeden Haushalts an allen Standorten, in allen Entfernungen d gleich sein muß; damit sind alle Haushalte bezüglich ihrer endgültigen Standorte indifferent. Da annahmegemäß der Transporttarif a > 0 ist, ist die Bedingung (b) nur erfüllt, wenn – $\partial p/\partial d < 0$, d.h. die Mietpreise mit wachsender Entfernung zum Zentrum abnehmen. Das ist außerdem notwendig, damit die Haushalte sich in unterschiedlichen Entfernungen zum Zentrum ansiedeln. Die annahmegemäß identischen Haushalte würden sonst alle die gleiche Entfernung wählen.

Monozentrische Stadtmodelle haben drei gemeinsame Charakteristika: a) Sämtliche Arbeitsstätten sind im Stadtzentrum konzentriert und damit kein Gegenstand der Analyse, b) die Standortentscheidungen hängen lediglich von den Transportkosten des Pendelns zum Zentrum und vom Flächenverbrauch ab und c) es gibt keine immobilen Kapitalbestände in Form von Bauten.

Diese drei Annahmen sind Ausgangspunkt wichtiger Kritik. Wir wollen zunächst auf Modifikationen dieser Modelle eingehen, mit denen versucht wird, einige naheliegende Kritikpunkte zu berücksichtigen, um anschließend leichter die grundlegenden Schwierigkeiten der Verbindung von Ableitungen ökonomischer Modelle mit Problemen der Realität der Stadtplanung diskutieren zu können.

Die Annahme der Monozentralität versuchten schon die ersten Modelle, die den von Thünen-Ansatz[50] auf die Stadt übertrugen, die Modelle von Alonso[51] bis zu Solow[52], abzuschwächen, indem sie auch die Standortentscheidungen von Unternehmen abbildeten. Das geschah über die Annahme, daß die Bodenpreise, die Unternehmen zu zahlen bereit sind, mit der Entfernung von einer zentralen Verladestation, über die alle Transporte abgewickelt werden[53] (in Analogie zum Stadtzentrum), abnehmen.

Über die endgültige Verteilung der Flächennutzungen in der Stadt hätte dann die Konkurrenz von Unternehmen und Haushalten um die Grundstücke zu entscheiden, wobei sich ein Geschäftszentrum in der Innenstadt dann herausbilden würde, wenn dort die Preisgebote der Unternehmen höher lägen und mit wachsender Entfernung schneller abnähmen als die Preisgebote der Haushalte.

Das bisher behandelte Standard-Modell der neuen Stadtökonomie einschließlich der verschiedenen Modifikationen unterscheidet sich vom Standard-Modell der neoklassischen Haushaltstheorie vor allem dadurch, daß Fläche als gesondertes Gut betrachtet und ihr Preis, die Bodenrente, endogen bestimmt wird. Die Präferenz für einen bestimmten Standort geht jedoch nicht in die Nutzenfunktion ein. Das geschieht in komplexeren Modellen. Dabei ist besonders die Erweiterung des monozentralen Stadtmodells durch die Einbeziehung der Umgebungsqualität eines Standorts wichtig. Eine weitere Modifikation ist die Einführung einer für den Güterkonsum verfügbaren Zeit, die abhängig ist von der Zeit, die der Haushalt für das Pendeln braucht (bestimmt durch die Entfernung zum Zentrum und die Fahrgeschwindigkeit).[54]

In die Nutzenfunktion des Haushalts geht deshalb außer den Konsummengen (c) und der Wohnfläche (q) die Entfernung (d) zum Zentrum in doppelter Weise ein: erstens *positiv*, weil die (weitere) Entfernung vom Zentrum an sich aus Gründen der *Umgebungsqualität* geschätzt wird, und zweitens *negativ*, weil der *Zeitaufwand* für das Pendeln zu Lasten der *Freizeit* geht. Die Funktion lautet demgemäß:

$$U = U[c,q,t(d),\varepsilon(d)]$$

unter den Nebenbedingungen

$$v(d)\cdot c + \bar{\bar{p}}\cdot q - Y \leqq 0$$

$$x\cdot c - t(d) \leqq 0$$

$$c - \hat{c} \geqq 0$$

$$q - \hat{q} \geqq 0$$

$$\varepsilon(d) - \hat{\varepsilon}(Y) \geqq 0$$

$$U = \bar{\bar{U}}(Y)$$

Dabei sind:

U - Nutzenfunktion des Haushalts
Y - Einkommen des Haushalts
c - Konsumgütermenge
q - Wohnfläche
v - vom Standort d abhängige und bekannte Konsumgüterpreise
t - für den Konsum verfügbare Zeit am Standort (in der Entfernung) d
ε - Qualität der Wohnumgebung in Abhängigkeit vom Standort d
x - Zeitaufwand für Konsumtätigkeit pro Konsumeinheit für jede Art von Konsum, hier als konstant angenommen

$\hat{c}, \hat{q}, \hat{\varepsilon}(Y)$ sind die Minimumanforderungen an Konsum, Fläche und Umgebungsqualität. Das Minimum an Umgebungsqualität ist dabei einkommensabhängig, die Anforderungen steigen mit wachsendem Einkommen;
$\bar{\bar{U}}, \bar{\bar{p}}$ repräsentieren das Nutzenniveau im Gleichgewicht bzw. die Gleichgewichtsbodenrente.

Als Gleichgewichtsbedingung wird wieder für jeden Haushalt die Bedingung der Standortindifferenz eingeführt: Bei gleichem Einkommen soll ein Haushalt an jedem Standort das gleiche Nutzenniveau erreichen. Anstelle der nicht explizit aufgeführten Transportausgaben dient die Zeitbeschränkung $(x \cdot c - t(d) \leq 0)$[55] zur Bestimmung des unbekannten Bodenpreises p im Standortgleichgewicht.

Durch Annahmen über die räumliche Verteilung der Umgebungsqualität $\varepsilon(d)$ in der Stadt lassen sich sehr unterschiedliche (und nicht nur monoton fallende) Bodenpreisgradienten konstruieren, vor allem aber auch polyzentrische Stadtstrukturen ableiten, die nicht mehr dem Ring-Schema des Standard-Stadtmodells entsprechen.

Das im Ansatz dargestellte Modell bedeutet eine entscheidende Erweiterung der Modelle der neuen Stadtökonomie, ohne daß die gemeinsame theoretische Basis verlassen wird. Es besteht – im Unterschied zu den vom Standard-Modell abgeleiteten Regelmäßigkeiten – die Möglichkeit, daß die Standortentscheidungen in der Stadt zu "diskontinuierlichen" Stadtstrukturen führen. Damit wird die (Gleichgewichts-)Theorie des Haushaltsstandorts näher an die Realität herangeführt. Dieser Gewinn führt auf der anderen Seite jedoch zu Problemen, die mit der analytischen Lösbarkeit des mathematischen Gleichungssystems zusammenhängen.

Bei den sonst vorliegenden Modifikationen des Standardmodells bleibt deshalb auch immer der Verdacht bestehen, daß denjenigen Modellerweiterungen der Vorzug gegeben wird, die weitgehend mit dem bisher verwendeten mathematischen Instrumentarium zu lösen sind. Die in Kapitel 4 erwähnten und bildlich dargestellten Stadtmodelle von Hoyt und Harris/Ullman, das Sektormodell und das polyzentrische Modell, liegen insofern schon außerhalb des Einzugsbereichs, innerhalb dessen eine analytische "Ableitung" durch den mathematisch theoretisch arbeitenden Stadtökonomen möglich ist. Trotz dieser (Selbst-)Beschränkung – auf Kosten der Realitätsnähe – können Vertreter der allgemeinen Theorie noch immer verbliebene Ungenauigkeiten und Unklarheiten der Modellableitungen kritisieren, die vor allem mit dem Einwand verbunden sind, die Modelle seien grundsätzlich nur als partielle Gleichgewichtsmodelle konstruierbar, könnten also nicht simultan die Stadtstruktur aus den Entscheidungen aller verschiedenen Nutzer der Stadtfläche ableiten.[56]

Die "stadtplanerische", *praktische Verwertbarkeit* der monozentrischen Stadtstrukturmodelle wird sicher zu Recht kritisiert. Dennoch bleibt der Wert dieser Modelle bestehen.[57] Diese Modelle können immerhin die empirisch zu beobachtende Regelmäßigkeit in *einer* der städtischen Teilstrukturen, der Dichtestruktur, auf einzelwirtschaftliche Zusammenhänge und damit auf wesentliche Einflußfaktoren zurückführen, nämlich auf die nutzenmaximierenden Standortentscheidungen verschiedener Hauhalte und ihr Zusammenspiel über den Bodenmarkt, soweit eine zentrenorientierte Verkehrsstruktur die Standortwahl bestimmt.

Vielen Nicht-Ökonomen scheint die Erkenntnis der Zusammenhänge innerhalb einer *gesamten* Stadtstruktur, die Einsicht in das Vorhandensein *gewisser Regelmäßigkeiten*, generell Schwierigkeiten zu bereiten. Dies gilt erst recht für *spezifische* Ableitungen mikroökonomischer Stadtmodelle, wie zum Beispiel für den (*fallenden*) Bodenpreis-Entfernungsgradienten, welcher mit wachsender Entfernung vom Stadtzentrum (und den Subzentren) eine abnehmende Dichte impliziert.[58] Mit diesem fallenden Dichtegradienten wird die Dichte als eine Teilstruktur der Stadt erfaßt: Die Dichtestruktur hängt jedoch immer mit allen anderen Teilstrukturen zusammen. Maßnahmen der Bauleitplanung beeinflussen oft den Dichtegradienten, dessen Veränderung kann insofern als ein Indikator für die Gesamtwirkung planerischer Eingriffe dienen. Stadtmodelle der dargestellten Art verdeutlichen also zum Beispiel die stadtökonomischen Wechselwirkungen von "Planungen".

Daß in einer *Marktwirtschaft* sich aus dem Standortverhalten vieler Einzelner ergebende *Regelmäßigkeiten von räumlichen Strukturen* existieren, sollte in diesem Abschnitt gezeigt werden. Was wir als Stadtstruktur messen und später gesamtgesellschaftlichen Wertungen unterwerfen wollen, ist ein geordnetes Gefüge wirtschaftlicher Aktivitäten im Raum. Dieses Gefüge ist nicht beliebig manipulierbar, es kann nur im begrenzten Maße nach Grundsätzen und Regeln "planerisch" geordnet und verändert werden.

5. Einzelwirtschaftliche Stadtgrößenpräferenzen und die Bildung von Städtesystemen

In Teil II des Buches wurden die *Ergebnisse* der Entscheidungen von Wirtschaftseinheiten – Haushalten und Unternehmen – einer *Volkswirtschaft* beschrieben und analysiert, die in Form von Stadtgrößen, Stadtgrößenverteilungen und *Städtesystemen* die konstituierenden Elemente der *Raumstruktur* eines Landes darstellen. Teil III beschäftigte sich mit den *Ergebnissen* des Standortverhaltens der einzelnen Wirtschaftssubjekte *innerhalb einer einzigen Stadt*, die als *Stadtstruktur*, gebildet aus sich überlagernden Teilstrukturen, bezeichnet und erfaßt werden. In den bisherigen Abschnitten des vorliegenden IV. Teils wurde dann versucht, die mikroökonomischen Zusammenhänge, aus denen sich die Struktur einer Stadt ergibt, darzustellen und damit verständlich zu machen, wie eine Stadtstruktur aus dem *Verhalten der einzelnen* Haushalte und Unternehmen in einer Stadt entsteht. Im folgenden Abschnitt werden wir diese einzelwirtschaftlichen Entscheidungen in bezug auf die Stadtgrößen untersuchen, um auch die Bildung von Städtesystemen ansatzweise mikroökonomisch fundieren zu können.

Eine Ableitung von Stadtgrößen aus den Nutzenfunktionen Einzelner für verschiedene Güter ist wegen der Komplexität der Wirkungen nicht möglich. Es ist deshalb bei den *Präferenzen für Stadtgrößen direkt* anzusetzen. Solche Präferenzen sind durch das *vorhandene*, historisch gewachsene Städtesystem bestimmt: Deshalb werden die gewünschten Stadtgrößen nie stark von den vorhandenen Stadtgrößen abweichen, an die sich die Wirtschaftseinheiten bereits anpassen konnten.

Wir wollen im folgenden die optimale (gewünschte) Stadtgröße für einen Haushalt[59] ableiten. Ausgangspunkt sind die Kosten städtischer Dienstleistungen, wozu auch die Bodennutzungskosten im weiteren Sinne gehören und die Kosten sonstiger Güter der Lebenshaltung, sofern sie mit der Stadtgröße zusammenhängen. Die Mengen der städtischen Dienstleistungen und der sonstigen Güter, deren Inanspruchnahme mit der Stadtgröße variiert, sind jeweils getrennt von ihren Preisen (Bodenpreise, Mieten, Güterpreise) zu betrachten.

Das Niveau der Kosten städtischer Dienstleistungen wird in Abhängigkeit von der Größe der Stadt gesehen. Schon wegen der mit Stadtgröße ansteigenden Bodenpreise (Mieten) und des größeren Angebots städtischer Dienstleistungen sind die Kosten in größeren Städten höher als in kleineren. Zu beachten ist jedoch, daß jeder Haushalt je nach sozialer Schicht, Familienstand und anderer Eigenschaften unterschiedliche Mengen (und Qualitäten) der verschiedenen Dienstleistungen und Güter nachfragt. Deshalb gelten die ermittelten Kostenfunktionen jeweils nur für einen ganz bestimmten, wohl definierten Haushalt.

Die Kostenfunktionen als allein von der Größe der Stadt bestimmt anzusehen, ist natürlich eine grobe Vereinfachung. Die Kostenfunktionen sind jeweils unterschiedlich je nach der Struktur der Stadt, wobei die räumliche Struktur (Transportkosten, Pendelkosten) und die sektorale Struktur (Angebot verschiedener privater Güter, Zusammenhang mit dem Angebot städtischer Dienstleistungen) gleich wichtig sind, und sie sind unterschiedlich je nach der geographischen Lage der Stadt und dabei von der Erreichbarkeit von Wirtschaftseinheiten in *anderen* Städten und dem Umfang der ökonomischen inter- und intraregionalen Verflechtungen abhängig.

Den Kosten sind die Chancen gegenüberzustellen, die einem bestimmten Haushalt in verschiedenen Stadtgrößen geboten werden. Das sind die Chancen, die verschieden große städtische Märkte bieten, wobei der Arbeitsmarkt mit den unterschiedlichen

Möglichkeiten, Einkommen zu verdienen, entscheidend ist. Daneben spielen die verschiedenen Einkaufsmöglichkeiten und allgemein die verschiedenartige urbane Atmosphäre (großstädtisch, kleinstädtisch usw.) eine Rolle. Es ist klar, daß auch die Vorteile der Stadtgröße je nach Haushaltstyp unterschiedlich gesehen und bewertet werden.

Für die Haushalte wird wieder Nutzenmaximierung als Verhaltenshypothese unterstellt. Der Nutzen U^h des Haushalts h ist abhängig vom Einkommen $Y^h(N)$, das der Haushalt in einer Stadt der Größe N erzielen kann, vom Preisniveau p in dieser Stadt (wobei p von N abhängig ist), insbesondere von den Preisen städtischer Dienstleistungen q(N), die in der Menge Z^h (vor allem als Bodeninputs und Infrastrukturleistungen, in Abhängigkeit von (N) in Anspruch genommen werden. Sehr allgemein formuliert:

$$U^h = f[Y^h(N), p(N), q(N), Z^h(N)].$$

Bezüglich des Einflusses der genannten Größen bestehen bestimmte Erwartungen, die der Haushalt in bestimmten Stadtgrößen glaubt, realisieren zu können und die deshalb die Standortentscheidungen mitbestimmen. Geht man davon aus, daß der Haushalt über die Kosten und Nutzen eine Vorstellung gewonnen hat, so wird er Preis-Indifferenz-Überlegungen der Art anstellen können, daß er für unterschiedlich große Städte hypothetische Preise städtischer Dienstleistungen und sonstiger Güter angibt, die ihm die *verschieden* großen Städte *gleich attraktiv* machen würden. In diese Indifferenzüberlegungen gehen selbstverständlich die von seinem Standpunkt aus jeweils gebotenen, unterschiedlich großen Vorteile der verschiedenen Städte ein: Je größer die Vorteile, um so höher wird der gebotene oder in Kauf genommene Preis (die Zahlungsbereitschaft) für die städtischen Dienstleistungen und die sonstigen Güter dieser Stadt sein. Den Preis-Indifferenz-Vorstellungen sind die tatsächlichen Kosten K(N) in verschieden großen Städten gegenüberzustellen. Eine optimale Stadtgröße ergibt sich dort, wo bei der gegebenen Kostenfunktion das höchste Nutzenniveau erreicht werden kann. Bei stetigen, differenzierbaren und durchweg rechtsgekrümmten Funktionen ist dies am Tangentialpunkt einer Indifferenzkure U(N) und der Kurve der tatsächlichen Kosten K(N) der Fall (vgl. Abbildung 23). Das jeweilige Optimum der Stadtgröße für einen Haushalt ist dadurch (allgemein) charakterisiert, daß für ihn in *größeren* Städten als der optimalen Stadt die *Kosten schneller* steigen als die *Vorteile* und umgekehrt bei der Betrachtung *kleinerer* Städte die *Kosten weniger schnell abnehmen* als die *Vorteile*.

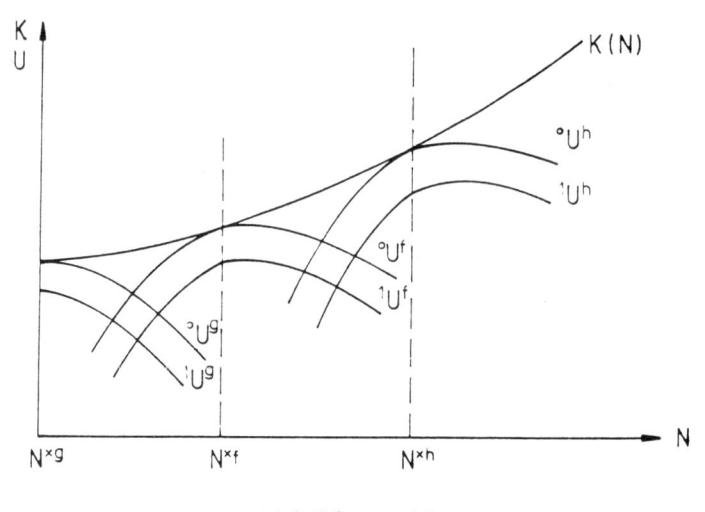

Abbildung 23

Haushalt g sieht keine Vorteile im städtischen Leben, seine Zahlungsbereitschaft nimmt von Anfang an sogar absolut ab, und er wird deshalb ländliches Leben vorziehen. Haushalt f präferiert mittlere, Haushalt h größere Stadtgrößen.

Im folgenden soll näher erläutert werden, wie sich Stadtgrößen aufgrund der Präferenzen der Einzelnen ableiten lassen.

Sowohl Haushalte als auch Unternehmen entwickeln Stadtgrößenpräferenzen, diese Präferenzen müssen hinsichtlich der gewünschten Stadtgrößen jedoch keineswegs übereinstimmen: Die Agglomerationsvorteile für Unternehmen mögen sich zum Beispiel erst bei *größeren* Ballungen ergeben, als bei denen, die die Haushalte als Wohnort wünschen. In diesem Fall müßten die Unternehmungen auch kleinere Städte als Standorte in Erwägung ziehen, um Arbeitskräfte zu finden, oder es müßten sich umgekehrt die Arbeitskräfte in größeren (als gewünschten) Städten ansiedeln, um Arbeit am Ort zu finden. In der Realität wird dieses Entscheidungsproblem durch die Möglichkeit des Pendelns zur Arbeitsstätte im Einzugsbereich der Stadt entschärft – durch erhöhte Kosten (volkswirtschaftliche Kosten) in Form einer Erhöhung des volkswirtschaftlichen Transportaufwandes. *Ökonomische Anpassungsmechanismen* laufen über Einkommens- und Bodenpreisveränderungen an verschiedenen Standorten. Unternehmen können ihren Standort durch Lohnerhöhungen attraktiver machen – sofern nicht freie Arbeitsplätze (Beschäftigungsmöglichkeiten) allein für die Zuwanderung genügen – während Unterbeschäftigung an anderen Orten tendenziell das Lohniveau (und die Zuwanderung) drückt. Selbst wenn Löhne und Preise sich nicht anpassen, haben veränderte Arbeitsmarkt-*Chancen* einen Einfluß auf die relative

Attraktivität verschieden großer Städte und verändern damit den (zahlenmäßigen) Wert des Stadtgrößen-Optimums. Hohe Bodenpreise (Mieten) in Großstädten im Vergleich mit kleineren Städten können Haushalte abschrecken. Auf jeden Fall wird der Marktmechanismus für die Abstimmung von gewünschten und realisierten Stadtgrößen eine wichtige Rolle spielen.[60]

Im Zuge solcher Anpassungen ist folgende Restriktion wichtig: Eine von verschiedenen Wirtschaftseinheiten präferierte Stadtgröße N kann nur dann realisiert werden, wenn sich insgesamt N Personen für diese Stadt entscheiden.

Da vor allem bei Großstädten – unter Zugrundelegung realistischer Gesamtbevölkerungszahlen eines Landes – immer nur einige wenige Stadtgrößentypen zur Wahl stehen, ist zu fragen, welche Stadtgrößen *unter Beachtung der einzelwirtschaftlichen Präferenzen* sich als optimal herausstellen würden. Voraussetzung für weitere Überlegungen ist dann, die *Stadtgrößenpräferenzen* der Unternehmen in insgesamt *gewünschte Bevölkerungszahlen* zu überführen. Diese Bevölkerungszahlen ergeben sich für die Unternehmen über die Gesamtzahl der Angehörigen ihrer Beschäftigten und zusätzlich die Beschäftigten und die Mantelbevölkerung der Betriebe, die als lokaler oder nonbasic-Bereich ausschließlich der Versorgung der anderen (basic-) Betriebe und deren Beschäftigten dienen.

Mit den ermittelten Bevölkerungszahlen kann man jeder hypothetischen Stadtgröße die Zahl der Einwohner zuordnen, die Präferenzen für diese Größe hat. Die Zuordnung wird an Hand einer Häufigkeitsverteilung von Präferenzen vorgenommen. Hier soll in einer vereinfachenden Darstellung angenommen werden, daß die Einwohner kleinere Stadtgrößen als die gewünschten akzeptieren, jedoch nie Überschreitungen zulassen: Man fragt dann nach dem Maximum (statt dem Optimum) der Stadtgröße, das die Wirtschaftseinheiten noch als akzeptabel ansehen würden.[61]

Wir wählen beliebige Stadtgrößen N und ermitteln jeweils die Zahl $B(N)$ der Einwohner, die in einer Stadt mit einer Einwohnerzahl *kleiner oder gleich* N wohnen möchten – vgl. Abbildung 24 mit der entsprechenden Verteilungsfunktion $B(N)$. In der Abbildung 24 sei N_0 der Stadtgrößenwert, den *niemand* überschritten sehen möchte, so daß $B(N_0) = B_0$ ist, das heißt die gesamte Bevölkerung des Landes erfaßt.

Greifen wir nun irgendeinen Wert N_a heraus. Für $B(N_a)$ Personen liegt die maximal gewünschte Stadtgröße entweder bei N_a oder *niedrigeren* Werten. Das bedeutet: Für die *übrigen* Personen ist N_a *nicht zu groß*. Dies sind insgesamt $B_0 - B(N_a)$ Personen: Schreiben wir dafür $\bar{B}(N_a)$. Wenn nun die entsprechende Personenzahl gleich der herausgegriffenen Stadtgröße N_a ist, also die Zahl $B_0 - B(N_a) = \bar{B}(N_a)$ gleich N_a wäre, dann könnte genau die Stadt mit der Einwohnerzahl N_a auch aufgefüllt werden; dann wäre genau die Einwohnerzahl der größten Stadt gefunden worden. In Abbildung 24 ist dies bei N_a nicht der Fall: $\overline{B}(N_a) < N_a$: Es möchten nicht genügend Einwohner in einer Stadt dieser Größe wohnen; der Wert N_a liegt zu hoch und muß somit gesenkt werden.

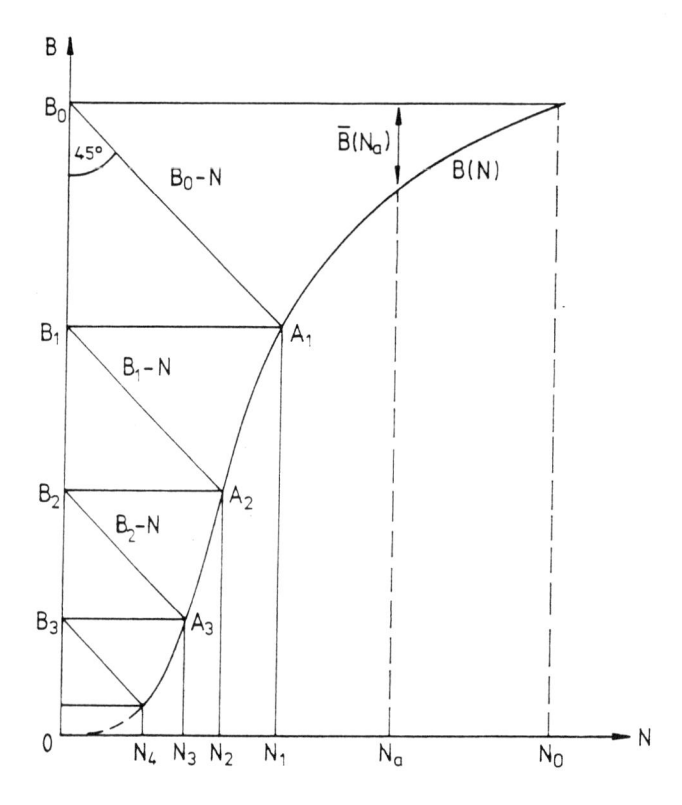

Abbildung 24

Man kann nun, von sehr großen Werten für Stadtgrößen ausgehend, danach fragen, wieweit man den hypothetischen Wert der Stadtgröße senken muß, bis man genügend bereitwillige Bewohner findet: $B(N_1)$ als die Zahl der Menschen, die die größte Stadt als zu groß ansehen, darf nicht mehr größer sein als die Zahl der Menschen, welche für die "Auffüllung" dieser Stadt notwendig ist, also $B(N_1) = N_1$. Das gleiche gilt dann für die zweitgrößte, die drittgrößte Stadt usw. bis hin zur kleinsten Stadt.

Die Einwohnerzahl der größten Stadt (N_1) läßt sich so in systematischer Weise leicht ermitteln, wenn man von vornherein die Bedingung berücksichtigt:

$$B_0 - B(N_1) = N_1 \quad \text{oder} \quad B_0 - N_1 = B(N_1)$$

Dies geschieht, wenn man in Abbildung 24 den Schnittpunkt der Geraden $B_0 - N$ mit der Verteilungsfunktion $B(N)$ sucht – dies ist Punkt A_1. Die größte Stadt – mit dem Rang 1 – hat somit die Bevölkerungszahl N_1. Keiner ihrer präsumtiven Bewohner braucht in eine Stadt zu ziehen, die größer ist als N_1, was der Bevölkerungszahl entspricht, mit der er sich vorher als Maximum einverstanden erklärt hatte. N_a war zu groß; eine Stadt mit $N < N_1$ wäre zu klein, denn es würden mehr Personen in ihr wohnen wollen, als ihrer Größe entspricht.

Mit dieser ersten Lösung verbleiben noch $B_0 - N_1 = B_1$ Personen, die auf die weiteren Städte zu verteilen sind. Entsprechend der Ableitung für die größte Stadt muß nun für die zweitgrößte Stadt auch wieder gelten:

$$B_1 - B(N_2) = N_2 \quad \text{oder} \quad B_1 - N_2 = B(N_2).$$

Die Bedingung ist erfüllt in A_2. Ähnlich ist nun zu verfahren für alle weiteren Städte N_3, N_4 und so fort – vgl. Abbildung 24. Insgesamt haben wir damit, wenn wir beachten, daß $B_k = B(N_k)$, folgende Beziehungen für die Stadtgrößen:

$$\begin{aligned} B_0 &- B(N_1) = N_1 \\ B(N_1) &- B(N_2) = N_2 \\ B(N_2) &- B(N_3) = N_3 \\ &\vdots \end{aligned}$$

Wenn man die so erhaltenen Stadtgrößen nach ihrem Rang ordnet, gilt allgemein:

$$B(N_{r-1}) - B(N_r) = N_r$$

Summiert über alle r von der größten Stadt N_1 bis zur letzten Stadt N_s mit dem Rang s ergibt sich daraus:

$$B_0 = \sum_r N_r$$

Die gesamte Bevölkerung ist somit vollständig auf die r Städte beziehungsweise Siedlungen aufgeteilt worden.

Will man für jeden Einwohner von seiner *gewünschten optimalen* Stadtgröße ausgehen (statt von der noch akzeptierten maximalen), ist die Ableitung in der Weise zu modifizieren, daß jede Stadtgröße unter der Bedingung gesucht wird, daß jeweils ein

Anteil α der Bevölkerung, die noch *nicht* einer bestimmten Stadtgröße zugeordnet ist, eine *größere* und $(1-\alpha)$ der Personen eine genauso große oder *kleinere* Stadt wünschen.[62] Die Größe α ergibt sich jeweils aus dem unterstellten Anpassungsverhalten der einzelnen Menschen.

In der Realität können sie jeweils aus einer zu kleinen Stadt in größere Städte wandern (und umgekehrt), wobei natürlich die Umzugskosten als weitere Größe in die Überlegungen einzubeziehen wären. Wanderungen werden allerdings zusätzlich dadurch kleiner gehalten, daß sich die Menschen in ihren *Präferenzen* an die *erlebten Stadt*erfahrungen anpassen.

Für die Argumentation mit Stadtplanern ist die Antwort auf die Frage wichtig, ob die Ableitungen der Stadtgrößen aus einzelwirtschaftlichen Stadtgrößen-Präferenzen bestimmte regelmäßige *Stadtgrößen-Verteilungen* ergeben. Die Frage lautet konkret: Aus welcher Form der Verteilungsfunktion $B(N)$ ergibt sich die Rang-Größen-Verteilung $r^c \cdot N_r = N_1$[63], die als Rang-Größen-Regel (mit $c = 1$) ("rank-size-rule") in der Literatur häufig erwähnt wird und in entwickelten Industriestaaten nachzuweisen ist?

Diese Rang-Größen-Regel, mit $c = 1$ und damit $N_r = N_1/r$ ist Ausgangspunkt der weiteren Ableitungen:
Der Anstieg der Verteilungsfunktion, also die Dichte $D(N)$, muß der Formel genügen:

$$dB(N)/dN = D(N) = N_1/N$$

Die Funktion $B(N)$ erhält man aus der Integration der Dichtefunktion als

$$B(N) = K + N_1 \cdot \ln(N), \text{ wobei K eine Konstante ist.}$$

Betrachten wir den allgemeinen Fall $c \neq 1$ und damit $r^c \cdot N_r = N_1$, dann ergibt sich als Dichtefunktion:

$$dB(N)/dN = D(N) = c \cdot (N_1/N)^c$$

und weiterhin gilt allgemein:

$$B(N) = K_0 + cN_1^c \cdot \ln N^c.$$

Zur Erläuterung dieser Zusammenhänge gehen wir von einer Rang-Größen-Verteilung mit $c = 1$ aus, bei welcher der größte Ort N_1 (zur Vereinfachung der Rechnung) 10.000 Einwohner hat – man mag für die folgenden Berechnungen auch jeweils alle Zahlen mit 100 oder 1000 multiplizieren, wenn man realistische Werte erhalten will. Wir versuchen nun auf $D(N)$ zu schließen. Die Orte mit den Rängen 9, 10, 11 haben dann 1111, 1000 und 909 Einwohner. Das heißt, der zehnte Ort, mit $N_{10} = 1000$, muß mit Einwohnern aus dem Präferenzbereich von (etwa) 955 bis 1055 bevölkert werden. Auf den "Schwankungs"-bereich von 100 müssen also 1000 Einwohner entfallen; bei einer gleichmäßigen Verteilung der Präferenzen der 1000 Einwohner auf diesen Bereich haben wir somit eine Dichte von 10 (= 10.000/1.000).

Für die Ränge 99, 100, 101 wären die Einwohnerzahlen 101, 100 und 99. Hier liegt der Präferenzbereich für den Ort mit 100 Einwohnern zwischen 100,5 und 99,5, er beträgt also nur 1, und hierauf kommen 100 Einwohner, was einer Dichte von 100 entspricht. Die Dichtefunktion kann in diesem Bereich durch die Funktion:

$$D(N) = 10.000/N$$

approximiert werden. Die Integration ergibt

$$B(N) = c + 10.000 \ln N.$$

Daraus erhält man für den Präferenzbereich zwischen 99,5 und 100,5 den Wert $\Delta B(N) = 10.000 (\ln 100,5 - \ln 99,5) = 100 = N_{100}$, gleich der postulierten Bevölkerungszahl des Ortes mit Rang 100.

Wie schon erwähnt, können nicht alle gewünschten Stadtgrößen auch realisiert werden. Nur wenn alle gewünschten Stadtgrößen im Vergleich zur Gesamtbevölkerung sehr klein sind, treten geringe Diskrepanzen auf. Außerdem ist es möglich, daß über einen weiten Bereich die Bevölkerung indifferent gegenüber der Größe der Stadt ist und/oder die Einwohner sich jeweils weitgehend an die realisierten Stadtgrößen anpassen, wobei – wie erwähnt – ökonomische Anpassungsmechanismen eine Rolle spielen.

Sind Diskrepanzen zwischen der gewünschten und der tatsächlichen Größe der Stadt vorhanden, dann ist zu fragen, nach welchen Kriterien man die Anteile der Bevölkerung bzw. der Wirtschaftseinheiten (die sich aus der Höhe des α – Wertes ergeben) beurteilt, welche eine gegebene Stadt jeweils als nicht optimal, als zu groß oder als zu klein empfinden. Man kann zunächst argumentieren, daß ein Wert $\alpha = 1/2$ der günstigste sei, weil dann gleich viele Personen oder Wirtschaftseinheiten die betrachtete Stadt als zu groß oder als zu klein ansehen würden und somit die Stadtgröße dem Medianwert der Präferenzen entsprechen würde. Das ist jedoch nur für einen stationären Zustand plausibel, in dem alles optimal angepaßt worden ist, und diese Anpassungen auch nicht durch Mobilitätskosten behindert worden sind.

Während eines *Wachstumsprozesses* kann eine Stadt zu einem

bestimmten Zeitpunkt sowohl vom Standpunkt der Ansässigen als auch von dem der Zuwanderer entweder zu groß oder zu klein sein. Einige mögen es als beklagenswert empfinden, daß mit dem Wachstum "ihre Stadt" den "althergebrachten Charakter" verliert. Andere mögen dagegen bedauern, daß die Stadt und die sich darin bietenden Marktchancen (für Güter oder Arbeitskräfte) nicht schnell genug wachsen. Dabei kommt es natürlich auch auf die Geschwindigkeit des Wachstums an und darauf, wie "organisch" – mit aufeinander abgestimmten Teilstrukturen – die Stadt wächst: All diese Aussagen beruhen notwendigerweise auf Werturteilen, noch dazu auf solchen, die sich im Laufe der Zeit wandeln.

Bei *zuwandernden* Unternehmungen und Beschäftigten spielen sicher

- außer der Qualität der *Agglomerationsvorteile*, welche mit der *Sektoralstruktur* der Stadt (gemessen zum Beispiel mit der Zahl der offenen Stellen in verschiedenen Branchen) und mit den speziellen *Wohnqualitäten* zusammenhängen, und
- der geographischen *Lage* der betrachteten Stadt im gesamten Städtesystem des Landes, verglichen mit dem bisherigen (Wohn-)Sitz und den daraus resultierenden *Mobilitätskosten*,
- die *längerfristig erwarteten Gewinne* oder *Einkommen* im Vergleich zu den
- *längerfristig erwarteten Kosten* in dieser Stadt eine wesentliche Rolle, und diese hängen zumindest zum Teil von
- den Erwartungen über das *Wachstum alternativer Städte* ab.

Jemand der keine Stadtgröße findet, die ihm groß genug ist, wird sich in der Stadt niederlassen, von der er annimmt, daß sie am schnellsten wachsen wird. Hohe erwartete Wachstumsraten für bestimmte Größenklassen von Städten können das Wachstum der nächstgrößeren Klasse von Städten, für die weniger Wachstum zugrunde gelegt wird, dämpfen. Nur wenn man für alternative Städte dieselben zukünftigen Wachstumsraten unterstellen zu können glaubt, wird man tendenziell gleich die *kurzfristig* optimale Stadtgröße wählen.

Als Fazit ist festzuhalten, daß die zu beobachtende Stadtgrößenverteilung zu jedem Zeitpunkt immer nur das Ergebnis eines in Gang befindlichen Anpassungsprozesses an die gegenwärtigen Präferenzen von Unternehmern und Haushalten ist. In Zeiten geringen wirtschaftlichen Wachstums, mit wenigen Innovationen und geringer Mobilitätsbereitschaft der Bevölkerung, wird die vorhandene Stadtgrößenverteilung eher den Wünschen der Bewohner entsprechen, als in Zeiten dynamischer Wirtschaftsentwicklung, wenn gleichzeitig die Präferenzen der Menschen sich stark verändern. Spätestens dann kann der Stadtplaner auf keinen Fall mehr Überlegungen zur Stadtgröße ausweichen, auch wenn er seine Aufgabe vor allem in der Strukturplanung sieht. Oben wurden (im 2. Kapitel) die dabei wichtigen Fragen bereits in Zusammenhang mit der Diskussion der "optimalen Stadtgröße" behandelt.[64]

Anmerkungen zum 6. Kapitel

1) Zur Dynamik von Stadtentwicklungen aus sozialwissenschaftlicher Sicht findet sich umfangreiches Material bei Friedrichs, J.; Stadtentwicklungen in West- und Osteuropa, Berlin 1985. Einen Überblick über historische Forschungen gibt Reulecke, J.; Geschichte der Urbanisierung in Deutschland, Frankfurt (M) 1985 (edition suhrkamp).
2) Die sozialökologischen Modelle und die aus ihrer Kritik entwickelten anderen Modelle städtischer Flächennutzungsstrukturen werden in entsprechenden geographischen Lehrbüchern dargestellt. Wohl am bekanntesten ist Carter, H.; Einführung in die Stadtgeographie (übersetzt und herausgegeben von F. Vetter), Berlin, Stuttgart 1980, das in dieser deutschen Übersetzung (der 2. Aufl. von 1975) eine Ergänzung durch einen Überblick über die kontinentaleuropäische Stadtgeographie erfährt.
3) Alonso, W.; Location and Land Use, Harvard/Mass. 1964.
4) Vgl. Fußnote 2).
5) Vgl. Fußnote 2).
6) Ullman, E.L.; the nature of cities reconsidered. Presidential address. In: Papers and Proceedings of the Regional Science Association, Vol. 9 (1962), S. 7 - 23.
7) In der Verkehrswissenschaft analysiert man ähnliches als "Aktivitätenmuster" von potentiellen Verkehrsteilnehmern, vgl. als eine der ersten deutschsprachigen Arbeiten, die diesen Ansatz operationalisierten: Kutter, E.; Demographische Determinanten städtischen Personenverkehrs. Braunschweig 1972 (Institut für Stadtbauwesen der TU). Vgl. weiter: Dangschat, J., Droth, W., Friedrichs, J., Kiehl, K.; Aktionsräume von Stadtbewohnern, Opladen 1982 (= Beiträge zur sozialwissenschaftlichen Forschung 36).
8) Ansätze zu einer Theorie der Subzentrenentwicklung liefert Böventer, E. von; Transportation Costs, Accessibility and Agglomeration Economies: Centers, Subcenters and Metropolitan Structures. In: Papers of the Regional Science Association, Vol. 37 (1976), S. 167 - 183.
9) Der wichtigste Aufsatz zu diesem Thema ist noch immer: Tiebout, Ch. M.; Location Theory, Empirical Evidence, and Economic Evolution. In: The Regional Science Association, Papers and Proceedings, Vol. 3 (1957), S. 74 - 86.
10) Diese Verknüpfung erfolgt erstmals bei Moses, L.N.; Location and the Theory of Production. In: Quarterly Journal of Economics, Vol. 13 (1958), S. 259 - 272. Den aktuellen Stand auf diesem Gebiet der Standorttheorie zeigt Ziegler, J. A.; Location, Theory of Production, and Variable Transportation

Rates. In: Journal of Regional Science, Vol. 26 (1986), S. 785 - 791.
11) Die Betrachtung des Standortproblems als spezifisches Substitutionsproblem wurde bereits von Predöhl in die Volkswirtschaftstheorie eingeführt. Vgl. Predöhl, A.; Das Standortproblem in der Wirtschaftstheorie. In: Weltwirtschaftliches Archiv, Bd. 2 (1925), S. 294 - 331 und derselbe, "Außenwirtschaft", Göttingen 1949 (2. Aufl. 1971), S. 30.
12) Auf den Zusammenhang von einzel - und gesamtwirtschaftlicher Bewertung werden wir ausführlicher zu Beginn des 8. Kapitels eingehen.
13) Thünen, J.H. von; Der isolierte Staat in Beziehung auf Landwirtschaft und Nationalökonomie, Hamburg 1826.
14) Weber, A.; Über den Standort der Industrien, Tübingen 1909.
15) Alonso, W.; a.a.O.
16) Christaller, W.; Die zentralen Orte in Süddeutschland, Jena 1933. Lösch, A.; Die räumliche Ordnung der Wirtschaft, 2. Aufl., Jena 1944.
17) Eine mehr verbale Darstellung der grundlegenden Zusammenhänge der städtischen Standorttheorie findet sich bei Richardson, H.W.; Urban Economics, Harmondsworth 1971. Auszüge in deutscher Übersetzung bei Fürst, D. (Hrsg.); Stadtökonomie, Stuttgart, New York 1977.
18) Vgl. hierzu ähnlich und ausführlicher Böventer, E. von; Towards a United Theory of Spatial Economic Structure. In: Papers of the Regional Science Association, Vol. X (1963), S. 163 - 187.
19) Solche konkret gemessenen Werte wären ein notwendiger - jedoch noch kein hinreichender - Schritt, um Bedingungen für ein Standortgleichgewicht angeben zu können. So: Böventer, E. von; Towards a United Theory, a.a.O., S. 177. Hier ergibt sich auch eine Verbindung zwischen unserem Bemühen um eine empirische Messung der Stadtstruktur im Teil III und den standorttheoretischen Gleichgewichtsmodellen.
20) Als Überblick über das Forschungsgebiet s. Cox, K.R. und Golledge, R.G. (eds.); Behavioral Problems in Geography Revisited, New York und London 1981.
21) Uns ist nur ein Versuch bekannt, der u.W. nicht weiter aufgegriffen wurde und der, auch nach Auffassung des Autors noch wenig zur Erklärung empirischer Beobachtungen beitragen kann. Vgl. Papageorgiou, G.J.; The Impact of the Environment upon the Spatial Distribution of Population and Land Values. In: Economic Geography, Vol. 49 (1973), S. 251 - 256. Vgl. auch Maeda, H. und Murakann, S.; Population's Urban Environment Evaluation Model and Its Application. In:

Journal of Regional Science, Vol. 25 (1985), S. 273 – 290.
22) Vgl. Young, W.; The Application of an Elimination-By-Aspects Model to Urban Location Decisions. In: Hutchinson, B.G.; Nijkamp, P. and Batty, M. (eds.); Optimization and Discrete Choice in Urban Systems, Berlin, Heidelberg usw. 1985, (= Lecture Notes 247), S. 218 – 234, Tab. S. 225, Übersetzung Hampe, J.
23) Vgl. die Hinweise auf entsprechende Ansätze, insbesondere den Ansatz von Papageorgiou, bei: Richardson, H.W.; The new urban economies, a.a.O., S. 106 – 109.
24) Vgl. Alonso, W.; a.a.O.
25) Ihde, G.B.; Standortdynamik als strategische Antwort auf wirtschaftliche Strukturveränderungen. In: Gaugler, E.; Jacobs, O.H. und Kieser, A.; (Hrsg.) Strategische Unternehmensführung und Rechnungslegung, Stuttgart 1984, S. 93.
26) Vgl. dazu Hampe, J.; Ordnung und Unordnung auf dem Bodenmarkt – Zur Dynamik der Stadtentwicklung. Referat am 04.06.1985 am Forschungsschwerpunkt 6 der Technischen Universität Hamburg – Harburg. Unveröffentlichtes Manuskript. Todt stellt die These der "Instabilität" auf, da die Stadt ein labiles Standortsystem (und keinen Markt) darstelle. Allerdings sorgten die mit Instabilitäten verbundenen gewaltigen Kapitalbewegungen für eine langsame Entwicklung. Vgl. Todt, H.; Die Dynamik der Innenstadt. In: von Böventer, E. (Hrsg.); Stadtentwicklung und Strukturwandel, Berlin 1987, S. 127 – 137 (= Schriften des Vereins für Socialpolitik, N.F. Bd. 168).
27) Standortqualitäten und Wohnumfeld werden auch in einem kürzlich erschienenen Modell zur Kennzeichnung von Nachbarschaften, die Submärkte des städtischen Wohnungsmarkts charakterisieren, verwendet. Vgl. Kujath, H.J.; Regeneration der Stadt-Ökonomie und Politik des Wandels im Wohnungsbestand. Hamburg 1986, insbesondere Kapitel 4.
28) Vgl. Isard, W. und Liossatos, P.; Spatial Dynamics – Some Remarks on the State of the Art. In: Karlquist, A., Lundquist, L., Snickars, F., Weilbull, J.W. (eds.); Spatial Interaction Theory and Planning Models; Amsterdam, New York, Oxford 1978, S. 125.
29) Dieser Gedankengang überträgt Elemente der Produktzyklustheorie auf städtische Bodennutzungen: Für die innerstädtische Standortwahl, insbesondere von Produktionsstätten des Dienstleistungssektors könnte die Anwendung eines Produktlebenszyklusmodells neue Gesichtspunkte erbringen: Ein vorhandener Standort wird unter Umständen alte Nutzungen abgeben müssen, um neue Nutzungen aufnehmen zu können. Zur Erklärung der Anpassungsprozesse wird es zweckmäßig sein, den

Vorschlag von Fujita aufzugreifen, und zwischen dem Mieter oder Pächter als Nutzer eines Grundstücks und einem "Grundstücksentwickler", der meist auch Bodeneigentümer sein wird, zu unterscheiden. Der "natürliche" Bodenpreis, der im Standortgleichgewicht für den Boden einer Zone gezahlt werden könnte, hinge dann vor allem von den Erwartungen des "Grundstücksentwicklers" über die langfristigen Entwicklungsmöglichkeiten der Zone entsprechend ihrer geographischen Lage und Umgebung ab. Wir können hier den oben dargestellten Ansatz zu einer dynamischen Theorie der Stadtstruktur nicht weiter ausarbeiten. In der Literatur finden sich bisher noch keine ausgearbeiteten Konzepte. Über die grundsätzlichen Ansatzpunkte dynamischer Stadtmodelle informiert überblicksartig Fujita, M.; Urban Land Use Theory; In: Gabszewicz, J.J.; Thisse, J. – F., Fujita, M.; Schweizer, U.; Location Theory, Chur, London u.a. 1986, S. 124 – 142. Einen Vorläufer haben die hier zitierten Autoren in Lange, der die Dynamisierung der Zentrale-Orte-Theorie versuchte. Vgl. Lange, S.; Wachstumstheorie zentralörtlicher Systeme. Eine Analyse der räumlichen Verteilung von Geschäftszentren; Münster 1973.

30) Die Filtering-Theorie der Anpassung auf dem Wohnungsmarkt kann in einem solchen Modell, das zwischen langfristigem und kurzfristigem Marktausgleich unterscheidet, sehr viel fruchtbarer interpretiert werden. Das zeigt überzeugend Kujath, H.J.; a.a.O., Kapitel 2.

31) Eine allgemeine Beschreibung der Prozesse der ständigen Stadtstrukturveränderung findet sich bei Lakshmanan, T.R. and Chatterjee, L.; Technical Change, Employment and Metropolitan Adjustment. In: Nijkamp, P. (ed.), Technological Change, Employment and Spatial Dynamics, Berlin, Heidelberg, u.s.w. 1986; S. 21 – 45, (= Lecture Notes 270).

32) May, R.M.; Simple mathematical models with very complicated dynamics. In: Nature, Vol. 261 (June 1976), S. 459 – 467. In der Mathematik und Physik wurde inzwischen als neues Spezialgebiet die "Chaosdynamik" entwickelt, im dem die systematische Analyse der mathematischen Zusammenhänge erfolgt.

33) Jacobs, J.; The Death and Life of Great American Cities, New York 1961. Gekürzte deutsche Ausgabe: Tod und Leben großer amerikanischer Städte, Gütersloh, Berlin 1963 (Bauwelt Fundamente 4), dort insbesondere S. 139ff.

34) Vgl. als Einführung Haken, H.; Erfolgsgeheimnisse der Natur – Synergetik: Die Lehre vom Zusammenwirken, Frankfurt, Berlin, Wien 1984.

35) Die Analyse der Anpassungsmechanismen zwischen verschiedenen unabhängigen städtischen "Subsystemen", z.B. dem Bo-

denmarkt, dem Arbeitsmarkt und dem Transportsystem, steht im Mittelpunkt eines Projekts bei der IIASA, dem internationalen Forschungsinstitut in Laxenburg, Österreich. Einige Resultate werden diskutiert in: Batten, D. und Johansson, B.; The Dynamics of Metropolitan Change, in: Geographical Analysis, Vol. 19 (1987), S. 189 – 199.
36) Haken, a.a.O., S. 126.
37) Haken, H.; Synergetik – Eine Einführung; Berlin, Heidelberg, New York 1982, S. 355.
38) Schumpeter, J.A.; Theorie der wirtschaftlichen Entwicklung, Leipzig 1912.
39) Fortin, J. – P.; Das Unternehmen "Banlieues 89". In: Stadtbauwelt, Nr. 86, (Juni 1985) (Fortschritt durch Rückbau?), S. 148.
40) Diese "Unordnung" entsteht keineswegs aufgrund einer generellen Indeterminiertheit der Stadtentwicklung. Vertreter der Katastrophentheorie legen mitunter solche Interpretationen nahe. Auf dieses mögliche Mißverständnis weist – allerdings in ganz anderem Zusammenhang – Ekeland hin, vgl. Ekeland, J.; Das Vorhersehbare und das Unvorhersehbare. Die Bedeutung der Zeit von der Himmelsmechanik bis zur Katastrophentheorie, München 1985. (Aus dem Französischen von H. Fließbach).
41) Unter anderem ist an die "neue" Mikroökomie, die Ökonomie der Institutionen, die Informationsökonomie und Konzepte der evolutorischen Ökonomie zu denken.
42) Den Stand der Forschung bezüglich der ökonomischen Stadtstrukturmodelle zeigen: Richardson, H.W.; The new urban economics: and alternatives, London 1977, Romanos, M.C.; Residential Spatial Structure, Lexington 1976, der Sammelband von Mieszkowski, P., Straszheim, M. (eds.); Current Issues in Urban Economics, Baltimore and London 1979, sowie der Artikel von Fujita, M.; Urban Land Use Theory, a.a.O., S. 73 – 149.
43) Das heißt, der Nutzen erhöht sich mit vergrößerter Fläche.
44) Wenn im folgenden die Bezeichnungen Wohnfläche, Wohnausgaben und Mietpreise verwendet werden, ist darauf hinzuweisen, daß jeweils eine eindeutige Beziehung zur beanspruchten Bodenfläche und der dafür gezahlten Bodenrente unterstellt wird.
45) Steinmüller, H.E.; Zur Theorie des Standorts von Haushalten in Städten, Diss. München 1975, S. 14. Die weitere Darstellung folgt ebenfalls Steinmüller, a.a.O.
46) Vgl. Steinmüller, H.E.; a.a.O., S. 15.
47) "New Urban Economics". Vgl. Richardson, H.W.; The new urban economics, a.a.O.

48) Vgl. eine ausführliche Darstellung bei Obermeier, R.W.; Ökonomische Ansätze zur Beschreibung und Erklärung von Stadtstrukturen, München 1983, S. 6 ff.
49) Im einzelnen vgl. Obermeier, a.a.O. S. 13 ff.
50) Thünen, J.H. von; a.a.O.
51) Alonso, W.; a.a.O.
52) Solow, R.M.; On equilibrium models of urban location. In: Parkin, J.M. (ed.); Essays in Modern Economics, London 1973, S. 3 – 17.
53) Der Verladestation entspricht die Verkaufsstätte für die abholenden Kunden.
54) Die Darstellung folgt im wesentlichen Richardson, H.W.; The new urban economics, a.a.O., S. 110f. Vgl. aber auch den Originalbeitrag von Papageorgiou, G.J.; Spatial Consumer Equilibrium. In: ders. (ed.); Mathematical Land Use Theory, Lexington/Mass. 1976, S. 145 – 176, insbesondere S. 158 ff.
55) Diese Zeitbeschränkung sorgt dafür, daß in der verfügbaren Zeit an einem bestimmten Standort (die nicht durch Pendeln beansprucht wird) die vorgesehene Konsumgütermenge auch konsumiert werden kann.
56) Grundsätzliche Möglichkeiten eines allgemeinen Gleichgewichts im Rahmen eines Arrow-Debreu-Modells zeigen allerdings: Schweizer, U., Varaiya, P. und Hartwick, J.; General Equilibrium and Location Theory. In: Journal of Urban Economics, Vol. 3 (1976), S. 285 – 303.
57) So auch Wheaton, W.C.; Monocentric Models of Urban Land Use: Contributions and Criticisms. In: Mieszkowski, P., Straszheim, M.; Current Issues, a.a.O., S. 107 – 129. Sehr ausführliche Kritiken der mikroökonomischen Stadtmodelle finden sich bei Rußig, V.; Dichtefunktionen für das Stadt – Umland; Tübingen 1979, S. 58 – 68, und bei Obermeier, R.W.; a.a.O.
58) Wie wichtig die Kenntnis solcher Regelmäßigkeiten für die Stadtplanung sein könnte, zeigt: Parr, J.B.; The regional density function – An application of the concept in planning. In: Town Planning Review, Vol. 57, No. 3 (1986), S. 319 – 330.
59) Eine umfassende Darstellung findet sich bereits bei Böventer, E. von; Standortentscheidung und Raumstruktur, Hannover 1979, S. 206 f. Das Optimierungsproblem für die Unternehmungen ist dort ebenfalls ausführlicher dargestellt.
60) Vgl. Böventer, E. von; Standortentscheidung und Raumstruktur, a.a.O. Eine ähnliche Problemstellung und ein ähnliches Analyseinstrumentarium findet sich in einem sehr viel späteren Aufsatz von Schweizer, U.; Theory of City System Structure. In: Regional Science and Urban Economics, Vol. 15 (1985),

S. 159 – 180.
61) Ausführlich sind die folgenden Ableitungen zu finden in: Böventer, E. von; Standortentscheidung..., a.a.O., S. 211 – 215.
62) Vgl. hierzu Böventer, E. von, ebenda, S. 212 f.
63) Vgl. auch 2. Kapitel, Abschnitt 4, S. 49f.
64) Vgl. S. 44ff.

7. Kapitel: Empirische Beobachtungen: Innerstädtische Standortstrukturen und das Städtesystem als Standortfaktor

Die Standortwahl von Unternehmern und Haushalten bezieht sich zum einen auf verschiedene Grundstücke innerhalb einer einzelnen Stadt, zum anderen auf Gemeinden und Städte unterschiedlicher Größe und Lage innerhalb eines größeren Raumes. Für Unternehmen im produzierenden Gewerbe ist die Entscheidung für eine bestimmte Stadt und eine bestimmte Region besonders wichtig. Bei der Beschreibung der räumlichen Arbeitsteilung und ihrer Veränderung zwischen 1925 und 1970 in Bayern in Kapitel 3 ergaben sich eine Vielzahl von Hinweisen auf den Zusammenhang von Sektoralstruktur und Städtesystem. Die Bedeutung bestimmter Stadtgrößen für bestimmte Sektoren konnte nur in sehr allgemeiner Form gezeigt werden. Das war zu erwarten, nachdem im theoretischen Teil herausgearbeitet wurde, daß die für das Standortverhalten wichtigen Agglomerationseffekte nicht jeweils nur von einzelnen Stadtgrößen abhängen, sondern – weil Agglomerationseffekte nicht an den Grenzen einzelner Städte aufhören – teilweise im wirtschaftlichen Zusammenwirken des gesamten Städtesystems und seiner Lage im Raum entstehen, auf jeden Fall aber regional wirksam sind.[1]

Wir werden deshalb im vorliegenden empirischen Kapitel bei den Ausführungen zum einzelwirtschaftlichen Standortverhalten den Einfluß des Städtesystems auf das Standortverhalten von Unternehmen verschiedener Wirtschaftssektoren eingehend behandeln. Wir beginnen jedoch mit den Bestimmungsgründen innerstädtischen Standortverhaltens.

Mit *innerstädtischen* Standort*strukturen* haben wir uns – zumindest implizit – bereits im vierten und fünften Kapitel beschäftigt, als es um die Modellabbildung, Erfassung und Messung der Stadtstruktur ging. Hier soll das einzelwirtschaftliche Standort*verhalten* in der Stadt analysiert werden, und wir werden versuchen, empirische Studien unter diesem Aspekt zu interpretieren.

1. Probleme empirischer Analysen einzelwirtschaftlichen Standortverhaltens

Empirische Analysen setzen die Klärung theoretischer Zusammenhänge voraus, denn sinnvollerweise lassen sich nur auf der Basis einer Theorie die empirisch überprüfbaren Hypothesen formulieren. Der Überblick über verschiedene Ansätze der Standorttheorie im 6. Kapitel zeigt, daß die standortsuchenden Entscheidungseinheiten üblicherweise auf bestimmte Eigenschaften einzelner Standorte (bewertend) reagieren. Diese Standorteigenschaften lassen sich zu verschiedenen Kategorien zusammenfassen, die im allgemeinen *Standortfaktoren* genannt werden. Für verschiedene Typen von Aktivitäten sind jeweils *unterschiedliche Bündel* von Standortfaktoren relevant: In den *Modellen* spielten jeweils Entfernungen zu verschiedenen Bezugspunkten (Wohnorten, Arbeitsstätten, Infrastruktureinrichtungen, Lieferanten, Kunden, Konkurrenten usw.) eine sehr wichtige Rolle, welche man generell in die Kategorien Agglomerationsvorteile und -nachteile, Nähe zu Märkten und Nähe zu Rohstofflagern zusammenfassen kann. Diese Faktoren wirken im Modell im allgemeinen über die Preise der Güter und/oder die Preise der Produktionsfaktoren auf die Standortwahl ein, wobei die Preise an den verschiedenen Standorten jeweils von der Höhe der Transportkosten beeinflußt sind.

In empirischen Untersuchungen, von denen eine größere Anzahl vorliegen[2], bemüht man sich, mehr oder weniger lange Kataloge von Standortfaktoren aufzustellen. Die häufigste Methode, die Bedeutung dieser Faktoren für die Standortwahl abzuschätzen, ist die direkte Methode: Die Befragung der Standortsuchenden.

Dieser primitive Ansatz wird jedoch nicht mehr Einsichten bringen können, als man schon vorher hatte, und er wird manchmal tatsächlich irreführen, wie Hoover, einer der wissenschaftlichen Väter der Standortforschung und Regionalökonomie, hervorhebt.[3] Zum einen besteht auf diese Art und Weise keine Möglichkeit, den Einfluß der verschiedenen Standortfaktoren auf die Standortentscheidung *quantitativ* abzuschätzen. Zum anderen beeinflußt sowohl die Art der Fragen als auch die aktuelle Situation des Antwortenden die Bewertung der Faktoren. So ist schon häufig festgestellt worden, daß zum Beispiel der Standortfaktor "Steuerliche Belastung eines Unternehmens in einer Region" in Befragungen als sehr viel bedeutender bezeichnet wurde, als er sich bei Beobachtung tatsächlicher Standortentscheidungen zeigte. Sehr häufig ergeben sich schlichte Selbstverständlichkeiten, so in den vielen Studien, in denen das Vorhandensein ausreichender Gewerbeflächen als wichtigster Standortfaktor bezeichnet wird. Besonders die Verquickung von "subjektiven" persönlichen Überlegungen und "objektiven" Gegebenheiten läßt sich durch Befragungen kaum klären.

Subjektive Einschätzungen der Standortsuchenden können unter Umständen dann wichtige Hinweise geben, wenn die Standortfaktoren genügend differenziert und spezifiziert sind. Sie können vor allem weitere Analysen anregen, indem sie die Aufmerksamkeit auf bisher wenig beachtete oder sogar übersehene Zusammenhänge lenken. Wenn die Suche nach allgemeinen Einflußfaktoren der Standortwahl nur zu einem Katalog führt, der für die Betriebe verschiedener Wirtschaftszweige lediglich solche Faktoren wie Verfügbarkeit von Grundstücken, von hochqualifizierten Arbeitskräften, notwendigen Dienstleistungsbetrieben, Wasser- und Energieversorgung usw. aufzählt, so ist dies nicht genug: Es liefert keinen Anhaltspunkt für die Prognose zukünftiger Standortverschiebungen, welche etwa als Grundlage für stadtpolitische Entscheidungen dienen könnte.[4]

Für eine *einzelne Stadt* kann die *Befragung ihrer* Betriebe nach deren Standortanforderungen und nach der Beurteilung der städtischen Standortsituation wichtige Hinweise auf *Engpässe* und *Probleme* geben: In einem solchen Fall ist es nützlich für die Stadt, z.B. über einen Mangel an Gewerbeflächen näheres zu erfahren oder auf die negative Bewertung der Verkehrssituation in gewissen Stadtteilen aufmerksam gemacht zu werden: Die Standortbefragung wird zu einem Instrument der Wirtschaftsförderung der betreffenden Stadt. Allgemeingültige Folgerungen sind daraus jedoch nicht zu ziehen.

Standortbefragungen können immer nur auf die Situation einzelner Unternehmen an einem bestimmten Standort zielen. Sie ersetzen keine wissenschaftliche Analyse des Standortverhaltens, diese muß nach "allgemein gültigen" regelmäßigen Zusammenhängen suchen. Eine zukunftsorientierte Stadtplanung setzt die Kenntnis von *allgemeinen* Bestimmungsfaktoren und die Angabe quantitativer Wirkungszusammenhänge voraus, um *direkte* Eingriffe in einzelne Entscheidungen einzelner Unternehmen möglichst vermeiden zu können.

Die allgemeinen, im theoretischen Teil beschriebenen Zusammenhänge, die in den Standortmodellen mehr oder weniger vereinfacht abgebildet werden, sind für aktuelle Analysen gültig. Die Gewichtungen der verschiedenen Variablen mögen sich von Fall zu Fall ändern: Dezentralisierungstendenzen, Suburbanisierung und Subzentrenbildung in den größeren Verdichtungsräumen lassen sich aber bereits in vorliegenden komplexeren Stadtmodellen ableiten, wie oben im 6. Kapitel angedeutet wurde.

2. Innerstädtische Standort- und Dichtestrukturen

Für empirische Untersuchungen allein auf der *Basis theoretischer Stadtmodelle* ist die Stadtstruktur einer einzigen Stadt ein wenig ergiebiges Forschungsfeld. Häufig wird in den Modellen außerhalb des (vorgegebenen) Stadtzentrums nur Wohnen als Nutzungsart betrachtet, ansonsten werden sehr pauschal Nutzungen verschiedener Unternehmen unterschieden, deren Standortansprüche jedoch eher vorausgesetzt als abgeleitet werden. Sektorale Studien, zum Beispiel über das Standortverhalten von Einzelhandelsbetrieben, sind kaum Forschungsgegenstand der Stadtökonomie im engeren Sinn.⁵⁾ Allerdings bleiben auch in diesen Fällen die allgemeinen Erkenntnisse relevant, die sich aus der städtischen Standorttheorie als Theorie des städtischen Bodenmarktes ergeben: Zum Beispiel hängt die Ansiedlung von Verbrauchermärkten an den Stadträndern mit Bodenpreisen, Flächengrößen und Transportkosten zusammen. Im Rahmen der Strukturmessung der Stadt Augsburg sind in Kapitel 5 eine Reihe von Maßzahlen aufgeführt, die Hinweise auf empirische Standortstrukturen verschiedener Wirtschaftssektoren geben können.

Der bei weitem häufigste Gegenstand empirischer stadtökonomischer Forschung sind die vom Stadtzentrum aus fallenden Dichtegradienten; sie können mit Hilfe einfacher Stadtmodelle aus dem Standortverhalten von Wirtschaftseinheiten *theoretisch* hergeleitet werden. Ihr empirischer Verlauf läßt sich relativ leicht ermitteln. Wie erläutert wurde, kann

a) nur dieser Teilaspekt der gesamten Stadtstruktur, die Dichtestruktur, in Modellen, die *analytisch lösbar* bleiben sollen, erfaßt werden. Aus diesem Grunde folgen

b) aus der vorliegenden stadtökonomischen Theorie außer der Theorie vom fallenden Dichtegradienten kaum weitere Hypothesen, die sich empirisch testen ließen.⁶⁾

Alle Spekulationen zum Einfluß des wirtschaftlichen Strukturwandels und/oder der "Telematik" auf die Stadtstruktur sind unwissenschaftliche "Prophezeiungen", solange sie nicht zeigen können, auf welcher theoretischen Basis sie abzuleiten sind, aus welchen theoretischen Wirkungszusammenhängen sie sich ergeben.⁷⁾ Empirische Beschreibungen, gewonnen aus der Beobachtung und Verallgemeinerung von Einzelfällen, sind für die Zwecke einer wissenschaftlich begründeten Prognose irrelevant, insbesondere, da es bei der Veränderung von räumlichen Strukturen um langfristig ablaufende Prozesse geht.

Um ein Beispiel für die erwähnten, theoretisch fundierten empirischen Arbeiten auf dem Gebiet der Stadtökonomie zu geben, werden wir im folgenden ökonometrische Schätzungen von Dichtefunktionen der Wohnnutzung (Einwohner) – für die Städte Augsburg und München zu unterschiedlichen Zeitpunkten – wiedergeben.⁸⁾ Wir haben einen Funktionstyp ausgewählt, die negativexponentielle Funktion, wie er sich aus dem oben dargestellten Standard-Strukturmodell der Stadtökonomie ergibt.⁹⁾

Für die Stadt Augsburg liegen folgende Schätzergebnisse der Regressionsanalyse für die Dichte als Funktion der Entfernung d vor:

Für 1970: $\ln D = 5.58 - 0.14\,d$ $R^2 = 0.24$
Für 1981: $\ln D = 5.43 - 0.13\,d$ $R^2 = 0.22$

Die Koeffizienten sind jeweils gesichert, lnD ist der Logarithmus der Werte der (Bevölkerungs-)Wohndichte in den einzelnen Stadtzonen, d ihre Weg-Zeit-Entfernung (in Stunden) zum Stadtzentrum. Die Bestimmtheitsmaße (R^2) sind für Analysen dieser Art relativ hoch. Mit der Luftlinien-Entfernung ergaben sich für Augsburg völlig unbefriedigende Bestimmtheitsmaße.

Für München lauten die Schätzergebnisse:

Für 1970:   lnD = 6.13 − 0.021d R^2 = 0.14
Für 1977:   lnD = 6.29 − 0.022d R^2 = 0.16
Für 1980:   lnD = 6.25 − 0.021d R^2 = 0.15

Die Bestimmtheitsmaße (R^2) liegen für München noch im akzeptablen Bereich. Es gelten die für Augsburg gegebenen Erläuterungen, mit zwei Ausnahmen:
a) d wurde als Luftlinien-Entfernung (in 100 m) zum Zentrum gemessen, da keine Weg-Zeit-Entfernungen verfügbar waren.
b) Als Zoneneinteilung waren Planquadrate vorgegeben, wodurch sich eine gegenüber Augsburg sehr viel größere Zahl von Zonen ergab. Direkte Vergleiche mit den Augsburger Ergebnissen sind deshalb nicht möglich.

Die Ergebnisse für die Stadt München werden in der folgenden Abbildung graphisch dargestellt.[10] Bis in die siebziger Jahre hinein ist die Dichte in jeder Entfernung leicht gestiegen, und danach läßt sich zwischen 1977 und 1980, als Zeichen einer leichten Dezentralisierungstendenz, ein Abflachen des Dichtegradienten erkennen. Die Zahlen für 1980 beinhalten zum Beispiel, daß die Dichte von 105,2 Einwohnern pro ha im Zentrum auf 102,2 Einwohner pro ha in 5 km und dann 16,3 Einwohner pro ha in 10 km Entfernung abfällt.

Auch für andere Nutzungsarten lassen sich Dichtefunktionen schätzen[11], uns sind allerdings keine deutschen Arbeiten bekannt. Im Prinzip handelt es sich um die gleichen Funktionstypen. Wie man bei den Dichtefunktionen für Wohnnutzung die Ergebnisse für unterschiedliche Zeitpunkte und/oder Städte vergleicht, wird man auch die Dichtefunktionen der anderen Nutzungsarten nebeneinanderstellen und zusätzlich die Funktionen für verschiedene Nutzungsarten vergleichen. Diese Vergleiche werden sich immer auf die Dichtegradienten, d.h. die Steigungen der Dichtefunktionen, beziehen: Der Dichtegradient enthält − zu einem einzigen Wert verdichtet − die Information über jeweils einen Teil der realen Stadtstruktur. Der Vergleich von Dichtefunktionen für *verschiedene* städtische Nutzungsarten wäre besonders interessant, weil sich damit (implizit) auch die Nutzungs− und Lagestruktur einer Stadt analysieren läßt.

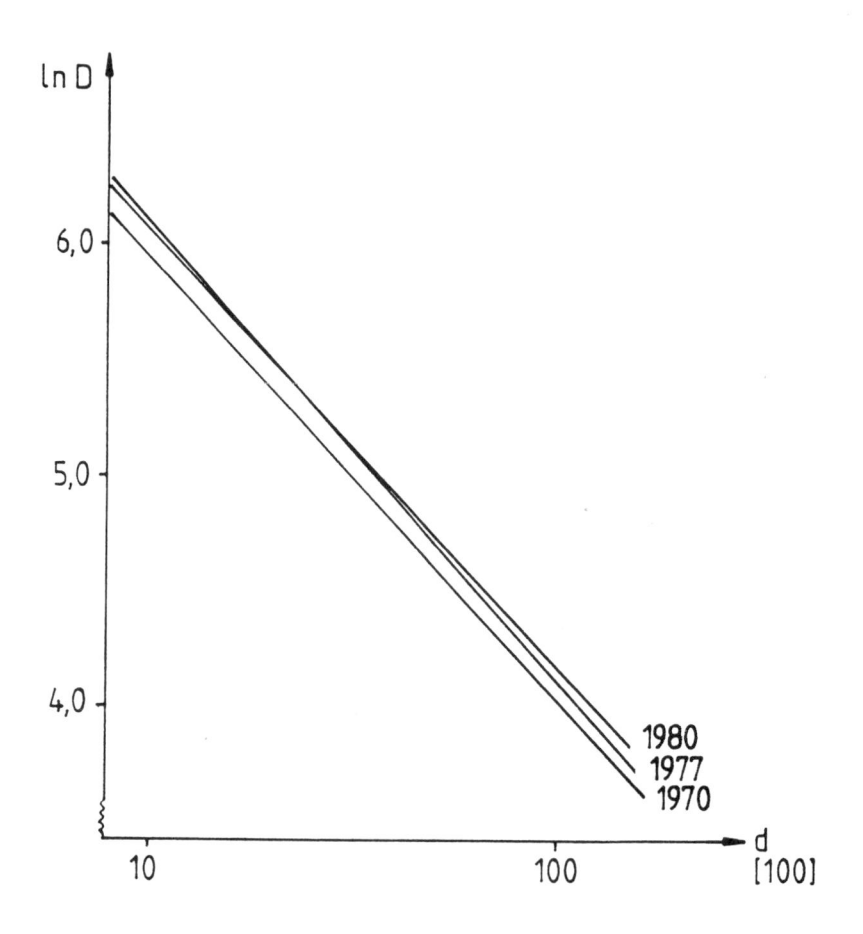

Abbildung 25: Negativ-exponentielle Dichtefunktionen für München

Jede Bauleitplanung bedeutet unter anderem Eingriffe in die städtischen Dichtestrukturen der verschiedenen Nutzungen: Dichtebeschränkungen erzwingen Anpassungen des Standortverhaltens, verändern die Standortwahl. Dabei ergeben sich immer gesamtstädtische (und meist auch regionale) Auswirkungen: Planungseingriffe in einzelnen Stadtzonen wirken sich auf die gesamte Stadtstruktur aus, sie beeinflussen mehr oder weniger alle Standortzonen der Stadt und alle städtischen Teilstrukturen. Die systematische Analyse der Entwicklung von Dichtegradienten einer Stadt in der Vergangenheit kann dem Stadtplaner helfen, seine Tätigkeit im Rahmen der gesamtstädtischen Entwicklung zu sehen und bei zukünftigen Planungen besser die Gesamtzusammenhänge zu berücksichtigen.

3. Stadtgrößen als Standortfaktor: Formulierung eines ökonometrischen Modells

Bei der Suche nach den Bestimmungsfaktoren der Standorte der Unternehmen verschiedener Wirtschaftszweige und ihrem quantitativen Gewicht muß es darum gehen, den Zusammenhang zwischen der Standortwahl und einer Anzahl von Einflußgrößen in einem Modell abzubilden und zahlenmäßig abzuschätzen. Wie oben dargelegt, werden wir uns hier im zweiten Teil des Kapitels auf die Makrostandort-Bestimmungsfaktoren beschränken. Bei ihnen sind am ehesten Regelmäßigkeiten in den Standortstrukturen empirisch nachzuweisen, und hierbei ist aufgrund der raumwirtschaftstheoretischen Zusammenhänge insbesondere ein Einfluß der Agglomerationseffekte, gemessen durch regionale Stadtgrößenverteilungen und sektorale Wirtschaftskomplexe, zu vermuten.[12]

In den folgenden Regressionsmodellen wird die Standortverteilung der Wirtschaft der Jahre 1925 und 1970 in Bayern unter Verwendung der jeweiligen Beschäftigtenzahlen der Wirtschaftszweige aus der amtlichen Statistik beschrieben. Das ist die von den Daten vorgegebene Möglichkeit: Dabei läßt es sich nicht vermeiden, daß in den hier verwendeten "Wirtschaftszweigen" der amtlichen Statistik eventuell Unternehmen mit unterschiedlichen Standortanforderungen zusammengefaßt sind.

Gesucht wird das quantitative Gewicht verschiedener allgemeiner Standortfaktoren, welche Regelmäßigkeiten in der räumlichen Verteilung der Wirtschaftszweige "erklären" können. Um den Effekt der unterschiedlichen Regionsgrößen (bei der verwendeten Kreiseinteilung) auszuschalten, werden die regionalen Standorte der Wirtschaftszweige durch die Anteile der Beschäftigten der einzelnen Wirtschaftszweige an den Gesamtbeschäftigten in den Kreisen erfaßt.

Bei den Agglomerationseffekten einer Region als standortbeeinflussenden Faktoren sind zwei Typen zu unterscheiden:

- Effekte der (historischen) *Siedlungsstruktur* (der Bevölkerungsagglomeration und der geographischen Lage zu den Bevölkerungsballungen),
- Effekte der *Sektoralstruktur* (der Agglomeration gleicher oder unterschiedlicher Wirtschaftssektoren am gleichen Standort).

Diese Einteilung entspricht folgenden theoretischen Überlegungen und Erklärungszusammenhängen:

- In den *Wachstumspoltheorien* wird als wichtige Determinante der Standortentscheidung eine bestimmte *gewünschte Sektoralstruktur* am Standort hervorgehoben, welche bestimmte inter-

sektorale Verflechtungen am gleichen Ort ermöglicht. Zentrale Fragestellungen dieser Theorien sind:
Wie entstehen sektorale Ballungen an einem gemeinsamen Standort und welche Wirtschaftszweige sind an dieser Ballung beteiligt? Während in diesen Theorien anfangs die Bedeutung *interindustrieller Verflechtungen* betont wurde, legen die Weiterentwicklungen dieser Konzepte großes Gewicht auf das Vorhandensein von allgemeinen *wirtschaftlichen Verflechtungen*, wie sie die Städte bieten. Diese Verstädterungsvorteile hängen oft direkt mit der Größe der betreffenden Stadt, der Größe ihrer Märkte und mit der vorhandenen Infrastrukturausstattung sowie mit der Lage der Stadt zu anderen Städten und deren Größen zusammen.
- Damit erscheint bereits die historische Raum- und Siedlungsstruktur als standortbestimmender Faktor. Die Raumstrukturtheorien vom Christaller-Lösch-Typ erklären wegen der Modellannahmen nur am Rande, wie es (durch Agglomerationsvorteile) zur Ballung verschiedener Produzenten an einem Standort kommt. Insbesondere ohne die Annahme einer homogenen Fläche wird die Antwort auf die Frage nach den Ursachen der Ballung viel komplexer: Die historisch gegebene Raumstruktur, also die vorhandene Verteilung der Haushalte und Unternehmen in Orten und Städten unterschiedlicher Größe und Lage zueinander, bestimmt die Verteilung der Nachfrage im Raum und die Höhe der vorhandenen Agglomerationsvorteile an den einzelnen Standorten. Letztere Tatsache vor allem macht raum- und zeitunabhängige Aussagen über die Bestimmungsgründe des Standortverhaltens so schwierig.

Im folgenden werden beide Gruppen von Einflußfaktoren, die als unabhängige, erklärende Variablen in die Regression eingehen, im einzelnen definiert und beschrieben.

a) Die Sektoralstruktur
Während die Sektoralstruktur am Standort als zu erklärende Variable durch die Beschäftigtenanteile verschiedener Wirtschaftszweige der Kreise in den Jahren 1925 bzw. 1970 gemessen wird (vgl. die Tabellen der Wirtschaftszweige im Anhang dieses Kapitels), wird die zur Erklärung herangezogene Sektoralstruktur durch absolute Beschäftigtenzahlen von Sektoren im gleichen Zeitpunkt erfaßt. Diese erklärende Sektoralstruktur unterscheidet sich jeweils nach dem zu analysierenden Sektor (der zu erklärenden Variablen). Generell geht es darum, *branchen-interne* und *branchenexterne* Agglomerationseffekte zu erfassen: Deshalb gehen für einen bestimmten Sektor als erklärende Variable erstens vom Typ her dem untersuchten Sektor *ähnliche*

Wirtschaftszweige und zweitens vom Typ her völlig *unterschiedliche Wirtschaftszweige* in die Regression ein.
Es ist klar, daß wegen der in der Statistik allein verfügbaren *Beschäftigtenzahlen* die quantitative Bedeutung des Einflusses – in der Analyse genannt die "Wirkungen" – der verschiedenen Wirtschaftszweige und ihrer Verflechtungen immer nur annäherungsweise erfaßt werden kann.

b) Die Raum- und Siedlungsstruktur
Die Raum- und Siedlungsstruktur wird durch eine Anzahl verschiedener Agglomerations – und Lagevariablen beschrieben. Agglomerationsvariable bestehen aus Indikatoren für jene standortbestimmenden Einflüsse, die von Städten und der in ihnen gegebenen Konzentration der Bevölkerung (und deren Kaufkraft und Arbeitsangebot) ausgehen. Anbieter und Nachfrager von Gütern und Diensten profitieren in der Regel von der Größe (z.B. wegen der Vorteile der Produktion großer Stückzahlen) und der leichten Erreichbarkeit der städtischen *Märkte*. Die Vorteile gelten sowohl für die Gütermärkte, als auch für die Märkte der Produktionsfaktoren, vor allem für den Arbeitsmarkt, und bestehen auch darin, daß das Angebot wesentlich differenzierter erfolgen kann als im ländlichen Raum (stärkere Spezialisierung der Anbieter durch stärkere Arbeitsteilung). Es wird bei vorliegender Untersuchung angenommen, daß die Agglomerationsvorteile das Standortverhalten mit einer zeitlichen Verzögerung beeinflussen: Stadtgrößen und regionaler Verstädterungsgrad der Vergangenheit bestimmen die gegenwärtige regionale Wirtschaftsstruktur. Damit sind Rückwirkungen der Wirtschaftsentwicklung auf Einwohnerzahlen der Städte ausgeschlossen.

Agglomerationswirkungen können Städten erst ab einer bestimmten Größe (N_0) zugeschrieben werden. Wie hoch man diesen Schwellenwert ansetzt, darüber läßt sich keine generelle Aussage machen. Das hängt unter anderem von der Art der Untersuchung, von der Größe der abgegrenzten Regionen und vom Entwicklungsstand des Landes ab. Für die vorliegende Untersuchung auf Kreisbasis wurde für 1910 die Größe $N_0 = 2000$ Einwohner und für 1961 $N_0 = 6000$ Einwohner gewählt. Zum jeweiligen Zeitpunkt dürften solche Städte gegenüber dem ländlichen Gebiet bereits gewisse Größenvorteile gehabt haben.
Unter Verwendung der Einwohnerzahlen N werden Agglomerations- und Lagevariable konstruiert; diese seien zunächst verbal beschrieben.

– Der *intraregionale Verstädterungsindikator* $A1_r$ der Region r

mißt den Anteil der städtischen Bevölkerung außerhalb der größten Stadt einer Region an der gesamten Regionsbevölkerung.
- Der *intraregionale Potentialindikator* $A2_r$ der Region r mißt die Vorteile aus dem Grad der Verstädterung einer Region und der Lage der verschieden großen Städte in der Region zueinander (*intraregionales Städtesystem*). Die wechselseitige, von den Transportkosten abhängige Beeinflussung der Städte wird mit dem Gravitationsansatz erfaßt.
- Der *interregionale Potentialindikator* $A3_r$ der Region r erfaßt die regionale Attraktivität, die durch die Nähe der Städte innerhalb der Region zu Städten außerhalb der Region entsteht (*Lage innerhalb des Städtesystems des Gesamtraums*).
- Der *Achsenindikator* VK_r versucht die Standorteinflüsse zu beschreiben, die durch die Lage an einer Verkehrsachse entstehen, an der unterschiedlich bevölkerungsreiche Regionen aufgereiht sind. In der Variablen VK_r werden besonders gute Verkehrsverbindungen einer Region r erfaßt, wobei jeweils die direkten Fahrtmöglichkeiten zwischen zwei Regionen i und l zählen, die durch die Region r laufen, und der Standortvorteil um so größer ist, je größer die Einwohnerzahlen der über die Region r verbundenen Regionen sind.
Straßenverbindungen über nationale Grenzen hinweg sind nur dann berücksichtigt, wenn eine direkte Verbindung zu einer größeren Stadt im Ausland besteht. Der hemmende Einfluß der Grenze wird durch einen Abschlag von den Einwohnerzahlen der ausländischen Städte berücksichtigt.
- Der *Regionszentrums-Faktor* Z_r prüft den Einfluß der Größe des regionalen Zentrums auf das Standortverhalten und ergänzt die Variablen $A1_r$, $A2_r$ und $A3_r$.
- Der *Hinterlandfaktor* H_r mißt die Vorteile, die die Städte jeweils aus ihrer Versorgungsfunktion für ihren (mittelzentralen) Einzugsbereich gewinnen. Er ist umso größer, je weiter die Städte voneinander entfernt liegen. Dieser Faktor kann nur in der Analyse für 1970 berücksichtigt werden.

Formelmäßig sind die Variablen für 1910 und 1961 folgendermaßen definiert:[13]

Definition der Raumstruktur-Variablen

- $A1_r = \sum_{i}^{n} N_i^{a_1} / M_r$

    M_r ist die Einwohnerzahl der *Region* r für die Jahre 1910 bzw. 1961. Alle Einwohnerzahlen von Städten sind wie erwähnt nur in dem Umfang berücksichtigt, wie sie die vorgegebenen Schwellenwerte von $N_0 = 2000$ (für 1910) und $N_0 = 6000$ (für 1961) überschreiten.

N_i ist die Einwohnerzahl der Stadt i der Region r,

n ist hier die Anzahl der in r liegenden Städte außer der größten Stadt.

α_1: Für diesen Parameter ist der Wert 0.75 angenommen worden: Die Agglomerationseinflüsse steigen mit der Größe der Stadt, aber etwas weniger als proportional.

- $A2 = 1/M_r \sum_i^n N_i^{\alpha_2} \sum_j^n N_j^{\alpha_3} w_{ij}^{-\gamma_1}$

N_i ist die Einwohnerzahl der Stadt i der Region r,
N_j ist die Einwohnerzahl der Stadt j der Region r,
w_{ij} sind Straßenentfernungen zwischen den Städten i und j.
$\alpha_2 = 0.75$
$\alpha_3 = 0.25$; $\alpha_2 + \alpha_3 = 1.0$, das heißt, wenn für beide Städte i und j die gleichen Einwohnerzahlen N die doppelten Werte annehmen, dann ist der Gesamteinfluß auch doppelt so hoch.
$\gamma_1 = 2.0$

- $A3 = 1/M_r \sum_i^n N_i^{\alpha_4} \sum_{j_k}^s N_{j_k}^{\alpha_5} w_{ij_k}^{-\gamma_2}$

mit $i \neq j_k$; k steht für den gesamten Bereich außerhalb der Region r. Die Größe n ist die Anzahl der in der Region r liegenden Städte i, und s ist die Anzahl aller außerhalb der Region r im untersuchten Gesamtraum k liegenden Städte j.

$\alpha_4 = 0.75$
$\alpha_5 = 0.25$
$\gamma_2 = 2.0$

- $VK = 1/M_r \sum_j v_j \sum_k M_k w_{ik}^{-\gamma_3} \sum_i M_i$

M_r, M_i, M_k sind Einwohnerzahlen der Regionen r, i, k,
v_j sind Gewichte für Straßenarten,
w_{ik} sind Straßenentfernungen zwischen den Mittelpunkten der Regionen i und k,
$\gamma_3 = 2.0$,
$v_j = v_j'(1-a)$, wobei gilt

$v_j' = \begin{vmatrix} 1, \text{ für eine Bundesstraßen-} \\ 2, \text{ für eine Autobahnverbindung} \end{vmatrix}$

$a = \begin{vmatrix} 0.3 \text{ für Verbindungen nach Österreich} \\ 0.6 \text{ für Verbindungen in die CSSR} \\ 0.4 \text{ für Verbindungen in die DDR} \\ 0 \text{ sonst} \end{vmatrix}$

- $Z = N_i^*/M$; alle Variablen beziehen sich auf die Region r; N^* ist die Einwohnerzahl der größten Stadt.
- $H = \sum_i^m NH_i^{\alpha_6}/N_i'$

  m: Anzahl der in der Region r liegenden Versorgungszentren
  NH_i: Vom Zentrum N_i' versorgte Bevölkerung (mittelzentraler Einzugsbereich)

  $\alpha_6 = 0.75$.

Zwischen den beschriebenen Variablen wird ein linearer Zusammenhang angenommen, d.h. die Bestimmungsfaktoren wirken additiv auf die Standortwahl der verschiedenen Wirtschaftszweige. Inhaltlich bedeutet das die Unterstellung, die Einflüsse der unterschiedenen Faktoren könnten sich gegenseitig ersetzen, in der Standortüberlegung des Unternehmens wird zum Beispiel eine geringere Verstädterung innerhalb der Region durch größere Nähe zu stark verdichteten anderen Regionen ausgeglichen. Weiterhin ist bei der Interpretation der Ergebnisse zu beachten, daß durch verschiedene Faktoren zum Teil gleiche Tatbestände gemessen werden. Dies gilt insbesondere für die Lage im Städtesystem allgemein und die Lage an einer Verkehrsachse speziell. Insofern sind die Variablen zum Teil als *alternative* Beschreibungen desselben Tatbestandes zu sehen.

Formelmäßig lautet also der allgemeine Ansatz für die Regressionsgleichungen:

$$S_u = a_0 + a_1 A1 + a_2 A2 + a_3 A3 + a_4 VK + a_5 Z + a_6 H + a_h S_h$$

mit $h \in H$, $h \neq u$, $u = 1...n$, $h = 1...m$, wobei $H \in I_u$, d.h. H ist eine Untermenge der Menge aller Sektoren I_u.

4. Empirische Ergebnisse der Modellschätzung

Im folgenden werden die wichtigsten Ergebnisse der multiplen Regressionsanalyse dargestellt. In den Gleichungen werden die *standardisierten Regressionskoeffizienten* aufgeführt, so daß aus den folgenden Gleichungen direkt das *relative Gewicht* der einzelnen Einflußfaktoren abgelesen werden kann.[14]

Die "Erklärung" der räumlichen Verteilung der Erwerbstätigen in den Wirtschaftssektoren Land- und Forstwirtschaft, Industrie und Handwerk, Handel und Verkehr, außerdem (1925) in den beiden Sektoren Verwaltung, Heerwesen, Kirche, freie Berufe sowie Gesundheitswesen, hygienische Gewerbe, Wohlfahrtspflege beziehungsweise (1970) im Sektor sonstiger Bereich (Dienstleistungen) deckt unterschiedliche Bestimmungsgründe der Standortstruktur dieser Wirtschaftsbereiche in den Jahren 1925 und 1970 auf. Diese Bestimmungsgründe sind zum Teil unmittelbar einsichtig: Darüberhinaus geht es aber in jedem Fall darum, die Zusammenhänge quantitativ abzuschätzen.

a) Landwirtschaft S_L

1925 $S_L = -0.31\ A1 - 0.52\ Z$ $(R^2 = 0.61)$

1970 $S_L = -0.22\ A3 - 0.49\ Z$ $(R^2 = 0.37)$

Im Jahre 1925 waren die landwirtschaftlichen Regionen durch das Fehlen größerer zentraler Orte und geringe Verstädterung gekennzeichnet: Je größer das Regionszentrum und je höher der Verstädterungsgrad, um so größer war die Beschäftigung in den nicht-landwirtschaftlichen Bereichen und um so kleiner war der Anteil der Landwirtschaft. 1970 spielt das Regionszentrum noch etwa die gleiche Rolle, jedoch liegt der Anteil der Landwirtschaft niedriger, wenn sich die Lage der Region im Städtesystem des Gesamtraums verbessert hat, also die Vorteile aus dem Lagepotential zugenommen haben. Die Landwirtschaft ist 1970 also in eher periphere Regionen abgedrängt worden. Gegenüber 1925 sind aber andere, nicht leicht verallgemeinerbare und quantifizierbare Faktoren hinzugekommen. Die systematischen Faktoren bestimmen die Standorte daher in geringerem Maß als 1925 ($R^2 = 0.37$ gegenüber 0.61).

b) Industrie und Handwerk S_I

1925 $S_I = 0.29\ A1 + 0.23\ A3 + 0.25\ Z - 0.11\ VK$

(1,8)

$(R^2 = 0.45)$

Produzierendes Gewerbe S_I

1970 $S_I = 0.36\ A3$ $(R^2 = 0.13)$

Die Standorte von Industrie und Handwerk lassen sich 1925 zu knapp der Hälfte ($R^2 = 0.45$) durch das vorhandene Städtesystem erklären. Die drei größten Einflußfaktoren sind die Größe des Regionszentrums, die Verstädterung der Region insgesamt und die Lage im gesamträumlichen Städtesystem: Sie haben ungefähr einen gleich großen Einfluß. Die verkehrsgünstige Lage an einer Achse zwischen bevölkerungsreichen Regionen bringt keine zusätzlichen Vorteile. Im Gegenteil, der (zwar nur schwach gesicherte) Koeffizient der Variablen VK deutet an, daß eine günstige Verkehrsanbindung den Anteil von Industrie und Handwerk vermindert hat, was man auch als Korrektur des Einflusses der Lage im Städtesystem interpretieren kann.

1970 hat der Anteil des produzierenden Gewerbes mit dem regionalen Verstädterungsgrad und der Größe des Regionszentrums nichts mehr zu tun. Die Industrie ist nicht mehr auf die Städte beschränkt. Allein die "zentrale" Lage im Städtesystem des Gesamtraums hat einen Einfluß. Allerdings "erklärt" dieser Faktor die Standortstruktur der Produktion nur noch wenig: Prognosen, wie sich die Standorte der Industriebetriebe im Durchschnitt entwickeln werden, sind nicht mehr möglich.

c) Handel und Verkehr (S_H), Verwaltung (S_V), Gesundheitswesen (S_G), sonstige Bereiche (Dienstleistungen) (S_D)

1925 $S_H = 0.75\ Z - 0.12\ VK$ $\qquad (R^2 = 0.57)$

1970 $S_H = 0.64\ Z + 0.17\ A3$ $\qquad (R^2 = 0.53)$

1925 $S_V = 0.84\ Z - 0.22\ A3 + 0.11\ VK$ $\qquad (R^2 = 0.55)$
$\qquad\qquad\qquad\qquad\qquad\qquad (1.8)$

1925 $S_G = 0.60\ Z - 0.14\ A3$ $\qquad (R^2 = 0.29)$
$\qquad\qquad\qquad\ (1.6)$

1970 $S_D = 0.37\ Z$ $\qquad (R^2 = 0.14)$

Für den gesamten tertiären Sektor ist die Bedeutung der *Städtehierarchie* wesentlich größer als die der Raumstruktur: Die Größe der städtischen Zentren ist wichtiger als deren Lage. So ist die Standortstruktur des Handels sowohl im Jahre 1925 als auch im Jahre 1970 stark durch die Zentrale – Orte – Hierarchie, vor allem die Größe des Regionszentrums bestimmt. Der negative Koeffizient der Verkehrsachsen-Variablen (VK) für 1925 ist als eine kleine Korrektur des Einflusses der Größe (Z) zu sehen: Städte an Verkehrsachsen haben sich schneller entwickelt als andere Städte; deshalb wird der erste Koeffizient durch den zweiten leicht korrigiert. Für 1970 ist der erste Koeffizient um etwa den Betrag kleiner (0.64 statt 0.75), um welchen er 1925 durch den zweiten korrigiert wurde (– 0.12), dem entspricht es, daß der Koeffizient von VK für 1970 gleich Null ist. Stattdessen kann für 1970 ein signifikanter Einfluß einer günstigen Lage im überregionalen Städtesystem nachgewiesen werden. Damit treten überregionale Einflüsse für diesen Sektor hinzu.

Bei den *übrigen Dienstleistungsbereichen* besteht ein enger und gesicherter Zusammenhang mit dem regionalen Verstädterungsgrad vor allem im Jahre 1925. Die Bedeutung der *Verwaltung* war 1925 noch relativ größer als später. Hier ist wieder die Interpretation des negativen Koeffizienten von A3 interessant: Eine günstige überregionale Lage hat andere Wirtschaftszweige gefördert und damit den Einfluß von Z erhöht. Damit aber fällt der *Anteil* der Verwaltung. Ähnliches gilt entsprechend für das Gesundheitswesen und dessen Anteil. Für 1970 ist generell das Bestimmtheitsmaß geringer, vor allem für die "Sonstigen Bereiche". Dies liegt vor allem daran, daß der Dienstleistungsbereich im Laufe der Zeit immer heterogener und daher weniger leicht prognostizierbar geworden ist.

d) Ausgewählte einzelne Wirtschaftszweige der Industrie bzw. des produzierenden Gewerbes

Im folgenden werden einige Ergebnisse für einzelne Wirtschaftszweige zunächst allgemein beschrieben. Generell läßt sich festhalten, daß 1925 die Standortstruktur der Wirtschaftszweige durch die unterschiedenen Standortfaktoren besser zu erklären war als 1970. Bis 1970 sind offensichtlich weitere Einflußgrößen hinzugekommen, die zu einer *Differenzierung* des Standortverhaltens innerhalb der einzelnen Wirtschaftszweige führten. Allerdings beruht ein Teil dieser Differenzierung wohl allein auf statistischen Gründen, da die *intra*sektorale Struktur der in der amtlichen Statistik unterschiedenen Wirtschaftszweige differenzierter geworden ist. Das kann in einer – sowohl von der Wirtschaftszweiggliederung als auch von den unterschiedenen Standortfaktoren her – hochaggregierten "Durchschnitts"-Betrachtung nicht erfaßt werden. Die *Einfluß*faktoren auf das Standortverhalten und damit auf die Standortverteilung der verschiedenen Wirtschaftssektoren lassen sich noch angeben, nur ist ihr Einfluß im Durchschnitt so gering, daß man darauf keine Prognose aufbauen kann. Im folgenden werden zunächst die produzierenden Sektoren betrachtet.

Sowohl 1925 als auch 1970 spielen bei den Standorten der meisten Industriezweige[15)] sektorale Zusammenhänge eine wichtige Rolle:

1925 $S_{10} = 0.32\ S_9 + 0.29\ A1$ $\qquad R^2 = 0.20$

1970 $S_{11} = 0.19\ A1 - 0.20\ VK + 0.16\ S_{10}$ $\qquad R^2 = 0.08$

1970 $S_{10} = 0.15\ A1 - 0.16\ VK + 0.25\ S_{21}$ $\qquad R^2 = 0.12$
$\qquad\quad\ (1,8)$

1925 $S_{11} = 0.14\ Z + 0.14\ S_8$ $\qquad R^2 = 0.04$
$\qquad\quad\ (1.7)\quad\ \ (1.7)$

$$1970\ S_{12} = 0.17\ Z + 0.38\ S_9 \qquad R^2 = 0.17$$

$$1925\ S_{12} = \underset{(1.8)}{0.14\ A3} + 0.18\ S_{16} + 0.15\ S_{21} + 0.36\ S_{23}\quad R^2 = 0.33$$

$$1970\ S_{13} = \underset{(-1.8)}{-0.18\ A1} + 0.21\ A3 + 0.16\ S_{22} \qquad R^2 = 0.05$$

$$1970\ S_{13} = \underset{(-1.5)}{-0.15\ A1} + \underset{(1.7)}{0.16\ A3} + 0.17\ S_{23} \qquad R^2 = 0.06$$

$$1925\ S_{18} = 0.23\ A1 + 0.36\ S_{25} \qquad R^2 = 0.18$$

$$1970\ S_{17} = 0.27\ A1 + 0.19\ Z + 0.16\ S_{20} + \underset{(1.6)}{0.13\ S_{25}}\quad R^2 = 0.13$$

$$1925\ S_{22} = 0.20\ A3 - 0.16\ VK \qquad R^2 = 0.06$$

$$1970\ S_{22} = 0.25\ A2 - 0.24\ Z + 0.24\ S_{20} \qquad R^2 = 0.16$$

Die Kalk-, Gips-, Keramik- und Glasindustrien (Sektor 10 bzw. 11) hängen 1925 wie 1970 mit der Gewinnung und Verarbeitung von Steinen und Erden zusammen (Sektor 9 bzw. 10). Ebenfalls zu beiden Zeitpunkten gibt es Verflechtungen zwischen Textil- (Sektor 18 bzw. 17) und Bekleidungsindustrie (Sektor 25), 1970 zusätzlich mit der Lederindustrie (Sektor 20). 1925 sind starke Zusammenhänge beobachtbar zwischen den Standorten der Eisen-, Stahl-, Metallwarenindustrie (Sektor 12), insbesondere der Metallwarenindustrie, und denen der Wirtschaftszweige Elektrotechnik, Feinmechanik (Sektor 16 bzw. 15) und Musikinstrumente, Spielwaren (Sektor 23). 1925 und 1970 sind gemeinsame Standorte von Eisen-, NE-Metallerzeugung (Sektor 11 bzw. 12) und Bergbau (Sektor 8 bzw. 9) zu erkennen, 1970 ebenso von Holz- (Sektor 22) und Ledergewerbe.

Besonders großem Einfluß der Agglomerationsvariablen unterliegen die Sektoren Elektrotechnik, Feinmechanik, Optik (Sektor 16 bzw. 17) und Papierindustrie, Druckerei und Vervielfältigung (Sektor 19):

$$1925\ S_{16} = 0.21\ S_{12} + 0.18\ S_{20} + \underset{(1.7)}{0.11\ S_{22}} + 0.42\ Z \qquad R^2 = 0.39$$

$$1925\ S_{16} = 0.16\ A3 + 0.46\ Z \qquad R^2 = 0.32$$

$$1970\ S_{15} = \underset{(-1,2)}{-0.12\ A1} + \underset{(1.7)}{0.19\ A3} + 0.25\ Z - \underset{(-1,6)}{0.15\ VK}\quad R^2 = 0.14$$

1925 S_{19} = 0.32 A2 + 0.44 Z $\qquad$ $R^2 = 0.36$

1970 S_{18} = -0.14 H $\qquad$ $R^2 = 0.02$
$\quad\quad\quad\;\;\;(-1.7)$

1970 S_{19} = 0.16 H + 0.66 Z $\qquad$ $R^2 = 0.41$

Beim Druckerei- und Vervielfältigungsgewerbe (Sektor 19, 1925 einschließlich Papiererzeugung) ist der Zusammenhang mit der Größe des Regionszentrums ähnlich eng wie bei den Dienstleistungssektoren.

Die Standorte der Nahrungs- und Genußmittelindustrie (Sektor 24) sind 1970 bestimmt durch die Größe des Regionszentrums und den Anteil der Landwirtschaft. 1925 gab es nur den (stärkeren) Einfluß des Regionszentrums und des regionalen Städtesystems auf die Standortstruktur dieses Wirtschaftszweigs – die Landwirtschaft war noch fast überall vorhanden, die zugehörige Verarbeitung geschah in den Städten.

1925 S_{24} = 0.14 A2 + 0.38 Z $\qquad$ $R^2 = 0.19$
$\quad\quad\quad\;\;\;(1.7)$

1970 S_{24} = 0.29 Z + 0.34 S_{45} $\qquad$ $R^2 = 0.10$

Im *Dienstleistungsbereich* ist ein umfassender Vergleich der Standortbestimmungsfaktoren 1925 und 1970 für *einzelne* Wirtschaftszweige nicht möglich, da wie erwähnt, im Jahre 1925 dieser Bereich durch die Gewerbezählung unvollständig erfaßt wurde. Die oben wiedergegebenen Ergebnisse für den gesamten tertiären Bereich zeigen jedoch den Einfluß des regionalen Städtesystems und vor allem der Größe des Regionszentrums. Diese allgemeine Feststellung läßt sich 1925 und 1970 nur für den Kredit- und den Versicherungssektor im einzelnen überprüfen. In beiden Jahren zeigt sich dabei die überragende Bedeutung des Regionszentrums, der Anteil der Beschäftigten beider Sektoren nimmt jeweils stark mit dem Grad der Konzentration der Bevölkerung im Zentrum zu.

1925 Geld-, Bank- und Börsenwesen S_B

$\quad\quad$ S_B = 0.66 Z $-$ 0.16 VK $\qquad$ $R^2 = 0.46$

1970 Kredit- und sonstige Finanzinstitute S_K

$\quad\quad$ S_K = 0.68 Z $\qquad$ $R^2 = 0.47$

1925 Privatversicherung, Versicherungsvermittlung S_P

$$S_p = -0.14\,A3 + 0.74\,Z \qquad R^2 = 0.45$$

1970 Versicherungsgewerbe S_S

$$S_S = 0.66\,Z - 0.09\,VK \qquad R^2 = 0.46$$

Die ökonometrischen Analysen zeigen nicht nur die Bedeutung sektoraler Verflechtungen, sondern insbesondere den Einfluß des Städtesystems auf die Standorte verschiedener Wirtschaftszweige. Als Standortfaktor ist das Städtesystem dabei mit Form von Agglomerationsvariablen erfaßt worden, die in unterschiedlichen Indikatoren unterschiedliche Wirkungen von Stadtgrößen, Entfernungen, Verkehrsverbindungen und großräumiger Lage beschreiben. Die Stadtgröße allein ist nur bei wenigen Wirtschaftszweigen, insbesondere im Handel und bei der öffentlichen Verwaltung, direkt relevant.

Wenn wir uns im folgenden Teil V wieder mit der räumlichen Struktur *einer* Stadt beschäftigen und Möglichkeiten ihrer Bewertung unter gesamtwirtschaftlichem Aspekt diskutieren, so sollten die im vorliegenden Kapital gewonnenen Erkenntnisse nicht vergessen werden: Eine einzelne Stadt ist immer auch als Element des gesamten Städtesystems eines Landes und in Wechselwirkung mit den wirtschaftsstrukturellen Gegebenheiten zu sehen. Im Städtesystem eines Landes hat sich dessen historische Wirtschafts- und Gesellschaftsentwicklung niedergeschlagen, das Städtesystem stellt den nur sehr langsam veränderbaren Rahmen für alle weiteren Prozesse dar. Für jede einzelne Stadt bedeutet das Beschränkungen für alle ihre stadtpolitischen Maßnahmen und Anpassungsnotwendigkeiten auch für Bewohner und private Wirtschaft.

Anmerkungen zum 7. Kapitel

1) Die bisher vor allem aus theoretischen Zusammenhängen abgeleitete Hypothese wird inzwischen durch ein Untersuchungsergebnis von Müller unterstützt; es heißt bei ihm als "Ergebnis 16: In der Bundesrepublik existieren ausgeprägte Ähnlichkeiten in der räumlichen Branchenstruktur, die sich bemerkenswert häufig in geographisch zusammenhängenden Regionen herausgebildet haben. Bestimmte branchenstrukturbildende Standortfaktoren scheinen also eher großräumig als kleinräumig verteilt zu sein." Müller, J.; Sektorale Struktur und Entwicklung der industriellen Beschäftigung in den Regionen der Bundesrepublik Deutschland, Berlin 1983, S. 145.

2) Zwei der wissenschaftlich anspruchsvollsten Untersuchungen seien hier genannt: Fürst, D., Zimmermann, K.; Standortwahl industrieller Unternehmen. Ergebnisse einer Unternehmensbefragung. Gesellschaft für regionale Strukturentwicklung, Bonn 1973. Kaiser, K.-H.; Industrielle Standortfaktoren und Betriebstypenbildung, Berlin 1979.

3) Hoover, E.M.; Giarratani, F.; An Introduction to Regional Economics, New York 1984 (3. Aufl.), (1. Aufl. 1971) S. 19. Auf den Seiten 11 – 24 gibt Hoover einen ausgezeichneten Überblick über Probleme der Standorttheorie und insbesondere der empirischen Analyse einzelwirtschaftlichen Standortverhaltens.

4) Im allgemeinen erweist es sich als notwendig, großräumig wirksame (Makro-)Standortfaktoren zu unterscheiden von (Mikro-) Faktoren, die direkt etwas mit Kriterien für die Auswahl eines bestimmten Grundstücks zu tun haben. Diese Unterscheidung ist allerdings empirisch nicht einfach durchzuführen: Die Standortwahl erfolgt im allgemeinen nicht in einem Prozeß der *stufenweisen*, räumlichen "Konkretisierung".

5) Es existieren jedoch eine große Zahl betriebswirtschaftlicher und geographischer Arbeiten. Außerdem gibt es eine Anzahl privater Unternehmensberatungsfirmen, die sich zum Teil besonders der Standortberatung annehmen, vgl. z.B. Institut für Gewerbezentren, Handelsforschung und -beratung, Bad Urach.

6) Allerdings sind die Möglichkeiten ökonometrischer Tests von Dichtefunktionen und Rentenfunktionen für städtische Nutzungen (vor allem Wohnen) sehr umfangreich. Vgl. Kau, J.B.; Lee, C.F.; Sirmans, C.F.: Urban Econometrics. Model Developments and Empirical Results, Greenwich, Conneticut; London 1986.

7) Das gilt vor allem für viele der zur Zeit weit verbreiteten Gutachten, z.B. Henckel, D.; Nopper, E. / Rauch, N.; Infor-

mationstechnologie und Stadtentwicklung, Stuttgart 1984 (= Schriften des Deutschen Instituts für Urbanistik Bd. 71).

8) Vgl. Obermeier, R.W.; Ökonomische Ansätze zur Beschreibung und Erklärung von Stadtstrukturen, a.a.O.; dort finden sich die Ableitung der Funktion S. 13ff, die Ergebnisse für Augsburg S. 84f, für München S. 92f.

9) Obermeier schätzt weitere Funktionstypen, die jedoch von den empirischen Ergebnissen her keine bessere Anpassung bringen. Wichtige Zusammenhänge hinsichtlich der Bedingungen, die zu einer negativ-exponentiellen Dichtefunktion führen, klärt Brueckner, J.K.; A note on sufficient conditions for negative exponential population density functions. In: Journal of Regional Science, Vol. 22 (1982), S. 353 – 359. Brueckner gelingt es auch, diskontinuierliche Dichtefunktionen, die sehr viel realitätsnäher als die bisher verwendeten monoton fallenden Funktionen sind , zu schätzen, vgl. ders.; A switching regression analysis of urban population densities: Preliminary results. In: Papers of the Regional Science Association, Vol. 56 (1985), S. 71 – 87.

10) Obermeier,R.W., a.a.O., S. 96.

11) Beispiele für die Schätzung von Dichtefunktionen für gewerbliche Nutzung finden sich bei Mills, E.S.; Studies in the Structure of Urban Economy, Baltimore and London 1972; und aktuell bei McDonald, J.F.; The Intensity of Land Use in Urban Employment Sectors: Chicago 1956 – 1970, In: Journal of Urban Economics, Vol. 18 (1985), S. 261 – 277. McDonald schätzt eine negative Exponentialfunktion.

Häufig sind auch empirische Studien zu finden, die sich mit der Messung externer Effekte innerhalb der Stadtstruktur beschäftigen. Hierbei geht es meist um die Messung des Einflusses bestimmter Umgebungen oder Nachbarschaften, von Verkehrsstraßen und Entfernungen zu bestimmten Flächennutzungen auf die Bodenwerte der Grundstücke einer vorgegebenen Nutzung. Vgl. Mills, E.S.; Economic Analysis of Urban Land-Use controls; In: Mieszkowski, P. and Straszheim, M. (eds.); Current Issues in Urban Economics, Baltimore and London 1979, S. 511 – 541. Mills gibt einen ausführlichen Überblick über die vorhandene Literatur.

12) Es sei nochmals auf Fußnote 1) verwiesen.

13) Die hier verwendete Operationalisierung der Agglomerationseffekte hat sich bereits in einer Arbeit über regionales Wachstum bewährt. Vgl. Koll, R.; Regionales Wachstum – Eine empirische Untersuchung seiner Bestimmungsfaktoren unter besonderer Berücksichtigung der Raumstruktur, München 1979.

14) Sofern der t-Wert kleiner als 2 ist, d.h. die Irrtumswahr-

scheinlichkeit mehr als 5 % beträgt, ist der t-Wert in Klammern unter dem Regressionskoeffizienten angegeben.
15) Zu den Nr. der Wirtschaftszweige vgl. die Liste im Anhang dieses Kapitels.

Anhang zu Kapitel 7

Liste der Variablen und Liste der Wirtschaftszweige 1925

Anteile der Beschäftigten einzelner Wirtschaftszweige an der Summe der Beschäftigten 1925

		Anteile [%]
8	Bergbau, Salinenwesen und Torfgraberei	0.81
9	Gewinnung und grobe Bearbeitung von natürlichen Gesteinen und Nutzmaterialien, Gewinnung von Kies, Sand, Ton und Kaolin	1.14
10	Feine Steinbearbeitung, Kalk-, Gips-, Zementindustrie, Betonwaren, Betonwerksteinindustrie, Ziegelindustrie und Herstellung sonstiger künstlicher Mauersteine, Grobkeramische Industrie, Feinkeramische Industrie, Glasindustrie, Hilfsbetriebe	4.85
11	Eisen- und Metallgewinnung (Großeisenindustrie und Metallhütten)	1.01
12	Herstellung von Eisen-, Stahl- und Metallwaren	4.63
13	Herstellung von Eisen- und Stahlwaren	1.04
14	Herstellung von Metallwaren (nicht Eisen und Stahl)	1.12
15	Maschinen-, Apparate- und Fahrzeugbau	5.49
16	Elektrotechnische Industrie, Feinmechanik, Optik	3.02
17	Chemische Industrie	1.13
18	Textilindustrie	
19	Papierindustrie und Vervielfältigungsgewerbe	2.94
20	Leder- und Linoleumindustrie	0.76
21	Kautschuk- und Asbestindustrie	0.09
22	Holz- und Schnitzstoffgewerbe	7.89
23	Musikinstrumenten- und Spielwarenindustrie	1.18
24	Nahrungs- und Genußmittelgewerbe	7.09
25	Bekleidungsgewerbe	8.11
42	Landwirtschaft, Gärtnerei, Tierzucht, Forstwirtschaft und Fischerei (Erwerbstätige)	45.06
43	Industrie und Handwerk (Erwerbstätige)	32.16
44	Handel und Verkehr (Erwerbstätige)	12.66
45	Verwaltung, Heerwesen, Kirche, Freie Berufe (Erwerbstätige)	4.57
46	Gesundheitswesen und hygienisches Gewerbe, Wohlfahrtspflege (Erwerbstätige)	1.56
47	Häusliche Dienste und Erwerbstätigkeit ohne feste Stellung (Erwerbstätige)	3.99

Liste der Variablen und Liste der Wirtschaftszweige 1970

Anteile der Beschäftigten einzelner Wirtschaftszweige an der Summe der Beschäftigten 1970

		Anteile [%]
9	Bergbau	0.14
10	Gewinnung und Verarbeitung von Steinen und Erden	1.68
11	Feinkeramik, Herstellung und Verarbeitung von Glas	1.59
12	Eisen- und NE-Metallerzeugung, Gießerei und Stahlverformung	1.68
13	Herstellung von EBM-Waren	1.38
14	Stahl-, Maschinen- und Fahrzeugbau	10.25
15	Elektrotechnik, Feinmechanik, Optik	7.87
16	Chemische Industrie	1.77
17	Textilgewerbe	2.8
18	Papier- und Pappeverarbeitung	0.6
19	Druckerei und Vervielfältigung	1.43
20	Ledergewerbe	0.84
21	Kunststoff-, Gummi- und Asbestverarbeitung	1,29
22	Holzgewerbe (einschließlich Papier- und Pappeerzeugung)	3.15
23	Musikinstrumente, Sportgeräte, Spiel- und Schmuckwaren	0.63
24	Nahrungs- und Genußmittelgewerbe	4.52
25	Bekleidungsgewerbe	3.45
45	Land- und Forstwirtschaft (Erwerbstätige)	13.22
46	Produzierendes Gewerbe (Erwerbstätige)	47.18
47	Handel und Verkehr (Erwerbstätige)	15.77
48	Sonstiger Bereich (Erwerbstätige)	23.83

Literaturverzeichnis

Alonso, W.: Location and Land Use. Toward a General Theory of Land Rent. 3. Aufl., Cambridge, Massachusetts 1968

Anderson, A.E.; Isard, W.; Puu, T. (eds.): Regional and Industrial Development Theories, Models and Empirical Evidence. Amsterdam, New York, Oxford 1984

Balchin, P.N.; Kieve, J.L.: Urban Land Economics. 2. Aufl., London 1982

Beckmann, M.J.: Location Theory. New York 1968

Beckmann, M.J.; Puu, T.: Spatial Economics: Density, Potential, and Flow. Amsterdam, u.a. 1985

Berry, B.J.L.: Geography of Market Centers and Retail Distribution. Englewood Cliffs 1967

Blunden, J.; Brook, C.; Edge, G.; Hay, A. (eds.): Regional Analysis and Development. London, u.a. 1973

Bourne, L.S. (ed.): Internal Structure of the City. Readings on Space and Enviroment. New York, Toronto, London 1971

Böventer, E. von: Theorie des räumlichen Gleichgewichts. Tübingen 1962

Böventer, E. von: Standortentscheidung und Raumstruktur. (Akademie für Raumforschung und Landesplanung, Abhandlungen). Hannover 1979

Buhr, W.; Pauck, R.: Stadtentwicklungsmodelle. Analytische Instrumente empirisch orientierter Simulationsansätze zur Lösung von Projektions – und Planungsproblemen der Städte. Baden – Baden 1981

Carter, C.(ed.): Industrial Policy and Innovation. Aldershot 1981

Collins, L.; Walker, D.F. (eds.): Locational Dynamics of Manufactoring Activity. London, New York, u.a. 1975

Dean, R.D.; Leahy, W.H.; McKee, D.L. (eds.): Spatial Economic Theory. New York, London 1970

Eekhoff, J.: Wohnungs – und Bodenmarkt. Tübingen 1987

Evans, A.W.: The Economics of Residential Location. London and Basingstoke 1973

Evans, A.W.; Eversley, D.: The Inner City. Employment and Industry. Aldershot 1980

Ewers, H. – J.; Goddard, J.B.; Matzerath, H. (eds.): The Future of the Metropolis – Economic Aspects. Berlin, New York 1986

Fischer, M.M.: Eine theoretische und methodische Analyse mathematischer Stadtentwicklungsmodelle vom Lowry – Typ. Ein methodischer Beitrag zur Regionalforschung. Frankfurt a.M. 1976

Gabszewicz, J.J.; Thisse, J. – F.; Fujita, M; Schweizer, U.: Location Theory. Chur, u.a. 1986

Greenhut, M.L.: Microeconomics and the Spatial Economy. Chicago, u.a. 1963
Greenhut, M.L.: A Theory of the Firm in Economic Space. New York 1970
Griffith, D.A.; Mackinnon, R.D.: Dynamic Spatial Models. Alphen aan den Rijn 1981
Hamilton, F.E.I. (ed.): Spatial Perspectives on Industrial Organization and Decision Making. London, New York, u.a. 1974
Harker, P.T. (ed.): Spatial Price Equilibrium: Advances in Theory, Computiation and Application. Denver 1984
Henderson, J.V.: Economic Theory and the Cities. New York, San Francisco, London 1977
Isard, W.: Location and Space – Economy. 5. Aufl., Cambridge, Massachusetts 1967 (1. Aufl. 1956)
Jacobs, J.: Stadt im Untergang. Thesen über den Verfall von Wirtschaft und Gesellschaft in Amerika. Frankfurt a. M., u.a. 1969
Jacobs, J.: Tod und Leben großer amerikanischer Städte. Bauwelt Fundamente 4. Gütersloh, u.a. 1969
James, F.L.; Hughes, J:W:: Economic Growth and Residential Patterns. A Methodological Investigation. New Jersey 1972
James, F.J. (ed.): Models of Employment and Residence Location. New Jersey 1974
Kaiser, K. – H.: Industrielle Standortfaktoren und Betriebstypenbildung. Ein Beitrag zur empirischen Standortforschung. Berlin 1979
Kanemoto, Y.: Theories of Urban Externalities. Amsterdam, New York, Oxford 1980
Karlquist, A.; Lundquist, L.; Snickars, F. (eds): Dynamic Allocation of Urban Space. Westmead, u.a. 1975
Karlquist, A.; Lundquist, L.; Snickars, F.; Weibull, J.W. (eds.): Spatial Interaction Theory and Planning Models. Amsterdam, New York, Oxford 1978
Klaassen, L.H.; Molle, W.T.M.; Paelinck, J.H.P. (eds.): Dynamics of Urban Development. Aldershot 1972
Klaassen, L.H.; Molle, W.T.M. (eds.): Industrial Mobility and Migration in the European Community. Aldershot 1983
Koll, R.: Regionales Wachstum. Eine empirische Untersuchung seiner Bestimmungsfaktoren unter besonderer Berücksichtigung der Raumstruktur. München 1979
Kujath, H.J.: Regeneration der Stadt. Ökonomie und Politik des Wandels im Wohnungsbestand. Hamburg 1986
Lloyd, P.E.; Dicken, P.: Location in Space: A Theoretical Approach to Economic Geography. New York 1972
Mills, E.S.: Studies in the Structure of the Urban Economy. Baltimore 1972

Mills, E.S.: The Timing of Urban Residential Land Development. In: Henderson, J.V. (ed.): Research in Urban Economics, Vol. 3, Greenwich, Connect., London 1983, S. 37ff.
Miyao, T; Kanemoto, Y.: Urban Dynamics and Urban Externalities. Chur, London, u.a. 1987
Molle, W.T.M.: Industrial Location and Regional Development in the European Community: the FLEUR Model. Aldershot 1983
Oakey, R.P.: High Technology Industry and Industrial Location. London 1984
Obermeier; R.W.: Ökonomische Ansätze zur Beschreibung und Erklärung von Stadtstrukturen. München 1983
Ottensmann, J.R.: The Changing Spatial Stucture of American Cities. Lexington, Massachusetts; Toronto, London 1975
Paelinck, J.H.P. (ed.): Human Behavior in Geographical Space. Essays in Honour of L.H. Klaassen. Aldershot 1986
Papageorgiou, G.J. (ed.): Mathematical Land Use Theory. Lexington, Massachusetts; Toronto, London 1976
Potter, R.B.: The Urban Retailing System. Aldershot 1982
Pred, A.: Behavior and Location. Foundations for a Geographic and Dynamic Location Theory, Part I. Lund 1967
Putman, S.H.: Urban Residential Location Models. Boston, The Hague, London 1979
Richardson, H.W.: The New Urban Economics: and Alternatives. London 1977
Richardson H.W.: Regional Growth Theory. London 1973
Romanos, M.C.: Residential Spatial Structure. Lexington, Massachusetts; Toronto, London 1976
Serck – Hansen, J.: Optimal Patterns of Location. Amsterdam, London 1970
Smith, D.M.: Industrial Location. An Economic Geographical Analysis. 2. Aufl., New York, Chichester, u.a. 1981
Stevens, B.H.; Brackett, C.A.: Industrial Location. A Review and Annotated Bibliography of Theoretical, Empirical and Case Studies. Philadelphia 1976
The Swedish Journal of Economics: Vol. 74, 1972 No.1 March
Takayama, T.; Judge, G.G.: Spatial and Temporal Price and Allocation Models. Amsterdam, London 1971
Taylor, A.; Coppin, P.; Wealthy, P.: The Impact of New Technology on Local Employment. A Study of Progress and Effect on Jobs in the London Borough of Hammersmith and Fulham. Aldershot 1985
Townroe, P.M.; Roberts, N.J.: Local – External Economies for British Manufacturing Industry. Aldershot 1980
Vickermann, R.W.: Spatial Economic Behavior. The Microeconomic Foundations of Urban and Transport Economics.

London, u.a. 1980

Webber, M.J.: Impact of Uncertainty on Location. Cambridge, Massachusetts; London 1972

Wheat, L.F.: Regional Growth and Industrial Location. Lexington, Massachusetts; Toronto, London 1973

Wheaton, W.C.: Theories of Urban Growth and Metropolitan Spatial Development. In: Henderson, J.V. (ed.): Research in Urban Economoics, Vol. 3, Greenwich, Connect, London 1983, S. 3ff.

Wingo, L.: Transportation and Urban Land, Washington 1968

Teil V: Räumliche Planung einer Stadt: Gesamtgesellschaftliche Zielvorstellungen und gesamtwirtschaftliche Bewertung der Stadtstruktur

8. Kapitel: Einzelwirtschaftliche Nutzenmaximierung und gesamtwirtschaftliche Bewertung

1. Einzelwirtschaftliche Nutzenmaximierung und Gesamtwohlfahrt der Stadt

Für den Stadtökonomen besteht "Stadtplanung" in der systematischen Unterstützung der zukunftsorientierten Suche der öffentlichen Hand und jedes städtischen Produzenten und jedes Bewohners nach der bestmöglichen Verwendung der knappen städtischen Ressourcen[1], insbesondere nach der bestmöglichen Verwendung des knappen Produktionsfaktors Boden in der Stadt, in dem Bemühen um institutionelle Regelungen, diese Verwendung zu volkswirtschaftlich geringsten Kosten herbeizuführen und in der koordinierten Bereitstellung der dafür notwendigen technischen (Infrastruktur–) Einrichtungen. Damit ist eine der Grundfragen der Nationalökonomie als Wissenschaft angesprochen: Wege zur bestmöglichen Verwendung wirtschaftlicher Ressourcen aufzuzeigen und bei der Knappheit der Ressourcen zu einer optimalen Befriedigung menschlicher Bedürfnisse zu gelangen.

Aus diesem Zusammenhang wurde bereits im Einleitungskapitel die Zuständigkeit – zumindest die Beteiligung – der Nationalökonomie bei der Stadtplanung abgeleitet, und es wurde die ökonomische Spezialdisziplin der Stadtökonomie als notwendige Grundlagenwissenschaft vorgestellt: Die Handlungen der verschiedenen Wirtschaftseinheiten in der Stadt, der privaten Haushalte, der Unternehmen und der öffentlichen Entscheidungsträger, insbesondere aber ihre Standortentscheidungen werden von der Stadtökonomie daraufhin untersucht, wie sich aus der Gesamtheit der Einzelentscheidungen eine effiziente Verwendung der Produktionsfaktoren, vor allem des Bodens und eine optimale Bedürfnisbefriedigung der Wirtschaftseinheiten ergeben und welche institutionellen Regelungen die beste Grundlage hierfür bilden.

Es geht darum, wie rein individuelle Entscheidungen über die Verwendung privater Güter mit Entscheidungen des Staates und der Kommunen über die Versorgung mit öffentlichen (und mit meritorischen) Gütern und die Behandlung entstehender externer Effekte optimal in Einklang gebracht werden können.

Effizient wird der Produktionsfaktor Boden dann eingesetzt, wenn bei den gegebenen technologischen und institutionellen Bedingungen mit ihm die maximal mögliche Produktionsmenge erzeugt wird: Das heißt, wenn keine "Verschwendung" vorliegt und die Produktion bestimmter Sachgüter und Dienstleistungen nur durch Verzicht auf die Produktion anderer Güter erhöht werden könnte. Dabei sind die vom Transportsektor beanspruchten Ressourcen mitzuberücksichtigen: Der Transport von Gütern oder Menschen läßt sich entweder als produzierte Dienstleistung, die wie jede andere städtische Dienstleistung angeboten und nachgefragt wird, erfassen, oder die (in Transport*kosten* gemessene) Erreichbarkeit der Güter und Leistungen beziehungsweise deren Standorte gehen als zusätzliche Variable in die einzelwirtschaftlichen Entscheidungen ein.

Wir können den Zustand der effizienten Allokation des Produktionsfaktors Boden genauer beschreiben, indem wir den Begriff der Opportunitätskosten oder Alternativkosten verwenden. Aus gesamtwirtschaftlicher Sicht sind die Opportunitätskosten einer Einheit eines *bestimmten* Gutes gleich den Mengen an *anderen* Gütern, auf die man zugunsten dieses Gutes *verzichten* muß. Diese Kosten sind zunächst in Gütermengen definiert, welche bei alternativer (zweitbester) Verwendung der eingesetzten Ressourcen hätten produziert werden können; sie könnten unter bestimmten Bedingungen auch als *Wertgrößen* (in Geld) gemessen werden. Der Wert der eingesetzten Faktormengen ist *einzelwirtschaftlich* das *Kostenmaß*. *Bei Fehlen von Marktunvollkommenheiten und externen Effekten* entsprechen die einzelwirtschaftlichen den gesamtwirtschaftlichen Kosten; *unter dieser Bedingung* führt die Kostenminimierung des einzelnen Unternehmens auch gesamtwirtschaftlich zum geringstmöglichen Verzicht auf die Produktion anderer Güter.

Da es sich in vielen Fällen bei den in der Stadt produzierten Gütern um Dienstleistungen handelt, die zum Teil gar nicht über Märkte verkauft, sondern von der öffentlichen Hand bereitgestellt werden, ist es in der Praxis oft schwierig, die mit einer Bodeneinheit produzierbare Güter*menge* exakt zu messen und mit Preisen zu bewerten: Dennoch muß man sich – auch in der Praxis der Planung – Gedanken darüber machen, welche Sachgüter beziehungsweise welche Leistungen durch den Einsatz eines bestimmten Grundstücks alternativ zu produzieren wären. Man hat zu fragen, welches der maximale Gesamtwert dieser Güter sein könnte, den man bei einer alternativen Verwendung des Grundstückes erhalten würde.

Bei der Existenz externer Effekte gelten die Aussagen über die gesamtwirtschaftliche Optimalität der einzelwirtschaftlichen Entscheidungen nicht zwangsläufig auch. Bevor man aus dem Auftreten externer Effekte auf die Notwendigkeit staatlichen Handelns schließt, sind jedoch zwei Argumente zu berücksichtigen.

Erstens schlagen sich positive externe Effekte in erhöhten Bodenpreisen des betreffenden Grundstückes nieder; das Gegenteil gilt bei negativen externen Effekten. Bei positiven externen Effekten in einer Stadt wird diese Stadt insgesamt attraktiver, und dies erhöht die Nachfrage nach Bodenflächen und führt zu höheren Bodenrenten. Insofern ist für die *Stadt insgesamt* kein staatliches Eingreifen mit solchen externen Effekten begründbar. Es wären unter Umständen jedoch Überlegungen hinsichtlich der optimalen Stadtgröße anzustellen.[2)]

Zweitens sind allerdings für eine *einzelne* Wirtschaftseinheit die von ihr *erzeugten* externen Effekte – etwa ihr positiver Beitrag zum Leben in der Stadt – und die von ihr empfangenen – im negativen Fall "erlittenen" – externen Effekte normalerweise nicht gleich groß. Im Falle einer solchen Diskrepanz ist vom ökonomisch-theoretischen Standpunkt aus ein Ausgleich angezeigt. Die Frage ist aber, *wer mit welchen Methoden* einen solchen Netto-Beitrag aus nicht über den Markt laufenden Beziehungen *mißt* und *bewertet*. Wir werden weiter unten noch auf dieses Problem zurückkommen. In jedem Fall muß sichergestellt sein, daß der Aufwand der Regulierungen nicht größer ist als die Nachteile, welche beseitigt werden sollen, und daß neu eingeführte Verzerrungen im städtischen Wirtschaftsleben (durch Verwaltungshandeln) nicht größer sind als die in der Form externer Effekte beobachteten Verzerrungen.

Wenn solche Probleme einer effizienten Allokation des Produktionsfaktors Boden "optimal" (soweit ökonomisch sinnvoll) gelöst sind, ergibt sich eine optimale Bedürfnisbefriedigung der Haushalte, unter der Bedingung, daß *gleichzeitig die Struktur* des Güter- und Leistungsangebots in der Stadt und damit die Produktion von Sachgütern oder Dienstleistungen mit dem Produktionsfaktor Boden – einschließlich seiner Verwendung für Transportleistungen – in ihrer Zusammensetzung *nach Arten* den Wünschen der Nachfrager genau entspricht. Das erfordert neben der Berücksichtigung der Kostenseite die Einbeziehung der Nutzenseite bei allen wirtschaftlichen Entscheidungen.

Die optimale Allokation des Produktionsfaktors Boden in der Stadt läßt sich auch beschreiben als die optimale Zuordnung von Standorten und Nutzungen: Statt zu untersuchen, welche Menge Boden (gemessen in Quadratmetern) welcher Qualität, das heißt vor allem in welcher Lage (und damit mit welchen Transportkosten und in welcher Nachbarschaft) ein Unternehmer für eine bestimmte Produktion als Produktionsfaktor einsetzt, fragt man, welche Produktion (nach Menge und Art) für eine bestimmte, abgegrenzte Bodenfläche optimal ist und sich in der Konkurrenz um die städtischen Grundstücke behaupten kann.

Bei der Darstellung der mikroökonomischen Stadtmodelle im 6. Kapitel konnte gezeigt werden, wie als rein formales einzelwirtschaftliches Bewertungskriterium der Standortzuordnung die Nutzenmaximierung beziehungsweise die Gewinnmaximierung der verschiedenen beteiligten Wirtschaftseinheiten unterstellt werden kann und im Modell der vollkommenen Konkurrenz auf dem Bodenmarkt zur optimalen Allokation aller Grundstücke führt: Jede Bodenfläche einer bestimmten Beschaffenheit, insbesondere in einer bestimmten geographischen Lage innerhalb der Gesamtstadt, wird auf dem Markt einzeln angeboten und von vielen Einzelnen unabhängig voneinander nachgefragt. Die vollständige Konkurrenz sorgt dafür, daß für ein ganz bestimmtes Grundstück der Anbieter denjenigen Nachfrager findet, der unter den gegebenen Bedingungen den höchsten Preis bietet, weil er auf dieser Fläche den höchsten Gewinn oder Nutzen erzielen kann.

Sowohl beim Unternehmen als auch beim Haushalt sind die an alternativen Standorten entstehenden Transportkosten (im umfassenden Sinn) bei jeder Entscheidung jeweils berücksichtigt. So ergibt sich ein Zustand, der im Rahmen der Stadtmodellableitungen als Standortgleichgewicht bezeichnet wurde: Keine Wirtschaftsaktivität kann sich durch einen Standortwechsel verbessern. Unter den erwähnten Annahmen bedeutet das gleichzeitig, daß der Gesamtnutzen (– gewinn), die Wohlfahrt der Gesellschaft ebenfalls am höchsten ist.

Im Modell erfolgen Entscheidungen über die Nutzungen des städtischen Bodens für private und öffentliche Zwecke simultan für alle Grundstücke der Stadt: So wird ein Optimalzustand des allgemeinen Gleichgewichts erreicht. In der Praxis wird man die Frage immer nur für einzelne Grundstücke unter bestimmten konstanten Nebenbedingungen stellen können, das heißt insbesondere bei vorgegebenen Nutzungen anderer Grundstücke. Trotzdem verliert der Bodenpreis nicht seine Funktion als Informations – und Steuerungsinstrument, der die Standortentscheidungen der vielen einzelnen Wirtschaftseinheiten in der Stadt koordinieren kann. Im 6.Kapitel wurde ansatzweise auch gezeigt, wie in einem dynamischen Modell Standortanpassungen abgebildet werden können.

Die beschriebenen Ableitungen erfolgten, wie ausdrücklich erwähnt, im Modell der vollkommenen Konkurrenz, also einem Modell, das Monopolsituationen und Machteinsatz auf Märkten sowie externe Effekte ausschließt. Die im Rahmen der Stadtökonomie bedeutsamste Annahme ist das Fehlen von externen Effekten, oder anders formuliert, die Annahme, daß *alle* Transaktionen zwischen den städtischen Wirtschaftseinheiten über *Märkte* erfolgen.

Jedem Ökonomen ist klar, daß die Annahmen des Modells der vollkommenen Konkurrenz in der Realität in mehr oder weniger starkem Ausmaß verletzt sind. Allerdings hängen die Vorteile der Wettbewerbsordnung für eine Volkswirtschaft nach Ansicht der meisten Ökonomen nicht von der Erfüllung aller Voraussetzungen des Konkurrenzmodells ab.

Durch externe Effekte "verzerrte" Preise können zwar nicht mehr die Aufgabe wie auf einem vollkommenen Wettbewerbsmarkt erfüllen, aber "empirisch ist noch ungeklärt, wie schwerwiegend die Wohlfahrtsverluste sind, die infolge falscher Preissignale auftreten können".[3] In ökonomischen Lehrbüchern[4] wird eine Vielzahl von Möglichkeiten zur Korrektur externer Effekte diskutiert, durch die die Allokationswirkungen einer falschen Anpassung an Marktpreise berichtigt werden können.

Allerdings ist über eine "effiziente und gerechte" Korrektur von Marktschwächen durch staatliche Aktivität in der Realität unseres dualen Systems von Markt- und Staatswirtschaft noch wenig bekannt.[5] Diese Aussage gilt um so mehr für einen Bereich innerhalb dieses Systemes, in dem staatliche beziehungsweise kommunale Planung das Entstehen externer Effekte so weit als möglich – zum Beispiel durch die Bauleitplanung – *vermeiden* will: Der Stadtplaner hat keinen Informationsvorsprung gegenüber dem Ökonomen, wenn es um die Verhinderung externer Effekte geht. "Tatsache ist doch, daß die Auswirkungen externer Effekte in der Regel erst dann politisch Bedeutung erlangen, wenn die Wertzuwächse für bestimmte Vermögen sinken oder steigen. Das zeigt sich etwa bei Umweltbelastungen für reproduzierbares materielles Vermögen (Wohnungsvermögen) in gleicher Weise wie für Humanvermögen (Gesundheit) oder natürliche physische Ressourcen (Wälder, Wasser). Solche Signale sind allerdings Marktsignale – auch dann, wenn sie auf Spezialmärkten, eben den *Bestandsmärkten*, auftreten"[6].

Der Bodenmarkt ist einer der wichtigsten dieser Bestandsmärkte. Am Beispiel läßt sich obiger Gedankengang am besten konkretisieren. Verstärkte Umwelt*belastungen* lassen unter sonst gleichbleibenden Bedingungen im allgemeinen die Preise der betroffenen Grundstücke sinken, entsprechend kann man den Bodenpreisrückgang eines Wohngrundstückes an einer neuen verkehrsreichen Schnellstraße ökonomisch gesehen den (sozialen) Kosten des Straßenbaus zurechnen. Bei Grundstücken für gewerbliche Nutzung kann es durchaus zu einer Bodenpreissteigerung kommen, wenn die Vorteile aus der stark verbesserten Erreichbarkeit größer sind als die Nachteile, zum Beispiel durch die Lärmbelästigung (die außerdem durch technische Maßnahmen reduziert werden kann). In keinem der Fälle versagt jedoch der Allokationsmechanismus des Bodenmarktes: Die Veränderung des Bodenpreises zeigt die entstehenden sozialen Kosten oder sozialen Nutzen an. Außerdem können zum Beispiel die billiger gewordenen Grundstücke für den Bau "billiger" Wohnungen oder die Umwandlung bestehender Wohnungen in "Billig-Wohnungen" durch Verzicht auf Erhaltungsinvestitionen interessant werden. Der Allokationsmechanismus des Marktes sorgt also auch weiter für eine effiziente Verwendung des Bodens. Zweifelhaft ist, ob dieses Ergebnis "gerecht" ist. Da die "Billigwohnungen" für Einwohnergruppen mit geringerem Einkommen in Frage kommen und die Einnahmen der Grundstückseigentümer aus Vermietung oder Verkauf wahrscheinlich niedriger als ohne die Belastung durch die Schnellstraße sein werden, wird deutlich, daß die Problematik auf der Einkommens*verteilungsseite* liegt. Es wurde bereits im Einleitungskapitel auf die aus der Vermischung dieser Probleme mit Allokationsproblemen herrührenden Mißverständnisse hingewiesen, allerdings auch gesagt, daß die ("soziale") Stadtplanung durchaus Verteilungsaspekte berücksichtigen könnte.

Im Hinblick auf die in den Städten vorhandenen externen Effekte muß der Ökonom folgendes ergänzen: Solche (von externen Effekten betroffenen) Grundstücke werden nicht laufend, das heißt nicht marktmäßig gehandelt. Das "Fehlen von asset markets, von Märkten für Vermögenswerte, erleichtert es den Planungsbehörden, die Folgen negativer externer Effekte – z.B. in Form der Umweltbelastung – einfach zu ignorieren"[7], der negative Einfluß auf die Grundstückspreise läßt sich nur schwierig objektiv feststellen und vor allem nur schwierig zuordnen.

Allerdings sind nicht nur Marktlösungen denkbar, um die Wirkungen externer Effekte offenzulegen und bei Entscheidungen berücksichtigen zu können. Grundsätzlich können auch privatwirtschaftliche Verhandlungslösungen beim Auftreten externer Effekte zu optimalen Allokationsergebnissen führen. Hierzu sind in der ökonomischen Wissenschaft wichtige weiterführende theoretische Konzepte entwickelt worden.[8]

Die städtische *Flächennutzungs – und Bebauungsplanung* ist – soviel läßt sich auf Grund theoretischer Überlegungen festhalten – nur in *wenigen* Fällen das *beste* Instrument, um externe Effekte, insbesondere die Wirkungen von Umweltschäden in der Stadt oder der Region, zu *verhindern*. Die Bauleitplanung enthält kaum Regelungen, mit denen das Entstehen negativer externer Effekte *direkt* beim Verursacher vermieden oder beseitigt werden könnte.[9] Das Bundesimmisionsschutzgesetz, die Bauordnungen der Länder und eine ganze Anzahl weiterer gesetzlicher Regelungen, insbesondere die Gewerbeordnung und die Arbeitsstättenverordnung, wären untereinander und mit der Bauleitplanung zu koordinieren (und vorher eventuell zu novellieren), um wirkungsvoll negative externe Effekte zu verhindern. *Grundsätzlich* enthalten die genannten gesetzlichen Regelungen bereits ausreichende Eingriffsmöglichkeiten.[10] Dabei ist festzustellen: Die Bauleitplanung *allein* kontrolliert *vom Ansatz* her die falschen Variablen[11], indem sie, statt Störungen zu beseitigen, "Störer" und "Betroffene" lediglich in ihrer Standortwahl einschränkt[12].

Jede Maßnahme des Umweltschutzes wirkt sich auch räumlich positiv aus, indem negative Nachbarschaftseffekte verringert oder verhindert werden. Umgekehrt müssen Maßnahmen der Bauleitplanung oder Raumordnung keineswegs grundsätzlich positive Wirkungen auf die Umwelt haben. Der Schadstoffausstoß eines Industriebetriebs läßt sich zum Beispiel über Emissionssteuern – sogar regional differenziert – entsprechend der vorhandenen Luftqualität und den klimatischen Verhältnissen verringern. Aber die Abgase eines Industriebetriebs werden prinzipiell nicht dadurch weniger giftig, daß man diesen Industriebetrieb mit anderen zusammen in einem Industriegebiet ansiedelt. Allerdings können die schädlichen Wirkungen über größere Entfernungen geringer werden. Die durch Bauleitplanung erzwungene größere Entfernung zum Verursacher der Verschmutzung, also zum Verursacher der negativen externen Effekte, stellen einen Schutz für die Gruppe der potentiell *am stärksten Betroffenen* dar.[13] Mit der größeren Entfernung zwischen unterschiedlichen Flächennutzungen entstehen jedoch auch höhere Transportkosten, die nicht in allen Fällen von der Größenordnung her vernachlässigbar bleiben (zum Beispiel für Berufspendler) und die *zusätzlich* mit negativen externen Effekten verbunden sein können. Eine ökonomische Abwägung von Vor- und Nachteilen der Flächennutzungsplanung kann also durchaus "praxisrelevant" sein.

Darüberhinaus ist festzuhalten: Ob die Bauleitplanung erforderlich ist, damit Gebiete mit ähnlichen oder sich ergänzenden Nutzungen entstehen, in denen sich externe Effekte zumindest zum Teil vermeiden lassen, darf in vielen Fällen bezweifelt werden, *da bereits einzelwirtschaftliche* Vorteile der Nähe zu anderen Betrieben (die Branchenagglomerationsvorteile) existieren.

Flächennutzungs- und Bebauungsplanung zur *Beeinflussung* der Standortentscheidungen von Unternehmen und Haushalten werden nicht (völlig) entbehrlich, wenn negative externe Effekte damit nicht verhindert, sondern bestenfalls reduziert werden können[14]: Der Bauleitplanung kommt im Rahmen des gesamten Umweltschutzinstrumentariums die bereits erwähnte Rolle einer "Fürsorgemaßnahme" zu. Sie trägt zur vorausschauenden Versorgung mit Infrastruktureinrichtungen (öffentlichen Gütern) und damit zusammenhängend zur "Planungssicherheit" für die privaten und öffentlichen Entscheidungsträger bei. Außerdem spricht für eine Bauleitplanung zumindest bis zu einem gewissen Ausmaß immer auch die Tatsache, daß zwischen den privaten Wirtschaftseinheiten auftretende Koordinationsschwierigkeiten, die durch Kosten der privaten Information und durch Unsicherheit entstehen, verringert werden. Insbesondere ist "Planungs"hilfe dann angezeigt, wenn erkennbar ist, daß sich durch geringe ("Zwangs"-) Eingriffe für einen größeren Kreis von Wirtschaftseinheiten in der

Stadt überproportional große (im Verhältnis zu den Kosten der Eingriffe) Verbesserungen ihrer Wohlfahrtssituation ergeben und alle Beteiligten oder Betroffenen die Veränderungen auch als Verbesserungen ansehen.[15] Dies ist vor allem dann zu erwarten, wenn eine Maßnahme nur bei einer Mindestzahl von Beteiligten durchgeführt werden kann und für einen einzelnen kein Anreiz zur Durchführung besteht.

Mit der Erwähnung von Nutzenmaximum, optimaler Bedürfnisbefriedigung und Wohlfahrtsmaximum finden wir uns mitten im Bereich der Bewertungsprobleme. Die Einschätzung des Marktmechanismus als gesellschaftliches Entscheidungssystem, das unter gewissen Bedingungen für eine bestmögliche Verwendung der Ressource Boden sorgen kann, setzt genauere Vorstellungen über die Kriterien voraus, die zur Bewertung der Ergebnisse des Marktmechanismus dienen: Es ist danach zu fragen, welche Zielkriterien im einzelnen und konkret hinter dem Allokations"optimum" stehen, daß unter bestimmten Bedingungen durch den Marktmechanismus erreicht wird.

Es liegt nahe, als entscheidende Variable der Zielfunktion für die Gesamtheit aller Aktivitäten in der Stadt die städtische Wohlfahrt[16] – als die Wohlfahrt ihrer Bürger – zu wählen. In der Ökonomie allgemein und so auch in der Stadtökonomie geht man im allgemeinen davon aus, daß die Gesamtwohlfahrt der Stadt (u^S) von der *Wohlfahrt* (dem Nutzenniveau) *der einzelnen (insgesamt m) Bürger* der Stadt abhängt – beziehungsweise abhängen *sollte*. Dem liegt eindeutig schon eine Wertung zu Grunde.

Als Gleichung geschrieben, heißt dies:

(1) $u^S = f(u^1, ..., u^m)$

Die Spezifikation dieses Zusammenhangs ist ein Problem der Wirtschaftstheorie, das in Form der Auseinandersetzung zwischen kardinaler und ordinaler Nutzentheorie bereits mehr oder weniger zur Theoriegeschichte gehört. Die Vertreter der neueren Nutzen – und Wohlfahrtstheorie halten den Nutzen nicht für kardinal meßbar, wollen also den Vergleich von Nutzenniveaus ausschließen, und lassen deshalb interpersonelle Vergleiche nicht zu. Um dennoch etwas über Veränderungen der Gesamtwohlfahrt einer Gruppe sagen zu können, hat man sich darauf geeinigt, von einer Erhöhung der Gesamtwohlfahrt zu sprechen, wenn der Nutzen (zumindest) eines Gruppenmitgliedes steigt, ohne daß gleichzeitig der Nutzen eines Mitglieds oder anderer Mitglieder sinkt (Pareto – Kriterium).

Eine weitere Frage ist wertend zu beantworten: Wer entscheidet darüber, ob und in welchem Umfang sich der Nutzen eines einzelnen Stadtbürgers verändert. Die Mehrzahl der Ökonomen ist der Ansicht, daß *der Betroffene selbst entscheiden sollte.*

Folgendes weitere "Werturteil" hat seine Grundlage in der Nutzentheorie. Der Nutzen eines Individuums hängt von den ihm *verfügbaren Güterarten und Gütermengen* einschließlich des Konsumguts Bodennutzung (Wohnfläche) ab, und die Vermehrung der Menge einer Güterart bei Konstanz der Mengen aller übrigen Güterarten bei der betreffenden Wirtschaftseinheit führt eine Nutzenerhöhung herbei. Wenn man die Freizeit (in Stunden) ebenfalls als Gut definiert, so hat man in dieser Formulierung auch die vom Individuum erbrachte Arbeitsleistung implizit (als 24 Stunden abzüglich Stunden der Freizeit, des Schlafs u.ä.) berücksichtigt und damit die für die Erzeugung der übrigen Güter notwendige Anstrengung erfaßt. In den Stadtmodellen werden oft auch Entfernungen als (nutzenmindernde) Argumente (mit negativem Vorzeichen) in die Nutzenfunktionen eingeführt, da einerseits Transportleistungen Ressourcen beanspruchen, die für die anderen Produktionen nicht mehr zur Verfügung stehen, andererseits Entfernungsüberwindung Mühen und Mißbehagen verursacht.

Formal läßt sich die dargestellte Hypothese folgendermaßen schreiben:

(2) $u^1 = f^1(x_1^1, x_2^1, \ldots, x_n^1); \quad \delta u^1/\delta x_i > 0, \ i = 1,\ldots,n.$

$\vdots$

$u^m = f^m(x_1^m, x_2^m, \ldots, x_n^m); \quad \delta u^m/\delta x_i > 0, \ i = 1,\ldots,n.$

Es wird also behauptet, *die gesamtstädtische Wohlfahrt* sei in jedem Fall von den vorhandenen (produzierten oder mit den vorhandenen Produktionsfaktoren produzierbaren) *Gütermengen* für die Stadtbürger abhängig. Der Gutsbegriff muß dabei umfassend definiert werden. Das führt zu einigen Problemen:

a) Zu den Wirschaftsgütern gehören nicht nur Sachgüter, sondern auch alle Dienstleistungen in weitem Sinn: Grundsätzlich sind alle in der Stadt angebotenen und nachgefragten Leistungen, sofern sie knapp sind, diesem ökonomischen Gutsbegriff zuzuordnen. Es kann jedoch zu Messungs – und Bewertungsproblemen kommen, zumindest bei den Gütern, die nicht auf einem Markt gehandelt werden. Von der Lösung dieser Messungs – und Bewertungsprobleme hängt es zum großen Teil ab, inwieweit die Vorstellung der von *Gütermengen* abhängigen Wohlfahrt bei der Betrachtung städtischer Prozesse sinnvoll ist.

b) Grundsätzlich können *alle Tatbestände*, die ein Individuum in der Stadt wahrnimmt, von ihm einer expliziten oder (meist) impliziten Bewertung unterworfen werden. Trotz eines sehr weit definierten Gutbegriffes, der sogar (nutzenmindernde) "Ungüter" umfassen kann, wird es sehr schwierig sein, alle immateriellen Faktoren, die jeweils die Wohlfahrt eines Individuums bestimmen können, einzubeziehen. Außerdem wird eine Person immer nur einen bestimmten individuellen Ausschnitt aller vorhandenen Tatbestände einer Bewertung unterziehen, es ist sogar möglich, daß Tatbestände, die von einem Individuum positiv, von einem anderen Individuum negativ bewertet werden.

Die Vorstellung einer von Gütern abhängigen Wohlfahrt scheint also – trotz des sehr weiten Gutbegriffs – reichlich eng zu sein, um als umfassende Zielfunktion für städtische Entscheidungen zu dienen: Die städtischen Märkte, insbesondere der *Bodenmarkt*, koordinieren außerdem nur einzelwirtschaftliche Entscheidungen, die sich auf "private Güter" beziehen. Der Marktmechanismus würde demnach nur in einem Teilbereich städtische Prozesse optimieren, ohne daß die Optimierung des gesamten Zielssystems einer Stadt gewährleistet wäre.

Grundsätzlich wird der Stadtökonom dem nicht widersprechen können. Allerdings sollte das Konzept der bewerteten Gütermengen als Wohlfahrtsmaß auch nicht vorschnell verworfen werden. Obwohl die oben genannten Probleme nicht völlig ausgeräumt werden können, liefert das bei vollkommener Konkurrenz auf allen städtischen Märkten sich ergebende *Wohlfahrtsoptimum* bei der Bewertung der Allokationsergebnisse in der Realität für den Stadtökonomen *normative* (hypothetische) *Referenzgrößen*. Das gilt zumindest solange, wie allgemein akzeptierte Wertprämissen für die Bewertung städtischer Gesamtentwicklungen fehlen.[17]

Auf theoretischer Ebene wurden in der Ökonomie schon früh Produktion und Konsum von Gütern analysiert, die nicht auf Märkten gehandelt werden, deshalb keinen Marktpreis haben und Messungs- und insbesondere Bewertungsprobleme aufwerfen: Es sind die öffentlichen Güter und meritorischen Güter, deren Angebot bei der Feststellung des Wohlfahrtsoptimums berücksichtigt werden muß.[18]

Öffentliche Güter sind dadurch gekennzeichnet, daß sie "gemeinsam konsumiert" werden: Der Konsum eines öffentlichen Gutes durch Wirtschaftseinheit A führt zu keiner Beeinträchtigung des Nutzens von B aus dem Konsum desselben Guts ("Nichtrivalität"). Hinzu kommt, daß beim Konsum öffentlicher Güter oft das Ausschlußprinzip nicht anwendbar ist. Zum Beispiel ist von der Landesverteidigung kein Bürger einzeln auszuschließen, dieses öffentliche Gut muß und kann gemeinsam konsumiert werden. Die Schönheit eines Stadtbildes, der Anblick historischer Bauten und Denkmäler, aber auch zum Beispiel die "gute" Luft der Stadt können die Bürger gemeinsam genießen, ohne daß man im allgemeinen jemanden davon ausnehmen könnte. Aber bereits hier sind der gemeinsame Konsum und in Ergänzung das Nicht-Ausschlußprinzip als Kriterien des öffentlichen Gutes nicht mehr ganz trennscharf. Denn das Auftreten von sehr großen Besucherzahlen kann sich sehr wohl zu Lasten der Qualität einer Stadt auswirken, wobei jeder zusätzliche Besucher den Genuß der Urbanität bei allen Anwesenden beinträchtigt, also der Charakter des öffentlichen Gutes nicht mehr gegeben ist. Bei anderen Gütern, wie der Straßennutzung und dem Fernsehempfang, die meist als öffentliche Güter angeboten werden, lassen sich auch Beispiele privaten Angebots finden.

Diese Beispiele verdeutlichen, daß die Abgrenzung von öffentlichen gegenüber privaten Gütern keineswegs auf Grund theoretischer Kriterien allein möglich ist. Diese Aussage gilt in zum Teil noch stärkerem Maße für viele der Leistungen, die als sogenannte (lokale) öffentliche Güter in Städten angeboten werden: In den USA werden ganze Siedlungen mit allen in Kommunen üblichen (öffentlichen) Leistungen auf privatwirtschaftlicher Basis organisiert und verkauft.

In der Theorie wird abgeleitet, daß der Marktpreismechanismus bei der Erreichung des erwähnten Wohlfahrtsoptimums versagt, wenn der Ausschluß von Nutznießern, die nicht bereit sind, für Leistungen zu zahlen, nur unter sehr hohen Kosten möglich ist. Da die Kriterien für öffentliche Güter theoretisch keineswegs eindeutig sind, liegt in der Realität das Problem zunächst darin, für das Angebot jeder Güterart den *Entscheidungsmechanismus* auszuwählen, der zur Allokationseffizienz und zur optimalen Allokation führt. Eine institutionelle Regelung, *alle* Güter über den Markt privat anbieten zu lassen, ist in der Realität ebenso ökonomisch unbegründet, wie die Entscheidung, bestimmte Güter *generell* als öffentliche Güter zu behandeln.

Das Vorhandensein öffentlicher Güter verhindert nicht die Wohlfahrtsmessung anhand der verfügbaren Gütermenge: Allerdings wird ihre Bewertung nicht in allen Fällen mit Preisen vorzunehmen sein, und man wird auf gesamtwirtschaftliche Bewertungsverfahren zurückgreifen müssen.

Während bei reinen öffentlichen Gütern eine Marktpreisbildung schon definitionsgemäß ausgeschlossen ist, sind die Bewertungsprobleme bei meritorischen Gütern nicht durch ihre Art verursacht, sondern die Gesellschaft – über ihre gewählten Vertreter in den Parlamenten – *will* den Marktpreismechanismus nicht anwenden: Bei meritorischen Gütern würde die Erhebung von Kostenpreisen die Individuen davon abhalten, die als angemessen betrachtete größere Menge dieser Güter nachzufragen. Der Nutzen aus dem Konsum dieser Güter für die Gemeinschaft wird für größer gehalten, als sich auf Grund der einzelnen privaten Nutzen ergeben würde.

Beispiele können Ausbildungsleistungen sein, aber auch – wie im Einleitungskapitel bereits erwähnt – lokale meritorische Güter, wie ein sich aus bestimmten privaten Nutzungen ergebendes urbanes Milieu eines städtischen Bereiches, mit traditionellen Einzelhandelsformen, älterer Bebauung usw., das bei marktwirtschaftlicher Nachfrage und bei marktwirtschaftlichem Angebot nicht bestehen bliebe. Natürlich existiert gerade in der Stadt ein enger Zusammenhang zwischen privaten, meritorischen und öffentlichen Gütern: Vom Anblick historischer Bauten kann niemand ausgeschlossen werden, die Nutzung dieser Bauten geschieht jedoch häufig durch Private, die mit dem Angebot privater Güter als *Kuppelprodukt* auch den Anblick historischer Bauten, eine bestimmte Urbanität bereitstellen. Das erwähnte Problem, daß Abgrenzungen zwischen privaten, öffentlichen und meritorischen Güter unscharf sind, tritt auch hier wieder auf. Da die Erhaltung älterer Bausubstanz in vielen Fällen von der privatwirtschaftlichen Nutzung abhängt, und es deshalb auf die private, vom Preis abhängige Nachfrage ankommt, liegt es jedoch nahe, diese Fälle als meritorische Güter zu behandeln.

Das Angebot meritorischer Güter über die öffentliche Hand, sei es über den Staat, die Gemeinde oder andere öffentliche Träger, sei es direkt oder indirekt durch Subventionierung der privaten Anbieter und (insbesondere bei lokalen meritorischen Gütern) durch die im Bundesbaugesetz vorgesehenen Festsetzungen der Nutzung, bedeutet den Versuch einer Korrektur der Konsumentensouveränität, bis hin zum Konsumzwang.

Folgende Gründe für diese Korrektur werden von Ökonomen[19] diskutiert:
- "Individuelle Höherbewertung der Gegenwarts- über die Zukunftsbedürfnisse." Mängel in der ausreichenden Berücksichtigung von Zukunftsbedürfnissen treten ausgeprägt überall dort in Erscheinung, wo die Erträge entweder überhaupt erst sehr spät anfallen oder sich über eine lange Zeit verteilen. Der Staat wird durch die Übernahme des Angebots bestimmter Güter zum Anwalt zukünftiger Generationen.
- "Höheres Risiko für ein Individuum oder für eine Einzelfirma als für die Gemeinschaft", (zum Beispiel Grundlagenforschung).
- "Möglichkeit, daß überhaupt keine individuellen Präferenzen bestehen, sie zu wenig konkret geäußert werden... oder sich an den Präferenzen anderer orientieren."
- "Schwierigkeiten der Individuen in der Erfassung aller Wirkungen und Rückwirkungen von Handlungen (oder Unterlassungen)". Die Komplexität der Zusammenhänge aller in der Stadt ablaufenden Prozesse sowie die dabei auftretenden, schwer meßbaren Kosten und Erträge machen dieses Argument für Stadtökonomen besonders wichtig.
- "Einseitige Werbung für private Güter".

- "Möglichkeit, daß sich im Preismechanismus Tausende von kleinen Entscheiden zu einem großen addieren, welcher – als solcher präsentiert – von den Individuen abgelehnt würde". Letzteres Argument ist natürlich wiederum für städtische Prozesse von großer Bedeutung.

Die genannten Gründe zur Rechtfertigung staatlicher Korrekturen der Konsumentensouveränität, also zur Rechtfertigung der Eingriffe in den Marktmechanismus oder zu seiner gänzlichen Abschaffung in Teilbereichen, können leicht als *allgemeine* Kritikpunkte am marktwirtschaftlichen Entscheidungssystem (miß)verstanden werden und *allgemeine* Korrekturen notwendig erscheinen lassen. Viele Ökonomen stehen solchen Begründungsversuchen für die Korrektur der Konsumentensouveränität äußerst skeptisch gegenüber. Trotzdem sollte der Stadtökonom folgendes Argument vertreten können: Da die in der Stadt angebotenen und nachgefragten Wirtschaftsgüter nicht nur Güter sind, die über einen Markt gehandelt werden oder gehandelt werden können, sondern über städtische Wirtschaftsgüter auch innerhalb anderer Entscheidungssysteme entschieden wird und entschieden werden muß, ist die *Zweckmäßigkeit des jeweiligen Entscheidungssystems für die verschiedenen Güter* grundsätzlich *immer wieder* zu diskutieren.[20] Zu berücksichtigen ist dabei, das bestimmten Entscheidungsfindungsprozessen von der Gesellschaft ein gewisser Eigenwert zugeschrieben wird, so wird eine freiheitliche Gesellschaftsordnung im allgemeinen mit der Marktwirtschaft verbunden sein. Eine Rechtfertigung für eine *umfassende* Stadtplanung läßt sich mit ökonomischen Gründen auf keinen Fall finden.

Bevor wir uns mit gesamtwirtschaftlichen Bewertungs*verfahren* beschäftigen, wollen wir als Fazit der Diskussion von einzelwirtschaftlicher und gesamtwirtschaftlicher Bewertung festhalten:
a) Die Vorstellung, daß die individuelle *Wohlfahrt* (der Nutzen) des Stadtbürgers von der ihm in der Stadt zur Verfügung stehenden *Menge und Qualität an Gütern* (einschließlich Dienstleistungen) und ihrer Zusammensetzung nach Arten abhängt, ist ein prinzipiell brauchbares Konzept zur Wohlfahrtsmessung. Dabei läßt sich leicht berücksichtigen, daß wegen der räumlichen Dimension der Stadt nicht nur Gütermengen und Güterarten *positiv* die individuelle Wohlfahrt bestimmen, sondern daß auch ihre *jeweilige Erreichbarkeit* eine Rolle spielt, die in Form der Entfernung entweder als *negative* Einflußgröße auf die Wohlfahrt oder – bewertet mit dem Transportpreis – als Verminderung der Ausgabensumme für die übrigen Güter erfaßt wird.

Die optimale Allokation der knappen Ressourcen in der Stadt vor allem die optimale Allokation des Faktors Boden, bedeutet bei vollkommener Konkurrenz gleichzeitig die Maximierung der *Wohlfahrt* jedes Stadtbürgers.

b) *Nicht alle in der Stadt produzierten Wirtschaftsgüter, das heißt knappen Güter, werden dem Marktmechanismus überlassen* und können ihm (wahrscheinlich) nicht überlassen werden. Wie bewertet man die Wohlfahrts(-Nutzen-)erhöhung durch diese Güter in einer monetäre Größe? Es *fehlt der Marktpreis* als Bewertungskriterium, die Zahlungsbereitschaft der Individuen für diese Güter ist nur schwer, eventuell gar nicht festzustellen.[21] Menge und Arten dieser Güter müssen innerhalb anderer Entscheidungssysteme als dem Markt bestimmt werden, und damit verbunden ist die Frage nach dem anzuwendenden Bewertungsverfahren.

Welche Tatbestände in einer bestimmten realen Situation als Güter angesehen werden und zu bewerten sind, läßt sich dabei nicht von vornherein angeben.

c) Die Maximierung der gesamtstädtischen Wohlfahrt, die die Maximierung der Wohlfahrt (des Nutzens) der Individuen voraussetzt, ist kein Ziel, das außerhalb des Marktmechanismus ebenso "automatisch" von anderen Entscheidungs‒ und Bewertungsverfahren erreicht werden könnte.

Oft treten außerhalb des Marktmechanismus an die Stelle der *individualistischen Zielfunktion*, die die individuelle Verfügbarkeit von Gütern in der Stadt in den Vordergrund stellt, *andere gesellschaftliche ‒ kollektivistische ‒ städtische Zielvorstellungen*, ohne daß dies allerdings eine zwangsläufige Folge der anderen Entscheidungsmechanismen wäre. Die Suche nach einer individualistischen Wohlfahrtsfunktion braucht nicht wegen grundsätzlicher Formulierungsschwierigkeiten aufgegeben zu werden. Denn folgende Probleme sind *immer* zu lösen:

- Sollen die Wohlfahrtsniveaus der Individuen die städtische Zielfunktion bestimmen oder wird eine kollektivistische Zielfunktion "diktatorisch" festgesetzt?
- Bei einer individualistischen Zielfunktion sind die Wohlfahrtsniveaus der einzelnen Stadtbürger zu einer gesamtstädtischen Wohlfahrtsfunktion zu aggregieren, das heißt, es muß festgelegt werden, wie jedes einzelne Nutzenniveau die Gesamtwohlfahrt beeinflußt. Da das erreichbare Nutzenniveau jeweils vom Einkommen abhängt, lassen sich Verteilungsüberlegungen *in keinem Fall* von vornherein ausschließen.
- In irgendeiner Weise ist zu berücksichtigen, daß das Nutzenniveau eines Individuums auch von den Gütermengen abhängen kann, die andere Individuen konsumieren. Ebenso ist an öffentliche Güter zu denken, die gemeinsam konsumiert werden.
- Es ist das Problem zu lösen, wie man eine Zielfunktion für eine längerfristige Stadtpolitik feststellt, wenn die Bewertung der Tatbestände sich im Zeitablauf verändert, also die gleichen städtischen Güter in unterschiedlichen Zeitperioden verschieden bewertet werden. Gerade für die oben erwähnten meritorischen

Güter, die ein bestimmtes urbanes Milieu schaffen, ließe sich ein Wechsel in der gesellschaftlichen Bewertung im Zeitverlauf leicht zeigen.

Ein Konzept zur objektiven Messung und damit zum interpersonellen Vergleich von Nutzenempfindungen ist in der Nationalökonomie nicht in Sicht: Für die Stadtökonomie bleibt damit die Vorstellung einer gesamtstädtischen Wohlfahrtsfunktion, die es zu maximieren gilt, ein relativ abstraktes Konzept, mit dem jedoch theoretische Zusammenhänge, vor allem zur Koordinierungsfunktion des Marktes, gezeigt werden können, die für die Beeinflussung der Realität wichtig sind.

Aber auch wenn man die Relevanz der *theoretischen* Ableitungen über die Funktionsweise des Marktes für die Realität bestreitet, bleibt die Frage, *durch welches gesellschaftliche Entscheidungssystem "bessere" Ergebnisse* zu erreichen sind. Der Ersatz der individualistischen durch eine kollektivistische, diktatorisch verordnete Wohlfahrtsfunktion *löst keines der oben genannten Probleme*, wenn es gilt, die Ergebnisse der städtischen Wirtschaft beim *Einsatz der knappen städtischen Produktionsfaktoren*, insbesondere des Bodens, im Hinblick auf die gesellschaftliche Zielvorstellung zu optimieren: Es geht darum, durch welche gesellschaftliche Organisationsform der Entscheidungsfindung und mit welchen Institutionen gesellschaftliche, städtische Ziele am besten erreicht werden.

Es scheint oft, daß bei Stadtplanern das Problembewußtsein fehlt, das sich aus der Knappheit des städtischen Bodens ergeben *muß*: *Jede* Bodennutzung verursacht – unabhängig vom wirtschaftlichen Entscheidungssystem – volkswirtschaftliche Kosten, und diese sind *systematisch* den Nutzen gegenüberzustellen, wobei die Wünsche der Stadtbürger zu berücksichtigen sind. *Externe Effekte*, insbesondere solche negativer Art, das heißt wechselseitige Beeinträchtigungen von Flächennutzungen, die vom Bodenmarkt nicht erfaßt werden, müssen innerhalb des marktlichen Steuerungssystems durch *geeignete Maßnahmen* "internalisiert" oder verhindert werden, das Problem der Erfassung aller Wirkungen stellt sich jedoch *auch in jedem anderen Entscheidungssystem* als dem Markt.

In der Volkswirtschaftslehre entstanden in Verbindung mit der Diskussion, inwieweit das Sozialprodukt[22] eines Landes ein geeigneter Indikator[23] für seinen Wohlstand sei, Vorschläge, die Messung der Wohlfahrt anhand gesellschaftlicher Indikatoren vorzunehmen. So läß sich z.B. gesellschaftlicher Wohlstand an der Zahl von Lehrern und Ärzten, an der Höhe der Säuglingssterblichkeit oder auch an Quadratmetern Freifläche, jeweils bezogen auf die Zahl der Einwohner, und an vielen weiteren Indikatoren ablesen.[24] Zur Messung einer gesamtstädtischen Wohlfahrt ließen sich leicht eine Reihe entsprechender Indikatoren finden.[25] Eine *allgemeingültige* Aggregation der Vielzahl von Einzelindikatoren zu einem Gesamtindikator ist (zumindest bisher) nicht möglich. Es treten im *Prinzip die gleichen* Probleme wie in der traditionellen Nutzentheorie auf, insbesondere die der Gewichtung, zum Beispiel, ob ein "Mehr" eines Indikators ein "Weniger" eines anderen Indikators kompensiert.

Mit dem Hinweis auf Indikatorensysteme bewegen wir uns bereits auf einem Gebiet, das Probleme der *gesellschaftlichen* Bewertung betrifft und dem meist eine direkte mikroökonomische Grundlage fehlt. Trotz der angedeuteten Schwierigkeiten werden wir gesellschaftliche Bewertungsverfahren im folgenden besprechen und anwenden.

Allerdings sehen wir hierbei den *Ansatz* analog zur Wirtschaftspolitiklehre: Wir werden die Anwendung von Bewertungsmethoden vorführen, die von explizit formulierten stadtpolitischen *Zielvorstellungen* ausgehen und die jeweilige Stadtstruktur aufgrund dieser vorhandenen Ziele bewerten. Selbstverständlich könnte die Wohlfahrtsfunktion eine solche allgemeine stadtpolitische Zielvorstellung sein, würden die zugrundeliegenden, besprochenen Wertprämissen allgemein anerkannt. Davon kann nicht ausgegangen werden, insbesondere nicht, wenn die Bewertung weitere Konkretisierungen der Wohlfahrtsfunktion, zum Beispiel hinsichtlich öffentlicher und meritorischer Güter verlangt. Wir werden sehen, daß allgemein anerkannte Wertprämissen über die Stadt und ihre "Urbanität" überhaupt fehlen und vorerst *jede* Einigung über stadtpolitische Zielvorstellungen unmöglich scheint.

Zur Darstellung der gesamtwirtschaftlichen Bewertungsverfahren genügt es, alternative Zielfunktionen zu unterstellen. Es wird sich zeigen, daß dieser didaktische Kunstgriff auch geeignet ist, zur Rationalität stadtpolitischer Entscheidungen beizutragen, wenn einheitliche Ziele nicht formuliert werden können.

2. Grundprobleme gesamtwirtschaftlicher Bewertung

Bewertungen zum Zwecke des Vergleichs zweier Tatbestände oder des Vergleichs mit einer Zielvorstellung sind einfach, wenn die zu bewertenden Dinge eindimensional sind. So sind zwei Geldgrößen (sofern sie bekannt sind) problemlos vergleichbar: Wo ein möglichst hohes Einkommen oder Vermögen angestrebt wird, ist ein höherer Betrag "besser" als ein kleinerer. Ebenso lassen sich eindimensionale Größen wie Produktmengen (gleicher Qualität) oder Verkehrskapazitäten vergleichen.

In der Wirtschaft und erst recht in der städtischen Wirtschaft sind eindimensionale Größen jedoch nicht häufig zu finden. Ver-

schieden hohe Einkommen sind mit unterschiedlichen Mühen, verschiedene Verkehrssysteme mit unterschiedlichen Kosten und Qualitäten verbunden. Ein *einfacher Vergleich* ist immer nur dort möglich, wo *alle anderen* Dimensionen gleich sind: *Unter sonst gleichen Bedingungen* ist entweder
- das bisherige Verkehrssystem besser, oder
- das geplante neue Verkehrssystem leistungsfähiger, wenn Kapazität und Bequemlichkeit gleich sind.

Wo verschiedene Aufwände und verschiedene Vorteile oder Erträge auftreten, hat man kein Problem, wenn alle zu beachtenden Größen erfaßt und in Geldeinheiten ausgedrückt werden können: In diesem Fall ist das Problem wieder auf ein eindimensionales reduziert. Das gilt auch dann, wenn Geldbeträge zu verschiedenen Zeitpunkten anfallen und ein Zinssatz vorgegeben ist. Dann sind alle Geldbeträge auf denselben (gegenwärtigen) Zeitpunkt abzudiskontieren und können so verglichen werden.

Solche einfachen Bewertungen kommen in der Wirklichkeit, insbesondere der Stadtplanung, kaum vor. Hier findet man meist mehrdimensionale Bewertungsprobleme, die sich aus dem Vorhandensein multipler Kriterien ergeben. In der Volkswirtschaftslehre hat man zunächst in der Nutzentheorie und der Wohlfahrtstheorie nach Methoden gesucht, wie man verschiedene Handlungen und deren Ergebnisse vergleichen oder die Gesamtheit der Vorteile und Nachteile (oder Nutzen und Kosten) von (Investitions –) Projekten darstellen kann,
- durch in Geldbeträgen gemessene Größen, die eine Marktpreisbewertung voraussetzen, wie Einnahmen und Ausgaben oder Umsätze und Kosten, genauso wie durch
- (meist) sehr schwierig in Geldbeträge umrechenbare Vor – und Nachteile, und zwar die den Bürger indirekt betreffenden Folgen eines Projektes genauso wie die direkt anfallenden Vor – und Nachteile. Wir haben im vorhergehenden Abschnitt Implikationen des wohlfahrtstheoretischen Ansatzes ausführlich analysiert.

Inzwischen hat die wissenschaftliche Entwicklung, beginnend in den sechziger Jahren[26], zu Ansätzen einer Spezialdisziplin, aufbauend weitgehend auf den Grundlagen der ökonomischen Entscheidungstheorie, geführt, die sich allein mit Multiple – Kriterien – Entscheidungsmethoden beschäftigt.

Diese "neue" Forschung befaßt sich mit einer Reihe von Fragen[27]:
a) der Identifizierung von Entscheidungsalternativen,
b) der Erzeugung und Auswahl von Lösungen für Entscheidungsprobleme mit multiplen Kriterien bei nur einem Entscheidungsträger,
c) der Lösung von Entscheidungsproblemen mit multiplen

Entscheidungskriterien und Gruppen (Organisationen) von Entscheidungsträgern,
d) der Analyse und Erfolgskontrolle der Instrumente, die den Entscheidungsträgern in der Realität bei multiplen Zielen zur Verfügung stehen.

Wir können im folgenden keinen Überblick über den Stand der Wissenschaft von den Entscheidungsmethoden mit multiplen Kriterien (MCDM) geben, um den Rahmen des Buches nicht zu sprengen[28]. Außerdem wollen wir uns nicht mit *formalen* Entscheidungs*methoden* beschäftigen, sondern unsere Darstellung wird bei den *Anwendungen* von Entscheidungsverfahren in der Stadtplanung ansetzen. Dabei konzentrieren wir uns auf Probleme der Bewertung von Stadtstrukturen. Um die grundsätzlichen und allen Methoden gemeinsamen inhaltlichen Probleme der Entscheidungsfindung zu verdeutlichen, werden wir im einleitenden Überblick auch auf eindimensionale Verfahren und einfache Multi – Kriterien – Verfahren eingehen.

Für das empirische Anwendungsbeispiel im zehnten Kapitel ist eine spezielle, besonders geeignet erscheinende Multiple – Kriterien – Entscheidungsmethode ausgewählt worden: Die Weiterentwicklung von spezifischen Multi – Kriterien – Verfahren für Entscheidungsprobleme der Stadtplanung bleibt eine Aufgabe der neuen ökonomischen Spezialdisziplinen von Stadtökonomie und der erwähnten MCDM.

Die *Beschreibung* und Messung von Stadtstrukturen ist die Voraussetzung, daß Stadtstrukturen *verglichen*, in ihrem Zustandekommen *erklärt* und *insgesamt bewertet* werden können[29].

Die Bewertung konkreter (vorhandener oder geplanter) Stadtstrukturen *kann ausgehen* von dem Versuch, die mit Maßzahlen erfaßten Struktureigenschaften mit einzelwirtschaftlichen Präferenzen dafür in Verbindung zu bringen. Diese Präferenzen sind ganz unterschiedlich: Sie hängen vom Typ der Unternehmung und des Haushaltes und von deren jeweiligen Aktivitäten in der betrachteten Stadt ab. Dabei kann man versuchen, aus dem tatsächlichen Verhalten auf die Präferenzen und damit auf die Bewertungen der Stadtstruktur zu schließen.

Einen ersten Anhaltspunkt für die einzelwirtschaftlichen Bewertungen bestimmter Güter und Dienstleistungen können ihre Preise liefern. Die Frage ist hier, inwieweit man aus beobachteten Bodenpreisen auf Bewertungen der Stadtstruktur durch die städtischen Wirtschaftssubjekte schließen kann. Im ersten Abschnitt dieses Kapitels wurde diese Frage im Rahmen der – mikroökonomisch fundierten – wohlfahrtstheoretischen Argumentation behandelt. Eines der Ergebnisse war die Feststellung, daß eine Reihe städtischer Güter und Dienstleistungen nicht dem Marktmechanismus unterliegen oder unterliegen sollen, so daß der Bodenpreis der verschiedenen Grundstücke als indirekt durch die Güter- und Dienstleistungsmärkte bestimmter Faktorpreis *nicht vollständig* die einzelwirtschaftlichen Bewertungen der Stadtstruktur erfassen kann. Außerdem haben wir darauf hingewiesen, daß sich infolge von *externen* Effekten zwischen verschiedenen Wirtschaftseinheiten in der Stadt Marktpreise bilden, die nicht zu einem Wohlfahrtsoptimum führen, falls nicht Maßnahmen zur Berücksichtigung der externen Effekte in den einzelwirtschaftlichen Kostenrechnungen getroffen werden oder getroffen werden können: Sofern die *Internalisierung* der externen Effekte nicht gelingt, können die Marktpreise für Bodenflächen jedenfalls nicht exakt die einzelwirtschaftlichen Bewertungen der städtischen Standorte widerspiegeln.

Erst durch die gesellschaftliche Entscheidung, bestimmte öffentliche Güter in der Stadt in gesellschaftlich gewünschter Menge und Qualität zu produzieren und/oder bestimmte Güter als meritorisch zu betrachten, verbunden mit der Tatsache, daß sich externe Effekte in einer Stadt nie völlig vermeiden lassen, erhalten gesellschaftliche Zielvorstellungen von der "richtigen" Stadtstruktur und Maßnahmen zu ihrer Realisierung einen praxisrelevanten Stellenwert. Dann aber bedarf die Stadtplanung, verstanden als umfassender Begriff für alle in der Stadt ablaufenden nicht marktlichen Entscheidungsverfahren, einer theoretischen und methodischen Grundlegung.

Wir werden für die in den folgenden Abschnitten zu behandelnden gesellschaftlichen Bewertungsverfahren nicht zeigen können, inwieweit sie den Preismechansimus auf dem Bodenmarkt ergänzen, ob sie dessen Ergebnisse zum Teil verändern oder ob ihnen gar Substitutionscharakter zukommt, weil sie den Preismechanismus verdrängen, wenn sie eingesetzt werden: Diese Analyse erforderte eine eigene Veröffentlichung. Wenn wir in den letzten Kapiteln dieses Buches gesamtwirtschaftliche Bewertungsmethoden darstellen und diskutieren, sollte sich der Stadtplaner immer bewußt sein, daß der überwiegende Teil der Stadtökonomen im Zweifelsfall einen funktionsfähigen oder funktionsfähig gemachten Markt den Problemen aller anderen Entscheidungssysteme vorziehen wird[30].

Innerhalb gesamtwirtschaftlicher Analysen und Bewertungen von Stadtstrukturen wurden und werden häufig Stadtsimulationsmodelle verwendet[31]. Simulationsmodelle beschreiben Einzelheiten der Stadtstruktur, indem sie die Komplexität der beobachteten Realität in mathematischen Zusammenhängen nachzubilden versuchen. Sie geben Auskunft darüber, welche Veränderung des Systems eintritt, wenn eine oder mehrere exogene Variablen verändert werden. Hat man mit einem solchen Simulationsmodell erst einmal die vorgegebene Stadtstruktur erfaßt, d.h. hat man eine Anzahl von Strukturparametern bestimmt, dann lassen sich mit einem solchen Modell die Konsequenzen von Planungseingriffen, wie etwa einer neuen Infrastrukturmaßnahme simulieren.

Die Verwendung von Stadtsimulationen konnte aber bisher aus mehreren Gründen nicht voll befriedigen[32]:

- Beim gegenwärtigen Stand der sozialwissenschaftlichen Forschung besitzt man nur für Teilstrukturen städtischer Systeme "sichere" Erkenntnisse hinsichtlich der Funktionalstruktur. Über viele Wirkungszusammenhänge existieren nur Plausibilitätsüberlegungen, die die Aussagekraft der Ergebnisse einschränken. Bei der Abbildung des Allokationsmechanismus, der die Wirtschaftseinheiten auf verschiedene Standorte zuordnet, können nur ganz einfache Standortfaktoren berücksichtigt werden.
  Stadtsimulationsmodelle wollen das Gesamtsystem "Stadt" erfassen, geben aber nur eine Teilansicht dessen, was durch Daten und mathematische Verknüpfungen faßbar ist.
- Damit verbunden ist ein sehr großer Datenbedarf solcher Modelle.
- Es entstehen hohe Entwicklungs – und Betriebskosten.
- Selbst für einen gut vorgebildeten Benutzer ergeben sich bei der Anwendung enorme Schwierigkeiten. Gerade die Vielfalt der möglichen Vorgaben und insbesondere deren Gewichtung durch die Strukturparameter stellen für den potentiellen Modellanwender ein großes Problem dar.
- Bei der Simulation eines Planungseingriffes bleiben die Strukturparameter (die für die Übereinstimmung von realer Stadtstruktur und Modell im *Ausgangszeitpunkt* sorgen) konstant. Man beschreibt diesen Ansatz daher am besten als "Wirkungsanalyse aufgrund einer Trend – Fortschreibung der Ausgangsstruktur". Eine Simulation kann daher immer nur partielle Veränderungen der Ausgangsstruktur betrachten, damit das Konstanthalten der übrigen Ausgangsstruktur gerechtfertigt ist.
- Es bleibt als wichtigster Kritikpunkt: Simulationsmodelle liefern eine Informationsschwemme und zugleich ein Informationsdefizit, d.h. Simulationsmodelle werden ihrem Anspruch der Komplexitätsreduktion nicht gerecht. Die im Gegensatz zu intuitiven Verfahren versprochene Logik und Konsistenz werden mit einem hohen Komplexitätsgrad "erkauft". Die Konsequenz ist, daß die Modelle nicht mehr nachvollziehbar und durchschaubar sind.

Damit wird eine Diskussion zwischen Planern und Kommunalpolitikern erschwert, und die Modelle sind im kommunalpolitischen Entscheidungsprozeß nicht verwertbar. Bilden sie dennoch die Grundlage von Planungsentscheidungen, so wird die Entscheidung de facto der Kontrolle der betroffenen Entscheidungsinstanz entzogen.

Wegen dieser planungspraktischen Probleme, aber auch aus allgemeinen methologischen Gründen haben wir in diesem Buch die Erfassung und Messung der Stadtstruktur nicht zu einem Simulationsmodell weiterentwickelt. Da bisher nur ein kleiner Teil der bestehenden Verflechtungen in der Stadt mathematisch abgebildet werden kann, wäre das nur unter Verzicht auf bereits vorhandene Informationen möglich gewesen. Stattdessen werden wir versuchen, die Maße der Stadtstruktur unter Verwendung einiger plausibler Annahmen einzeln in die für die Bewertung nötigen Bewertungskriterien zu überführen.

Im Mittelpunkt unserer gesamtwirtschaftlichen *Bewertung* der Stadtstruktur werden die stadtstrukturell determinierten *Erreichbarkeiten*, die räumliche Zuordnung von Aktivitäten, stehen. Der Umfang der verfügbaren Güter und Leistungen in einer Stadt kann nicht Gegenstand dieser Bewertung sein. Zum einen sind die städtischen Güter – und Dienstleistungsmärkte überwiegend marktwirtschaftlich organisiert, und die Wirtschaftstheorie kann zeigen, daß dadurch im großen und ganzen die Konsumentenwünsche erfüllt werden. Zum anderen wird die Bestimmung der optimalen Menge öffentlicher und meritorischer Güter im einzelnen von der Politökonomie behandelt und fällt nur am Rande in die Kompetenz der Stadtökonomie. Allerdings spielen für die Erreichbarkeit von Gütern und Diensten und für die "Umgebung" jedes städtischen Standorts bestimmte öffentliche und meritorische Güter, wie Verkehrswege oder historische Bauwerke eine besondere Rolle. Sie unterliegen nicht voll der Marktpreisbewertung, ebenso wie die durch die Art der räumlichen Zuordnung entstehenden externen Effekte nicht vollständig durch den Marktmechanismus erfaßt und in die Preislenkung einbezogen werden.

Aus den angeführten Gründen ergibt sich eine gute Rechtfertigung für unser Vorgehen, die räumliche Struktur der Stadt im engeren Sinn, also die wechselseitigen Erreichbarkeiten von Gütern und Leistungen in der Stadt gesellschaftlich zu bewerten.

Drei weitere grundsätzliche Probleme der Bewertung von Stadtstrukturen müssen in diesem Abschnitt erwähnt werden.

a) Bei der Querschnitts – und Zeitreihenbetrachtung verschiedener historischer Stadtstrukturen steht man vor der Schwierigkeit, daß sich jede Aktivität im Laufe der Zeit an die jeweils vorhandene Stadtstruktur anpaßt, entweder von Anfang an am gewählten Standort oder in Zusammenhang mit der Wahl eines neuen Standortes. Damit schafft sich jede wirtschaftliche Aktivität im *Zeitablauf* einen zumindest einzelwirtschaftlich mehr oder minder optimalen Standort. Diese Anpassungsmöglichkeiten sind bei verschiedenen Stadtstrukturen unterschiedlich. Die Stadtstrukturen können unterschiedlich flexibel sein: Die eine Stadtstruktur läßt leichter Standortverlagerungen beziehungsweise Um-

widmungen von Flächen oder Gebäuden zu als die andere; eine Stadtstruktur kann auch trotz bestehenbleibender Standorte den verschiedenen Aktivitäten mehr Kommunikationsmöglichkeiten bieten als eine andere. Die Kommunikationsmöglichkeiten gehen zwar – in Form von Transportkosten im weiten Sinne – in die Bewertung ein, dennoch kann der Grad der Anpassung der Aktivitäten unterschiedlich sein.
b) Einzel- und gesamtwirtschaftliche Bewertung der Stadtstruktur hängen in starkem Maß von der Wirtschaftsstruktur der Stadt ab. Sie legt nicht nur die erwähnten Anpassungsmöglichkeiten der einzelnen Aktivitäten bis zu einem gewissen Grad historisch fest, sondern sie entscheidet über die Bewertung im einzelnen, da die Bewertungskriterien der Stadtstruktur nur mit einer bestimmten Vorstellung von den Nutzergruppen und ihrer Zusammensetzung und damit auch von deren jeweiligen Zielen und der Verteilung der aus einer bestimmten Stadtstruktur resultierenden Vorteile zu bestimmen sind.
c) Zukünftige Entwicklungen in Wirtschaft und Gesellschaft werden die Stadtstruktur direkt oder indirekt beeinflussen. Die Möglichkeiten zur Veränderung sind bei jeder Stadtstruktur unterschiedlich. Die zukünftige Stadtstruktur, abhängig von den zukünftigen Präferenzen der Wirtschaftseinheiten und den dann verfügbaren Technologien läßt sich nicht sicher "vorausplanen". Einzel- und gesamtwirtschaftliche Bewertung einer Stadtstruktur werden deshalb entscheidend von der *Offenheit* für zukünftige Entwicklungen bestimmt[33].

Die drei erwähnten Probleme können bei der Darstellung und Anwendung gesellschaftlicher Bewertungsverfahren nicht im einzelnen diskutiert werden. Sie sollten jedoch erwähnt werden, um bei der weiteren Arbeit über Entscheidungs- und Bewertungsmethoden in der Stadtplanung, in Verbindung mit Analysen der Funktionsweise des Bodenmarktes, berücksichtigt zu werden.

Wir werden im folgenden zunächst einen Überblick über gesellschaftliche Bewertungsverfahren anhand einer kritischen Beschreibung häufig verwendeter Standardmethoden geben und dann im nächsten Kapitel die wichtigsten für die Stadtplanung relevanten Verfahren darstellen.

3. Gesamtwirtschaftliche Bewertungsverfahren: Überblick

In den letzten 30-40 Jahren ist das Interesse am Einsatz volkswirtschaftlicher Bewertungsverfahren bei öffentlichen Investitionsentscheidungen stetig gewachsen.[34] Es entstanden zwei Gruppen von Projektbewertungsmethoden:
- monetäre Bewertungsverfahren und

– nicht monetäre Bewertungsverfahren.

Die Ökonomen haben sich vor allem für die monetären Bewertungsverfahren interessiert, bei denen im Prinzip versucht wird, die (wirtschaftstheoretisch begründete) Rationalität der Entscheidungen im Marktsektor auf den politischen Sektor zu übertragen. Das bekannteste Verfahren, welches dieser Überlegung Rechnung trägt, ist die Kosten – Nutzen – Analyse.

Die Kosten – Nutzen – Analyse

Die Kosten – Nutzen – Analyse soll für Investitionsprojekte im öffentlichen Bereich Kriterien und Werkzeuge liefern, die den Entscheidungsprozeß erleichtern und soweit wie möglich *objektivieren* und somit zu einer optimalen Auswahl unter verschiedenen in Betracht gezogenen Alternativen führen. Es sollen – über eine privatwirtschaftliche Betrachtungsweise hinaus – *möglichst weitgehend* alle Wirkungen des Investitionsprojektes einbezogen werden, die die Volkswirtschaft als Ganzes betreffen und das Wohlergehen der Gemeinschaft fördern oder beeinträchtigen.

Bei der Prüfung öffentlicher Investitionsvorhaben treten zunächst alle die Probleme auf, mit denen man es auch bei privatwirtschaftlichen Investitionsentscheidungen zu tun hat:

(1) Die Unsicherheit über die (mengenmäßige) Höhe der Erträge und der Kosten, die während der gesamten wahrscheinlichen Lebensdauer des Projektes in den einzelnen Jahren zu erwarten sind;

(2) die Unsicherheit über die *Bewertung* dieser Erträge und Kosten, das heißt über die einzusetzenden Preise wie auch über zukünftige Preisentwicklungen auf den relevanten Märkten; sowie

(3) die Festlegung der Zinssätze, mit denen die zukünftigen Einnahmen – und Ausgabenwerte auf die Gegenwart abdiskontiert werden müssen.

Dazu kommen alle die besonderen Probleme, die sich aus der Natur des öffentlichen Sektors der Wirtschaft und aus den Zielsetzungen staatlicher Wirtschaftspolitik ergeben:

(4) Die Bewertung von solchen Leistungsströmen aus öffentlichen Investitionsprojekten, die (a) normalerweise nicht über den Markt fließen und in vielen Fällen (b) (zunächst) überhaupt nicht in Geldeinheiten bewertet werden.

Hierzu gehören zum Beispiel die monetäre Bewertung des Nutzens einer Straße mit Brücke, die die Fahrzeit zwischen zwei Orten wesentlich verkürzt oder die vergleichende Bewertung (in Geldeinheiten) der Leistungen beziehungsweise Leistungssteigerungen eines Schulsystems, der gebotenen Sicherheit in einer Stadt oder in einem Staat, sowie der Erfolge von Lebensrettungsmaßnahmen.

Diese monetäre Bewertungen sind in vielen Fällen das Hauptproblem der Kosten – Nutzen – Analyse[35].

Entsprechend ihrer theoretischen Fundierung in der Wohlfahrtsökonomie wird die eigentliche "Domäne" der Kosten – Nutzen – Analyse von den meisten Autoren in jenem Bereich gesehen, in dem für Projektwirkungen Marktpreise simuliert werden, wo es also um die Ermittlung von Schattenpreisen[36] geht:

Gesucht sind sogenannte "Schattenpreise", das heißt, Preise, welche sich einstellen würden, *wenn* über Märkte entsprechend den relativen Knappheiten der verwendeten Ressourcen und der produzierten Güter Preise gebildet werden könnten.

Trotz der heute weiten Verbreitung der Kosten – Nutzen – Analyse sind die Mängel nicht zu übersehen. Für viele Schwierigkeiten bei diesem Verfahren ist die Notwendigkeit verantwortlich, "alles und jedes" in monetäre Einheiten transformieren zu müssen, um Aussagen über ein Projekt durch *eine* Meßziffer, die Differenz oder das Verhältnis von Nutzen und Kosten, zu erhalten.[37]

Zu den Haupteinwänden zählen deshalb der eindimensionale Charakter dieses Verfahrens und die fast ausschließliche Beschränkung auf das Ziel der maximalen Effizienz.

Einige der Hauptkritikpunkte an der Kosten – Nutzen – Analyse sind im einzelnen:
- Immaterielle Projektwirkungen lassen sich nur schwer in monetäre Projektwirkungen umformulieren.
- Die Quantifizierung von externen Effekten und deren Bewertung ist schwierig, insbesondere dann, wenn das Projekt eine ganze Reihe von indirekten Effekten (etwa Multiplikatoreffekten) erzeugt.
- Zur Bestimmung der Konsumentenrente als Nutzenmaß ist quantitatives Wissen über die Nachfragekurve für bestimmte Güter (oder Projektwirkungen) notwendig.
- Das Konzept der individuellen Zahlungsbereitschaft für öffentliche Güter und das Kompensationsprinzip (um die Messung von Nutzenänderungen zu vermeiden, werden die monetären Beträge ermittelt, die hypothetisch die Nutzenänderung durch das Projekt kompensieren könnten) sind zwar theoretisch sehr nützlich, in der Planungspraxis aber nur schwer operationalisierbar.
- Wirkungen auf die Einkommensverteilung können in der Regel nicht berücksichtigt werden: Projekte werden lediglich nach Effizienzgesichtspunkten beurteilt.
- Die Wahl der richtigen Diskontrate ist wirtschaftspolitisch umstritten; daselbe gilt für die Festlegung der Lebensdauer des Projektes.
- Auf jeder Stufe der Analyse fließen Werturteile ein: Der Anspruch der Kosten – Nutzen – Analyse, subjektive Elemente der Bewertung auszuschalten, kann nur in begrenztem Umfang

eingelöst werden.

Trotz aller kritischen Bemerkungen ist aber festzuhalten: Es sind in der Praxis in *jedem Falle* Bewertungen der genannten materiellen und immateriellen Wirkungen eine Projektes notwendig, wenn über alternative Verwendungen von Ressourcen beziehungsweise finanziellen Mitteln entschieden werden muß. Die Frage kann deshalb immer nur lauten, *wer mit welchen Methoden* am besten diese Bewertungen vornehmen kann: Ob sich jeweils die Kosten – Nutzen – Analyse als geeignetste Methode herausstellen wird, ist nur nach den Umständen der Realität zu entscheiden.

Die Kritik an der Kosten – Nutzen – Analyse als Bewertungsverfahren öffentlicher Projekte hat immerhin die positive Wirkung gehabt, daß die Weiterentwicklung anderer Verfahren gefördert und die Suche nach alternativen Bewertungs – und Entscheidungsmethoden angeregt wurde. Im folgenden wird diese Entwicklung in ganz groben Zügen dargestellt.

Die Kosten – Wirksamkeits – Analyse

Die Kosten – Wirksamkeits – Analyse von Buchanan[38] ist eine aus der Kritik entstandene Modifikation der Kosten – Nutzen – Analyse. Die Nutzen werden als nicht – monetäre quantitative Größen anhand spezieller Zielkriterien ermittelt und den monetär erfaßbaren Projektkosten gegenübergestellt. Auf der Nutzenseite wird also nicht aggregiert; demgegenüber steht auf der Kostenseite eine monetäre Größe. Bei einer nur *ein*dimensionalen, in irgendwelchen nicht – monetären Einheiten gemessenen Zielfunktion wird jenes Projekt zur Durchführung empfohlen, welches entweder bei gegebener Kostensumme den Erfolg maximiert oder aber für ein vorgegebenes Ziel die Kosten minimiert.

Das Verfahren wird problematisch, wenn mehrere Ziele zu betrachten sind, denn dann müssen die Niveaus der verschiedenen Zielerfüllungsgrade gemessen und vergleichend bewertet werden. Werden alle Zielelemente mit der gleichen Maximalpunktzahl versehen, so erhält man eine Reihe von Nutzen – Kosten – Indizes, und die Entscheidung darüber, welcher Index das relevante Entscheidungskriterium sein soll, bleibt wieder dem Entscheidungsträger überlassen. Die Gegenüberstellung der Projektwirkungen mit ihren Bewertungen wird also in der Kosten – Wirksamkeits – Analyse nicht einfacher, sondern lediglich auf einen späteren Zeitpunkt im Verfahrensablauf verschoben.

Die Methode hat – völlig ungerechtfertigterweise – zuweilen Politiker zu der Ansicht verleitet, eine Entscheidung wäre überwiegend von den Kosten der Alternativen abhängig. Dies wurde gelegentlich durch die Meinung begünstigt, die Kosten eines Projekts wären im allgemeinen leicht zu quantifizieren und zu bewerten, während die Projektnutzen schwer zu quantifizieren und zu bewerten und schon deshalb für die Entscheidung relativ unwichtig seien.[39]

Die "Entwicklungsbilanz"

In der Entwicklungsbilanz ("balance sheet of development") versucht Lichfield [40], durch den Verzicht auf jede monetäre Quantifizierung der Projektwirkungen die Bewertungsprobleme der Nutzen – Kosten – Analyse zu vermeiden.

Dabei geht die Methode in zwei wesentlichen Punkten über die Kosten – Nutzen – Analse hinaus

(1) Es wird genau ermittelt und beschrieben, welche Personengruppen durch ein Projekt belastet (Distribution der Kosten) und welche Gruppen durch ein Projekt begünstigt werden (Distribution der Nutzen).
Damit soll dem Entscheidungsträger vor allem auch der Verteilungseffekt öffentlicher Maßnahmen klar ersichtlich werden. Im Gegensatz zur Kosten – Nutzen – Analyse werden hier Transfers und auch monetäre externe Effekte, also Verschiebungen in der Einkommensverteilung berücksichtigt.

(2) Immaterielle (intangible) und nicht – meßbare Projektwirkungen sollen "gleichberechtigt" neben den monetär quantifizierten Wirkungen berücksichtigt werden.

Dabei werden Projektwirkungen soweit wie möglich in Geldeinheiten erfaßt und zusätzlich auch alle immateriellen Wirkungen aufgezeichnet. Die Wirkungen werden den Wirtschaftseinheiten, die sie erzeugen ("Produzenten"), und den Wirtschaftseinheiten, die sie empfangen ("Konsumenten"), zugeordnet. Es werden sowohl Markttransaktionen wie auch Nicht – Markttransaktionen berücksichtigt. Produzenten bzw. Konsumenten, die von mehreren miteinander verknüpften Transaktionen betroffen sind, werden zu einem "Sektor" zusammengefaßt. Sozial benachteiligte Gruppen im engeren Sinn tauchen dabei allerdings nur selten als eigener "Sektor" von Produzenten oder Konsumenten auf.

Den beiden genannten Vorzügen der "Entwicklungsbilanz" stehen jedoch auch eine Reihe von Nachteilen gegenüber.

(1) Der *Informationsbedarf* ist wegen der disaggregierten Darstellungsweise gegenüber der Kosten – Nutzen – Analyse wesentlich höher, damit steigt auch der Kosten – und Zeitaufwand für diese Analyse.

(2) Damit verbunden ist die Frage, ob nicht das Konzept zu einer solchen *Flut von Informationen* führt, daß sie durch horizontale Kommunikation in den Planungs – und Entscheidungsgremien nicht verarbeitet werden kann. Besonders bei Stadtentwicklungsprojekten sind die Wirkungszusammenhänge komplex

und dabei so vielerlei Machtgruppen involviert, daß der Entscheidungsprozeß durch das Angebot einer Vielzahl zusätzlicher Informationen eher unübersichtlicher wird.
(3) Projektwirkungen werden auf der Basis von "Transaktionen" erfaßt. Wenn hier finanzielle Transaktionen überwiegen, dann ist es leicht möglich, daß ökologische, soziale oder politische Effekte vernachlässigt oder sogar ignoriert werden. Tritt z.B. eine Verschlechterung der Verkehrsqualität in mehreren Sektoren auf, so wird diese Verschlechterung in der Bilanz für jeden "Sektor" separat erfaßt - zusammen mit den anderen Wirkungen, die in diesem Sektor auftreten. Ist die Verschlechterung in jedem einzelnen Sektor nur gering, so wird man ihr keine große Bedeutung schenken, obwohl der *Gesamteffekt* vielleicht erheblich ist.
(4) Das Problem der *relativen* Bewertung verschiedener *Gruppen*interessen ist nicht gelöst. Solange das Problem der Gewichtung ausgeklammert wird, existieren im Konzept der Entwicklungsbilanz im strengen Sinn gar keine Nutzen und Kosten, sondern nur (heterogene) Projektwirkungen. Es sind deshalb zumindest gruppenspezifische Zielvorstellungen einzuführen, für die jedoch das Gewichtungsproblem offenbleibt.

Die Zielerreichungsmatrix

Die Zielerreichungsmatrix (goals – achievement matrix) von Hill[41] wurde als Reaktion auf die Schwächen der bisher genannten Bewertungsverfahren entwickelt. Sie baut insbesondere auf der Entwicklungsbilanz von Lichfield auf, differenziert aber die Bilanzierung stärker und schließt eine eigentliche Bewertung an. Dies bedeutet:
(1) Die dem Projekt zugrundeliegenden Planungsziele werden explizit aufgeführt und aufgrund der Wünsche und Probleme der "Öffentlichkeit" durch die planende Verwaltung untereinander vorgewichtet.
(2) Bei der Aufteilung der betroffenen Gruppen nach Produzenten und Konsumenten von Wirkungen wird stärker differenziert. Die einzelnen Gruppen werden von den Zielen unterschiedlich stark berührt, das heißt, ihnen werden aufgrund der sie betreffenden Auswirkungen gruppenspezifische Bedeutungen zugeordnet. Vorgewichtung (für das Ziel) und gruppenspezifische Bedeutungen ergeben die gruppenspezifischen Zielgewichte. Für jede Gruppe und jedes Ziel werden jeweils Kosten und Nutzen bestimmt und in die Entwicklungsbilanz eingetragen, anhand dessen werden dann folgende Bewertungen vorgenommen:
   – Zielverbesserungen: + 1

- Zielneutralität: 0
- Zielverschlechterungen: −1

Die Summe sämtlicher mit den Zielwerten multiplizierten gruppenspezifischen Zielgewichte ergibt sodann den Gesamtwert der jeweiligen Alternative.

(3) Wichtig ist, daß die Planungsziele in *operationale Unterziele* umformuliert worden sind, die sich quantifizieren lassen.

(4) Offensichtlich steht und fällt das Konzept mit der Ermittlung der zweifachen Gewichte nach ziel- und verteilungsrelevanten Aspekten. Die Güte der Ergebnisse hängt wesentlich davon ab, inwieweit die gruppenspezifischen "Bedeutungen" die echten Präferenzen wiedergeben und die Vorgewichtung der verschiedenen Ziele durch die Verwaltung nicht subjektiv verfälscht ist.

(5) Hill selbst räumt als wesentlichen Nachteil seines Verfahrens ein, daß Wirkungszusammenhänge und Interdependenzen zwischen den einzelnen Unterzielen nicht beachtet werden. Aus diesem Grund schlägt er vor, die Methode für solche Projekte anzuwenden, die nur einen städtischen Bereich tangieren (wie z.B. Verkehr, Gesundheit oder Bildung).

Multikriterien – Bewertungsverfahren

Die beiden letztgenannten Bewertungsmethoden stellen gewissermaßen den Übergang von rein monetären Bewertungsverfahren zu den sogenannten Multikriterien – Bewertungsverfahren[42] dar.

Diese Verfahren versuchen nicht mehr, nicht – monetäre Projektwirkungen in monetäre Wirkungen zu transformieren, sondern behalten die Vieldimensionalität der Entscheidungssituation bei. Vorteil solcher Verfahren ist einerseits, daß man auf die teilweise sehr willkürlichen Verfahren der monetären Bewertung von externen Effekten verzichtet, trotzdem aber eine Berücksichtigung von immateriellen (intangiblen) Effekten anstrebt. Andererseits steht man wieder vor dem Problem, die relativen Prioritäten oder Präferenzen der verschiedenen, in den Entscheidungsprozeß involvierten Gruppen zu spezifizieren. Beläßt man die einzelnen Projektwirkungen in ihrer ursprünglichen Dimension, entsteht die Schwierigkeit, wie man die verschiedenen Projektwirkungen gegeneinander gewichten und vergleichen soll.

Das Prinzip der Multikriterienverfahren stellt die Prioritäten der Entscheidungsträger selbst stärker in den Vordergrund. Wir wollen das oben Gesagte durch ein Zitat unterstreichen:

"Instead of using (artificial) prices for unpriced and intangible goods, multicriteria models assign political priorities to certain decision criteria. These weights reflect the relative importance attached by the decision – maker(s) to the outcomes with respect to each criterion. They reflect the priority scheme of the decision maker and may be linear or nonlinear."[43]

Diese auf den ersten Blick vorhandenen Vorzüge gegenüber der traditionellen Kosten – Nutzen – Analyse werden aber mit einer Reihe von Nachteilen erkauft, wie später zu zeigen sein wird.

Bevor wir näher auf einige dieser Multikriterienverfahren eingehen, soll auf einen beachtenswerten Umstand hingewiesen werden: Die Entscheidungs – und Bewertungstheorie führt in der deutschsprachigen Literatur seit Anfang der siebziger Jahre ein Schattendasein. Seit dieser Zeit gab es auf diesem Gebiet praktisch keine *neue* Entwicklung mehr und es ist keine Veröffentlichung von Rang mehr erschienen, sieht man einmal von der Arbeit von Bechmann (1978)[44] ab. Auch für die einschlägigen Fachzeitschriften scheint das Thema erledigt zu sein. Es ist daher nicht verwunderlich, wenn im Bereich der räumlichen Planung noch kein Transfer von neuen Methoden aus dem Wissenschaftsbereich in die Praxis stattgefunden hat.

Über Stadtstrukturen und Flächennutzungsalternativen wird in der *praktischen* Stadtplanung aufgrund von Bewertungsverfahren von unterschiedlichstem Niveau entschieden. Die Verfahren reichen von unsystematischem Abwägen der Vor – und Nachteile über die pragmatische Übernahme der Bewertungsgrundsätze einfacher Modelle, die meist den Strukturtypen der Städtebautheorie zugeordnet werden können, bis zur Nutzwertanalyse, die fast ausschließlich noch in ihrer Standardversion verwendet wird. Gerade bei dieser Nutzwertanalyse ist auch die *theoretische* Diskussion auf diesem Forschungsgebiet in der deutschsprachigen Literatur stehengeblieben.

Der formale Rahmen aller Multikriterienverfahren[45]

Nach der Feststellung des Entscheidungsproblems und damit verbunden einer zumindest impliziten Formulierung der Zielvorstellungen, beginnt man mit einer Beschreibung aller für den Entscheidungsprozeß relevanten Alternativen, das sind alle Projekte, die zur Zielerreichung beitragen können. Die verschiedenen Wirkungen der Alternativen auf die Ziele müssen meistens durch mehrere Kriterien erfaßt werden. Dabei sind solche Entscheidungskriterien auszuwählen, die die Wohlfahrtsposition(en) der im Entscheidungsprozeß beteiligten Gruppe(n) charakterisieren.

Wir wollen die weiteren Erläuterungen veranschaulichen, indem wir mit Begriffen aus der Stadtplanung operieren und damit gleichzeitig die allgemeinen theoretischen Grundlagen für das empirische Beispiel im 10. Kapitel legen.

Wir betrachten als alternative Projekte Flächennutzungspläne beziehungsweise deren verschiedene Varianten. Der Flächennutzungsplan einer Stadt kann als Beschreibung der prognostizierten und stadtpolitisch gewünschten Stadtentwicklung unter Berücksichtigung der Steuerungsmöglichkeiten städtischer (stadtplanerischer) Maßnahmen gesehen werden: Es muß beispielsweise genau festgelegt sein, wo ein neues Industriegebiet entstehen *wird*, wo neue Wohnungen gebaut *werden*, so daß die zukünftige Stadtstruktur ersichtlich ist[46]. Der Flächennutzungsplan ist zum Teil ein Instrument der Stadtpolitik unter anderem zur Beeinflussung der Stadtstrukturentwicklung; zum Teil ist er aber bereits Ziel stadtpolitischen Handelns – soweit dieses Handeln sich in der Stadtstruktur niederschlägt – und dient als Zwischenschritt, im Sinne eines instrumentalen Unterziels, um die stadtpolitischen Oberziele zu erreichen.

Die Varianten eines Flächennutzungsplans stellen alternative Stadtstrukturen dar und lassen sich im Rahmen eines Multikriterien – Entscheidungsverfahrens als alternative Projekte im Hinblick auf ihre Wirkungen auf vorhandene Ziele bewerten. Dabei können die Maßzahlen aus der Messung der jeweils sich ergebenden Stadtstruktur die notwendigen Entscheidungskriterien bilden, indem sie als Maße der Wirkungen der Stadtstruktur gedeutet werden.

Es seien in einer Entscheidungssituation I alternative Projekte und J verschiedene Wirkungen vorhanden, welche als Entscheidungskriterien dienen.

Wirkungsmatrix

$$P = \begin{bmatrix} p_{11} & p_{12} & \cdots & p_{1I} \\ p_{21} & p_{22} & \cdots & p_{2I} \\ \vdots & & & \vdots \\ p_{J1} & p_{J2} & \cdots & p_{JI} \end{bmatrix} \quad \begin{array}{l} \text{Wirkungen nach} \\ \text{J Kriterien} \\ (j = 1,\ldots,J) \end{array}$$

I Projekte $(i = 1,\ldots,I)$

p_{ij} = Ausprägung des Kriteriums j bei Projekt i

Die Elemente dieser $(J \times I)$ – Matrix können jede beliebige Dimension annehmen, sie müssen nicht unbedingt kardinal sein, auch ordinale beziehungsweise qualitativ beschriebene Elemente sind denkbar. In der Ursprungsform der Multikriterienverfahren besteht die Wirkungsmatrix P nur aus den technisch – physischen Auswirkungen der verschiedenen Pläne. Eine Bewertung im eigentlichen Sinne liegt noch nicht vor, allerdings ist folgender einschränkender Hinweis nötig:

Der Entscheidungsträger muß die "gewünschte Richtung" eines jeden Kriteriums j angeben, d.h. es wird a priori festgelegt, ob es sich um Nutzen – oder Kostenkriterien handelt. Bei einem

Nutzenkriterium gilt eine Steigerung, bei einem Kostenkriterium (z.B. Schadstoffbelastung in der Luft) eine Verminderung als erwünscht.

Für weitere Operationen mit der Projektwirkungsmatrix bezieht man im allgemeinen die gefundenen Werte eines bestimmten Kriteriums auf einen gegebenen Normwert, welcher den angestrebten Wert dieses Kriteriums widerspiegelt (z.B. einen Immissionsstandard). Das heißt, es ist eine Transformation der Kriterienwerte so vorzunehmen, daß statt der verschieden dimensionierten Elemente nur noch dimensionslose Größen in der Matrix vorhanden sind.

Bei der Auswahl des Normwertes p_j^* sind zwei Möglichkeiten zu prüfen:
(1) Man könnte einen befriedigenden Wert des Kriteriums festlegen und damit begrenzte Rationalität bei der Entscheidung akzeptieren;
(2) oder man könnte den maximalen Wert – bei einem Nutzenkriterium – oder den minimalen Wert – bei einem Kostenkriterium wählen.

Nach der entsprechenden Festlegung des Normwertes p_j^* lassen sich die Elemente p_{ij} der Matrix P auf verschiedene Art in dimensionslose Elemente v_{ij} einer Matrix V transformieren; diesen Schritt nennt man Standardisierung oder Normalisierung.

Von den vielen Möglichkeiten einer Normalisierung von Variablen, nennen wir hier einige für Bewertungsverfahren häufig benutzte Methoden[47].

Zum Beispiel:

(1/a) $v_{ji} = p_{ji}/p_j^*$.

Diese Formulierung gilt für Positiv – (zum Beispiel Nutzen –) Kriterien und lautet für Negativ – (zum Beispiel Kosten –) Kriterien

b) $v_{ji} = \dfrac{1 - p_{ji}}{p_j^*}$ mit $0 \leq v_{ji} \leq \infty$ in beiden Fällen.

(2/a) $v_{ji} = \dfrac{(p_{ji} - p_j^{min})}{(p_j^{max} - p_j^{min})}$

für Positiv – (zum Beispiel Nutzen –) Kriterien und

b) $v_{ji} = \dfrac{(p_{ji} - p_j^{max})}{(p_j^{min} - p_j^{max})}$

für Negativ- (zum Beispiel Kosten-) Kriterien.

in beiden Fällen gilt: $0 \leq v_{ji} \leq 1$. Die Bewertung wird umso besser, je mehr der Index sich dem Wert Eins nähert. p_j^{max} bzw. p_j^{min} stellen dabei den maximalen bzw. minimalen Wert des Kriteriums j dar.

Ein weiteres Beispiel der Standardisierung von Variablen ist:

(3/a) $v_{ji} = 1 - \dfrac{(p_j^* - p_{ji})}{(p_j^{max} - p_j^{min})}$

für Positivkriterien und

b) $v_{ji} = 1 - \dfrac{(p_j^* - p_{ji})}{(p_j^{min} - p_j^{max})}$

für Negativkriterien.
In beiden Fällen gilt $0 \leq v_{ji} \leq 2$.

Die Normalisierung (3) ist in der Literatur am häufigsten zu finden. Wird p_j^* als Norm des Entscheidungsträgers akzeptiert, so ist der Wert eines Kriteriums j umso besser, je näher er bei 1 liegt; $v_{ji} < 1$ signalisiert Untererfüllung, $v_{ji} > 1$ hingegen Übererfüllung der angestrebten Norm. Man kann deshalb v_{ji} auch als Maß des Unterschieds zwischen Sollergebnis und tatsächlichem Ergebnis bezeichnen.[48]

Die neuen Elemente v_{ji} werden in einer (J X I)-Matrix zusammengefaßt, die Effektivitätsmatrix V genannt wird.

Den beschriebenen ersten Schritt in der Bewertung kann man als analytischen Aspekt des Entscheidungsproblems ansehen. Trotzdem wird bereits hier wegen der verschiedenen Arten, auf die man die Projektwirkungsmatrix normalisieren kann, ein bestimmtes Maß an Willkür in das Verfahren eingebracht.

Im nächsten Schritt eines Multikriterien-Entscheidungsverfahrens müssen die verschiedenen Kriterien v_{ji} gegeneinander gewichtet werden, das heißt in irgendeiner Weise sind die relativen Prioritäten der Entscheidungsträger zu berücksichtigen. Die Ermittlung der relativen Prioritäten der Entscheidungsträger gehört zu den schwierigsten Aufgaben der Multikriterienverfahren[49].

Man unterstellt dabei üblicherweise, daß sich die Werturteile durch Präferenzgewichte auf einer Verhältnisskala darstellen lassen, man also angeben kann, was man vorzieht bzw. gleich bewertet. Ein Präferenzgewicht drückt also die relative Priorität aus, die einer bestimmten Projektwirkung, erfaßt im Wert eines bestimmten Kriteriums, zugewiesen wird. Dabei setzt man natürlich voraus, daß die v_{ji} tatsächlich ein quantitatives Maß für die Zielerfüllung darstellen.

Von mehreren Entscheidungsträgern beziehungsweise verschiedenen Interessengruppen wird im folgenden abstrahiert. Das relative Gewicht, das der Entscheidungsträger dem (normalisierten) Projektertrag (der Projektwirkung) bei Projekt i bezüglich Kriterium j zuordnet, sei mit w_{ij} bezeichnet. Es soll hier gelten, daß die Summe der relativen Gewichte einer Projektalternative den Wert Eins ergibt:

$$\sum_{j=1}^{p} w_{ij} = 1 \text{ für alle Projekte i}$$

Für den allgemeinen Fall eines nicht-linearen Gewichtungsschemas erhielte man eine Präferenzstrukturmatrix W, d.h. nicht nur die einzelnen Kriterien werden unterschiedlich bewertet, sondern auch der jeweilige Zielerfüllungsgrad v_{ji} eines jeden Kriteriums.

Im Fall eines linearen Gewichtungsschemas reduziert sich die Matrix W auf einen Vektor w, das heißt alle Ergebniswerte eines Kriteriums werden linear gewichtet: $w = (w_1, ..., w_j, ..., w_J)$

Die einzelnen Gewichte kann man auf verschiedene Art erhalten, etwa:
- durch einen impliziten Ansatz, basierend auf der Theorie der offenbarten Präferenzen[50], wobei die Handlungen der Entscheidungsträger deren Präferenzen ausdrücken,
- durch Befragung der Entscheidungsträger (Interviewmethode) oder
- durch Verwendung verschiedener Präferenzszenarios.

Die erste Methode läßt sich nur dann anwenden, wenn es sich um wiederkehrende Entscheidungssituationen handelt, bei einmaligen Situationen versagt dieser Ex-post-Ansatz.

Auch bei der Interviewmethode stößt man auf Probleme. Aus der kognitiven Psychologie weiß man, daß die Zuverlässigkeit der gewonnenen Gewichte mit der Zahl der Entscheidungskriterien und/oder der Zahl der Alternativen abnimmt[51]. Auch können die Entscheidungsträger die Konsequenzen ihrer Disposition häufig nur schwer einschätzen. Sie sind meist nicht von vorneherein in der Lage, eine umfassende explizite Präferenzordnung aufzustellen.

Man geht daher bei Multikriterienverfahren oft dazu über, für unterschiedliche, *mögliche* Zielvorstellungen jeweils Präferenzszenarios (unterschiedliche Gewichtungsschemata) aufzustellen. Die "Robustheit" der als optimal ausgewählten Projektalternativen gegenüber unterschiedlichen Gewichtungsschemata läßt sich schließlich mit Gewichten testen, die ein Zufallszahlengenerator erzeugt (Sensitivitätsanalyse).

Im letzten Schritt der Multikriterienverfahren schließt sich an die Ermittlung aller Projektwirkungen und der zugehörigen Bewertungen eine Wertsynthese an, d.h. jede J-dimensionale Projektalternative i wird durch eine mehr oder weniger komplizierte Wertsynthesefunktion in einen eindimensionalen Raum abgebildet. Im Fall der Nutzwertanalyse ergibt sich an dieser Stelle dann der Nutzwert einer Alternative, dieser wird mit denen der anderen Alternativen verglichen und dann jene Projektalternative mit dem höchsten Nutzwert zur Durchführung empfohlen. Im folgenden werden aus der Vielzahl der Multikriterienverfahren zwei Verfahren herausgegriffen und in ihren Grundzügen dargestellt. Dabei erfährt die Nutzwert – Analyse eine etwas eingehendere kritische Behandlung, da sie im deutschsprachigen Bereich häufig schematisch in der Planungspraxis angewendet wird. Daneben wird ausführlich die Konkordanz – Methode geschildert, die in der französischen Regionalplanung eine wichtige Rolle spielt.

Anmerkungen zum 8. Kapitel

1) Damit schlagen wir vor, den Begriff der Stadtplanung im Sinne der Theorie der Wirtschaftspolitik zu benutzen, und zwar als Entscheidungsvorbereitung durch systematische Beschaffung und Verarbeitung von Informationen. Vgl. Dobias, P.; Wirtschaftspolitik, Paderborn, München u.a. (1980), S. 138.
2) Wir verweisen auf das zweite Kapitel (S. 36ff), in dem entsprechende Fragen diskutiert werden.
3) Frey,B.; Theorie demokratischer Wirtschaftspolitik, München 1981, S.79
4) vgl. Sohmen, a.a.O. S. 230ff. Darauf wurde bereits im Einleitungskapitel hingewiesen.
5) vgl. Recktenwald, H.C.; Markt und Staat, Göttingen 1980, S.5ff, S.134ff. und ders.; Potential Welfare Losses in the Public Sector – Anatomy of Government Deficiencies, Heidelberg 1983, S.43ff
6) Krüsselberg, H.–G.; Umwelteffekte in Marktwirtschaften, in: List Forum, Bd.13, H.2; Düsseldorf 1985, S.111
7) ebenda, S.111
8) Die volkswirtschaftstheoretische Diskussion hierzu geht aus von Coase,R.A.; The Problem of Social Cost; The Journal of Law and Economics, Vol.3 (1960), S.1–44. Zur Kritik der Wohlfahrtstheorie vgl. Krüsselberg, H.G.; Property Rights – Theorie und Wohlfahrtsökonomik in: Schüller, A. (Hrsg.); Property Rights und ökonomische Theorie, München 1983
9) Über das, was möglich ist, informieren Kommentare zu den einschlägigen Gesetzen. Vgl. z.B. Fickert und Fieseler; Baunutzungsverordnung. Kommentar unter besonderer Berücksichtigung des Umweltschutzes mit ergänzenden Rechts – und Verwaltungsvorschriften. 5.Aufl., Köln 1985
10) Genaugenommen setzt bereits die Erteilung der Betriebserlaubnis nach der Gewerbeordnung voraus, daß der Betrieb keine negativen externen Effekte verursacht.
11) Praxisnah und theoretisch fundiert werden die Probleme der Flächennutzungsplanung ("land – use controls") besprochen von Mills, E.–S.; Economic Analysis of Urban Land – Use Controls. In: P. Mieszkowski und M. Straszheim (eds.); Current Issues in Urban Economics, Baltimore 1979, S. 511–541.
12) Ein umfassender Überblick über Instrumente und Probleme des Umweltschutzes findet sich in: Möller, H., Osterkamp, R., Schneider, W., Umweltökonomik, Königstein,Ts. 1981
13) Die Politik der "hohen Schornsteine" ist inzwischen wohl als

Fehlentwicklung erkannt.
14) Die Lösung der Messungsprobleme bleibt auch hier natürlich entscheidend für das Ergebnis.
15) Sehr abstrakt modelltheoretisch wird eine Notwendigkeit der Ergänzung von Emissionsabgaben (Pigou – Steuern) durch Flächennutzungsplanung abgeleitet bei Miyao, T. und Kanemoto, Y.; Urban Dynamics and Urban Externalities, Chur, London u.a. 1987, insbesondere S. 48ff
16) Auch bei Stadtplanern spielt das allgemeine Wohl der städtischen Bürger als Zielfunktion eine wichtige Rolle. Vgl. Albers, G., Stadtplanung als komplexer Steuerungsvorgang. In: Grundriß der Stadtplanung, a.a.O. S.345
17) Die Ökonomen beschäftigen sich im Rahmen des Fachs Public Choice mit solchen Fragen. Vgl. als aktuelles Beispiel Kohn, R.E.; Optimal Quantity of a Controversial Good or Service. In: Public Choice, Vol.5 (1986), S. 81 – 86
18) Die anschließend zu diskutierenden gesamtwirtschaftlichen Bewertungsverfahren können fehlende Zielsysteme nicht ersetzen, sondern geben nur das methodische Rüstzeug, um vorgegebene Zielsysteme für Entscheidungen "objektiv" verwenden zu können.
19) Im Rahmen der Stadtökonomie kann man sich im Spezialgebiet der Kommunalfinanzen (Urban Public Finance) eingehend mit den Problemen öffentlicher Güter beschäftigen. Einen Überblick gibt Wildasin, D.E.; Urban Public Finance, Chur, London u.a. 1986
20) vgl. Frey, R.L.; Infrastruktur, Tübingen 1972 (2. Aufl.), S.78/79.
21) Allerdings beginnt sich die wissenschaftliche Literatur mit dem Problem der empirischen Erfassung der individuellen Nachfrage nach öffentlichen Gütern zu beschäftigen. vgl. Pommerehne, W.W.; Ansätze zur Erfassung der Präferenzen für öffentliche Güter, Tübingen 1986
22) Das Sozialprodukt enthält mit Marktpreisen bewertete Gütermengen, so daß alle Tatbestände, die keine Marktgüter sind, nicht adäquat bewertet werden können, sondern über statistische Hilfsgrößen hinzugerechnet werden müssen. Als *statistisches* Konzept wird das Sozialprodukt *zusätzlich* kritisiert.
23) Weitere Probleme des Sozialprodukts als Wohlstandsmaß, "die herrschenden Fehlinterpretationen des realen Sozialprodukts" als Nutzenmaß, Wohlfahrt, Wohlstand und Gütermenge, sowie Vorschläge zur erweiterten Bewertung der Produktionsergebnisse einer Volkswirtschaft, werden diskutiert von Reich, U.P., Sonntag, Ph., Holub, H.W., Arbeit – Konsum – Rechnung, Köln 1977.
Auch die Stadtökonomie könnte aus diesem Ansatz Hinweise

zur Bewertung des städtischen Wohlstands entnehmen.
24) Die Bundesforschungsanstalt für Landeskunde und Raumordnung in Bonn veröffentlicht regelmäßig eine Indikatorentabelle für die Raumordnungsregionen, um die regionalen Disparitäten in den Lebensbedingungen zu beschreiben. Die Tabellen finden sich in: Informationen zur Raumentwicklung. Sie werden im allgemeinen jährlich fortgeschrieben.
25) Ein entsprechender Versuch, eine Art städtischer sozialer Wohlfahrtsfunktion darzustellen, findet sich bei Maeda,H.; Murakami, S.; Population's Urban Environment Evaluation Model and Its Application. In: Journal of Regional Science, Vol.25, No.2 (1985), S. 273 - 290
26) Die erste Konferenz über Multiple Criteria Decision Making (MCDM) fand 1975 statt. Siehe Zeleny, M. (ed.); Multiple Criteria Decision Making – Kyoto 1975, Berlin, Heidelberg, u.a. 1976
27) Vgl. Fandel, G.; Spronk, J.; Introduction: MCDM on its way to maturity. In: diess. (eds.); Multiple Criteria Decision Methods and Applications, Berlin, Heidelberg, u.a. 1985, S. 2.
28) Vgl. zum aktuellen Stand Fandel, Spronk a.a.O., sowie die im Literaturanhang angegebene ergänzende Literatur.
29) Selbstverständlich sind städtebauliche Modelle der Architekten und stadtökonomische Modelle schon immer "verglichen und bewertet" worden, wie die Ausführungen im 4. Kapitel zeigen. Jedes neue Städtebaumodell wurde immer auch mit (verbalen) Wertungen der Städtebauer gegenüber anderen (vorhandenen) Modellen (implizit oder explizit) versehen. Jedes Modell der Stadtökonomen geht von bestimmten, in den Entscheidungen der Wirtschaftseinheiten implizit enthaltenen einzelwirtschaftlichen Bewertungen alternativer Standorte bei der Standortsuche aus.
30) Es sei hier hervorgehoben, daß es nach Ansicht der Autoren an Versuchen mangelt, den Bodenmarkt in der Bundesrepublik funktionsfähig zu machen und den in der Stadt ablaufenden wirtschaftlichen Prozessen einen eindeutigen ordnungspolitischen Rahmen zu geben.
31) Eines der neuesten und umfangreichsten Modelle mit einem integrierten Bewertungsteil liegt für Dortmund vor. Einen Überblick gibt, auch über andere Simulationsstudien: Wegener, M.; Mensch – Maschine Systeme für die Stadtplanung, Basel – Stuttgart 1978. Eine umfassende Darstellung vorhandener Literatur zu empirisch orientierten Stadtmodellen findet sich bei Buhr, W.; Pauck, R.; Stadtentwicklungsmodelle, Baden – Baden 1981.
32) Vgl. Schußmann,K., Relevanz von Stadtsimulationsmodellen. Zur besseren Steuerung der Infrastrukturplanung und zur Ver-

besserung der Lebensbedingungen in Städten und Gemeinden, in: Pfaff, M.; Asam, W. (Hrsg.); Integrierte Infrastrukturplanung zur Verbesserung der Lebensbedingungen in Städten und Gemeinden, Berlin 1980, S. 59 ff.

33) Einen ersten Ansatz, auch diese Unsicherheiten beim Vergleich von Stadtstrukturen zu berücksichtigen, liefert Mosler, K.C.; Robust Comparisons of Spatial Patterns. In: Regional Science and Urban Economics, Vol 14 (1984), S. 453 – 463.

34) Den aktuellen Stand der Anwendung von Bewertungsverfahren in der deutschen Planungspraxis zeigt Klaus, J. (Hrsg.); Entscheidungshilfen für die Infrastrukturplanung – Neuere Entwicklungen auf dem Gebiet der Analyse und Bewertung öffentlicher Projekte, Baden – Baden 1984.

35) Als ausführliche Darstellung der Kosten – Nutzen – Analyse seien genannt: Krutilla, J.V., Eckstein,O., Multiple Purpose River Development, Baltimore 1964; Marglin, St.A., Public Investment Criteria, London 1969; McKean, R.N., Efficiency in Goverment through Systems Analysis, New York 1967; Mishan, E.J., Cost – Benefit – Analysis, New York 1976; Recktenwald, H.C. (Hrsg.), Nutzen – Kosten – Analyse und Programmbudget, Tübingen 1970; Dasgupta, A.K., Pearce, D.W., Cost – Benefit – Analysis, Theory and Practice, London 1972; Dasgupta, P., Sen, A., Marglin, St., Guidelines for Project Evaluation, Hrsg.: United Nations Industrial Development Organization, New York 1972 ; Schussmann, K., Die paretianische Kosten – Nutzen – Analyse, Kallmünz 1973.
Besonders interessant ist eine der ersten Anwendungen der Kosten – Nutzen – Analyse auf ein Problem der Stadtstruktur: Lichfield, N.; Chapman, H.; Cost – Benefit – Analysis in Urban Expansion: A Case Study, Ipswich. In: Urban Studies, Vol. 7 (1970), S. 153 – 188.
Deutschsprachige Veröffentlichungen aus dem Bereich der Stadtplanung sind: Eekhoff, J., Nutzen – Kosten – Analyse der Stadtsanierung – Methoden, Theorien; Bern, Frankfurt M. 1972; Sellnow, R.; Kosten – Nutzen – Analyse und Stadtentwicklungsplanung, Stuttgart, Berlin u.a. 1973 (1974), Mildner, R., Die Nutzen – Kosten – Analyse als Entscheidungshilfe für die Stadtentwicklungsplanung, Schwarzenbek 1980. Beispiele aus der Stadtentwicklungsplanung bringt auch der sehr informative Aufsatz von Arnold, V., Art.: Nutzen – Kosten – Analyse, II: Anwendung. In: Handwörterbuch der Wirtschaftswissenschaften.

36) Weil die Kosten – Nutzen – Analyse aber gerade dann eingesetzt werden muß, wenn kein Markt vorhanden ist, hat das zu der boshaften Bemerkung geführt: "In dem Ausmaß, wie die Cost – Benefit – Analysis nötig ist, ist sie nicht möglich. In

dem Ausmaß, in dem sie möglich ist, ist sie nicht nötig." Kirsch, G., Cost – Benefit – Analysis: Zur Kritik ihrer theoretischen Grundlagen. In: Kirsch, G., Wittmann, W., (Hrsg.); Nationale Ziele und soziale Indikatoren, Stuttgart 1975.
37) Die Bewertungsproblematik bei einer stadtstrukturellen Maßnahme (z.B. einer bestimmten Flächennutzung eines bestimmten Grundstückes) wird etwas geringer, wenn man sich auf die Wirkungen auf die öffentlichen Haushalte beschränkt. Friedrich berechnet zu diesem Zweck Budgetmultiplikatoren – vgl. Friedrich, P.; Die Auswirkungen alternativer Flächennutzungspläne auf öffentliche Haushalte (unveröffentliches Manuskript), BW Hochschule München 1987.
38) Vgl. Buchanan, C.; Verkehr in Städten, Essen 1964
39) Diese Ansicht wird stark gefördert durch Veröffentlichungen wie: Hezel, D.; Höfler, H.; Kandel, L.; Linhardt, A.; Siedlungsformen und soziale Kosten, Frankfurt a.M. 1984. Die Untersuchung sollte klären, ob die Allgemeinheit tatsächlich duch den Geschoßwohnungsbau in geringerem Umfang finanziell belastet würde als beispielsweise durch freistehende Einfamilienhäuser. Damit sollten Argumentationshilfen und Ansätze zu einem Instrumentarium bereitgestellt werden, mit denen Siedlungsformen, die hohe soziale Kosten verursachen, planerisch oder administrativ entgegengewirkt werden könne.
Der erwähnte Ansatz widerspricht ökonomischen Grundüberlegungen diametral, indem er Ergebnisse einer Partialanalyse verallgemeinert: Die Analyse der Angebotsseite wird nicht durch Untersuchungen der Nachfrageseite vervollständigt. Selbst in einer Diktatur hätte man die Wirkungen auf die gesellschaftliche Zielfunktion zu analysieren, und es müßte sich – bei einer hier notwendigerweise mehrdimensionalen Zielfunktion – keineswegs die Kostenminimierung als gesellschaftlich optimal herausstellen. Wäre Kostenminimierung allein ein sinnvolles Ziel, dürfte es langfristig nur ein (kostengünstigstes) Standardgebäude, und konsequenterweise nur eine (kostengünstigste – bei vorgegebener Kalorienzahl usw.) Standardnahrung, Standardkleidung usw. geben.
40) Vgl. Lichfield, N., Cost – Benefit Analysis in Plan Evaluation, in: Town Planning Review, Vol.35 (Juli 1964), S.159 ff; Hill, M., Planning for Multiple Objectives, Philadelphia 1973; Roberts, M., An Introduction to Town Planning Techniques, London 1974.
41) Vgl. Hill, M.; a.a.O. 1973, derselbe; A Goals Achievement Matrix for Evaluating Alternative Plans, in: Journal of the American Institute of Planners, Vol.34, (Jan. 1968), S. 19ff.; Boyce, D.E., Day, N., McDonald, C., Metropolitan Plan Making, Philadelphia 1970.

42) Aus der Fülle der Arbeiten zu diesem Thema sollen hier nur die wichtigsten Monographien und Sammelbände genannt werden:
Fandel, G., Optimale Entscheidung bei mehrfacher Zielsetzung, Berlin, Heidelberg u.a. 1972; Thiriez, H., Ziouts, S.(eds.), Multiple Criteria Decision Making, Berlin, Heidelberg u.a. 1976; Zeleny, M.(ed.), a.a.O. 1976; Bell, D.E., Keeney, R.L., Raiffa, H.(eds.), Conflicting Objectives in Decisions, Chichester, New York u.a. 1977; Van Delft, A., Nijkamp, P., Multi – Criteria Analysis and Regional Decision – Making, Leiden 1977; Bechmann, A., Nutzwertanalyse, Bewertungstheorie und Planung, Bern, Stuttgart 1978; Hwang, C. – L., Masud, A.S.M., Multiple Objektive Decision Making – Methods and Applications – A State – of – the – Art Survey. Berlin, Heidelberg u.a. 1979; Rietveld, P., Multiple Objective Decision Methods and Regional Planning, Amsterdam, New York u.a. 1980; Hwang, C. – C., Yoon, K.; Multiple Attribute Decision Making. Methods and Applications. A State – of – the Art Survey. Berlin, Heidelberg u.a. 1981; Fandel, G., Spronk, J.(eds.), a.a.O., 1985. Hwang, C. – L.; Lin, M. – J.; Group Decision Making under Multiple Criteria. Methods and Applications. Berlin, Heidelberg, u.a. 1987.
43) Delft,A.,Nijkamp,P.,a.a.O.,S.1 ff.
44) Bechmann,A.,a.a.O. 1978
45) Vgl. hierzu z.B. Nijkamp,P., Stochastic, Quantitative and Qualitative Multicriteria Analysis for Environmental Design, In: Regional Science Association Papers, Vol.39 (1977), S.175 ff
Eine allgemeine Einführung in die Grundzüge und Probleme von Bewertungsmodellen bietet auch Strebel, H.; Forschungsplanung mit Scoring – Modellen, Baden – Baden 1975
46) In der Realität enthält der Flächennutzungsplan oft nur die Beschreibung von Entwicklungsmöglichkeiten, ohne daß die "Vorräte" dieser Schubladenpläne jemals auszuschöpfen sind. In diesen Fällen wird man die Stadtstrukturentwicklung nicht auf der Basis von Alternativen von Flächennutzungsplänen bewerten können.
47) Vgl. Nijkamp,P.; Stochastic, Quantitative and Qualitative Multicriteria Analysis for Environmental Design a.a.O., S. 176 f, und von Delft,A. mit ders.; Multicriteria analysis and regional decision – making, a.a.O. S. 37 ff.
48) In der deutschsprachigen Bewertungsliteratur spricht man deshalb auch von "Zielerfüllungsgrad" und nennt die Projektwirkungen Zielerträge. Der Begriff "Zielertrag" ist allerdings ausgesprochen irreführend, handelt es sich doch um die Ergeb-

nisse der Messung von Wirkungen, die im einzelnen nichts mit einem Zielsystem zu tun haben.
Einen Überblick über die deutschsprachige wissenschaftliche "Bewertungsdiskussion" bekommt der Leser bei Bechmann, A.; Nutzwertanalyse, a.a.O. Im Vergleich mit der oben (Fußnote 41) angegebenen angelsächsischen Literatur zu Multi-Kriterien Verfahren wird dem Leser die sehr viel geringere Betonung der mathematisch formalen Struktur der Verfahren auffallen – Bechmann bildet eine Ausnahme –, auf deren Weiterentwicklung jedoch am ehesten die *methodischen* Fortschritte beruhen. Die Praxisnähe der deutschen Literatur hat die Entwicklung eher behindert. Die ökonomischen Grundlagen öffentlicher Entscheidungsverfahren werden inzwischen schon lehrbuchmäßig dargestellt. Vgl. Hanusch, H.; Nutzen – Kosten – Analyse, München 1987.

49) Diese Aufgabe muß allerdings in jedem Fall gelöst werden, wenn nicht durch explizite Angaben, so auf jeden Fall durch implizite Ermittlung, zum Beispiel durch Beobachtung des Verhaltens der Entscheidungsträger.

50) Räumliche Probleme dieses Ansatzes behandelt Girt J.L.; The statistical derivation of revealed spatial preference and spatial equity functions, in: Environment and Planning A, 1977, Vol.9, S. 521 ff.

51) Vgl. die Beiträge in Ueckert, H.; Rhenius, D. (Hrsg.), Komplexe menschliche Informationsverarbeitung, Bern 1979.

9. Kapitel: Grundlagen und Methoden der Entscheidung und Bewertung

1. Darstellung der für die Planung wichtigsten Bewertungsverfahren

Die Nutzwertanalyse

Die Nutzwertanalyse ist die inzwischen wohl verbreitetste Evaluierungsmethode in der deutschen Stadt- und Regionalplanung. Die erste detaillierte Variante wurde von Zangemeister[1] vorgelegt, sie wird heute auch als Nutzwertanalyse der 1. Generation bezeichnet. Die weite Verbreitung ist wohl damit zu erklären, daß die Methode a) "technisch" relativ einfach zu handhaben ist, b) unter dem Postulat der ökonomischen Rationalität auf "mechanischem" Wege zu einem "Ergebnis" führt und damit wohl dem Denken des technisch orientierten Planers entgegenkommt. Die Methode der Nutzwertanalyse besteht aus folgenden Analyseschritten:
- Aufstellen und Operationalisieren des Zielsystems des Entscheidungsträgers:
  Die Handlungsziele werden im Rahmen eines hierarchischen Zielsystems formuliert und nach operationalen Zielkriterien disaggregiert,
- Bestimmung der realisierbaren Alternativen,
- Prognostizieren der Projektwirkungen und Beschreibung der jeweiligen Zielerträge der Alternativen:
  Die in der Wirkungsanalyse zu ermittelnden Positivwirkungen und Negativwirkungen ("Nutzen und Kosten", "Zielerträge") werden zu einer Projektwirkungsmatrix oder Zielertragsmatrix geordnet, welche vertikal die Alternativen und horizontal die Ausprägungen der Wirkungen der alternativen Projekte hinsichtlich der verschiedenen Zielkriterien abbildet,
- Transformation der voraussichtlichen "Zielerträge" in Zielerfüllungsgrade (Zielwerte):
  Die "Zielerträge" zu den verschiedenen Zielkriterien werden mit Hilfe von Transformationsfunktionen gleichnamig gemacht (Normalisierung, Standardisierung) und bilden in der horizontalen Homogenisierung den einen Teil der Zielerfüllungsmatrix,
- Gewichtung der Zielkriterien verschiedener Teilziele:
  Die Gewichtung der Zielerfüllungsgrade verschiedener Teilziele erfolgt durch eine (subjektive) Bewertung der Ziele im Zielsystem mit konstanten Gewichten,
- Nutzwertfeststellung der Alternative:
  Die gewichteten Teilnutzen (gewichteten Zielerfüllungsgrade)

einer Alternative werden zum Nutzwert dieser Alternative addiert,
- Aufstellen einer Rangfolge:
Aufgrund der Nutzwerte der Alternativen läßt sich eine Rangordnung aufstellen.

Die Standard-Nutzwertanalyse muß mit einer Reihe von vereinfachenden Annahmen auskommen, die sich wie folgt kurz zusammenfassen lassen:
- vollständige Substituierbarkeit der Ziele,
- konstante Raten der Substitution der Ziele,
- Nutzenunabhängigkeit der Ziele, d.h. der Gesamtnutzen ist immer gleich der Summe der Teilnutzen,
- Kardinalität der Nutzenskalierung,
- eindeutige Präferenzen,
- sichere Daten,
- nur ein Entscheidungsträger,
- zeitpunktbezogene Nutzenmessung,
- statische Entscheidungssituation.

Einige der schwerwiegenden Annahmen erfordern eine nähere Erläuterung, an die sich die Kritik anschließen kann.

Das Verfahren der Standard-Nutzwertanalyse impliziert anstelle der – in der Mikroökonomie üblichen – gekrümmten Indifferenzkurven die Verwendung vereinfachter, d.h. linearer Indifferenzkurven, die demgemäß vollständige Substituierbarkeit und eine konstante Substitutionsrate voraussetzen. Dies sei kurz an einem Beispiel verdeutlicht (vgl. Abbildung 26):[2] Kriterium 1 sei die Erreichbarkeit des Stadtzentrums von einem Standort aus, Kriterium 2 die Umweltqualität des Standorts.

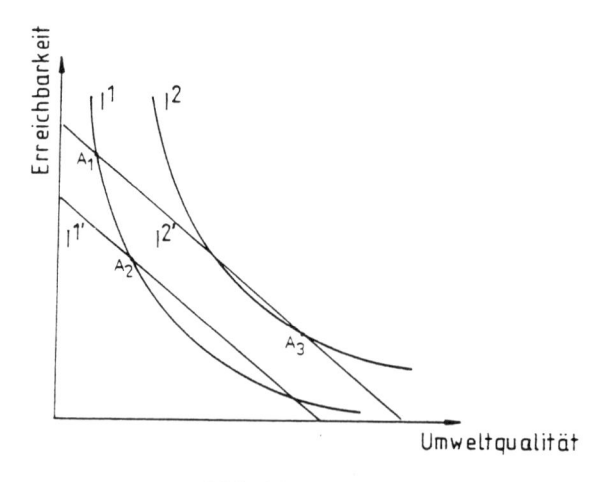

Abbildung 26

Bei diesen zwei Zielkriterien ergibt sich als Nutzwert einer Alternative aus den mit g_2 bzw. g_2 gewichteten Zielerfüllungsgraden V_1 bzw. V_2:

$$N = g_1 \cdot V_1 + g_2 \cdot V_2$$

Die Ziele lassen sich vollständig und in einem konstanten Verhältnis substituieren. Das heißt, bei einer linearen Zielfunktion kommt es im Unterschied zu einer konvexen Zielfunktion bei der Bewertung von Veränderungen nicht darauf an, welches Niveau der Teilziele bereits erreicht ist. Zum Beispiel müßte die Verbesserung der Erreichbarkeit auf Kosten der Umweltqualität immer gleich bewertet werden, unabhängig davon, ob die Umweltqualität des Standorts bereits schlecht oder weniger schlecht ist. Ist die eigentliche Zielfunktion *konvex* und verwendet man *dennoch* eine linear verlaufende Zielfunktion, ist damit zu rechnen, daß die Nutzwertanalyse gleich gute Alternativen als unterschiedliche (A_1 und A_2) und Alternativen mit unterschiedlichem Nutzwert als gleich gut einstuft (A_1 und A_3).

Die *Addition* von Teilnutzen zum Gesamtnutzen erzwingt die Kardinalität des Gesamtnutzens und setzt zugleich die Kardinalität der Teilnutzen voraus. Diese verlangt ihrerseits die Kardinalität der Zielerfüllungsgrade. Die Zielerfüllungsgrade und mit ihnen die Teilnutzen müssen zudem auch wegen der durch Multiplikation mit konstanten kardinalen Gewichten durchgeführten Gewichtung kardinal sein.

Kardinale Nutzenskalen lassen sich im allgemeinen inhaltlich nicht ausreichend begründen und sind schwer empirisch zu bestimmen.[3] Auf weitere Kritikpunkte wird hier nicht näher eingegangen, da diese auch die anderen Multikriterienverfahren betreffen.

In vielen Situationen können die Anwender einer Nutzwertanalyse keine inhaltlich fundierten Wertungen abgeben. Das heißt praktisch, daß viele Nutzwertanalysen den *formalen* Anforderungen entsprechen, ohne daß eine befriedigende *inhaltliche* Begründung für die getroffene Wertzuweisung und die Form der Skalierung gegeben werden könnte.

Die Kritik an der Standardversion der Nutzwert–Analyse führte Ende der siebziger Jahre zu einer ganzen Anzahl von Veröffentlichungen[4], in denen die Weiterentwicklung dieser Methode versucht wurde. Bechmann[5] prägte dafür die Bezeichnung "Nutzwert-Analyse der 2. Generation".

Die Entwicklung läßt sich durch folgende Merkmale charakterisieren:
- Die Forderung wird aufgegeben, daß zwischen den Zielerträgen Nutzenunabhängigkeit besteht. Die Möglichkeit der Nutzenabhängigkeit wird durch die Aufgabe der additiven Verknüpfung

der Teilnutzen erreicht und eine andere funktionale Abhängigkeit zwischen Nutzen und Zielerträgen (Projektwirkungen) unterstellt.
- Gleichzeitig kann man damit auf konstante Gewichtungen verzichten und dem Entscheidungsträger sogar während der Analyse die Möglichkeit geben, seine ursprünglichen relativen Prioritäten zu revidieren.[6]
- Die kardinale Nutzenmessung ist unnötig. Es wird eine ordinale oder eine nominale Skalierung zugelassen.
- Man versucht also, die Anforderungen an den wertenden Entscheidungsträger zu verringern. Damit ist allerdings auch gleichzeitig ausgeschlossen, durch Addition der Teilnutzwerte zu einem Gesamtnutzwert zu gelangen.

Trotz der Nutzwertanalyse der 2. Generation bleibt dieses Bewertungsverfahren, insbesondere so wie es häufig in der Praxis angewendet wird, grundsätzlicher Kritik ausgesetzt. Die Weiterentwicklungen der Standardversion der Nutzwertanalyse haben bisher die schwerwiegenden theoretischen Mängel der Methode nicht befriedigend beseitigen können.[7]

Als besonderes Problem der Nutzwertanalyse hat sich gezeigt, daß häufig eine allgemeine Aggregationsregel für die Zusammenfassung der einzelnen Zielkriterien nicht vorhanden, zumindest aber nicht sinnvoll ist. Das im folgenden zu beschreibende Bewertungsverfahren der Konkordanzanalyse verzichtet auf die additive oder multiplikative Verknüpfung der Zielgewichte mit den Kriterienwerten.

Die Konkordanz-Methode

Eine ähnlich wichtige Rolle wie die Nutzwertanalyse in der deutschen Planungspraxis spielt die Konkordanz-Methode in der französischen Regionalökonomie und Regionalplanung. Sie hat dort schon eine fast 20-jährige Tradition, seit 1972/73 wird sie auch in den Niederlanden und seit 1975 auch in verschiedenen kanadischen Regionalprojekten benutzt. Ausgangspunkt des Verfahrens[8] ist wiederum die Projektwirkungsmatrix P, ferner sei (zunächst) ein konstantes Gewichtungsschema w – also ein Vektor w – für die verschiedenen Wirkungen unterstellt.

Die Konkordanzmethode fußt auf einem paarweisen Vergleich von Plan(Projekt)alternativen. Grundlegende Eigenschaft dieses Vergleichsverfahrens ist, daß in einem ersten Schritt aus der Menge aller Alternativen eine Untermenge von weniger erstrebenswerten Plänen eliminiert wird; im Anschluß daran kann in einer Komplementäranalyse der "beste" Plan oder die Untermenge von relativ guten Plänen bestimmt werden. Das Verfahren besteht also

aus den Haupschritten
- Elimination und
- Auswahl von Alternativen.

Im ersten Schritt definiert man eine Konkordanzmenge der Kriterien für jedes Paar von Alternativen i und i' (i, i' = 1,...,I; i ≠ i'). Dabei gibt es verschiedene Kriterien j (j = 1,...J).
Die Konkordanzmenge wird wie folgt definiert:

$C_{i\,i'} = j$ falls $p_{j\,i} \gtrsim p_{j\,i'}$, $j = 1,...,J$ (i ≠ i')   "≳": "schwach präferiert vor"

Das Symbol ≳ repräsentiert eine schwache Dominanzbeziehung: Der "Wert" des Kriteriums j von Plan i (Projektwirkung $p_{j\,i}$) liegt gegenüber dem "Wert" des gleichen Kriteriums bei Plan i' entweder höher oder die "Werte" des Kriteriums j sind bei beiden Alternativen i und i' gleich. Die Konstruktion einer solchen Konkordanzmenge gestaltet sich dann besonders einfach, wenn $p_{j\,i}$ implizit ein Nutzen- bzw. Kostenkriterium darstellt, denn dann hat man quantitative Angaben und kann das Symbol ≳ ersetzen
- durch das "≥"-Zeichen (die größer und gleich Angabe) bei einem Nutzenkriterium oder
- das "≤"-Zeichen (die kleiner und gleich Angabe) bei einem Kostenkriterium.

Geben die Werte von $p_{j\,i}$ keine implizite Rangordnung wieder, so muß man eine solche durch das Aufstellen von sogenannten Transformationsfunktionen erst herstellen, *dieser* Schritt entspricht dann dem Vorgehen bei der Nutzwertanalyse.

Die Konkordanzmenge kann als diejenige Untermenge der Menge aller Kriterien angesehen werden, hinsichtlich derer eine bestimmte Alternative i verglichen mit einer anderen Alternative i' nicht schlechter ist. Natürlich enthält $C_{i\,i'}$ umso mehr Elemente, nach je mehr Kriterien Plan i dem Plan i' überlegen ist.

Als Komplement hierzu läßt sich eine andere Untermenge bilden, in der alle die Kriterien enthalten sind, für die Plan i' Plan i überlegen ist:

$D_{i\,i'} = j$ falls $p_{j\,i} < p_{j\,i'}$,   (i ≠ i').

$D_{i\,i'}$ bezeichnet man als Diskordanzmenge, das Symbol "<" bedeutet: "wird nicht präferiert im Vergleich zu", d.h. die Diskordanzmenge von i in bezug auf i' ist eine Untermenge all jener Kriterien, für die Plan i schlechter als Plan i' abschneidet. Kriterien, bei denen beide Pläne gleich gut geschätzt werden, sind in der Diskordanzmenge im Unterschied zur Konkordanzmenge nicht enthalten.

Hat man insgesamt I Pläne, so gibt es I(I-1) mögliche paarweise Vergleiche und damit auch I(I-1) mögliche Konkordanz- bzw. Diskordanzmengen.

Der relative Wert einer Konkordanzmenge wird durch einen Konkordanzindex $c_{ii'}$ ausgedrückt. Dieser Index ist gleich der Summe derjenigen *Gewichte* w_j, deren zugehörige *Kriterien in der Konkordanzmenge* $C_{ii'}$ enthalten sind. Um Werte zwichen 0 und 1 zu erhalten, wird durch die Summe über die Gewichte aller Kriterien dividiert:

$$c_{ii'} = \frac{\sum_{j \in C_{ii'}} w_j}{\sum_{j=1}^{J} w_j}, \qquad 0 < c_{ii'} < 1.$$

Dieser paarweise Konkordanzindex mißt die relative Bedeutung der Kriterien, für die Plan i Plan i' dominiert. Der Ausdruck für den Konkordanzindex vereinfacht sich, wenn a priori die Elemente des Gewichtungsvektors w standardisiert werden, daß heißt, wenn

$$\sum_{j=1}^{J} w_j = 1,$$

kann der paarweise Konkordanzindex geschrieben werden als

$$c_{ii'} = \sum_{j \in C_{ii'}} w_j.$$

Wenn $c_{ii'} = 1$ ist, dann besteht eine vollständige (schwache) Präferenz aller Kriterien j von Plan i gegenüber Plan i', das heißt, die Kriterienwerte von Plan i werden in allen Fällen besser (höher) als oder mindestens gleich gut wie die Kriterienwerte von Plan i' eingeschätzt. Umgekehrt besteht bei $c_{ii'} = 0$ für kein Kriterium j eine Präferenz von Alternative i gegenüber Alternative i', d.h. Alternative i schneidet bei jedem Kriterium schlechter ab als Alternative i'.

Durch paarweisen Vergleich aller I Alternativen kann man auf diese Weise eine Konkordanz-Matrix C der Ordnung I x I konstruieren, die als Elemente die Konkordanzindices $c_{ii'}$ (i, i' = 1,...,I; i ≠ i') enthält:

$$C = \begin{bmatrix} - & c_{12} & \cdots & c_{1I} \\ c_{21} & - & \cdots & c_{2I} \\ \cdot & & \cdot & \cdot \\ \cdot & & & \cdot \\ c_{I1} & \cdots & & - \end{bmatrix}$$

Die Hauptdiagonale dieser Matrix ist natürlich nicht definiert, und außerdem ist diese Matrix im allgemeinen nicht symmetrisch.

Der Konkordanzindex erfaßt die relative Dominanz eines Projekts (Plans) gegenüber einem alternativen Projekt (Plan), und zwar auf der Basis der relativen Kriteriengewichte.

Es ist weiter zu untersuchen, in welchem *Ausmaß* die Wirkungen von Alternative i schlechter (oder besser) sind als die Wirkungen von Alternative i' – sofern die Wirkungen durch die Kriterien gemessen sind. Um darüber etwas sagen zu können, wird ein zweiter Index, der sogenannte Diskordanzindex $d_{i\,i'}$ definiert. Er bezieht sich auf die Kriterien in der Diskordanzmenge $D_{i\,i'}$:

$$d_{i\,i'} = \max_{j \in D_{i\,i'}} \left(\frac{|p_{j\,i} - p_{j\,i'}|}{d_j^{max}} \right), \quad (i \neq i')$$

Dabei stellt d_j^{max} die maximale Differenz zweier Kriterienwerte eines Kriteriums j dar, die beim Vergleich aller Paare i und i' von Projekten in irgendeiner der Diskordanzmengen auftreten kann:

$$d_j^{max} = \max_{1 \leq i,\,i' \leq J} |p_{j\,i} - p_{j\,i'}|$$

Der paarweise Diskordanzindex $d_{i\,i'}$ für die Alternativen i, i' ist somit gleich der maximalen Differenz, die bei dem paarweisen Vergleich der Werte der Kriterien in der Diskordanzmenge $D_{i\,i'}$ bei irgendeinem Kriterium auftritt. Man dividiert durch die maximale überhaupt mögliche Differenz des betreffenden Kriteriums in allen Projektalternativen, um Werte des Diskordanzindex zwischen 0 und 1 zu bekommen. Diese Standardisierung ist außerdem wegen der unterschiedlichen Dimensionen der verschiedenen Kriterien nötig.

In der Literatur[9] wird neben dem genannten "traditionellen" ein allgemeiner Diskordanzindex vorgeschlagen, der sich aus der *Aggregation aller* paarweisen relativen Unterschiede zwischen allen Kriterien in der Diskordanzmenge ergibt.

Für den allgemeinen ungewichteten (paarweisen) Diskordanzindex definiert man:

$$d^*_{i\,i'} = \sum_{j \in D_{i\,i'}} \left(\frac{|p_{j\,i} - p_{j\,i'}|}{d_j^{max}} \right)$$

Damit $0 \leq d^*_{i\,i'} \leq 1$, wird normiert, indem man $d^*_{i\,i'}$ durch das Maximum m der Zahl der Kriterien dividiert, das sich in einer der Diskordanzmengen findet, die beim paarweisen Vergleich aller Projekte entstehen:

$$m = \max_{1 \leq i, i' \leq J} m_{i i'}$$

Die Definition des mit w gewichteten allgemeinen Diskordanzindex $d_{i i'}^{**}$ lautet, wenn wir vereinfachen und die bereits normierten Wirkungskriterien $v_{j i}$ einsetzen:[10]

$$d_{i i'}^{**} = \sum_{j \in D_{i i'}} \left(\frac{|w_{j i} v_{j i} - w_{j i'} v_{j i'}|}{n_{i i'}} \right)$$

Dabei gibt $n_{i i'}$ die Zahl der Kriterien in der Diskordanzmenge $D_{i i'}$ an.

Der Diskordanzindex kann als Maß dafür angesehen werden, wie *viel* besser die Kriterienwerte von Plan i' als die von Plan i sind, soweit die Kriterien in der Diskordanzmenge enthalten sind. Eine maximale Diskordanz von Plan i bezüglich Plan i' impliziert $d_{i i'} = 1$, wohingegen eine minimale Diskordanz $d_{i i'} = 0$ ergibt, und dies ist mit $c_{i i'} = 1$ äquivalent. Das heißt, je kleiner $d_{i i'}$, um so besser schneidet Plan i gegenüber Plan i' ab. Der auf der maximalen Differenz beruhende Diskordanzindex $d_{i i'}$ hebt dabei das Kriterium heraus, in dem sich beide Projekte am stärksten unterscheiden, der auf der Aggregation aller Differenzen beruhende Diskordanzindex $d_{i i'}^{*}$ mißt dagegen das durchschnittliche Ausmaß der Überlegenheit von i' gegenüber i.

Die Diskordanz-Indices kann man in einer Diskordanz-Matrix D zusammenfassen:

$$D_{(I \times I)} = \begin{bmatrix} - & d_{12} & d_{13} & \cdots\cdots & d_{1I} \\ d_{21} & - & & \cdots\cdots & d_{2I} \\ \cdot & & \cdot & & \cdot \\ \cdot & & & \cdot & \cdot \\ d_{I1} & & \cdots\cdots\cdots & & - \end{bmatrix}$$

Im allgemeinen wird auch Matrix D nicht symmetrisch sein. (Die Hauptdiagonale ist auch hier wieder nicht definiert.)

Die beiden Matrizen C und D sehen nur rein formal völlig gleich aus, aber aus den Definitionen von Konkordanz- und Diskordanzindices wird klar, daß in den beiden Matrizen *völlig unterschiedliche* Informationen gespeichert sind: Der Informationsgehalt der Konkordanz- und der Diskordanzmatrix ist sogar komplementär. Unterschiede in der Gewichtung kommen durch die Konkordanzmatrix zum Ausdruck, Unterschiede zwischen Kriterienwerten werden durch die Diskordanzmatrix ausgedrückt.

Wie werden nun Konkordanz- und Diskordanzmatrix zur Bewertung alternativer Pläne herangezogen? Selbstverständlich ist ein

Plan dann "optimal", wenn seine Konkordanzindices in bezug auf die anderen Pläne nahe bei Eins liegen und gleichzeitig seine Diskordanzindices nahe Null sind. Das heißt, ein optimaler Plan i könnte sofort ausgewählt werden, wenn:

$$c_{i\,i'} \approx 1 \qquad i' = 1,\ldots,I \quad (\,i' \neq i\,)$$

und

$$d_{i\,i'} \approx 0 \qquad i' = 1,\ldots,I \quad (\,i' \neq i\,)\,.$$

Es ist leicht einzusehen, daß dies ein theoretischer Grenzfall ist, dessen Auftreten in der Realität nur selten erwartet werden kann.

Allerdings wird man sich bei der Auswahl der besten Alternative in der Realität von der Regel leiten lassen können, daß die Konkordanzindices möglichst hoch und die Diskordanzindices möglichst niedrig sein sollten. Die Eliminierung weniger empfehlenswerter Pläne sollte auf der Basis niedriger Konkordanzindices und hoher Diskordanzindices erfolgen.

Ein Auswahlverfahren, das systematisch durchgeführt werden kann, basiert auf kritischen Schwellenwerten für $c_{i\,i'}$ und $d_{i\,i'}$, die vom Entscheidungsträger festgelegt werden. Man erhält folgende Bedingungen:

$$c_{i\,i'} \geqq \bar{c}$$

und

$$d_{i\,i'} \leqq \bar{d}\,,$$

wobei $\bar{c}$ und $\bar{d}$ hier die kritischen Schwellenwerte des Entscheidungsträgers für die Konkordanz- bzw. für die Diskordanzindices sind. Für jeden Plan i muß nun separat untersucht werden, ob im Vergleich mit allen Alternativen i' (i' = 1,...I; i'≠ i) die beiden obigen Bedingungen gelten. Werden beide erfüllt, dann kann Plan i nicht von der weiteren Analyse ausgeschlossen werden. Die Schnittmenge beider obiger Bedingungen stellt allerdings im Normalfall eine kleinere Menge von Dominanzbeziehungen dar, da bei weitem nicht alle Pläne beide Bedingungen erfüllen werden.

In der Literatur wird auch statt extern festgelegter Schwellenwerte ganz einfach folgende Hypothese vorgeschlagen: Alternative i wird gegenüber i' nicht präferiert, wenn $c_{i\,i'}$ unter dem durchschnittlichen Konkordanzindex und $d_{i\,i'}$ über dem durchschnittlichen Diskordanzindex liegt, man definiert also $\bar{c}$ und $\bar{d}$ als:[11]

und

$$\overline{c} = \frac{\sum_{\substack{i=1 \\ i \neq i'}}^{I} \sum_{\substack{i'=1 \\ i' \neq i}}^{I} c_{ii'}}{I(I-1)}$$

$$\overline{d} = \frac{\sum_{\substack{i=1 \\ i \neq i'}}^{I} \sum_{\substack{i'=1 \\ i' \neq i}}^{I} d_{ii'}}{I(I-1)}.$$

Rein formal kann man jetzt zwei Dominanzmengen konstruieren. Zunächst bildet man eine Konkordanzdominanzmatrix A mit den Elementen $a_{ii'}$, für die gelten soll:

$$a_{ii'} = 1, \text{ wenn } c_{ii'} \geq \overline{c}$$
$$a_{ii'} = 0, \text{ wenn } c_{ii'} < \overline{c}.$$

Auf gleiche Weise wird eine Diskordanzdominanzmatrix B mit den Elementen $b_{ii'}$ konstruiert:

$$b_{ii'} = 1, \text{ wenn } b_{ii'} \leq \overline{d}$$
$$b_{ii'} = 0, \text{ wenn } b_{ii'} > \overline{d}.$$

Die Interpretation von B ist analog zu der von A.

Aus den Matrizen A und B läßt sich die Matrix E als Schnittmenge bilden. Diese aggregierte Dominanzmatrix E hat die Elemente $e_{ii'}$, für die gilt:

$$e_{ii'} = 1, \text{ wenn } (a_{ii'} = 1) \wedge (b_{ii'} = 1)$$
$$e_{ii'} = 0 \text{ in allen anderen Fällen}.$$

Wenn gilt $e_{ii'} = 1$, wird der Plan i dem Plan i' sowohl auf Grund des Konkordanzindices als auch auf Grund der Diskordanzindices vorgezogen.

Der Fall $e_{ii'} = 1$ impliziert aber nur eine relative Dominanz des Planes i. Es ist gut möglich, daß es einen Plan i'' gibt, der wiederum Plan i überlegen ist, also gilt $e_{i''i} = 1$.

Theoretisch ist es möglich, die Bedingungen für einen nichtdominierten Plan i zu spezifizieren:

$e_{i\,i'} = 1$ für mindestens ein i', $\quad$ i' = 1,...,I $\quad$ i' ≠ i,

$e_{i''\,i} = 0$ für alle i'' = 1,...,I $\quad$ i'' ≠ i.

In der Realität spricht jedoch nichts dafür, daß die Methode zur Auswahl eines *einzigen* besten Plans führt: Im allgemeinen wird man mehrere Pläne erhalten, die obigen Bedingungen genügen. Allerdings darf man darin keinen Nachteil gegenüber anderen Bewertungsverfahren sehen: Bei der Nutzwertanalyse erhält man lediglich aus *rein formalen* Gründen im allgemeinen *einen* optimalen Plan, bei der inhaltlichen Begründung wird man jedoch immer wieder auf willkürliche Annahmen, insbesondere bei der Transformation der "Zielerträge" und der Aggregation der Teilnutzen, stoßen, deren Variation sofort zu Verschiebungen in der Rangfolge der Pläne führt.

In die Konkordanzanalyse kommt durch die Festsetzung von Schwellenwerten für Konkordanz- und Diskordanzindices bei Ausschluß und Auswahl von Alternativen ein "willkürliches" Element in der Bewertung hinein. Deshalb werden Modifikationen der Auswahlregeln in der Literatur diskutiert werden. Eine dieser Modifikationen soll hier erwähnt werden, weil sie häufiger in der Praxis angewendet wird: Die Auswahl "besserer" Pläne anhand von Schwellenwerten wird ersetzt durch die Berechnung einer Gesamtdominanz jedes einzelnen Plans, unter Verwendung der Konkordanz-Matrix und der Diskordanz-Matrix.[12]

Der Konkordanz-Dominanzindikator eines Plans i, c_i, ergibt sich als Summe aller Konkordanzindices des Plans i in bezug auf alle anderen alternativen Pläne i':

$$c_i = \sum_{\substack{i'=1 \\ i' \neq i}}^{I} c_{i\,i'}$$

Je mehr der Plan i die anderen Pläne dominiert, um so höher wird c_i sein, und je höher c_i als Konkordanz-Dominanzindikator, desto "besser" – so kann man annehmen – wird Plan i sein.

Oft ist es zweckmäßig, den Konkordanz-*Netto*dominanzindikator zu berechnen. Sein Wert ergibt sich als die Differenz zwischen dem Konkordanz-Dominanzindikator für den Plan i und dem Konkordanz-Dominanzindikator der anderen Pläne gegenüber Plan i. Bezeichnet man letzteren mit c_i', so ist

$$c_i' = \sum_{\substack{i'=1 \\ i' \neq i}}^{I} c_{i'\,i}$$

und der Konkordanz-Nettodominanzindikator ist

$$c_i^n = c_i - c_i'$$

$$c_i^n = \sum_{\substack{i'=1 \\ i' \neq i}}^{I} c_{i\,i'} - \sum_{\substack{i'=1 \\ i' \neq i}}^{I} c_{i'\,i}.$$

Ein positiver Wert von c_i^n bedeutet offensichtlich, daß die Netto-Dominanz von Plan i zu stark ist, als daß Plan i aus dem weiteren Bewertungsprozeß ausgeschlossen werden könnte. Man kann auch annehmen, daß Plan i relativ um so "besser" ist, je höher c_i^n wird. Ein negativer Wert von c_i^n zeigt demgegenüber an, daß Plan i für weitere Überlegungen ausscheidet.

Da zur Konkordanzanalyse neben dem Konkordanzmaß ein Diskordanzmaß gehört, ist auch hier ein Diskordanz-Dominanzindikator d_i zu definieren:

$$d_i = \sum_{\substack{i'=1 \\ i' \neq i}}^{I} d_{i\,i'}$$

Es ist klar, daß Plan i um so "besser" ist, je niedriger d_i wird. Entsprechend den oben beschriebenen Überlegungen läßt sich auch ein Diskordanz-Nettodominanzindikator aus der Differenz von d_i und d_i' konstruieren. Dabei ist

$$d_i' = \sum_{\substack{i'=1 \\ i' \neq i}}^{I} d_{i'\,i}$$

und

$$d_i^n = d_i - d_i'.$$

Damit Plan i im Bewertungsverfahren nicht eliminiert wird, muß d_i^n negativ sein. Je niedriger d_i^n wird, um so eher bleibt Plan i als besserer Plan in der Auswahl.

Der optimale Plan sollte sich dadurch auszeichnen, daß der Konkordanz-Nettodominanzindikator c_i^n maximal und der Diskordanz-Nettodominanzindikator d_i^n minimal wird. Diese Bedingung ist in der Praxis nur selten erfüllt. Deshalb wird man den Plan mit möglichst hohem c_i^n und möglichst niedrigen d_i^n suchen. Diese Suche ist einfach, wenn man die Pläne jeweils in der Rangfolge ihrer Indikatoren c_i^n und d_i^n aufführt: So sieht man leichter, welcher Plan im *Durchschnitt* die besten Indikatorenwerte hat.

Durch Sensitivitätsanalysen lassen sich die Ergebnisse der Konkordanzanalyse auf ihre Robustheit prüfen. Wie dabei vorzugehen ist, wird an Hand des empirischen Beispiels im 10. Kapitel gezeigt.

Die Kritik an der Konkordanzanalyse enthält alle die Einwände, denen auch jedes andere Bewertungsverfahren, insbesondere jedes Multi-Kriterienverfahren ausgesetzt ist: Der Informationsbedarf sei sehr hoch, sowohl was die Ermittlung der Planwirkungsmatrix P, als auch was die Konstruktion des Gewichtsvektors w für die Kriterien anbelangt.

Die Kritik sollte allerdings nicht überbewertet werden:

a) Entscheidungsverfahren erfordern zwangsläufig Informationen, und der Marktmechanismus als Entscheidungssystem wird eben deshalb gelobt, weil im Marktpreis ein *einfaches* Erfassungsinstrument für eine komplexe Menge von Informationen zur Verfügung steht.

b) Eines der zentralen Kapitel in der gesamten Bewertungsliteratur wird immer durch die Diskussion von Gewichtungsfragen gefüllt. Es gibt offensichtlich keine "Patentlösung". Deshalb sind jene Verfahren (wie die Konkordanzanalyse) vorzuziehen, die eine Ergebnisprüfung durch Sensitivitätsanalysen anhand unterschiedlicher Gewichtungsschemata erleichtern.

Auf eine Kritik an den formalen Methoden (Entscheidungsregeln), die in der Konkordanzanalyse Verwendung finden, muß im einzelnen verzichtet werden. In vielen Fällen hat die Kritik zu methodischen Modifikationen geführt, die hier jedoch nicht dargestellt werden können.[13]

Die gängigen Verfahren der Multikriterien-Analyse, wie sie oben beschrieben worden sind, wurden in der Empirie bisher fast ausschließlich zur Bewertung einzelner öffentlicher Projekte verwandt. Die Anwendung auf die Bewertung gesamter Stadtstrukturen ist bislang noch kaum erfolgt:

"Der Entscheidungsprozeß in einer Stadt unterscheidet sich in vieler Hinsicht von Entscheidungsprozessen in anderen Bereichen, wie bei der Planung in Industrieunternehmen oder der militärischen Planung. Der wichtigste grundlegende Unterschied liegt in der Größe und Komplexität des Entscheidungsobjekts, des städtischen Gesamtsystems. Die Stadtplanung bezieht sich auf einen komplexen Ausschnitt des gesellschaftlichen Lebens, der fast alle Aspekte menschlicher Aktivität umfaßt, wie Wohnen, Arbeiten, Reisen, sich Bilden und sich Erholen. Bei der Planung muß das Gesamtsystem Stadt betrachtet werden, da Veränderungen in einem Teil Auswirkungen auf jedes einzelne Element aller anderen Teile haben...Da Veränderungen im System auf der Mikroebene geschehen, müssen Alternativen und Ziele im einzelnen genau spezifiziert werden, obwohl einige Entscheidungen langfristig und irreversibel sind."[14]

Die Hauptschwierigkeit scheint in der Komplexität der Stadtstruktur durch Überlagerung einer Vielzahl von Prozessen und Bestandsgrößen zu liegen. Mit den im 4. Kapitel ansatzweise ausgearbeiteten Methoden und Konzepten zur Erfassung und Messung der Stadtstruktur haben wir unseres Erachtens jedoch die Grundlagen für die Anwendung multipler Kriterien-Entscheidungsverfahren gelegt. Neben der Messung der vorhandenen Stadtstruktur oder alternativ geplanter Stadtstrukturen müssen für die Bewertung Zielvorstellungen des Entscheidungsträgers über die gewünschte Stadtstruktur vorhanden sein. Diese Stadtstrukturziele sind allerdings – wie bereits im 1. Abschnitt des Kapitels erwähnt – nur Zwischenziele zur Realisierung städtischer Oberziele, die sich auf das Wohlergehen der Stadtbürger richten. Insofern sollten Stadtstrukturziele soweit spezifiziert sein, daß ihr positiver Beitrag für die Menschen in der Stadt erkennbar wird.

Wir werden im nächsten Abschnitt Zielsysteme städtischer Entscheidungsträger insbesondere unter den eben genannten Gesichtspunkten diskutieren.

2. Das Zielsystem städtischer Entscheidungsträger als Grundlage für eine Bewertung von Stadtstrukturen

Die gesamtwirtschaftliche Bewertung von alternativen Stadtstrukturen als Grundlage für die Stadtplanung muß sich – in irgendeiner Weise – an den Zielen der städtischen Entscheidungsträger ausrichten.[15] Wir gehen davon aus, daß diese Ziele überwiegend in den Stadtentwicklungs- und Flächennutzungsplänen der einzelnen Städte sichtbar werden. Auf mögliche Konflikte zwischen Planern und Stadtpolitikern bei kommunalen Entscheidungsprozessen zur Zielfindung und Zielformulierung kann im Rahmen dieser Studie nicht eingegangen werden.[16]

Die Stadtentwicklungspläne werden nach sehr heterogenen Konzepten erarbeitet und sind zum Teil nur Fortschreibungen und Modifikationen von Flächennutzungsplänen. Allerdings haben sich in der Vergangenheit immer mehr explizite Zielkataloge herausgebildet. Der Rückgriff auf die Stadtentwicklungspläne ist notwendig, da sonstige Quellen der städtischen Zielvorstellungen wie Wünsche der Bevölkerung, Partei- und Regierungsprogramme, rechtliche Normen oder Verwaltungsrichtlinien, Einflüsse von Interessenverbänden usw. nur schwer faßbar und eingrenzbar sind. Die normative Aufgabe von Stadtentwicklungsplänen besteht in der Artikulation und Bündelung all dieser Interessen.[17] Der Vorzug der Stadtentwicklungpläne liegt in der weitgehenden Konkretisierung der Ziele und der damit verbundenen Möglichkeit, aus ihnen operationale Zielkriterien abzuleiten.

Im folgenden geben wir eine beispielhafte Übersicht über die Stadtentwicklungsziele in zwei deutschen Großstädten. Wegen der Heterogenität dieser Zielsysteme werden, in Anlehnung an Hesse diese Ziele in drei Kategorien eingeteilt:[18]

- Oberziele, städtische Leitbilder,
- Ziele zur Planungskoordination und -organisation,
- Funktionale oder Teilbereichsziele, sowie stadträumliche Ziele.

Städtische Leitbilder werden den Einzelzielen in den Stadtentwicklungsplänen vorangestellt. Sie enthalten pauschale Vorstellungen über die zukünftige Entwicklung der Stadt (z.B. Entwicklung eines sternförmigen Charakters der Stadt, Stadt im Gleichgewicht) und werden in der Literatur häufig als "Leerformeln" bezeichnet, da die Ableitung von konkreten Zielvorstellungen aus ihnen nicht möglich sei.[19]

Die Formulierung von Zielen zur Planungskoordination und -organisation deutet den Umbruch in der Beurteilung traditioneller Planungsprozesse an. Vor allem werden in diesen Zielen die Erfordernisse einer integrierten Gesamtplanung sowie einer stärkeren Bürgerbeteiligung immer mehr in den Vordergrund gestellt. Die funktionalen oder Teilbereichsziele finden ihre Begründung letztlich in dem Bemühen, das Wohlergehen der Stadtbürger durch konkrete Maßnahmen zu verbessern.

Das Konzept der sozialen Wohlfahrtsfunktion in der Wohlfahrtsökonomie wäre allerdings nicht operational genug, als daß konkrete Unterschiede daraus abgeleitet werden könnten: Im 1. Abschnitt dieses Kapitels wurde diese eingeschränkte Verwendbarkeit der (normativen) Wohlfahrtsökonomie diskutiert, soziale Zustände in eine verbindliche gesellschaftliche Rangordnung zu bringen, die mit den Nutzenvorstellungen jedes Einzelnen übereinstimmt. Man hat in der Planungspraxis für dieses Problem eine pragmatische, sehr vereinfachende Lösung gefunden, indem man menschliche Bedürfnisse in die Kategorie von Funktionen[20] überführt, die befriedigend in der Stadt erfüllt werden müssen.

Die Bedürfnisse der Gemeindebürger haben nicht nur eine "qualitative", sondern ebenso eine "räumliche" wie auch "zeitliche" Dimension, d.h. die Bedürfnisse unterscheiden sich nicht nur qualitativ, sondern auch dadurch, welche Raumpunkte (Standorte) und Zeitpunkte bei ihrer Befriedigung tangiert werden.[21] Damit müssen auch die Ziele, die auf die Befriedigung dieser Bedürfnisse ausgerichtet sind, bei ihrer Formulierung diese drei Dimensionen berücksichtigen.[22]

Verschiedentlich werden allerdings räumliche Ordnungsprinzipien, m.a.W. die Stadtstruktur als eigene Zielkategorie neben "funktionalen Zielen" diskutiert.[23]

Wir beginnen die kurzgefaßte Übersicht über Ziele der Stadtentwicklung mit der Darstellung der im Stadtentwicklungsplan *München* formulierten Ziele:[24]

a) Leitbilder für die Stadtentwicklung

- Stadt im Gleichgewicht; ausreichende Berücksichtigung aller Bürgerinteressen, sinnvolle und angemessene Verteilung aller Funktionen
- Chancengleichheit für die Bürger in allen Bereichen
- Bewahrung der Originalität
- Bewahrung des Zentrumcharakters, ohne Nachteile der Ballung in Kauf zu nehmen
- höchstes Maß an Lebensqualität für die Bürger
- Pflege und Erhaltung der Stadtgestalt durch
    (1) Erhaltung der Originalität als baulicher und räumlicher Ausdruck der Lebensgeschichte der Stadt
    (2) Schaffung von Individualität durch eine Fülle vielgestaltig ausgeprägter Gebäude- und Raumtypen
    (3) Anbieten von Identifikationshilfen in Form eindeutig unterscheidbarer Merkmale und Wahrzeichen
    (4) Wiederherstellung von Straßen und Plätzen als Lebensbereiche der Wohnbevölkerung mit Vorrang vor den Bedürfnissen des Kraftfahrzeugverkehrs
    (5) Zurückgewinnung der ursprünglichen Bedeutung der das Stadtbild prägenden Plätze, Straßen und Freiflächen als Erlebnisräume und städtbauliche Dominanten durch Reduzierung des Verkehrs.
- Gesamtstruktur der Stadt als "dezentralisierte Konzentration" durch Ausbau von zentralen Standorten in den äußeren Stadtbereichen.

b) Planungsziele

- Anzustreben ist eine koordinierte und widerspruchsfreie Infrastrukturplanung.

c) Funktionale Ziele mit Bezug auf

- *Bevölkerungsentwicklung*
    (1) Konsolidierung der Bevölkerungsentwicklung im Stadtgebiet, besonders beim deutschen Bevölkerungsanteil und bei jungen Familien
    (2) Reduzierung der Bevölkerungsmobilität in München, das nicht zur Durchgangsstation für innerregionale Mobilitätsprozesse werden darf
    (3) Abbau von Mobilitätszwängen, die durch Verlust der

Wohnung, Mietsteigerung und Verschlechterung der Umweltqualität ausgelöst werden
(4) Verbesserung des Wohnungsbestandes im Bereich der Innenstadtrandgebiete zur Verhinderung sozialer Monostrukturen und Entmischungserscheinungen und Sicherung des Innenstadtrandgebiets als Wohngebiet für alle Bevölkerungsschichten
(5) Stärkere Orientierung der infrastrukturellen Ausstattung an der kleinräumigen demographischen und sozialen Bevölkerungsstruktur
(6) Integrationspolitik für die bereits mehrere Jahre ansässigen Ausländer und Begrenzung des Zuzugs neuer ausländischer Arbeitnehmer.

- *Wirtschaftliche Entwicklung*
  (1) Begrenzung des wirtschaftlichen Wachstums
  (2) Sicherung des Arbeitseinkommens
  (3) Förderung der polyzentrischen Stadtentwicklung wegen
    • kürzerer Pendelzeiten
    • Kosteneinsparungen im Verkehrsbereich
    • verbesserter Versorgungsmöglichkeiten

- *Soziale Entwicklung*
  (1) Wohnen: Förderung eines ausreichenden bedarfsorientierten Angebots von preiswerten und familiengerechten Wohnungen in einem infrastrukturell gut ausgestatteten Wohnumfeld zur
    • Erfüllung moderner Wohnbedürfnisse
    • Verhinderung von Abwanderung ins Umland
    • Verbesserung der Wohnsituation sozialer Problemgruppen
    • besseren Zuordnung zu den Standorten von Arbeit, Ausbildung, Erholung und Konsum, um Verkehr zu reduzieren.
  Es folgen funktionale Ziele zur
  (2) Gesundheit
  (3) Jugendarbeit
  (4) Sicherung angemessener Entfaltungsmöglichkeiten für Familien
  (5) Versorgung alter Menschen
  (6) Gleichbehandlung ausländischer Bevölkerung
  (7) Wiedereingliederung von Obdachlosen und anderen Randgruppen.

- *Bildung*
  Die Vorstellungen des Bildungsgesamtplans sind auf München zu übertragen. Nach den Bedürfnissen der Bevölkerung

ist ein angemessenes, alle Stadtteile gleichwertig erreichendes Angebot zu schaffen, damit die Bildungschancen der Bürger allgemein erhöht werden.
- *Freizeit und Erholung*
  (1) Die Stadt als Freizeitraum
     - Der Tendenz, "Freizeit" mit "Stadtferne" gleichzusetzen, ist durch ein verstärktes und differenziertes Angebot an Freizeiteinrichtungen aller Art entgegenzuwirken, durch das sich die Stadt selbst als Freizeitraum anbietet.
     - Die Freizeitinfrastrukturplanung ist an die veränderten Arbeitsbedingungen anzupassen und die individuellen Freizeitgewohnheiten sind mit den Interessen der Volksgesundheit abzustimmen.
     - Freizeitplanung muß sozialen Kontakt genauso wie Rückzug und Isolierung berücksichtigen.
     - Einbeziehung von Zielen der Originalität und Stadtgestalt ist zu gewährleisten.
  (2) Wohnumfeld als Freizeitraum
     - Abbau des in zahlreichen Stadtgebieten erkennbaren Defizits an Grünanlagen
     - Schließung der Versorgungslücken in einzelnen Stadtgebieten
     - Berücksichtigung der heterogenen Freizeitbedürfnisse (Sport, Spiel, Ruhe) bei Neuanlagen bzw. Erweiterungen von Grünanlagen
     - Schaffung eines leichten Zugangs zu öffentlichen Verkehrsmitteln
  (3) Möglichkeiten der sportlichen Betätigung
  (4) Schutz und Erhaltung von Landschaft und Natur
  (5) Abstimmung mit kulturpolitischen Zielen.

Es werden weiterhin funktionale Ziele zum Bereich
- *Soziale, technische und Verkehrsinfrastruktur*

sowie zum Bereich
- *Verkehr*

formuliert:
  (1) Verkehrspolitische Grundsätze
     - Das Recht der Freizügigkeit und Mobilität darf nicht angetastet werden
     - Die Verkehrsmöglichkeiten müssen die Voraussetzungen für die Kommunikation der Bürger, die Arbeitsteiligkeit der Wirtschaft, die Erreichbarkeit von Arbeitsplätzen, Einrichtungen der Daseinsvorsorge, Bildungsstätten usw. bieten
     - Ungleichgewichtige Ausstattung des öffentlichen und

des individuellen Verkehrssystems darf nicht dazu führen, daß der Teil der Bevölkerung, der auf öffentliche Verkehrsmittel angewiesen ist, benachteiligt wird
- Für die Stadt und Bürger notwendige Fahrten erfordern ein funktionsfähiges Straßensystem
- Befriedigung individueller Verkehrswünsche muß dort eine Grenze finden, wo höherrangige Interessen der Gemeinschaft entgegenstehen
- Gefahren für die Struktur gewachsener Stadtteile, für die Umwelt und für die Stadtgestalt sind zu vermeiden
- Die Beeinträchtigungen durch den Individualverkehr sind durch Ausbau des öffentlichen Personennahverkehrs zu verringern
- Wo Beeinträchtigungen durch den Straßenverkehr nicht auf ein zumutbares Maß reduziert werden können, sind die Betroffenen durch geeignete Maßnahmen zu schützen
- Die Verkehrsplanung ist als Instrument zur Verbesserung der Lebensverhältnisse einzusetzen
- Wegen flächenökonomischer Vorteile soll den öffentlichen Oberflächenverkehrsmitteln vermehrtes Gewicht beigemessen werden

(2) Die Entwicklung zur polyzentrischen Stadt erfordert eine Umorientierung des heute noch monozentrischen Verkehrssystems

(3) Einbindung der Stadt in das überörtliche Verkehrsnetz

(4) Steigerung der Verkehrsqualität durch[25]
- Verbesserung der Attraktivität des öffentlichen Verkehrs
- Verbesserung der Umweltbedingungen durch Verkehrsberuhigung
- Verbesserung der Wirtschaftlichkeit der Verkehrsinfrastruktur.

– *Regionale Verflechtungen*
(1) Abgestuftes, deutlich voneinander getrenntes System von Stadtteilzentren bzw. Orten unterschiedlicher Zentralität
(2) Annäherung der Lebensbedingungen zwischen Stadt und Umland in der Ausstattung mit Versorgungseinrichtungen und Arbeitsstätten.

– *Finanzielle Ziele*
Zur Erfüllung der Aufgaben ist eine permanente Erschließung von Einnahmesteigerungen notwendig.

Aus dem Stadtentwicklungsprogramm *Augsburg* ergibt sich folgendes Zielsystem für die Stadt Augsburg:[26]

a) Leitbilder der Stadtentwicklung
- Verbesserung der Lebensbedingungen für alle Einwohner.

b) Planungsziele
- Stadtentwicklungsplanung als mehrstufiger, dynamischer Planungsprozeß
- Die Ziele des Fachprogramms "Soziales und Gesundheit" müssen über dessen Rahmen hinaus Planungsziele aller städtischen Fachbereiche sein
- Verbesserter Vollzug der Umweltschutzbestimmungen
- Sicherung der Mitwirkung der Öffentlichkeit.

c) Funktionale und räumliche Ziele
- *Stadtstruktur:*
  Optimale Zuordnung der Funktionen Wohnen, Arbeiten, Erholen, Sichbilden und der benötigten Infrastruktureinrichtungen im Stadtgebiet in Abstimmung mit dem Stadtumland bei weitgehender Vermeidung von Störungen der Funktionen untereinander:
  (1) Gliederung der Stadt in ein Gefüge überschaubarer Stadtteile
  (2) Stärkung des gesamten Verdichtungsraumes.
- *Stadtgestalt:*
  Erhaltung der baulichen und räumlichen Lebensgeschichte der Stadt; Sicherung, Wiederherstellung und Förderung architektonisch prägender Bebauung: Wahrung landschaftsgestalterischer Belange.
- *Bevölkerung*
  (1) Aufrechterhaltung des Bevölkerungsstandes für die Gesamtstadt und differenzierte Stärkung der Bevölkerungszahl in einzelnen Stadtteilen
  (2) Förderung einer ausgewogenen Bevölkerungsstruktur in der Gesamtstadt und in den Stadtteilen hinsichtlich der Merkmale Alter, Erwerbstätigen- und Ausländeranteil.
- *Arbeit und Wirtschaft*
  (1) Verbesserung des Umfanges und der Struktur des Arbeitsplatzangebotes:
  - Verminderung bestehender Branchenungleichgewichte
  - Vergrößerung des Angebots an Arbeitsplätzen im tertiären Bereich
  - Ausrichtung an der künftigen Arbeitsplatznachfrage
  - Schaffung geeigneter Arbeitsplätze für Frauen, Teilzeitbeschäftigte, ältere Arbeitnehmer und schwer ver-

mittelbare Arbeitskräfte
- Erhöhung der Qualifikation der Arbeitskräfte und des Lohnniveaus
- Vervollkommnung (Verbreiterung, Ausgestaltung) des Angebots an beruflichen Ausbildungsmöglichkeiten

(2) Verbesserung und Ausbau der Wirtschaftsstruktur:
- Erweiterung bestehender und Ansiedlung neuer Betriebe, insbesondere wachstumsintensiver Wirtschaftszweige
- Erfüllung von Standortbedingungen für Betriebsan- und -umsiedlungen
- Förderung von Handwerks-, Klein- und Mittelbetrieben
- Schaffung zusätzlicher und Erweiterung bestehender öffentlicher Einrichtungen entsprechend der oberzentralen Funktion
- Ansiedlung von Betrieben, die auf die räumliche Nähe der Universität angewiesen sind
- Stärkung des Dienstleistungsbereichs
- Vorhaltung geeigneter und erschlossener Grundstücke

(3) Verbesserung der räumlichen Verteilung der Arbeitsstätten:
- möglichst günstige Zuordnung zu den Wohnstätten
- Anpassung an die Struktur und die Leistungsfähigkeit des Verkehrssystems
- Ausrichtung neuer Standorte personalintensiver Betriebe auf die Einzugsbereiche des ÖPNV

(4) Verbesserung der Versorgung der Bevölkerung mit Gütern und Dienstleistungen:
- Dezentralisierung des periodischen Angebots in Stadtteilzentren
- weitere Angebotsdifferenzierung in der City

(5) Erhaltung einer funktionsfähigen Land- und Forstwirtschaft.

- *Versorgung der Bevölkerung mit bedarfsgerechten Wohnungen von möglichst hohem Wohnwert*
  (1) Allgemeine Förderung des Wohnungsbaus, schwerpunktmäßig im sozialen Wohnungsbau
  (2) Steuerung der Wohnungsbautätigkeit durch
  - Konzentration auf Gebiete mit weitgehend vorhandener Infrastruktur
  - maßvolle Verdichtung der Bebauung entlang schienengebundener Nahverkehrslinien
  (3) Schaffung eines humanen Wohnumfeldes
  (4) Erneuerung alter Wohngebiete durch

- Sanierung des Wohnbestandes
- Förderungsmaßnahmen
- Verbesserung der Infrastruktur

(5) Erhaltung des Wohnungsbestands in der Innenstadt durch Ausschöpfung von Rechtsvorschriften und planerische Festlegungen

(6) Förderung moderner Bebauungsformen durch
- Geschoßwohnungsbau mit human maßvoller Geschoßzahl
- Einfamilienhausbau vorzugsweise in verdichteten Formen

(7) Neubelebung des Siedlungswesens in zeitgemäßer Form

(8) Förderung einer ausgewogenen Sozialstruktur in den Wohngebieten.

Es folgen die funktionalen Ziele für die Bereiche

- *Ausbau und Modernisierung eines breitgefächerten Bildungsangebots, Anhebung des Bildungsstandards und Förderung der kulturellen Vielfalt der Stadt*
- *Freizeit, Erholung und Sport*
- *Sicherung eines menschenwürdigen Daseins in allen Lebenslagen, Förderung der Chancengleichheit aller gesellschaftlichen Gruppen, Ausgleich sozial bedingter Nachteile einzelner Bevölkerungsgruppen*
- *Weiterentwicklung eines humanen, funktionsgerechten Gesamtverkehrssystems* durch Einordnung der Verkehrsteilsysteme in die dienende Funktion unter Abstimmung der Verkehrsplanung auf die übrigen Ziele der Stadtentwicklung:

(1) Steigerung der Attraktivität des öffentlichen Personennahverkehrs

(2) Aufbau einer Tarifgemeinschaft möglichst mit Erweiterung zu einer Verkehrsgemeinschaft in der Nahverkehrsregion

(3) Verminderung des Durchgangsverkehrs und Schaffung verkehrsberuhigter Zonen

(4) Eindämmung von Umweltbelästigungen

(5) Steuerung des Verkehrszuflusses in die Innenstadt mit dem Ziel verkehrsberuhigter Zeiten

(6) Schaffung eines möglichst vom Kraftverkehr getrennten Fuß- und Radwegesystems

(7) Schaffung weiterer Fußgängerzonen, insbesondere in der Innenstadt und in den Stadtteilzentren.

- *Sicherstellung der Versorgung von Bevölkerung und Wirtschaft mit Wasser und Energie*
- *Sicherung einer schadlosen, hygienischen Entsorgung und Verhinderung nachteiliger Einwirkungen auf die Umwelt.*

3. Zielkriterien für die Bewertung von Stadtstrukturen und Probleme der Wirkungsanalyse

Bei der Beeinflussung der vielen einzelnen Aktivitäten in der Stadt muß die Stadtplanung die Grundsätze ihres Handelns an einem Bündel möglichst konsistenter Zielvorstellungen orientieren, die den Bedürfnissen und Präferenzen der städtischen Gesellschaft entsprechen. Diese sind jedoch äußerst unscharf und kontrovers, wie die oben dargestellten Beispiele wohl bereits vermuten lassen. Da die real vorhandenen Mechanismen zur Aufdeckung der Präferenzen unvollkommen und/oder unvollständig sind, wird zumindest die Versorgung mit öffentlichen und meritorischen Gütern im allgemeinen nicht optimal sein, wenn nicht gar Mängel des Marktsystems auch die Versorgung mit privaten Gütern beeinträchtigen. Der Einwand betrifft selbstverständlich ganz wesentlich auch die Stadtstruktur, die durch Art und Menge öffentlicher und meritorischer Güter mitbestimmt wird. Das fehlende allgemeinverbindliche Zielsystem für die Stadtstruktur ersetzt die Stadtplanung im großen und ganzen – wie an den Stadtentwicklungsprogrammen von München und Augsburg deutlich geworden ist – durch ein System bedürfnisbezogener Leitziele zu allen kommunalen Aufgabenbereichen wie Soziales, Gesundheit, Bildung usw. Neben dem qualitativen und dem zeitlichen Aspekt haben diese Aktivitätsbereiche auch einen Flächen-, Standort-, Infrastruktur- und Gestaltungsbezug (räumlich-physische Dimension)[27].

Bei der Betrachtung der Oberziele der verschiedenen Zielsysteme fällt auf, daß diese weitgehend eher die Züge von programmatischen politischen Erklärungen tragen (Verbesserung..., Steigerung..., Erhöhung... usw.) und daher als Grundlagen für eine Bewertung wenig geeignet sind. Es liegt sogar die Gefahr nahe, daß die meisten der genannten Zielvorstellungen nur als folgenlose Absichtserklärungen der planenden Verwaltung zu sehen sind.[28] Untersuchungen von stadtentwicklungspolitischen Zielsystemen kommen zu dem Ergebnis, daß operationale oder gar quantifizierbare Planungsziele im kommunalen Bereich weitgehend nicht existent sind und die Kommunen selbst kaum Planungsziele formulieren.[29]

Allerdings gibt es neuere Stadtentwicklungspläne, in denen die Notwendigkeit der Zielkonkretisierung erkannt und die Konkretisierung zum Teil schon realisiert wird. Entweder wird eine entsprechend abgestufte Zielhierarchie aufgebaut, an deren Ende zum Teil schon quantifizierbare Zielkriterien formuliert werden (zum Beispiel Saarbrücken)[30], oder es wird einem disaggregierten Zielbündel ein entsprechendes Maßnahmenbündel hintenangestellt (zum Beispiel Hamburg)[31].

Ebenfalls werden quantifizierbare Beurteilungskriterien für zukünftige, alternative Stadtentwicklungen in einigen Städten für die Aufgaben der Stadtplanung verwendet.[32] Zum Teil wird auch die Notwendigkeit der Ableitung von operationalen Zielkriterien gesehen, um die *Wirksamkeit* der angestrebten Politik zu messen.[33]

Die planende Verwaltung behilft sich aber zum Teil auch mit der Setzung von Richtwerten. "Diese 'Richtwerte', 'Orientierungswerte' oder 'Faustzahlen', die von den Verwaltungen als Planungsgrundsätze akzeptiert werden, sind im Regelfall Bezugsgrößen, die eine Relation zwischen einer 'technischen Dimension des Infrastrukturbereichs' und einer Basisgröße beinhalten."[34] Sofern speziell auf lokale Verhältnisse abgestellte Meßzahlen nicht ermittelt werden können, wird auf veröffentlichte Richtwerte bzw. allgemeine Normen[35] als Orientierungshilfe zurückgegriffen. Die Verwendung von Richtwerten wurde in den letzten Jahren immer stärker kritisiert, insbesondere wurde bemängelt, daß die Richtwerte nicht den Bedürfnissen jener entsprechen, die letzlich vom Planungsprozeß betroffen werden, und daß daher die Aussagekraft solcher technischen Richtwerte bei weitem überschätzt wird.[36]

Den oben dokumentierten oder erwähnten Stadtentwicklungsplänen ist gemeinsam, daß sie – mehr oder weniger – Zielvorstellungen auch über die räumliche Ordnung des Stadtgebietes beinhalten. Hamburg z.B. präferiert ein Achsenmodell mit einem System zentraler Standorte, welches durch ein sogenanntes "Dichtemodell" weiter konkretisiert wird.[37] München möchte von der bestehenden monozentrischen zu einer polyzentrischen Struktur mit einem System von Nebenzentren übergehen.[38] Auch das räumliche Konzept der Stadt Augsburg strebt eine "multizentrische Stadtstruktur" an.[39]

Die verschiedenen räumlichen Ordnungsvorstellungen werden als *Instrumente* zur Erreichung übergeordneter funktionaler Ziele angesehen. München hofft dadurch insbesondere eine gleichwertige Versorgung der einzelnen Stadtteile zu erreichen, um vor allem die Wohnqualität entsprechend den Bedürfnissen der ansässigen Bevölkerung zu verbessern.

Diese Anmerkungen mögen als Hinweise dafür genügen, daß in der bisherigen Planungspraxis einfache, visualisierbare, räumliche Stadtstrukturkonzepte vorherrschen. Diese Konzepte sieht man als Instrumente (Unterziele) zur Förderung allgemeiner, funktionaler Stadtentwicklungsziele an. Bisher existieren noch keine befriedigenden Untersuchungen darüber, ob sich durch das jeweilige räumliche Entwicklungskonzept die gewünschten Wirkungen auf die funktionalen Stadtentwicklungsbereiche einstellen, d.h. ob der Umsetzungsprozeß von nicht-räumlich definierten auf räumliche Zielvorstellungen gelungen ist.[40]

Zwar existieren einzelne Untersuchungen auf fachplanerischer Ebene, in denen alternative idealtypische Siedlungsmodelle einer eindimensionalen Bewertung unterworfen werden; vorhandene mehrdimensionale Bewertungsversuche sind jedoch noch zu wenig operational, um in die praktische Stadtentwicklungplanung einfließen zu können.[41]

Häufiger werden idealtypische Stadtstrukturen (Stadtmodelle) im Hinblick auf einzelne Aspekte, insbesondere solche technischer Art, analysiert. So werden die Wirkungen idealtypischer Stadtstrukturen auf die Umweltqualität und auf den Verkehrsenergieaufwand untersucht.[42] Die Analyse ergibt als qualitative Feststellung zum Beispiel, daß die Umweltqualität eher durch polyzentrisch gestreute Stadtstrukturen verbessert würde, da dadurch der sogenannte "Heat-Island-Effekt", der besonders bei monozentrisch angeordneten Siedlungsstrukturen auftritt, weitgehend abgeschwächt wird. Bei dezentraler, polyzentrischer Besiedlung reduziere sich auch der Verkehrsenergieaufwand. Die Steigerung der Umweltqualität durch polyzentrische Strukturen werde aber durch die erschwerte (da länger dauernde) Erschließung mit öffentlichen Verkehrsmitteln und umweltfreundlichen (Energie-) Infrastrukturnetzen (z.B. Fernwärme) konterkariert.[43]

Bei einem Vergleich idealtypischer "Stadtgestalten" in bezug auf das Transportkostenminimum wird festgestellt[44], daß das Niveau der Transportkosten bei freier Routenwahl für eine Sternstadt mit einem Außenring am niedrigsten liegt. Jedoch berücksichtigt die Untersuchung die Opportunitätskosten der Fläche, der Infrastruktur usw. nicht, so daß sich die Modellergebnisse nur eingeschränkt auf die Realität übertragen lassen.

Vor allem die ökonomischen Vorteile einer Stadtstruktur nach dem Muster einer Sternstadt (axiale Stadtstruktur) werden in einer stadtökonomischen Arbeit hervorgehoben.[45] Allerdings handelt es sich nur um allgemeine qualitative Argumente, die als Fazit ergeben, die Sternstadt begünstige

– die ökonomischen Austauschbeziehungen mit anderen Agglomerationen und dem Hinterland und
– die umweltunschädliche Ansiedlung von Industriebetrieben.

Insgesamt sei die Sternstadt (d.h. die punkt-axiale Entwicklung) am besten in der Lage, die negativen Agglomerationseffekte zu reduzieren und die ökonomische Entwicklung der Stadt zu fördern.

Wegen des hohen Abstraktionsgrades der idealtypischen Stadtstrukturmodelle ist eine Erfolgskontrolle bei ihrem Einsatz in der praktischen Stadtplanung nur in sehr begrenztem Umfang möglich.[46] Nur unter Zuhilfenahme mehrerer einschränkender Modellvorgaben kommt eine Studie[47] zu dem Ergebnis, daß von acht untersuchten Stadtstrukturmodellen[48] das Rastermodell mit vermaschtem ÖPNV-Netz den höchsten Versorgungsgrad der Bevölkerung gewährleistet. Unter Versorgungsgrad wird in der Arbeit die Erreichbarkeit von zentralen Einrichtungen und von Arbeitsplätzen verstanden. Der Autor kommt für den konkreten Planungsraum Hannover zu den gleichen Ergebnissen wie in seiner theoretischen Analyse und empfiehlt eine Verteilung der Arbeitsplätze und zentralen Einrichtungen auf eine größere Zahl von Standorten bei stärker netzförmig vermaschten ÖPNV-Systemen.[49]

Die Beurteilung von idealtypischen Stadtstrukturmodellen kann nur einen ersten Schritt bei der Bewertung von realen Stadtstrukturen darstellen. Wie in einem stadtökonomischen Forschungsprojekt bereits früher gezeigt werden konnte, erfassen die idealtypischen Stadtstrukturmodelle je nach Konkretisierungsgrad nur eine oder mehrere Aspekte (Teilstrukturen) der Stadtstruktur, aber erst die Überlagerung aller einzelnen Aspekte (Form-, Nutzungs-, Dichte-, Lage-, Netz- und baulich-physische Struktur der Stadt) ergibt die zu bewertende Gesamtstruktur.[50]

Die Reduktion der vielfältig möglichen räumlichen Zuordnungsmuster auf mehr oder weniger konkrete, bildhafte Stadtstrukturmodelle hat durchaus einen gewissen Stellenwert innerhalb gegenwärtiger Planungsprozesse. Für eine umfassende Bewertung des "Instruments Stadtstruktur" als Unterziel bei der Verwirklichung stadtplanerischer Oberziele ist es jedoch notwendig, detaillierte, kriteriengestützte Bewertungsverfahren zu entwickeln, die auf einer Wirkungsanalyse alternativer Stadtstrukturen aufbauen. Als Voraussetzung dafür wurden die Strukturmaße entwickelt, die im Teil III dieses Buches näher dargestellt wurden.

Auf Maßzahlen gestützte Bewertungsverfahren alternativer realer Stadtstrukturen existieren bisher nur wenige.[51] Die wichtigsten Arbeiten gehen dabei – soweit uns bekannt ist – auf das Bewertungsmodell zurück, das vom "Centre for Land Use and Built Form Studies" in Cambridge entwickelt wurde.[52] Das Modell baut auf einer Reihe von Maßzahlen auf und wurde im Laufe einiger Jahre zur Bewertung verschiedener englischer Städte verwendet.[53] Die Möglichkeit der Messung ist nicht auf einige (ideal-)typische Modellvorstellungen beschränkt, es lassen sich komplexe Stadtstrukturen erfassen und auf der Basis einer Wirkungsanalyse bewerten.

Dies entspricht durchaus den Erfordernissen der Planungspraxis, wo es nicht so sehr darauf ankommt, die zukünftigen Effekte einer Umstellung auf ein anderes Leitbild der Stadtstrukturentwicklung (z.B. eines Übergangs von der Ring- zur Sternstadt) zu quantifizieren, sondern die Vor- und Nachteile von Veränderungen abzuschätzen, wenn sich die Stadtstruktur durch Planungsbegriffe im Vergleich zum status quo verändert..

Die im Teil III des vorliegenden Buches dargestellten Methoden zur Beschreibung und Messung von Stadtstrukturen umfassen unter anderem die im oben erwähnten "Cambridge-Modell" vorgeschlagenen Kennziffern. Wir stellen die Messung der Stadtstruktur jedoch in einen *größeren* allgemeinen *methodologischen Rahmen* der empirischen Forschung,[54] erweitern dabei den Meßbereich auf *alle* (sogenannten) *Teilstrukturen* der Stadtstruktur und verbinden die Messung mit der *Theorie der Stadtstruktur,* wie sie sich vor allem in den Stadtmodellen der Stadtökonomie niedergeschlagen hat.

Jede Stadtstruktur läßt sich messen und im *Prinzip* durch eine Kennziffernkombination eineindeutig festlegen.[55] Es bleibt das Problem der Wirkungsanalyse auf der Basis der Maßzahlen der Stadtstruktur: Welches Ergebnis, welche "Leistung" bietet eine bestimmte Stadtstruktur? Wie *wirkt* sich eine bestimmte (durch die Maßzahlen erfaßte) Stadtstruktur im Hinblick auf die Erfüllung der Zielvorstellungen der Stadtbürger aus? Welcher Wirkungszusammenhang besteht zwischen den Maßzahlen der verschiedenen Stadtstrukturen und der Erreichung städtischer Zielvorstellungen?

Wir können im folgenden empirischen Kapitel keine endgültigen Antworten auf die aufgeworfenen Fragen geben. Trotzdem hoffen wir, zeigen zu können, wie die hier dargestellten oder neu entwickelten stadtökonomischen Konzepte auch eine gesellschaftliche Bewertung alternativer Stadtstrukturen erleichtern.

Bei der Allokation der städtischen Grundstücke über den Bodenmarkt auf verschiedene Flächennutzungen, also bei Verwendung des Produktionsfaktors Boden für die Produktion verschiedener privater Sachgüter und Leistungen, bleiben bestimmte gesellschaftliche Bedürfnisse unberücksichtigt, die insbesondere durch öffentliche und meritorische Güter zu decken sind. Um die Beeinflussung städtischer Prozesse rational vornehmen zu können, bedarf es deshalb neben dem Markt anderer gesellschaftlicher Entscheidungssysteme: *In diesem Zusammenhang* ist eine gesellschaftliche Bewertung alternativer Stadtstrukturen nötig.[56]

Gesellschaftliche Bewertung ist für den Stadtökonomen jedoch *nicht notwendig,* um eine "optimale" Stadtstruktur insgesamt *planen* zu können. Auf das Mißverständnis des Städtebauers, daß eine bestimmte "optimale" Stadtstruktur – als Gesamtheit unterschiedlich genutzter Gebäude – zu *bauen* wäre und deshalb (*von ihm* voraus-)geplant werden müßte, wurde im Einleitungskapitel hingewiesen. Gesellschaftliche Bewertung von Stadtstrukturen, für die im folgenden ein empirisches Beispiel gebracht wird, kann in der Marktwirtschaft nur Ergänzungs- und Ordnungsfunktion haben.

Anmerkungen zum 9. Kapitel

1) Zangemeister, Ch.; Nutzwertanalyse in der Systemtechnik, München 1970. Für die Anwendung in der Raumplanung war wichtig: Strassert, G.; Nutzwertanalyse. In: Methoden der empirischen Regionalforschung (1.Teil), Hannover 1973 (= FuS der ARL), S.147 - 160.
2) Vgl. auch Strassert, G., a.a.O., S.150ff.
3) Der Entscheidungsträger müßte die *Intensität* der Zustimmung oder Ablehnung einer bestimmten Alternative angeben, er müßte sagen, um *wieviel* er z.B. eine bestimmte Erreichbarkeit höher oder geringer bewertet als eine bestimmte Umweltqualität.
4) Wir nennen nur beispielhaft einige Arbeiten: Klein, R.; Nutzenbewertung in der Raumplanung, Basel 1978. Brenke, S.; Entscheidungen bei unsicheren Präferenzen: Nutzwertanalytische Ansätze zur Quantifizierung von Zielfunktionen, Münster 1980 (= Beiträge zum Siedlungs- und Wohnungswesen und zur Raumplanung). Eberle, D.; Bewertungsmethoden für regionale Siedlungsstrukturkonzepte, Hannover 1979 (= Beiträge ARL, 33). Derselbe; Fallbeispiele zur Weiterentwicklung der Standardversion der Nutzwertanalyse, Hannover 1981 (= Beiträge ARL, 51).
5) Bechmann, A.: Nutzwertanalyse, Bewertungstheorie und Planung, Bern und Stuttgart 1978.
6) Solche Möglichkeiten diskutiert: Roy, B.; Partial Preference Analysis and Decision Aid: The Fuzzy Outranking Relation Concept. In: Bell, Keeney, Raiffa, a.a.O., S.40 - 74.
7) Wir stimmen darin Eekhoff zu, der eine theoretisch gut fundierte Kritik an Bechmanns Nutzwertanalyse der 2. Generation liefert. Vgl. Eekhoff, J.; Zu den Grundlagen der Entwicklungsplanung, Hannover 1981 (= Abhdlg. ARL, 83)
8) Eine ausführliche Darstellung findet sich z.B. bei van Delft, A; Nijkamp, P.; Multi-Criteria Analysis and Regional Decision-Making, (= Studies in applied regional science, Vol.8), Leiden 1977. Wir werden im 10. Kapitel diese Methode empirisch anwenden.
9) von Delft, Nijkamp, a.a.O., S.39.
10) Diese vereinfachte Version findet sich bei Nijkamp; Stochastic..., a.a.O., S.182. Sonst vgl. van Delft, Nijkamp, a.a.O., S.39.
11) Vgl. Delft, A., Nijkamp, P., a.a.O., S.29ff.
12) Vgl. zum folgenden, van Delft, Nijkamp, a.a.O., S.49ff.
13) Viele Varianten dieser Methode finden sich bereits bei van Delft, Nijkamp; a.a.O. Umfassende und in größeren theoretischen Zusammenhang gestellte Kritik findet sich auch bei

Rietveld, a.a.O., S.227ff, zur Konkordanzanalyse insbesondere S.160ff. Die Anwendung einer weiterentwickelten Konkordanzanalyse, genannt ELECTRE II, zeigt z.B. Fichefet, J.; Computer Selection and Multicriteria Decision Aid. In: Fandel, Spronk (eds.), a.a.O., S.337 – 346.
14) Bauer, V., Wegener, M.; A Community Information Feedback System with Multiattribute Utilities, in: Bell, D., Keeney, R., Raiffa, H., a.a.O., S.325f. (Übersetzung J. Hampe).
15) Vgl. Richardson, H.W.; Urban economics, Middlesex, England, 1971, S.169ff.
16) Vgl. hierzu Fürst, D., Kommunale Entscheidungsprozesse, Baden-Baden 1975, S.38ff; Burckhardt, L., Wer plant die Planung?, in: Pehnt, W. (Hrsg), Die Stadt in der Bundesrepublik Deutschland, Stuttgart 1974, S.479ff.
17) Zur Frage, inwieweit die bei der Formulierung des Zielsystems relevanten Entscheidungen schon in der planenden Verwaltung gefällt werden, vgl. Knigge, R., Infrastrukturinvestitionen in Großstädten, Stuttgart 1978, S.271ff.
18) Vgl. Hesse, J., Stadtentwicklungsplanung: Zielfindungsprozesse und Zielvorstellungen, Stuttgart 1972, S.106ff.
19) Vgl. ebenda S.109f.
20) Vgl. 4. Kapitel, 2. Abschnitt; S. 127.
21) Zum Begriff der Dimensionen Qualität, Raum und Zeit in theoretischen Modellen vgl. von Böventer, E., Standortentscheidung und Raumstruktur, Hannover 1979, S.6ff.
22) Die zeitliche Dimension wird im folgenden vernachlässigt.
23) Vgl. z.B. Franke, T., Dokumentation von Zielsystemen zur Stadtentwicklungsplanung, Gutachten im Auftrag der Stadt Nürnberg. Deutsches Institut für Urbanistik, Berlin, Köln 1974, Abschn.5, S.1f.
24) Vgl. Landeshauptstadt München – Referat für Stadtforschung und Stadtentwicklung –, Stadtentwicklungsplan 1974, München März 1974.
25) Dieses Ziel wird im Stadtentwicklungsplan als Maßnahme bezeichnet und sehr detailliert untergliedert.
26) Vgl. Stadtentwicklungsprogramm Augsburg, Kommunalpolitische Zielvorstellungen für ein Stadtentwicklungsprogramm, Beschluß des Stadtrates vom 12.10.1977.
27) Vgl. Franke, T., a.a.O., Abschn.5, S.1f.
28) Vgl. Hesse, J., a.a.O., S.109.
29) Vgl. Wagener, F., Ziele der Stadtentwicklung nach Plänen der Länder (= Schriften zur Städtebau- und Wohnungspolitik, Bd.1); Göttingen 1971, S.170f.; Knigge, R., Infrastrukturinvestitionen in Großstädten, Stuttgart 1975, S.85f.; Jägemann, H., Zielbildungsprozesse in der Stadtplanung, Frankfurt/M., Thun 1977, S.35f.

30) Vgl. Landeshauptstadt Saarbrücken (Hrsg.), Amt für Stadtentwicklung und Raumordnung (Bearbeiter); Materialien zum Stadtentwicklungsprogramm, Heft 4: Bestandsaufnahme, Saarbrücken 1977.
31) Senatskanzlei Hamburg (Hrsg.); Stadtentwicklungskonzept, Hamburg 1980.
32) Vgl. z.B. Landeshauptstadt Düsseldorf (Hrsg.), Planungsstab Stadtentwicklung, Innenstadt – Bebauungsdichten und Erreichbarkeit – Beiträge zur Stadtentwicklung und Stadtforschung 18, Düsseldorf 1978. Um für zukünftige Bauvorhaben im Sinne der stadtentwicklungspolitischen Ziele eine Standortbeurteilung durchführen zu können, werden "Erreichbarkeit der Innenstadt" und "Bodenpreise" als Indikatoren herangezogen. Andere und ähnliche Kriterien für die Zielerreichung verwendet der Stadtentwicklungsplan Mannheim, vgl. Keppel, H., Stadtentwicklungsplan Mannheim – Ludwigshafen, Arbeitsbericht Nr.5 des Instituts für öffentliche Bauten und Hochschulplanung, Universität Stuttgart (Hrsg.), Stuttgart 1979.
33) So in Saarbrücken (Landeshauptstadt Saarbrücken (Hrsg.)), a.a.O. Die gleiche Forderung stellt H.W. Richardson (Regional and Urban Economics; Middlesex 1978, S.224) auf: "The danger in adopting very general goals is that it becomes very difficult to evaluate the effectiveness of chosen policies."
34) Knigge, R., a.a.O., S.111. Vgl. auch Zehner, R., Indicators of the Quality of Life in New Communities, Cambridge, Mass. 1977; Wilcox, L., u.a. (Hrsg.), Social Indicators and Societal Monitoring, Amsterdam 1972; Gehrmann, F., Normative Sozialindikatoren als Entscheidungshilfe in der Stadtforschung, in: Pfaff, M., Gehrmann, F., (Hrsg.), Informations- und Steuerungsinstrumente zur Schaffung einr höheren Lebensqualität in Städten, Göttingen 1976, S.423ff.
35) Vgl. z.B. Bahlburg, M., Kunze, R., Orientierungswerte für die Infrastrukturplanung – Analysewerte und Zielindikatoren der Planung in Bund, Ländern und Gemeinden (Beiträge der ARL, Band 31), Hannover 1979.
36) Vgl. Atteslander, P., Dichte und Mischung der Bevölkerung, Berlin, New York 1975, S.45f.; Borchard, K., Zur Problematik städtebaulicher Orientierungs- und Richtwerte, in: Stadtbauwelt 1969, Nr.21, S.267ff; Hübner, H., Richtwerte und Werturteile, ebenda, S.270 ff; Lenort, N., Specht, K.-G., Richtzahlen in der Siedlungsplanung; ebenda, S.257ff; Knigge, R., a.a.O., S.117ff; Schmidt, V., Gustafsson, K., Sozialindikatoren: Rationalisierung oder Verschleierung der Willensbildung, in: Pfaff, M., Gehrmann, F. (Hrsg.), a.a.O., S.583ff.
37) Vgl. Senatskanzlei Hamburg (Hrsg.), a.a.O., S.25ff. Siehe auch: Bahr, G.; Meldan, J.; Das Hamburger Dichtemodell

1980. In: Raumforschung und Raumordnung, 42. Jg, H.3 (1984), S. 121 – 131.
38) Vgl. Landeshauptstadt München (Hrsg.) – Referat für Stadtforschung und Stadtentwicklung –, a.a.O., III S.5.
39) Vgl. Baureferat der Stadt Augsburg, Stadtplanungsamt (Hrsg.), Augsburg – Vorentwurf zum Flächennutzungsplan und Landschaftsplan –, Augsburg 1978, S.50f.
40) Die Notwendigkeit von näheren Analysen wird im Stadtentwicklungsplan München (Landeshauptstadt München (Hrsg.), a.a.O., III S.28) ausdrücklich gesehen: "Darüberhinaus sind Verfahren zu entwickeln und zu verfeinern, die als Entscheidungshilfe für möglichst ökonomische Nutzung und optimale Funktionsbestimmung von bereitzustellenden Flächen dienen. Die Umsetzung der angestrebten, teilweise räumlich nicht definierten Zielvorstellungen zur Stadtentwicklung macht es erforderlich, auf der Grundlage umfassender raumbezogener Untersuchungen differenzierte räumliche, zeitliche und investive Aussagen zu treffen."
41) Vgl. Eberle, D., Bewertungsmethoden für regionale Siedlungsstrukturkonzepte, Beiträge der ARL, Band 33, Hannover 1979, S.22. Um eine eher theoretische Arbeit handelt es sich auch bei dem richtungsweisenden frühen Ansatz von Lynch, K., The pattern of the Metropolis, in: Leahy, W., u.a. (Hrsg.) Urban Economics, London 1970, S.21ff., (Erstveröffentlichung in Daedalus 1961). Vgl. auch als Anwendung auf der Modellebene Boeddinghaus, G., Siedlungsachsen in der vergleichenden Modellbewertung, in: Kleinräumige Siedlungsachsen: Zur Anwendung linearer Siedlungsstrukturkonzepte (ARL, Forschungs- und Sitzungsberichte, Band 133), Hannover 1980, S.21ff.
42) Vgl. Roth, U., Der Einfluß der Siedlungsform auf Wärmeversorgungssysteme, Verkehrsenergieaufwand und Umweltbelastung, in: Raumforschung und Raumordnung 1977, Heft 4, S.155ff.
43) Vgl. ebenda S.164.
44) Vgl. Richmann, A., Idealtypische Stadtgestalten im Vergleich – eine Untersuchung der Transportkosten unter besonderer Berücksichtigung der Verkehrsdichtekosten, Diss., Göttingen 1977, S.305.
45) Vgl. Klaus, J., Stadtentwicklungspolitik, Bern/Stuttgart 1977, S.131.
46) Ähnliche Schlußfolgerungen zieht auch Kistenmacher im Zusammenhang mit Entwicklungsachsen, vgl. Kistenmacher, H., Zur theoretischen Begründung und planungspraktischen Verwendbarkeit von Achsen, in: Zur Problematik von Entwicklungsachsen (ARL, Forschungs- und Sitzungsberichte, Band

113), Hannover 1976, S.16.
47) Vgl. Apel, D., Stadträumliche Verflechtungskonzepte, Berlin 1977, S.120ff.
48) Untersucht wurde die kreuzförmige, die sternförmige, die kammförmig gestreckte, die ringförmige, die rasterförmig kompakte und die rasterförmig aufgelockerte Stadt (vgl. ebenda S.126);
49) Vgl. Apel, ebenda, S.145f.
50) Vgl. Hampe, J., Saemundsdottir, S., Steinmüller, H., a.a.O., S.24.
51) Die Bewertung der Stadtstrukturen von München, Stuttgart und des Rhein-Neckar-Gebietes von Pelli u.a. stützt sich mangels ausreichender Quantifizierung zum großen Teil auf Plausibilitätsüberlegungen, so daß die Ergebnisse von den Autoren als nicht gesichert betrachtet werden. Ferner ist an dieser Untersuchung kritisch anzumerken, daß die Stadtstruktur nur durch ein grobes Maß der räumlichen Zuordnung der Strukturelemente beschrieben wird; vgl. Pelli, T., Pelli, C., Gerheuser, F., Vor- und Nachteile monozentrischer und polyzentrischer Siedlungsstrukturen, unveröffentlichtes Gutachten für das BMBau, Brugg/Zürich 1977.
52) Das Konzept wurde zuerst als working paper vorgelegt: Vgl. Echenique, M., Crowther, D., Lindsay, W.; A Structural Comparison of Three Generations of New Towns. LUBF5, WP25, Cambridge. Vgl. auch Echenique, M., Crowther, D., Lindsay, W., A Structural Comparison of Three Generations of New Towns, in: Martin, L., March, L. (Hrsg.), Urban Space and Structures, Cambridge 1972, S.219ff.
53) Einen Überblick gibt Breheny, M.J., Towards Measures of Spatial Opportunity – A Technique for the Partial Evaluation of Plans. Oxford, New York u.a. 1974 (= Progress in Planning, Vol. 2, Part 2).
54) Vgl. 1. Kapitel, S. 17f.
55) Das heißt, im Prinzip sollte es möglich sein, für eine bestimmte Stadtstruktur nur eine einzige Kennziffernkombination zu erhalten und daraus wieder die gemessene (räumliche) Stadtstruktur darzustellen. Das empirische Beispiel im 5. Kapitel ist allerdings noch nicht genügend ausgearbeitet, um die Möglichkeit einer solchen eineindeutigen Abbildung zeigen zu können.
56) Formale Methoden für diese Bewertung werden inzwischen bereits als Programme für den Computer angeboten: Ancot, J.R.; Micro – Qualiflex, AH Dordrecht 1987. Es handelt sich um die PC-Version einer Multi-Criteria-Methode für maximal 10 Alternativen und Kriterien.

10. Kapitel: Empirische Anwendung: Bewertung von Flächennutzungsalternativen mit Hilfe der Konkordanzanalyse

Da über die *Zielwirksamkeit oder -unwirksamkeit von Stadtstrukturänderungen* (Flächennutzungsalternativen) auf das städtische Zielsystem noch so gut wie keine zuverlässigen Ergebnisse existieren, und außerdem die Übertragung von Stadtentwicklungszielen in ihre räumliche Dimension sowohl in bezug auf die Vorgabe eines konsistenten Zielsystems als auch in bezug auf dessen ökonomische Konsequenzen sehr umstritten ist[1], gehen wir bei der gesamtwirtschaftlichen Bewertung von Stadtstrukturalternativen hier so vor, daß wir über positive oder negative Wirkungen unterschiedlicher räumlicher Strukturen anhand von Kriterien (Maßzahlen) a-priori-Hypothesen formulieren.[2] Diese Hypothesen sind das Ergebnis theoretischer Überlegungen aus Modellen der Standortwahl.[3]

Es scheint nicht möglich, von den stadtpolitischen Entscheidungsträgern ein zuverlässiges Gewichtungsschema ihrer verschiedenen Zielvorstellungen zu erhalten. Wir kehren daher bei der Bewertung die Fragestellung um und untersuchen, welches *implizite* Gewichtungsschema[4] die Entscheidungsträger haben müßten, wenn sie sich für eine bestimmte Stadtstrukturalternative entscheiden würden.

Um die Analyse übersichtlich zu halten, werden nicht alle Strukturmaße als Kriterien verwendet, sondern wir arbeiten mit einer begrenzten Auswahl, bei der die Aussagekraft der ihr zugrundeliegenden Hypothesen deutlich ist. Für die Bewertung werden folgende vier Teilbereiche der städtischen Zielfunktion ausgesucht, die wir folgendermaßen benennen:

- Wohnqualität
- Verkehrsqualität
- Qualität der Produktionsstandorte
- Versorgungsqualität.

Diese vier Teilziele, die auch durch verschiedene Nutzungskategorien gekennzeichnet sind, stellen nur eine Teilmenge aus der (in der Praxis mehr oder weniger konsistenten) Menge räumlicher und nichträumlicher Ziele der Stadtplanung und Stadtentwicklung dar. Wir bewerten hier nur die räumlich relevanten Ausprägungen dieser vier Zielsystemteilbereiche, da es uns allein um die Stadtstrukturänderungen geht.

Das "Ergebnis" des Bewertungsverfahrens ist somit immer nur als Teilergebnis zu interpretieren. Das gilt um so mehr, als Verhaltensänderungen am Standort – auf Grund des raumbezogenen Anpassungsverhaltens der verschiedenen städtischen Aktivitäten[5] – mit der Strukturmessung nicht erfaßt werden können. Den oben genannten vier Teilbereichen der städtischen Zielfunktion werden Strukturmaße (Wirkungen) in folgender Weise zugeordnet, damit interpretieren wir die Maße dann als (Ziel-)Strukturkriterien[6]:

1. Wohnqualität[7]
   - Gesamtstädtische Konzentration der Wohnnutzung
   - Entropie der Wohnungsnutzung
   - Verkehrslagegunst der Wohnungsnutzungen zueinander
   - Nachbarschaft zu anderen Bewohnern
   - Lage zum Zentrum
   - Lage zu Freiflächen
   - Lage zu Arbeitsplätzen in den Sektoren 1,2,3,4[8]
   - Lage zu Einzelhandelsgeschäften
   - Lage zu Schulen
   - Lage zu Ärzten
   - Abstand zu Chemiebetrieben
   - Lage zu Krankenhäusern
   - Lage zu Kultureinrichtungen
   - Lage zu Betrieben des Gastgewerbes

2. Verkehrsqualität
   - Belastungsabhängige Verkehrsqualität (auch als Kriterium für Umweltqualität)

3. Qualität der Produktionsstandorte
   - Gesamtstädtische Konzentration des Sektors 4
   - Entropie des Sektors 4
   - Spezialisierungskoeffizient der gewerblichen Nutzung
   - Lage des Sektors 4 zum übrigen Sektor 4
   - Nähe von Wohnbevölkerung für den Sektor 4
   - Erreichbarkeit des Zentrums für den Sektor 4

4. Versorgungsqualität
   - Entropie des Sektors 1
   - Entropie des Sektors 2
   - Entropie des Sektors 3
   - Gesamtstädtische Konzentration des Sektors 1
   - Gesamtstädtische Konzentration des Sektors 3
   - Lage zu Einwohnern für Sektor 1
   - Lage zu Einwohnern für den Einzelhandel
   - Lage zu Einwohnern für den Sektor 3

- Lage zum Zentrum für den Sektor 1
- Lage zum Zentrum für den Einzelhandel
- Lage zum Zentrum für den Sektor 3
- Lage des Einzelhandels zum übrigen Einzelhandel
- Lage des Sektors 2 zu Einzelhandelsgeschäften
- Nähe zu Einwohnern für das Gastgewerbe.

Über die Wirkungsrichtung dieser Kriterien werden folgende Hypothesen aufgestellt:

a) Die Entfernungs- bzw. Nähekriterien der Wohnqualität erfassen die durchschnittliche Lage zu allen wichtigen städtischen Interaktionspunkten der Haushalte[9] wie Arbeitsplätze, soziale Kontaktmöglichkeiten, Einkaufsgelegenheiten usw., wobei unterstellt wird, daß ein Großteil der Qualitätskriterien entfernungsabhängig ist. Da hier nur Luftlinienentfernungen berücksichtigt werden, sind Kapazitätsprobleme des Verkehrsnetzes und damit zusammenhängende negative Agglomerationseffekte zunächst ausgeschlossen. Es wird unterstellt, daß jede Verkürzung der durchschnittlichen Entfernungen (Verstärkung der Nachbarschaft) (noch) nutzensteigernd wirkt. Einzige Ausnahme ist die durchschnittliche Nähe zu Chemiebetrieben: Hier wird angenommen, die Haushalte wünschten eine Maximierung der Entfernung zu diesen Betrieben aufgrund störender Emissionen.[10]
b) Kapazitätsprobleme des Verkehrsnetzes werden im Kriterium der Verkehrslagegunst für die Wohnnutzung explizit berücksichtigt. "Verbessert" sich die Lagegunst der Stadtstruktur, so sind die (Wohn-) Standorte untereinander "besser" erreichbar, d.h. die Transportkosten einschließlich negativer externer Effekte beim Pendeln sind in toto geringer und damit wirkt eine Verbesserung der Lagegunst nutzensteigernd.
c) Bei der gemessenen Entropie für die Verteilung der Bevölkerung unterstellen wir, daß eine Bevölkerungsverteilung, die näher an der Gleichverteilung liegt, vorgezogen wird, wenn unter sonst gleichen Bedingungen die positiven Agglomerationseffekte unverändert bleiben und die negativen Effekte gesenkt werden können.[11],[12] Die gleiche Hypothese wird für die Konzentration der Bevölkerung aufgestellt.[13]
d) Erhöhungen der Durchschnittsgeschwindigkeiten bei den Individualverkehrsmitteln werden sowohl aus Gründen niedriger Transportkosten (Zeit- und Energieeinsparungen), als auch aus Gründen der Umweltqualität (Vermeidung von Abgasemissionen bei stehendem oder langsam fließendem Verkehr) positiv bewertet. Das Maß "Verkehrsqualität" kann somit direkt als "Qualitätskriterium" interpretiert werden.[14]

e) Spezialisierungskoeffizient, Entropie und Konzentration des Sektors 4 werden als Agglomerationsindikatoren gedeutet: Durch eine räumliche Ballung von Produktionsaktivitäten können gemeinsam steigende Skalenerträge (localization und urbanization economies) realisiert werden, implizit unterstellen wir also, daß der optimale Grad der räumlichen Konzentration der Produktionsaktivitäten (noch) nicht erreicht ist, d.h. die externen und internen Ersparnisse überwiegen die erhöhten Transportkosten.
f) Der gleichen Hypothese folgt die Interpretation der Nähemaße: Erreichbarkeit von Betrieben des Sektors 4 untereinander dient als Indikator für Branchenagglomerationseffekte. Nähe zum Stadtzentrum betrachten wir als Indikator für die Wirkungen der Urbanisierungseffekte, die vom Stadtzentrum ausgehen (Nähe zu öffentlichen Verwaltungen, Kommunikationseinrichtungen usw.). Die Erreichbarkeit von Wohnbevölkerung kann als Indikator für die Größe des räumlichen Arbeitsmarktes angesehen werden.[16]
g) Die Entropie- und Konzentrationsindikatoren für die Sektoren 1 – 3 werden entgegengesetzt interpretiert wie beim Sektor 4: Eine tendenziell größere Gleichverteilung bzw. niedrigere Konzentration dieser Nutzungskategorien wird angestrebt, um eine bessere Versorgung der Wohnbevölkerung mit tertiären Einrichtungen (und damit eine Transportkostenersparnis) zu erreichen.[17]
h) Ähnliche Überlegungen werden den Nähemaßen bei der Versorgungsqualität zugrundegelegt: Kürzere Entfernungen zu Nachfragern erhöhen die Absatzmöglichkeiten und ganz allgemein die Marktchancen dieser kundenorientierten Betriebe. Größere Erreichbarkeiten von Betrieben der gleichen Branche werden genauso interpretiert wie beim Sektor 4: Es entstehen Branchenagglomerationseffekte.[18] Besonders für den Einzelhandel spielen Erreichbarkeiten eine besondere Rolle.[19]

Nach der Formulierung dieser (natürlich stark vereinfachenden) a-priori-Hypothesen läßt sich nun die Wirkungsrichtung unserer Bewertungskriterien angeben, wie dies von der Methode der Konkordanzanalyse gefordert wird. Tabelle 12 faßt die vorangegangenen Überlegungen zusammen.

Tabelle 12: Die Bewertungskriterien der Fallstudie und ihre Wirkungsrichtung

j	Bewertungskriterium	Positivwirkung = "Nutzen"kriterium = + Negativwirkung = "Kosten"kriterium = −
1	Verkehrslagegunst der Wohnnutzungen zueinander	+ [1]
2	Entropie der Wohnungsnutzung	−
3	Gesamtstädtische Konzentration der Wohnnutzung	−
4	Nachbarschaft zu anderen Einwohnern (M1)[2]	−
5	Lage zum Zentrum (M9)	−
6	Lage zu Freiflächen (M12)	−
7	Lage zu Arbeitsplätzen des Sektors 1 (M30)	−
8	Lage zu Arbeitsplätzen des Sektors 2 (M31)	−
9	Lage zu Arbeitsplätzen des Sektors 3 (M32)	−
10	Lage zu Arbeitsplätzen des Sektors 4 (M33)	−
11	Abstand zu Chemiebetrieben (M46)	+
12	Lage zu Einzelhandelsgeschäften (M43)	−
13	Lage zu Schulen (M44)	−
14	Lage zu Ärzten (M45)	−
15	Lage zu Krankenhäusern (M47)	−
16	Lage zu Kultureinrichtungen (M48)	−
17	Lage zu Betrieben des Gastgewerbes (M49)	−
18	Verkehrsqualität	+
19	Spezialisierung der gewerblichen Nutzung	+
20	Entropie des Sektors 4	+
21	Gesamtstädtische Konzentration des Sektors 4	+
22	Lage des Sektors 4 zum übrigen Sektor 4 (M22)	−
23	Nähe von Wohnbevölkerung für den Sektor 4 (M28)	−
24	Erreichbarkeit des Zentrums für Sektor 4 (M29)	−
25	Entropie des Sektors 1	−
26	Entropie des Sektors 2	−
27	Entropie des Sektors 3	−
28	Gesamtstädtische Konzentration des Sektors 1	−
29	Gesamtstädtische Konzentration des Sektors 2	−
30	Gesamtstädtische Konzentration des Sektors 3	−
31	Lage zu Einwohnern für Sektor 1 (M23)	−
32	Lage zu Einwohnern für den Einzelhandel (M36)	−
33	Lage zu Einwohnern für Sektor 2 (M25)	−
34	Lage zum Zentrum für Sektor 1 (M24)	−
35	Lage zum Zentrum für den Einzelhandel (M37)	−
36	Lage zum Zentrum für Sektor 3 (M27)	−
37	Lage des Einzelhandels zum übrigen Einzelhandel (M35)	−
38	Lage des Sektors 2 zu Einzelhandelsbetrieben (M34)	−
39	Nähe zu Einwohnern für das Gastgewerbe (M40)	−

[1] Die Vorzeichen der Erreichbarkeitskriterien ergeben sich aus der Definition der Nähemaße.

[2] Es handelt sich um die Kurzbezeichnungen für die Maße der Nähe, die auf S. 146ff beschrieben wurden.

Als Beispiel für das Bewertungsverfahren wählen wir wieder folgende Flächennutzungsalternative, die bereits dem Beispiel zur empirischen Anwendung der Strukturmaße zugrundelag.

(1) Das Grundstück eines Textilbetriebs (Sektor 4)[20] im Augsburger Textilviertel (Zone Nr. 184) mit einer Größe von 10,6 ha wird in Wohnnutzung umgewidmet, wobei eine mittlere Bebauungsdichte angestrebt wird; diese liegt zwischen der Wohndichte in der Innenstadt (122,02 Einw./ha) und der Wohndichte für die gesamte Stadtfläche (98,33 Einw./ha), denn es ist erklärtes Ziel der Augsburger Stadtverwaltung, keine zu dichte Bebauung vorzusehen. Wir wählen eine Dichterestriktion von 110,18 Einwohnern je Hektar. Unter dieser Bedingung kann in Zone 184 Wohnraum für 1168 zusätzliche Einwohner geschaffen werden. Gleichzeitig wird das Textilunternehmen nach Lechhausen-Ost (Zone 66) verlegt. Bei dieser Maßnahme würden von den 900 Arbeitsplätzen des Betriebs im Textilviertel 300 Arbeitsplätze am neuen Standort Lechhausen-Ost erhalten bleiben, während die restlichen 600 Arbeitnehmer nicht weiter beschäftigt würden.

Alternative:
(2) Es wird keine Flächenumwidmung durchgeführt, d.h. der Status quo mit dem Areal des Textilunternehmens wird als Gewerbefläche beibehalten, wobei offen ist, ob dieses Unternehmen bestehen bleibt oder ein anderes Unternehmen aus dem gleichen Sektor 4 dort die Produktion weiterführt (zum Beispiel aus dem Wirtschaftszweig Maschinenbau). Damit kommt es auch nicht zu Nutzungskonflikten wie bei Alternative (1) zwischen Wohnen und Arbeiten. Die Erhaltung der 900 Arbeitsplätze wird unterstellt.

Neben den ausgewählten Bewertungskriterien j (j = 1,..., 39) haben wir also 2 Stadtstruktur-(Plan-)alternativen i (i = 1,2), zum einen
(1) die Betriebsverlegung mit Bevölkerungszuzug in die Innenstadt, zum anderen
(2) den Status quo.

Auf diese beiden Stadtstruktur-Alternativen wird das Verfahren der Konkordanzanalyse angewandt.

Mit den schon früher gewonnenen Meßergebnissen[21] kann die unkorrigierte Planwirkungsmatrix P (mit den Elementen p_{ji}) aufgestellt werden:[22]

$$P = \begin{bmatrix} 9.82855 & 9.85549 \\ 0.0602 & 0.0600 \\ 0.2400 & 0.2415 \\ 468 & 470 \\ 2831 & 2841 \\ 547 & 549 \\ 2996 & 3006 \\ 1523 & 1526 \\ 2850 & 2859 \\ 1298 & 1305 \\ 2998 & 3006 \\ 619 & 618 \\ 1793 & 1798 \\ 919 & 920 \\ 3290 & 3297 \\ 4403 & 4422 \\ 1704 & 1708 \\ 10.5733 & 10.4834 \\ 0.3521 & 0.3535 \\ 0.2141 & 0.2141 \\ 0.3303 & 0.3299 \\ 282 & 282 \\ 1100 & 1088 \\ 3007 & 2938 \\ 0.2046 & 0.2046 \\ 0.1778 & 0.1778 \\ 0.3045 & 0.3045 \\ 0.4783 & 0.4801 \\ 0.3953 & 0.3974 \\ 0.5561 & 0.5576 \\ 422 & 422 \\ 309 & 309 \\ 600 & 601 \\ 1326 & 1326 \\ 1702 & 1702 \\ 1325 & 1325 \\ 138 & 138 \\ 365 & 365 \\ 324 & 325 \end{bmatrix}$$

Die Elemente p_{ji} werden nach der Formel
$v_{ji} = p_{ji} / p_j^{max}$ normiert[23],
und wir erhalten die Matrix V:

$$V = \begin{bmatrix}
0.997266 & 1 \\
1.003333 & 1 \\
1 & 1.00625 \\
1 & 1.004273 \\
1 & 1.003532 \\
1 & 1.003656 \\
1 & 1.003337 \\
1 & 1.001969 \\
1 & 1.003157 \\
1 & 1.005392 \\
0.997135 & 1 \\
1.001618 & 1 \\
1 & 1.002788 \\
1 & 1.001088 \\
1 & 1.002127 \\
1 & 1.004315 \\
1 & 1.002347 \\
1 & 0.991497 \\
0.996039 & 1 \\
1 & 1 \\
1 & 0.998788 \\
1 & 1 \\
1.011029 & 1 \\
1.023485 & 1 \\
1 & 1 \\
1 & 1 \\
1 & 1 \\
1 & 1.003763 \\
1 & 1.005312 \\
1 & 1.002697 \\
1 & 1 \\
1 & 1 \\
1 & 1.001666 \\
1 & 1 \\
1 & 1 \\
1 & 1 \\
1 & 1 \\
1 & 1.003086
\end{bmatrix}$$

Um Werte zwischen 0 und 1 zu bekommen, wird nochmals normiert, und man erhält:[24)]

$$\bar{V} = \begin{bmatrix} 0.997266 & 1 \\ 0.996667 & 1 \\ 1 & 0.993750 \\ 1 & 0.995727 \\ 1 & 0.996468 \\ 1 & 0.996344 \\ 1 & 0.996663 \\ 1 & 0.998031 \\ 1 & 0.996843 \\ 1 & 0.994608 \\ 0.997135 & 1 \\ 0.998382 & 1 \\ 1 & 0.997212 \\ 1 & 0.998912 \\ 1 & 0.997873 \\ 1 & 0.995685 \\ 1 & 0.997653 \\ 1 & 0.991497 \\ 0.996039 & 1 \\ 1 & 1 \\ 1 & 0.998788 \\ 1 & 1 \\ 0.9988971 & 1 \\ 0.976715 & 1 \\ 1 & 1 \\ 1 & 1 \\ 1 & 1 \\ 1 & 0.996237 \\ 1 & 0.994688 \\ 1 & 0.997303 \\ 1 & 1 \\ 1 & 1 \\ 1 & 0.998334 \\ 1 & 1 \\ 1 & 1 \\ 1 & 1 \\ 1 & 1 \\ 1 & 0.996914 \end{bmatrix}$$

Wegen der Schwierigkeit, ein konsistentes, städtisches Bewertungsschema a priori zu ermitteln, legen wir hier keinen Bewertungsvektor $\bar{w}$ fest, sondern werden – wie bereits einleitend angekündigt – Sensitivitätstests mit unterschiedlichen Gewichten durchführen.

Zuvor soll aber kurz gezeigt werden, zu welchem "Ergebnis" die Konkordanzanalyse führt, wenn eine Gleichgewichtung der Kriterien erfolgt, d.h. der Vektor $\bar{w}$ folgendes Aussehen hat:

$$\bar{w} = (1,1,\ldots\ldots,1).$$

Die Konkordanzmenge C_{12} enthält dann folgende Elemente:

$$C_{12} = \{\bar{v}_{3,1}, \bar{v}_{4,1}, \bar{v}_{5,1}, \bar{v}_{6,1}, \bar{v}_{7,1}, \bar{v}_{8,1}, \bar{v}_{9,1}, \bar{v}_{10,1}, \bar{v}_{13,1}, \bar{v}_{14,1},$$
$$\bar{v}_{15,1}, \bar{v}_{16,1}, \bar{v}_{17,1}, \bar{v}_{18,1}, \bar{v}_{20,1}, \bar{v}_{21,1}, \bar{v}_{22,1}, \bar{v}_{25,1},\ldots\ldots,$$
$$\bar{v}_{39,1}\}.$$

Bei diesen Kriterien ist Alternative 1 besser als oder mindestens gleich gut wie Alternative 2. Ebenso gilt für die Konkordanzmenge C_{21}:[25)]

$$C_{21} = \{\bar{v}_{1,2}, \bar{v}_{2,2}, \bar{v}_{11,2}, \bar{v}_{12,2}, \bar{v}_{19,2}, \bar{v}_{20,2}, \bar{v}_{22,2}, \bar{v}_{23,2}, \bar{v}_{24,2},$$
$$\bar{v}_{25,2}, \bar{v}_{26,2}, \bar{v}_{27,2}, \bar{v}_{31,2}, \bar{v}_{32,2}, \bar{v}_{34,2}, \bar{v}_{35,2}, \bar{v}_{36,2}, \bar{v}_{37,2},$$
$$\bar{v}_{38,2}\},$$

wobei Alternative 2 besser als oder mindestens gleich gut wie Alternative 1 ist. Als komplementäre Diskordanzmengen findet man:

$$D_{12} = \{\bar{v}_{1,2}, \bar{v}_{2,2}, \bar{v}_{11,2}, \bar{v}_{12,2}, \bar{v}_{19,2}, \bar{v}_{23,2}, \bar{v}_{24,2}\},$$

wobei bei diesen Kriterien Alternative 2 besser als Alternative 1 ist, und

$$D_{21} = \{\bar{v}_{3,1},\ldots,\bar{v}_{10,1}, \bar{v}_{13,1},\ldots,\bar{v}_{18,1}, \bar{v}_{21,1}, \bar{v}_{28,1}, \bar{v}_{29,1}, \bar{v}_{30,1},$$
$$\bar{v}_{33,2}, \bar{v}_{39,1}\},$$

wobei bei diesen Kriterien Alternative 1 besser als Alternative 2 ist. Die Konkordanzindices sind hier (trivialerweise):

$C_{12} = 32 \cdot 1/39 = 0{,}820513$

$C_{21} = 19 \cdot 1/39 = 0{,}487179$

Das heißt: bei (unterstellter) gleicher Bewertung aller Planwirkungen wird Alternative 1 gegenüber Alternative 2 höher bewertet (schwach präferiert) als bei umgekehrten Vergleich.[26]

Als Diskordanzindices[27] lassen sich nach der Formel:

(A) $\quad d_{i\,i'} = \max_{j \in D_{i\,i'}} \left(\dfrac{|p_{j\,i} - p_{j\,i'}|}{d_j^{max}} \right)$, $\quad (i \neq i')$ [28]

berechnen

$d_{12} = 0{,}023285$ (Diese Differenz tritt bei Kriterium 24, Erreichbarkeit des Zentrums, auf.)

$d_{21} = 0{,}008503$ (Diese Differenz tritt bei Kriterium 18, Verkehrsqualität, auf.)

Nach der Formel

(B) $\quad d^*_{i\,i'} = \sum_{j \in D_{i\,i'}} \left(\dfrac{|p_{j\,i} - p_{j\,i'}|}{d_j^{max}} \right)$ [28]

ergeben sich folgende Diskordanzindices:

$d^*_{12} = 0{,}04596$

$d^*_{21} = 0{,}073138$.

Die Alternative 1 hat in jedem Fall den größeren *Konkordanz*index. Der *Diskordanz*index d_{12} (nach Formel A) ist aber ebenfalls größer. Nach dem Konkordanzindex ist also Alternative 1 vorzuziehen, der Diskordanzindex zeigt jedoch einen größeren Vorteil der Alternative 2 an.

Die Interpretation dieses zunächst unklar erscheinenden Ergebnisses ist einfach. Der nach (A) berechnete Diskordanzindex wird durch den maximalen Wert eines Kriteriums bestimmt: Hier ist es die Erreichbarkeit des Zentrums, die in Alternative 2 so viel besser als in Alternative 1 ist, daß alle anderen Kriterien dadurch "unwichtig" werden.

In der Berechnung des Diskordanzindex nach Formel B zeigt sich deutlich, daß das Ergebnis im obigen Fall tatsächlich durch einen "Ausreißer" bestimmt ist: Der Überlegenheit der Alternative 1 bei einer *größeren* Anzahl an Kriterien steht die sehr große Überlegenheit der Alternative 2 bei einem *einzigen* Kriterium, der Erreichbarkeit des Zentrums, gegenüber.

Nach Formel B berechnet, ist der Diskordanzindex d^*_{21} größer, das heißt Alternative 1 zeigt Vorteile: Im Durchschnitt aller Kriterien ist also auch nach dem Diskordanzindex Alternative 1 der Alternative 2 vorzuziehen.

Wie zu Anfang dieses Kapitels erläutert, halten wir es für aussichtslos, ein Gewichtungschema der politischen Entscheidungsträger konstruieren zu wollen. Stattdessen haben wir eine Reihe von Simulationen berechnet, bei denen die Zielgewichte mittels eines Zufallszahlengenerators erzeugt wurden. Dabei stand die Frage im Vordergrund, bei welchen Kombinationen von Gewichten jeweils der eine Plan bzw. der andere Plan (der Status quo) ausgewählt werden würde. Das Ergebnis dieser Simulationen ist immer unter der Voraussetzung zu interpretieren, daß die oben aufgestellten Arbeitshypothesen über die Wirkungen unterschiedlicher Stadtstrukturen, abgeleitet unter Zugrundelegung sehr globaler und damit unseres Erachtens allgemein akzeptabler Zielvorstellungen von der Stadtstruktur, zutreffen: Die im folgenden darzustellenden Simulationsergebnisse, soviel läßt sich hier als Fazit bereits sagen, sprechen für die Richtigkeit der Hypothesen, bestätigen sich bei der quantitativen Bewertung der Stadtstrukturveränderung doch alle qualitativen und intuitiven Vermutungen über die "beste" Alternative.

Im ersten Schritt wurde untersucht, wie robust die Ergebnisse im Hinblick auf eine Veränderung der Gewichte sind. Dabei ergab sich, daß die Alternative 1 in der großen Mehrzahl der Fälle dem Status quo (Alternative 2), bewertet durch den Konkordanzindex, überlegen ist. Der Diskordanzindex wird von den Simulationen nicht berührt, da dieser von den Gewichten unabhängig ist, wie die Definition zeigt. Für den Vergleich des Plans 1 mit dem Plan 2 errechnet sich in den meisten Fällen ein Konkordanzindex zwischen 0,8 und 0,9, für den umgekehrten Vergleich ein Konkordanzindex zwischen 0,25 und 0,4, also doch eine starke Dominanz der Stadtstrukturalternative 1.

In folgender Tabelle 13 werden eine Auswahl der durch Simulation erzeugten Gewichtungsschemata und der damit verbundenen Konkordanzindices dargestellt, wobei bei der Auswahl Wert auf die Fälle gelegt wurde, in denen c_{21} die relativ höchsten Werte besitzt.

Tabelle 13: Gewichtungsschemata und Konkordanzindices

w_1	w_2	w_3	w_4	c_{12}	c_{21}
0.221873	0.363538	0.300760	0.113829	0.810466	0.365673
0.435685	0.006013	0.264788	0.293514	0.790721	0.493218
0.338371	0.187900	0.065260	0.408470	0.907658	0.386409
0.369302	0.062476	0.175186	0.393036	0.837236	0.473183
0.030397	0.360516	0.356501	0.252587	0.816286	0.470839
0.436708	0.099117	0.061058	0.403117	0.892405	0.396692
0.483834	0.319471	0.011107	0.185588	0.909064	0.218364
0.292466	0.364790	0.112091	0.226654	0.891637	0.296829
0.336591	0.330498	0.185126	0.147784	0.848038	0.312193
0.334285	0.357016	0.228328	0.080372	0.826845	0.302846
0.365933	0.191238	0.258766	0.184063	0.806041	0.402933
0.223610	0.114724	0.372934	0.288733	0.774073	0.542727
0.214329	0.239059	0.445147	0.101464	0.739604	0.476422
0.331631	0.060854	0.337323	0.270191	0.772815	0.519753
0.508375	0.198445	0.138829	0.154352	0.840872	0.308305
0.260824	0.064449	0.215584	0.459144	0.846180	0.531777
0.375767	0.294797	0.106167	0.223268	0.880605	0.303630
0.048378	0.354859	0.295872	0.300891	0.843527	0.455691
0.381178	0.009397	0.042525	0.566900	0.911471	0.480638
0.182969	0.167621	0.261375	0.388039	0.837025	0.508793
0.035813	0.270124	0.425804	0.268258	0.780778	0.539996
0.068589	0.442136	0.332042	0.157233	0.821875	0.393628
0.214095	0.110338	0.295099	0.380468	0.814669	0.537343
0.067736	0.254629	0.312511	0.365124	0.831791	0.515795
0.278616	0.201251	0.297074	0.223059	0.802295	0.445435
0.124739	0.196524	0.354636	0.324101	0.800669	0.533610
0.016099	0.338824	0.322606	0.322471	0.835856	0.486660
0.437037	0.318260	0.127688	0.117015	0.859032	0.261540
0.199005	0.573476	0.081223	0.146296	0.924270	0.200335
0.282310	0.331200	0.186081	0.200409	0.854140	0.338493
0.381178	0.009397	0.042525	0.566900	0.911471	0.480638

Angesichts dieser Überlegenheit der ersten Projektalternative interessiert die Frage, bei welcher (eventuell extremen) Konstellation von Gewichten doch eine Auswahl der zweiten Alternative (= des Status quo) erfolgen könnte. Zunächst wurden jeweils drei Elemente des Gewichtungsvektors gleich Null und eines gleich Eins gesetzt, das heißt, jeweils nur ein Teilbereich der städtischen Zielfunktion ging in die Bewertung ein. Dies führte zu folgenden Ergebnissen:

Fall	w_1	w_2	w_3	w_4	c_{12}	c_{21}
1	1,0	0	0	0	0,823529	0,176471
2	0	1,0	0	0	1,000000	0
3	0	0	1,0	0	0,5	0,833333
4	0	0	0	1,0	1,000000	0,666667

w_1 : Wohnqualität
w_2 : Verkehrsqualität
w_3 : Qualität der Produktionsstandorte
w_4 : Versorgungsqualität

Wie man aus der Tabelle entnehmen kann, wird Alternative 2 nur dann "besser" nach dem Konkordanzkriterium abschneiden, wenn ausschließlich die Qualität der Produktionsstandorte betont wird ($w_3 = 1,0$), in den Fällen 2 und 4 erreicht c_{12} den maximalen Wert von 1.0, aber in Fall 4 liegt auch c_{21} höher als in der Mehrzahl der übrigen Fälle. Aus der ersten Tabelle ersieht man, daß der Wert von c_{21} immer dann relativ groß ist, wenn w_3 und w_4 relativ gleich und hoch im Vergleich zu w_1 und w_2 liegen.

Nach dieser "manuellen Extremwertbestimmung" wurden im Simulationsprogramm diejenigen Gewichtungsvektoren abgefragt, bei denen der Konkordanzindex des Status quo größer war, und die eben dargestellten Ergebnisse bestätigten sich: Nur bei einer "Überbetonung" von w_3 (Qualität der Produktionsstandorte) kommt Alternative 2 zum Zuge, wobei aber der Konkordanzindex von Alternative 1 immer noch verhältnismäßig hoch liegt.

Die nächste Tabelle zeigt eine beispielhafte Auswahl von Gewichtskombinationen, bei denen $c_{21} > c_{12}$ ist:

w_1	w_2	w_3	w_4
0,003617	0,227218	0,748296	0,020869
0,250040	0,019604	0,649007	0,081349
0,002521	0,198034	0,738052	0,061393
0,113509	0,039645	0,701485	0,145367
0,087263	0,117562	0,785903	0,009272
0,069809	0,089904	0,731116	0,109171

Als Fazit der "Gewichtssimulation" ergibt sich: Damit $c_{21} > c_{12}$, muß w_3 mehr als 2/3 der Gewichtesumme erhalten und zwei andere Gewichte für Teilbereiche der Zielfunktion müssen nahe bei

Null liegen.

Zuletzt interessierte noch die Frage, bei welchen Gewichtskombinationen die Konkordanzindices beider Projekte (annähernd) gleich sind, wofür wir als Zahlenwert ($c_{12} - c_{21} < 0{,}01$) gesetzt haben. Das heißt: Es interessierten die Fälle, in denen nach dem Konkordanzindex keine Auswahl von Projekten mehr möglich wäre. Bei 10.000 Simulationsläufen wurden in folgenden Fällen fast gleiche Konkordanzindices festgestellt.

w_1	w_2	w_3	w_4	$c_{12} \approx c_{21}$
0.250040	0.019604	0.649007	0.081349	0.63
0.232015	0.008615	0.612742	0.146628	0.65
0.169453	0.016652	0.593732	0.220164	0.67
0.192392	0.003480	0.582313	0.221814	0.67
0.030172	0.006115	0.534794	0.428919	0.73
0.141783	0.125427	0.688578	0.044212	0.63
0.262709	0.020976	0.656479	0.059837	0.62
0.251100	0.042839	0.662979	0.043081	0.62
0.192123	0.044731	0.628320	0.134826	0.65
0.204491	0.051713	0.644269	0.099527	0.64
0.029376	0.111616	0.625318	0.233689	0.68

Wiederum liegt das Gewicht für die Qualität der Produktionsstandorte (w_3) hoch im Vergleich zu den anderen drei Gewichten, die Konkordanzindices liegen zwischen 0,62 und 0,68.[29]

Abschließend kann man festhalten, daß die Alternative 1 bei einem "ausgeglichenen" Gewichtungsvektor $\bar{w}$ stets von der Konkordanzmethode empfohlen würde. Nur wenn der politische Entscheidungsträger eine extreme Präferenz für die "Qualität der Produktionsstandorte" zeigen würde, würde das Bewertungsverfahren den Status quo aussuchen.

Eine Einbeziehung des Diskordanzindex in die Interpretation des Vergleichs ist bei dem gewählten Anwendungsbeispiel nur eingeschränkt möglich, da die Anzahl der zur Verfügung stehenden Projekte mit zwei sehr gering ist: Eine Elimination von inferioren Alternativen anhand des Diskordanzindex kann sinnvollerweise erst bei einer größeren Zahl von Stadtstrukturalternativen stattfinden.

Anmerkungen zum 10. Kapitel

1) Vgl. Obermeier, R. W.; Vergleich und Bewertung von Stadtstrukturen – Zielsysteme in Stadtentwicklungsplänen und gesamtwirtschaftliche Bewertungsverfahren für die Stadtstrukturbewertung, Working Paper Nr. 18 des Seminars für empirische Wirtschaftsforschung, München 1981.
2) Die weitere Forschung wird die Wirkungszusammenhänge, insbesondere die Zielwirksamkeit, auf der Basis der Strukturmaßzahlen spezifizieren müssen. Besonders wichtig sind dabei vergleichende Studien unterschiedlicher Städte.
3) Die fehlenden Wirkungsanalysen werden seit längerem beklagt: "This failure to evolve a widely accepted system of urban social accounts reflects the absence of a theory of the city. Urban policy planners must therefore resort to partial equilibrium solutions as approximate measures of the total performance of the city." (Friedman, F., Performance Goals and Achievement Goals, in: Robinson, I.M. (Hrsg.), Decision Making in Urban Planning, Beverly Hills 1972, S. 44 f.).
4) Oder welche Bandbreiten von Gewichten.
5) Vgl. 6. Kapitel, S. 204f dieses Buches
6) Zur methodologischen Abgrenzung von "Kriterium", "Standard", Indikator" usw. vgl. Boyce, D.E. (1972), Toward a Framework for Defining and Applying Urban Indicators in Plan-Making. In: Robinson, I. A. (Hrsg.), ... a.a.O., S. 61 ff.
7) Die Entropiewerte der Sektoren Einzelhandel, Schulen, Ärzte, Chemie, Krankenhäuser, Kunst und Kultur, Maschinenbau und Gaststättengewerbe änderten sich in unserer Simulationsrechnung nicht und werden daher im weiteren nicht aufgeführt.
8) Sektor 1: Öffentliche und private Dienstleistungen,
   Sektor 2: Groß- und Einzelhandel, Banken, Gaststätten u.ä.,
   Sektor 3: Öffentliche und private Verwaltung,
   Sektor 4: Handwerk, Industrie, Bau.
   Die Zuordnung der einzelnen Wirtschaftszweige zu den vier unterschiedenen Sektoren findet sich auf S. 193f.
9) Vgl. Beckmann, M.J. (1976), Spatial Equilibrium in the Dispersed City, in: Papageorgiou, G. J. (Hrsg.), Mathematical Land Use Theory; Lexington 1976, S. 117 f.
10) Diese Hypothese ist durchaus empirisch durch regressionsanalytische Untersuchungen abgesichert: z. B. Steinnes, D.N., Causality and Intraurban Location. In: Journal of Urban Economics, Vol. 4 (1977), S. 74: "In fact, the coefficient ... suggests ... that people are moving away from manufacturing jobs (perhaps because of pollution or other disamenities),

which would have important policy ramifications".
11) Gleichzeitig wird eine bessere Befriedigung der Wohnraumansprüche der Einwohner insbesondere dann möglich, wenn in noch nicht erschlossenen Stadtteilen neuer Wohnraum entsteht; dadurch sinkt die Entropie in der Gesamtstadt.
12) "A city may benefit from the advantages of concentrating production activities but retain the satisfactions of low – density residential patterns if a transportation system allows the labor force to commute from one to the other at relatively low cost." (Odland, J.; The spatial arrangement of urban activities: a simultaneous location model. In: Environment and Planning A, Volume 8 (1976), S. 779). Ebenso: Richardson, H.W.; Discontinuous densities, urban spatial structure and growth: a new approach, in: Land Economics Vol. 51 (1975), S. 305 ff., Amson, J.C.; Equilibrium models of cities: 1. An axiomatic theory, in: Environment and Planning, Vol. 4 (1972), S. 429 ff. Vgl. auch Pines, D.; Dynamic Aspects of Land Use Patterns in a Growing City, in: Papageorgiou, G.J. (Hrsg.), Mathematical Land Use Theory, Lexington 1976, S. 231.
13) Hier liegt aber die Verteilung der Gesamtnutzung, also Wohnen plus Beschäftigung, als Referenzverteilung zugrunde.
14) Wir lassen jedoch eine wichtige Komponente des Verkehrssystems, nämlich den öffentlichen Personennahverkehr (ÖPNV) außer acht. Verbesserungen des Individualverkehrs können Verschlechterungen des ÖPNV nach sich ziehen. Dies müßte bei einer Übertragung unserer Arbeiten auf komplexere Strukturuntersuchungen beachtet werden.
15) Vgl. Böventer, E. von; Standortentscheidung und Raumstruktur, Hannover 1979, S. 35 ff., vgl. auch Hartwick, P.G., Hartwick, J.M.; Efficient resource allocation in a multinucleated city with intermeditate goods. In: Quarterly Journal of Economics 1974, S. 340 ff., Hartwick, J.M.; Intermediate Goods and the Spatial Integration of Land Uses, Regional Science and Urban Economics, Vol. 6 (1976), S. 127 ff.
16) Hinter diesen Hypothesen steckt die implizite Annahme, daß die genannten Faktoren für alle Wirtschaftssektoren des produzierenden Gewerbes die gleiche Bedeutung haben.
17) Damit müßten die (internen) Kostensteigerungen infolge sinkender Betriebsgrößen (Kostenprogression mit sinkender Betriebsgröße) bei steigender Dezentralisierung der kundenorientierten Betriebe verglichen werden.
18) In einer vom Institut für empirische Sozialforschung (Socialdata) München durchgeführten Betriebsbefragung für das BMBau hatten insbesondere folgende Standortqualitäten Bedeutung: Absatzmöglichkeiten, Nähe zu Lieferfirmen, Verfüg-

barkeit von Arbeitskräften, Lage im Verkehrsnetz. Die Befragung der verschiedenen Betriebe zeigte, daß besonders die Standortqualitäten, auf die die Betriebe keinen Einfluß haben, von besonderer Bedeutung bei der Entscheidung sind, ob man am alten Standort bleibt oder nicht; vgl. Schriftenreihe "Städtebauliche Forschung" des Bundesministers für Raumordnung, Bauwesen und Städtebau, 03.093, Bonn, Gewerbeerosion in den Städten, Teil 1: Erosion der Gewerbestruktur in Altbauquartieren, S. 38 ff.

19) Vgl. ebenda, Teil 2: Betriebe und Arbeitsplätze in Stadtregionen (Bearbeiter: Institut für Siedlungs- und Wohnungswesen der Westfälischen Wilhelm-Universität Münster), S. 118 ff., insbes. S. 119: "Der Einfluß des Betriebsstandortes auf die Erlössituation dürfte in erster Linie bei verbrauchernahen Wirtschaftszweigen von Bedeutung sein."

20) Wir haben bei dieser Vorgehensweise ein Beispiel gewählt, das dem volkswirtschaftlichen (aus der Kosten-Nutzen-Analyse bekannten) "with-and-without"-Prinzip folgt, bei dem die Allokation der Ressourcen bei Vornahme eines Planungseingriffs mit der Allokation ohne diesen Eingriff verglichen und bewertet wird.

21) Vgl. das Anwendungsbeispiel zur Messung der Stadtstruktur im 5. Kapitel.

22) Vgl. die Tabelle 12 der Bewertungskriterien: Die Planwirkungen sind in der dort angegebenen Reihenfolge der Kriterien aufgeführt.

23) Vgl. die Erläuterungen S. 305f.

24) Hinweis: Der Normierung liegt jeweils die implizite Annahme zugrunde, daß die Maßzahlen *linear* in Nutzen- bzw. Kostenkriterien transformiert werden können. Da der von uns simulierte Eingriff nur *marginale Änderungen der Stadtstruktur* erzeugt, kann man hier unterstellen, daß der relevante Teil der entsprechenden Transformationsfunktion linear approximiert werden kann. Der Wert 0,99667 links oben in $\bar{V}$ ergibt sich z.B. als 1:1,003333 (in V).

25) Wie man sieht, sind die beiden Mengen nicht disjunkt, weil die Gleichheitsbeziehung zu *beiden* Fällen hinzugerechnet wird.

26) D.h. formal: Die Hauptdiagonale einer 2x2-Konkordanzmatrix wäre nicht definiert, und diese Matrix wäre nicht symmetrisch.

27) Eine Normierung ist hier nicht mehr nötig, da die Kriterienwerte bereits alle zwischen 0 und 1 liegen.

28) Wegen der Normierung ist auch $d_j^{max} = 1$.

29) Aufgrund der Definition der Indices müssen diese sich nicht notwendigerweise zu Eins aufaddieren.

Literaturverzeichnis

Akademie für Raumforschung und Landesplanung: Kleinräumige Siedlungsachsen. Zur Anwendung linearer Siedlungsstrukturkonzepte. (Forschungs- und Sitzungsberichte, Bd. 133); Hannover 1980

Arnold, V.: Nutzen-Kosten-Analyse II: Anwendung in: Handwörterbuch der Wirtschaftswissenschaften. Göttingen, New York u.a. 1977

Beaton, P.W. (ed.): Municipal Needs, Services and Financing: Readings on Municipal Expenditures. New Jersey 1974

Bechmann, A.: Nutzwertanalyse, Bewertungstheorie und Planung. Bern, Stuttgart 1978

Bell, D.E.; Keeney, R.L.; Raiffa, H. (eds.): Conflicting Objectives in Decisions. Chichester, New York, Brisbane, Toronto 1977

Boyce, D.E.; Day, D.N.; McDonald, C.: Metropolitan Plan Making. An Analysis of Experience with the Preparation and Evaluation of Alternative Land Use and Transportation Plans. Monographical Series No. IV, Regional Sience Research Institute, Philadelphia 1970. Mit deutscher Einführung: 2. Aufl. Baden–Baden 1979

Chapin, S.F. jr.: Urban Land Use Planning. 2nd ed., University of Illinois 1965

Cohon, J.L.: Multiobjective Programming and Planning. New York, San Francisco, London 1978

Dasgupta, P.; Sen, A.; Marglin, S.: Guidelines for Project Evaluation. New York 1972

Donnison, D.; Soto, P.: The Good City. A Study of Urban Development and Policy in Britain. London 1980

Eberle, D.: Bewertungsmethoden für regionale Siedlungsstrukturkonzepte. Beiträge der Akademie für Raumforschung und Landesplanung. Band 33. Hannover 1979

Eekhoff, J.: Nutzen-Kosten-Analyse der Stadtsanierung. Methoden, Theorien. Bern, Frankfurt a.M. 1972

Eekhoff, J.: Zu den Grundlagen der Entwicklungsplanung. Methodische und konzeptionelle Überlegungen am Beispiel der Stadtentwicklung. Akademie für Raumforschung und Landesplanung. Hannover 1981

Epping, G.: Städtebaulicher Erneuerungsbedarf und Infrastruktur. Ein methodischer Beitrag zur Erfassung und Bewertung der Beziehungen zwischen städtebaulicher Erneuerung und Infrastruktur. Münster 1973

Fandel, G.; Spronk, J. (eds.): Multiple Criteria Decision Methods and Applications. Berlin, Heidelberg, New York, Toronto 1983

Fehl, G.; Fester, M.; Kuhnart, N. (Hrsg.): Planung und Informa-

tion. Materialien zur Planungsforschung. Gütersloh 1972
Fischer, B.: Bewertungsansätze für ökologische Belange in der räumlichen Planung. In: Gesellschaft für Raumforschung, Seminarberichte 20, 1983
Hanusch, H.: Nutzen-Kosten-Analyse. München 1987
Hartke, S.: Methoden zur Erfassung der physischen Umwelt und ihrer anthropogenen Belastung. Münster 1975
Henning, F.-W.: Stadtplanerische Überlegungen in der Zwischenkriegszeit – dargestellt anhand des Planes von Hans Bernhard Reichow für Stettin. In: Teuteberg, H.-J. (Hrsg.): Stadtwachstum, Industrialisierung, sozialer Wandel. Berlin 1986
Hesse, H.: Nutzen-Kosten-Analyse I: Theorie. in: Handwörterbuch der Wirtschaftswissenschaften. Göttingen, New York u.a. 1977
Hesse, J.J.: Stadtentwicklungsplanung: Zielfindungsprozesse und Zielvorstellungen. 2. Auflage; Stuttgart, Berlin, u.a. 1972
Hezel, D.; Höfler, H.; Kandel, L.; Linhardt, A.: Siedlungsformen und soziale Kosten. Frankfurt a.M., Bern, New York 1984
Hill, M.: Planning for Multiple Objectives. An Approach to the Evaluation of Transportation Plans. Monograph Series No.V, Regional Science Research Institute, Philadelphia 1973
Hochstrate, K.: Interaktives Entscheidungsverfahren zur Auswahl von Kompromißalternativen. In: Gesellschaft für Regionalforschung, Seminarberichte 20, 1983
Hwang, C.-L., Lin, M.-J.: Group Decision Making under Multiple Criteria. Methods and Applications. Berlin, Heidelberg, New York, Toronto 1987
Johansson, P.-O.: The Economic Theory and Measurement of Enviroment Benefits. Cambridge 1987
Klaus, J. (Hrsg.): Entscheidungshilfen fur die Infrastrukturplanung. Baden-Baden 1984
Klaus, J.: Stadtentwicklungspolitik. Bern, Stuttgart 1977
Lichfield, N.; Chapman, H.: Cost Benefit Analysis in Urban Expansion: A Case Study, Ipswich. In: Urban Studies, Vo.7, 1970
Massam, B.H.: Spatial Search. Oxford, New York, u.a. 1980
McLoughlin, B.J.: Urban and Regional Planning. A System Approach. 2nd ed.; London 1970
Mildner, R.: Die Nutzen-Kosten-Analyse als Entscheidungshilfe für die Stadtentwicklungsplanung. Schwarzenbek 1980
Müller, P.: Biogeographie und Raumbewertung. Darmstadt 1977
Nijkamp, P.; Delft, A.v.: Multi-Criteria Analysis and Regional Decision Making. Leiden 1977
Rietveld, P.: Multiple Objective Decision Methods and Regional Planning. Amsterdam, New York, Oxford 1980
Schofield, J.A.: Cost-Benefit Analysis in Urban and Regional

Planning. Winchester MA 1987

Scholich, D.: Konzeptionelle und entscheidungsmethodische Aspekte zur Weiterentwicklug der Siedlungsstruktur. Frankfurt a.M., Bern 1983

Sellnow, R.: Kosten-Nutzen-Analyse und Stadtentwicklungsplanung. 2. Auflage; Stuttgart, Berlin, Köln, Mainz 1974

Strebel, H.: Forschungsplanung mit Scoring-Modellen. Baden-Baden 1975

Wagener, F.: Ziele der Stadtentwicklung nach Plänen der Länder. Schriften zur Städtebau- und Wohnungspolitik Bd. 1. Hrsg.: Der Bundesminister für Städtebau und Wohnungswesen. Göttingen 1971

Wegener, M.: Mensch-Maschine-Systeme für die Stadtplanung. Basel 1978

Wildasin, D.E.: Urban Public Finance. Chur, u.a. 1986

Wille, E. (Hrsg.): Konkrete Probleme öffentlicher Planung. Frankfurt a.M., Bern, New York 1986

Witte, H.; Voigt, F.: Die Bewertung von Infrastrukturinvestitionen. 2. Auflage; Berlin, München 1985

Zeleny, M. (ed.): Multiple Criteria Decision Making, Kyoto 1975. Berlin, Heidelberg, New York 1976

Teil VI: Bemerkungen zum Schluß

11. Kapitel: Stadtökonomie und Stadtplanung: Die Zusammenarbeit beim Einsatz knapper Ressourcen

Das erste Kapitel des Buches hat mit einer Darstellung der Grundprobleme von Stadtplanung und Stadtökonomie begonnen, die die Zusammenarbeit der mehr praxisorientierten Stadtplanungsdisziplin mit der eher theoretisch arbeitenden stadtökonomischen Wissenschaft behindern. Das letzte Kapitel soll in Form von Thesen mit jeweils kurzen erläuternden Bemerkungen für eine stärkere Berücksichtigung der Stadtökonomie im Rahmen der Stadtplanung plädieren und die Bedeutung für eine rationale Stadtpolitik zeigen.

1. These: Knappe Ressourcen – und dazu gehören im besonderen Boden und Umwelt – müssen ökonomisch eingesetzt werden.

"Die letzten Jahre sind durch einen spürbaren Wandel im Städtebau gekennzeichnet. Die Begrenztheit der Ressourcen Natur, Wasser und Boden sind in das allgemeine Bewußtsein gerückt. Fragen der Stadtökologie, der Wiederverwendung brachliegender Flächen im Stadtbereich, der behutsamen Stadterneuerung, der Verbesserung des Wohnumfeldes, der Erhaltung des Gebäudebestandes und der Wiederbelebung der Innenstädte sind in den Vordergrund getreten." So wird einleitend (S. 1, Bundestagsdrucksache 10/6166) in der Beschlußempfehlung und dem Bericht des Ausschusses für Raumordnung, Bauwesen und Städtebau des Deutschen Bundestages (16. Ausschuß) zu dem von der Bundesregierung eingebrachten Entwurf eines Gesetzes über das Baugesetzbuch festgestellt.

Aus der Begrenztheit der Ressourcen wird die Notwendigkeit hergeleitet, sie ökonomisch zu nutzen. Es ist Aufgabe der Wirtschaftswissenschaften, die Wege zu analysieren, auf denen der Mensch die Knappheit der Ressourcen zu meistern versucht. Es wurde gezeigt, wie das ökonomische Grundproblem der Stadtplanung, die optimale Allokation der Grundstücke für die verschiedenen Aktivitäten in der Stadt, durch ökonomische Lenkungsmechanismen gelöst werden kann. In Marktwirtschaften übernehmen vor allem die Preise die Lenkungsaufgaben. Für theoretisch *optimale* Lösungen müssen allerdings enge Voraussetzungen der Marktstrukturen erfüllt sein, die auf dem Bodenmarkt besonders schwierig herzustellen sind.

In der allgemeinen umweltpolitischen Diskussion hat die These von der Umwelt als knappem Gut zu einer immer breiter werdenden Diskussion über die Einführung von Preisen für die Umweltnutzung geführt. In den Unterlagen über die Erörterung des Entwurfs eines Gesetzes über das Baugesetzbuch (vgl. Dt. Bundestag, Referat Öffentlichkeitsarbeit (Hrsg.); Das neue Baugesetzbuch, Bonn 1986.) sucht man vergeblich Hinweise zu den ökonomischen Zusammenhängen in der Stadt, zur Funktion von Bodenmärkten und Bodenpreisen als Steuerungsinstrumente der knappen Ressource Boden. Die städtische Flächennutzung scheint weithin als technisches Problem des Städtebaus zu gelten, für das durch eine Vielzahl von Gesetzen die Einhaltung bestimmter Regeln vorgeschrieben werden muß.

Es sollte zu denken geben, daß über die Lenkung des Produktionsfaktors Arbeit durch Lohndifferenzierung und Lohnflexibilisierung, also über die Preise der unterschiedlichen "Qualitäten" von Menschen, eine breite wirtschaftspolitische Diskussion stattfindet, die Lenkungsfunktion der Bodenpreise in der ebenso aktuellen Bodenschutzdebatte noch nicht einmal am Rande eine Rolle zu spielen scheint.

2. These: Ein sparsamer Verbrauch knapper Ressourcen und insbesondere des Bodens erfordert die Lenkung durch Preise.

Voraussetzung für die Preislenkung der Bodennutzung ist ein funktionsfähiger Bodenmarkt. Diese Voraussetzung ist gegenwärtig noch nicht allgemein gegeben. Der theoretische Grenzfall vollkommener Konkurrenz muß auf dem Bodenmarkt jedoch keineswegs hergestellt werden, ein begrenzter Machteinsatz in monopolistischen Marktlagen hebt den Lenkungsmechanismus des Preiswettbewerbs keineswegs auf, solange noch einige Wettbewerber vorhanden sind.

Eine Verbesserung der Funktionsfähigkeit der städtischen Bodenmärkte setzt voraus, daß allgemein die Bedeutung des Preismechanismus für den Einsatz knapper Ressourcen erkannt wird: Eine bestimmte Nutzung des Bodens *kostet* immer den Verzicht auf eine andere Nutzung. Die Kosten des notwendigen Verzichts und damit die Kosten der besten Lösung lassen sich am einfachsten durch Preise bewerten, auf jeden Fall dann, wenn bereits Märkte bestehen. Dies ist beim Boden mit dem Bodenmarkt der Fall.

Bodenschutz ist nur dann ein technisch naturwissenschaftliches Problem, wenn es um die für den Schutz geeigneten technischen Vorrichtungen geht. Dabei darf allerdings nicht übersehen werden, daß das Problem des Bodenschutzes zum Teil in Verbindung mit technischen Regeln erst entsteht: Technische Standards und/oder

Normen, zum Beispiel über den Ausbau von Straßen, Parkplätzen, kommunalen Einrichtungen, Wohnanlagen usw. verursachen Beeinträchtigungen der Bodenfunktionen, vor allem durch den Umfang der Bodenversiegelungen, die ökonomisch nicht zu begründen sind, häufig sogar ökonomischen Kosten-Nutzen-Überlegungen direkt widersprechen. Beispiele für technische Lösungen von Problemen, die durch "technische" Planung erst geschaffen werden, finden sich in der Schrift des Bundesministers für Raumordnung, Bauwesen und Städtebau (Hrsg.); Städtebauliche Lösungsansätze zur Verminderung der Bodenversiegelung als Beitrag zum Bodenschutz, Bonn 1988 (= Schriftenreihe Forschung, Nr. 456).

3. These: Nur die Marktkoordinierung der Standortentscheidungen über Preise ermöglicht es dem einzelnen Stadtbürger, seine individuellen Zielvorstellungen zu verfolgen.

Hohe Bodenpreise sind ein Zeichen dafür, daß bestimmte Grundstücke einer Stadt besonders begehrt sind, weil sie dem Nutzer besonderen Gewinn versprechen. Diskussionen unter Stadtplanern erwecken nicht selten den Eindruck, als sähen sie es als eine ihrer wichtigsten Aufgaben an, Einwohner und Unternehmer der Stadt vor der Zahlung hoher Bodenpreise schützen zu müssen.

Im Buch wurde an verschiedenen Stellen versucht, die zugrundeliegenden Mißverständnisse – durch die ausschließliche Sicht von Problemen der Einkommensverteilung – zu klären.

Die Standortwahl der Einzelnen nach ihren individuellen Zielen im Wettbewerb mit anderen Standortsuchenden ist nur insofern zu beschränken, als der private Konsum und die private Produktion das Vorhandensein öffentlicher Güter voraussetzen. Allerdings ließe sich der Spielraum für individuelle Entscheidungen leicht erweitern, wenn geeignete Finanzierungsinstrumente für die Infrastrukturinvestitionen geschaffen würden, zum Beispiel durch Erhebung von Preisen für *alle* öffentlichen Güter, zum Beispiel in Form von *alle* Infrastrukturleistungen umfassenden Erschließungsbeiträgen.

Geeignete Regelungen müssen die *Berücksichtigung* externer Effekte in den einzelnen Entscheidungen erzwingen. In den Preisen müssen sich alle sozialen Kosten (und Nutzen) widerspiegeln. Wenn *Wertungen* nötig sind, sollte man sie soweit als möglich dem einzelnen Bauherrn und seinen Nachbarn oder anderen Betroffenen überlassen:

Nur in der Marktwirtschaft hat der Staat die Möglichkeit, Spielräume für *"positive Freiheit"* zu schaffen, für die Freiheit, etwas tatsächlich tun zu können. Die *Verantwortung* des Einzelnen ist in keinem gesellschaftlichen Entscheidungssystem zu ersetzen:

Die in der Marktwirtschaft möglichen Entscheidungen nach jeweils individuellen Zielen könnten diese persönliche Verantwortung am ehesten sichtbar machen.

Die Stadtpolitik wird bei ihren Maßnahmen nicht nur Mängel der Marktprozesse berücksichtigen müssen, in bestimmtem Umfang hat sie auch Defizite gesamtstaatlicher Politik, vor allem der gesamtstaatlichen Sozial- und Verteilungspolitik, entsprechend den Zielen der Stadtbürger auszugleichen.

Hohe Bodenpreise belasten zunächst über hohe Mietpreise die Bürger einer Stadt, bevor sie die Zuwanderung von Unternehmen beschränken. Möglicherweise sind die Ballungsvorteile für Unternehmen überhaupt größer als für die Bevölkerung, so daß nur die Arbeitsplätze Menschen in eine Großstadt "zwingen". Aber es scheint auch so, daß die höheren Einkommenschancen in den Verdichtungsräumen gern gesucht werden, und die Nachfrage nach Wohnfläche pro Einwohner steigt auch in Großstädten mit bereits hohem Mietniveau. Daß die Verteilung von Wohnraum weder gerecht, noch sozial und am allerwenigsten familienfreundlich ist, kann man weder den Stadtplanern noch den Stadtökonomen vorwerfen. Zumindest die Stadtökonomen wissen aus ihren Untersuchungen, daß die Verteilung von Wohnraum durch eine Bürokratie das Problem der Knappheit nicht beseitigen kann und daß die Erhaltung billigen Wohnraums für diejenigen, die ihn ("zufällig") bereits nutzen, weder ökonomisch sinnvoll noch nach irgendwelchen Gesichtspunkten gerecht sein kann.

4. These: Die Berücksichtigung sozialer Gesichtspunkte bei der ökonomischen Nutzung der knappen Ressource Boden läßt sich mit der Lenkungsfunktion der Bodenpreise vereinbaren.

Die nachträgliche Korrektur von Marktergebnissen, durch Besteuerung des Einkommens der Bodeneigentümer, durch Einkommenstransfers ("Wohngeld") an Mieter oder andere Maßnahmen, wirft eine Vielzahl politischer Probleme auf, insbesondere Fragen gesellschaftlicher Machtstrukturen und der Ermittlung des Wählerwillens in einer Demokratie. Jedoch sind sozialpolitische Eingriffe in einer "sozialen Marktwirtschaft" völlig systemkonform, obwohl die Rückwirkungen der Umverteilungspolitik die Marktallokation beeinflussen: Dies gilt jedoch für alle ökonomisch relevanten Maßnahmen des Staates, bei denen Ressourcen in Anspruch genommen werden. Eine Notwendigkeit, *aus sozialen Gründen* den Bodenmarkt durch Stadtplanung zu *ersetzen*, ergibt sich nicht.

5. These: Für die Stadtpolitik gilt ebenso wie für die allgemeine Wirtschaftspolitik: Soviel Planung wie nötig, soviel Markt wie möglich (Karl Schiller).

Diese Aussage enthält eine richtige Sicht der Zusammenhänge, muß jedoch inhaltlich aufgefüllt werden: Allgemein besagt sie nur, daß man so effizient wie möglich wirtschaften sollte.

Wir haben im Buch versucht darzustellen, daß nur bei der Bereitstellung *öffentlicher Güter* (Leistungen der Infrastruktur) die Aufgaben der Stadtplanung *nicht umstritten* sind. Eine Verbesserung der Methoden der für diese Bereitstellung notwendigen "physischen Planung" gehört zu den wichtigen und aktuellen Aufgaben von Wissenschaft und Stadtplanungstheorie.

Die Konkurrenz der Nutzungen um geeignete Grundstücke in der Stadt kann und soll man durch Stadtplanung nicht aufheben: Jede Nutzung eines Grundstückes kostet den Verzicht auf eine andere Nutzung. Die notwendige Koordination der vielen einzelnen Entscheidungen über Nutzungsart, Nutzungsintensität und Standort läßt sich nicht durch eine hierarchische Planung zu den geringsten volkswirtschaftlichen Kosten erreichen.

Eine Aufgabe für die Stadtplanung ergibt sich bei der Produktion von Bauland durch die Gemeinde allerdings aus der Notwendigkeit, öffentliche Güter (Erschließung durch Infrastruktur) bereitzustellen.

Externe Effekte, die aus der Nachbarschaft verschiedener Nutzungen entstehen, sind keine allgemeine Begründung für Planungseingriffe. Die Stadtökonomie zeigt eingehend verschiedene Möglichkeiten zur Korrektur externer Effekte. Allerdings wird man genau anzugeben haben, welche externen Effekte in welcher Höhe jeweils auszugleichen sind. Diese Aufgabe impliziert insbesondere eine exakte Definition von Eigentumsrechten.

Es ist kein Nachteil der Stadtökonomie, wenn sie auf objektiven Kriterien besteht, mit denen auch ein unbeteiligter Dritter zu einem (ungefähr) gleichen Ergebnis über die Wirkung externer Effekte in einem (genau bestimmten) Einzelfall kommen kann.

Es ist kein Vorteil der Stadtplanung, daß sie die genaue Messung von externen Effekten in vielen Bereichen durch Wertungen von Bauräten (-direktoren) oder Verwaltungsrichtern ersetzen darf.

Besonders deutlich wird der Unterschied der Konzepte bei Entscheidungen über die Innenentwicklung einer Stadt, bei der (Paragraph 34 BauGB) u.a. die Einfügung in die Eigenart der näheren Umgebung verlangt ist. Auch wenn es sich rein rechtlich nicht um Ermessensentscheidungen handelt, geht es hierbei doch im Zweifelsfall ausschließlich um Wertungen. Sofern sich keine objektiven, im weiten Sinn meßbaren Kriterien für Entscheidungen dieser Art finden lassen, verlangt ein ökonomischer Einsatz der knappen Ressource Boden (und des Faktors Realkapital) die Entscheidung des einzelnen Eigentümers, der (zumindest) das finanzielle Risiko seiner individuellen Wertung trägt.

6. These: Stadtplanung ist notwendig, um die Ergebnisse des Bodenmarktes zu verbessern, nicht um sie zu ersetzen.

Die optimale Koordination zwischen den völlig unterschiedlichen Entscheidungsmechanismen "Bodenmarkt" und "hierarchische Stadtplanung" zur Entwicklung der Stadt ist eine noch völlig offene Frage. Sie wäre in einem deutlich gekennzeichneten ordnungspolitischen Rahmen in Verbindung mit einer Analyse vorhandener Institutionen, verfassungsrechtlicher Grundsätze und der möglichen Organisationsprinzipien von Planungsbehörden zu erforschen.

Bei der Zuteilung von Entscheidungsbefugnis darf nicht vergessen werden, daß gleichzeitig die Entscheidungsfreiheit der vielen einzelnen Grundstückseigentümer und Bauherren festgelegt wird: Kann der einzelne Grundstückseigentümer mit seinen Nachbarn verhandeln oder werden mögliche Ergebnisse – innerhalb einer Stadt – zentral vorweggenommen? Läßt sich Flächennutzungsplanung durch eine Verträglichkeitsprüfung von Nachbarschaften ersetzen, für die allerdings genaue Regeln und Meßvorschriften für externe Effekte gegeben sein müßten? Ist gesamtstädtische Planung nicht auf die Fälle (mit verbesserten Methoden) zu beschränken, in denen die gesamtstädtische Infrastruktur betroffen ist? Sind die volkswirtschaftlichen (Transaktions-)Kosten einer "zentralen" Planung zumindest bei der Innenentwicklung einer Stadt nicht höher als bei dezentralen Verhandlungslösungen unter genau festgelegten Rahmenbedingungen?

Für eine rationale Aufgabenverteilung zwischen Bodenmarkt und Stadtplanung fehlen noch brauchbare Analysen der entstehenden Transaktionskosten verschiedener Organisationsstrukturen und der Entscheidungsabläufe bei der Stadtentwicklung.

Die Rolle der Planung bei der Schaffung von Bauland wäre ebenfalls auf die Rationalität ihrer Kriterien zu untersuchen. Ist eine Einfamilienhaussiedlung (ohne die durch technische Normen erzwungene Bodenversiegelung) tatsächlich umweltschädlicher als ein Maisfeld? Bleibt dem Bodenpreis bei der Umwandlung von landwirtschaftlichem Boden in Bauland (wegen der Planung nach "Bedarf") nur eine (Einkommens-)Verteilungs- bzw. -Umverteilungsfunktion oder sollte der Bodenpreis für die Umwandlungsentscheidung nicht (auch) eine Lenkungsfunktion (der *Nachfrage*) erfüllen? Welche institutionelle Regelungen könnten *städtische Bo-*

denmärkte und Stadtplanung mit der Regional- und Landesplanung so verbinden, daß sich eine "optimale" Entwicklung des Gesamtraumes ergäbe?

7. These: Stadtplanung kann keine allgemeinen sozialen Probleme in der Stadt lösen. Das schließt die Berücksichtigung sozialpolitischer Ziele bei einzelnen Planungsentscheidungen nicht aus.

Die Bedarfsgerechtigkeit bei der Bereitstellung und Verteilung städtischer Leistungen ist durch Stadtplanung ebenso wenig zu erreichen, wie durch eine gesamtwirtschaftliche Planung der Produktion eine gerechte Versorgung aller Menschen mit Gütern und Diensten zu bewerkstelligen ist. Stadtplanung kann weder Ungleichheiten der Einkommensverteilung beseitigen, noch das Entstehen sozialer Randgruppen vermeiden.

Wenn das Angebot bestimmter Güter – zum Beispiel "Glücksspiel" in Spielhallen, "Fast-food" in entsprechenden Restaurants – gesellschaftlich unerwünscht ist, so ist es nicht Aufgabe der Stadtplanung, den Konsum dieser Güter zu verhindern. Auch die Standorte der Anbieter dieser Güter sind nicht zu "planen": Allerdings muß die Stadtplanung untersuchen, ob an diesen Standorten die Grundstücksgröße ausreicht, zum Beispiel für die notwendigen Parkplätze und Nebeneinrichtungen, die nicht auf städtische Grundstücke verlagert werden dürfen. Außerdem muß die Stadtplanung abwägen, ob für diese Standorte weitere notwendige, komplementäre öffentliche Güter, vor allem die Verkehrserschließung, vorhanden sind oder bereitgestellt werden können.

In der Öffentlichkeit scheint gelegentlich der Eindruck zu entstehen, durch "richtige Pläne" die Machbarkeit aller Zielvorstellungen erreichen zu können. Aber weder mit der Stadtplanung noch mit der Investitionsplanung oder der allgemeinen Wirtschaftsplanung (und auch nicht durch den Markt) läßt sich das Problem der Knappheit beseitigen: Es sind immer einige Ziele nur auf Kosten anderer Ziele zu erreichen. In jedem Fall ist es ökonomisch wichtig, daß die tatsächlichen (marginalen) volkswirtschaftlichen Kosten in den Entscheidungsprozessen der Privaten berücksichtigt werden.

Die Ansätze zu direkter Bürgerbeteiligung in der Stadtplanung scheinen einige besonders aktive Gruppen von Stadtbürgern als Aufforderung zur direkten Beteiligung an *allen* stadtpolitischen Entscheidungen aufzufassen: Sozial- und verteilungspolitische Probleme in der Stadt werden als Zeichen mangelnder Bereitschaft zur Planung der Stadt gesehen. Wenn dabei die volkswirtschaftlichen Kosten bestimmter geforderter Maßnahmen übersehen werden, so ist dies oft allerdings verständlich, tragen diese Kosten doch häufig völlig andere Gruppen von Stadtbürgern.

In der Stadtplanung kommt hinzu, daß die *Forderungen* häufig sehr konkret sind, die Kosten jedoch meist – bei einer direkten Auseinandersetzung – abstrakt bleiben müssen: Die Schaffung innerstädtischer Grünflächen ist leicht als konkreter Erfolg in Augenschein zu nehmen. Die volkswirtschaftlichen Kosten bestehen – etwas vereinfacht ausgedrückt – in den entgangenen Gewinnen (und Einkommen) anderer potentieller Nutzer; man unterstellt "Profitsucht" und verdrängt so diese Kosten aus der gesellschaftlichen Diskussion. Die dadurch bewirkte Verknappung der Bauflächen in der Innenstadt führt zu weiter steigenden Grundstückspreisen, was zum einen wiederum als Zeichen der "Profitsucht" gedeutet wird, zum anderen aber ganz andere Gruppen von Stadtbürgern als diejenigen, die die Forderung nach innerstädtischen Dichtebeschränkungen stellen, trifft. Solange die Wirkungen sich nicht eindeutig zuordnen lassen und das Schlagwort "Profitsucht" nicht selten von Nichtökonomen als Erklärung akzeptiert wird, ist keine rationale Entscheidung nach Nutzen und Kosten möglich.

Hinzu kommt, daß für alle Stadtbürger mit sicherem, auch nicht durch wirtschaftlichen Strukturwandel gefährdetem Einkommen, wie im öffentlichen Dienst Beschäftigte, Rentner, Bezieher von Vermögenseinkommen, tatsächlich kaum Kosten entstehen, sieht man von möglichen Erhöhungen städtischer Steuern und Gebühren ab. Die beschriebene *Gruppe* erfährt eine Steigerung des Realeinkommens, weil sie – zu sehr geringen eigenen Kosten – eine größere Menge öffentlicher Güter konsumieren kann. Selbstverständlich verursacht die vermehrte Produktion öffentlicher Güter volkswirtschaftliche Kosten, die jedoch überwiegend bei anderen Gruppen anfallen.

8. These: Stadtplanung sollte der Teil der Stadtpolitik sein, in dem unter Anwendung rationaler, wissenschaftlich fundierter (Planungs-)Entscheidungskriterien die räumliche Struktur, die Nutzung der Stadtfläche durch verschiedene Aktivitäten und die Gestaltung der Stadt beeinflußt wird. Stadtplanung sollte in stadtökonomischer Sicht vor allem geeignete Rahmenbedingungen setzen, innerhalb derer jeder einzelne Produzent und Bewohner in der Stadt zukunftsorientiert nach der bestmöglichen Verwendung der knappen städtischen Ressorcen suchen kann. Dazu gehört das Bemühen um institutionelle Regelungen, mit denen die Verwendung des städtischen Bodens zu volkswirtschaftlich geringsten Kosten herbeizuführen ist und um die koordinierte Bereitstellung der dafür notwendigen technischen Infrastruktureinrichtungen.

Stadtplanung muß rationale Entscheidungen aus der Kenntnis stadtökonomischer Zusammenhänge heraus herbeiführen, damit die knappen Ressourcen einer Stadt ökonomisch eingesetzt werden. Insbesondere wenn die Stadtplanung durch ihre Entscheidungen den Bodenmarkt ersetzt, sind diese Entscheidungen (analog zum Preismechanismus) methodisch so abzuleiten, daß sie jederzeit von Dritten nachvollzogen werden können, ohne daß die spezifischen Wertungen der einzelnen "Planer" bekannt sind. Im Zweifelsfall hat das Marktergebnis zu gelten.

Wenn subjektive Wertungen in der Stadtplanung nicht zu vermeiden sind und – wie in der Stadtbaukunst – überwiegen, so sollten die Wertungen möglichst vielen unterschiedlichen Entscheidungsträgern überlassen und nicht hierarchisch vorgeschrieben werden: Stadtbaukunst wird einigen unter vielen Bauherren eher gelingen als einem einzigen (für alle Entscheidungen) Verantwortlichen.

Gesellschaftlicher und wirtschaftlicher Wandel erfordern eine ständige Anpassung der Stadt. Eine lebende Stadt wird immer wieder neu geschaffen, aber erlaubt natürlich auch das Bewahren von Baudenkmälern als "Zeugen der Vergangenheit". Die Stadtplanung hat Umbau, Rückbau und Neuaufbau der Stadt im Strukturwandel vorzubereiten und zu erleichtern. Sie hat Konsequenzen fehlender Anpassung aufzudecken und Verständnis dafür zu wecken, daß steigendes Einkommen und zunehmende Freizeit nur schlecht in einer Stadt erwirtschaftet werden können, die in allen ihren Teilen die Vergangenheit bewahren will und dabei auf den "Durchschnittsverdiener" ausgerichtet bleiben soll.

VERÖFFENTLICHUNGEN DER AKADEMIE FÜR RAUMFORSCHUNG UND LANDESPLANUNG

Edwin von Böventer
Standortentscheidung und Raumstruktur

Aufgrund eines einheitlichen Konzeptes werden die verschiedenen Aspekte der Theorien der Standortentscheidungen und der Raumstruktur herausgearbeitet und dargestellt. Das Hauptgewicht liegt auf der theoretischen Analyse der Zusammenhänge, die in einer räumlichen Wirtschaft zu beachten sind: Einmal geht es um die räumlich relevanten Entscheidungen beziehungsweise die Entscheidungsalternativen der im Raum agierenden Menschen oder Institutionen, zum anderen um die aus einzelnen Standortentscheidungen in koordinierter Weise resultierenden räumlichen Strukturen.

Inhaltsübersicht

o Grundlagen
o Theorie der Bodennutzung und Bodenpreisbildung
o Bodennutzung und Standortwahl
o Strukturen im Raum
o Schlußfolgerungen

1979. 322 S., Abb., Lit. – Reihe Abhandlungen, Band 76; Kart. 72,– DM, Best.-Nr. 713

Grundriß der Stadtplanung

Handbuch. Systematische und komprimierte Darstellung des gesamten Gebietes der Stadtplanung und des Städtebaues.

Inhaltsübersicht

o Wesen und Entwicklung der Stadtplanung
o Aspekte der Stadt
o Komponenten des Stadtgefüges
o Wissenschaftliche Methoden zur Analyse und Beeinflussung der Stadtentwicklung
o Der rechtliche und institutionelle Rahmen der Stadtplanung
o Zur Arbeitsweise der Stadtplanung
o Ansätze städtischer Entwicklungspolitik
o Wichtige Einzelprobleme der Stadtplanung

1983. 554 S., Abb., Tab., Lit. – Geb. 88,– DM. Best.-Nr. 994

Auslieferung
VSB-Verlagsservice Braunschweig